四川脱贫地区乡村产业可持续发展研究

◎ 刘远利　陈春燕　林正雨　著

中国农业科学技术出版社

图书在版编目（CIP）数据

四川脱贫地区乡村产业可持续发展研究／刘远利，陈春燕，林正雨著．--北京：中国农业科学技术出版社，2024.5
　　ISBN 978-7-5116-6809-7

Ⅰ.①四… Ⅱ.①刘…②陈…③林… Ⅲ.①乡村-农业产业-产业发展-研究-四川 Ⅳ.①F327.71

中国国家版本馆 CIP 数据核字（2024）第 094017 号

责任编辑	倪小勋
责任校对	马广洋
责任印制	姜义伟　王思文

出 版 者	中国农业科学技术出版社
	北京市中关村南大街 12 号　邮编：100081
电　　话	（010）62111246（编辑室）　（010）82106624（发行部）
	（010）82109709（读者服务部）
网　　址	https://castp.caas.cn
经 销 者	各地新华书店
印 刷 者	北京建宏印刷有限公司
开　　本	185 mm×260 mm　1/16
印　　张	18.5
字　　数	380 千字
版　　次	2024 年 5 月第 1 版　2024 年 5 月第 1 次印刷
定　　价	68.00 元

━━━━ 版权所有·翻印必究 ━━━━

前　言

  乡村产业可持续发展，是在保护生态环境、传承历史文化、维护社会公正和经济效益的前提下，通过科学合理的规划和管理，实现乡村产业的长期稳定发展和持续繁荣，是产业扶贫和产业兴旺的发展目标。在脱贫攻坚时期，产业扶贫作为精准扶贫"五个一批"工程中的首要工程，是打赢脱贫攻坚战的重要保障；在全面推进乡村振兴进程中，产业兴旺既是乡村振兴战略的首要任务，也是乡村振兴战略的工作重点，还是乡村振兴的经济基础和不竭的持续推动力，更是解决我国农村经济社会问题的关键。做好两者之间的有效衔接，实现脱贫地区乡村产业可持续发展，不仅有助于推动产业扶贫与产业兴旺有机结合，也为实现第二个百年奋斗目标提供重要支撑。2014年以来，课题组陆续参与了"脱贫攻坚""脱贫攻坚与乡村振兴衔接"等相关课题研究、规划与实施方案编制等工作，取得了一系列科研及咨询成果，为脱贫攻坚取得全面胜利作出了贡献。在现有成果的基础上，梳理总结形成《四川脱贫地区乡村产业可持续发展研究》一书，以期对四川脱贫地区乡村产业可持续发展提供理论依据和智力支撑。

  全书以四川秦巴山区、乌蒙山区、大小凉山彝区、高原藏区四大集中连片特殊困难地区为研究对象，从乡村产业可持续发展的理论基础，产业扶贫成效评价，产业扶贫与乡村产业兴旺有效衔接的实际问题及衔接路径等方面进行研究，进一步提出脱贫地区的实践探索。全书分为九章，第一章导论，包括研究背景和意义、研究内容与技术路线和脱贫地区基本情况；第二章理论基础，包括相关理论基础、国内外研究综述、产业扶贫与产业振兴的逻辑关系；第三章产业扶贫成效评价，包括产业扶贫成效概述、脱贫地区产业发展水平评价；第四章四川产业扶贫模式总结与典型案例；第五章巩固拓展脱贫攻坚成果同乡村振兴有效衔接，包括产业扶贫与产业振兴有效衔接的现实困境和路径；第六章高原藏区产业发展路径实践探索；第七章秦巴山区产业发展路径实践探索；第八章川南乌蒙山区产业发展路径实践探索；第九章大小凉山彝区产业发展路径实践探索。

  本书编著分工如下：第一章由刘远利执笔；第二章由刘远利、罗璇执笔；第三章由陈春燕、罗璇、傅慧杰执笔；第四章由林正雨、陈春燕、彭迎执笔；第五章由刘远利、陈春燕执笔；第六章由林正雨、曹杰执笔；第七章由陈春燕、邵周玲执笔；第八章由刘远利、傅慧杰执笔；第九章由刘远利、林正雨、陈春燕执笔。

本书出版得到了国家现代农业产业技术体系四川花椒创新团队、四川省农业科学院财政自主创新专项、四川省农业科学院"1+9"科技攻关计划、四川省农业科学院农业信息与农村经济研究所人才引进培养与学科建设等项目资金资助。中国农业科学院农业信息研究所、四川比尔农业科技咨询中心和九寨沟县扶贫开发局、马尔康市扶贫开发局、阿坝县扶贫开发局、红原县扶贫开发局、汶川县扶贫开发局、布拖县扶贫开发局等单位在典型案例收集方面提供了支持；四川省农业科学院"天府农科智库"建设管理办公室李晓、四川省农业科学院农业信息与农村经济研究所何鹏、刘宗敏、高文波、郭耀辉、刘强、胡旭、常洁、邓怀国、罗锦诚、朱人杰、冯君君等在实地调研、数据处理、案例研究等工作中提供了帮助支持。由于笔者能力有限，书中难免存在疏漏和不足之处，敬请各位专家和读者提出宝贵意见。

目 录

第一章 导 论 ··· 1
  第一节 研究背景和意义 ·· 1
  第二节 研究内容与技术路线 ·· 3
  第三节 脱贫地区基本情况 ··· 5

第二章 理论基础 ··· 9
  第一节 相关理论基础 ··· 9
  第二节 国内外研究综述 ··· 12
  第三节 产业扶贫与产业振兴的逻辑关系 ·· 15

第三章 产业扶贫成效评价 ··· 18
  第一节 产业扶贫整体成效 ··· 18
  第二节 脱贫地区产业发展水平评价 ·· 21

第四章 四川产业扶贫模式总结与典型案例 ······································ 27
  第一节 九寨沟县深化产业发展"七要素" 加快脱贫奔康步伐 ············ 27
  第二节 集体有收益 农民更富裕——发展集体经济的"马尔康实践" ··· 30
  第三节 阿坝县狠抓集体经济发展 探索脱贫攻坚实招 ····················· 32
  第四节 红原县推广"五联+"产业脱贫新模式 ································ 35
  第五节 越西县借力"四川扶贫"公益品牌商标脱贫增收的实践 ········ 38
  第六节 小金县产业助力脱贫攻坚 全面提升"造血功能" ·················· 41
  第七节 汶川县"小小甜樱桃 脱贫大产业"脱贫攻坚典型案例 ·········· 43
  第八节 健全农村商贸双向互通体系 布拖电商扶贫模式呼之欲出 ····· 46

第五章　巩固拓展脱贫攻坚成果同乡村振兴有效衔接 ……… 49
第一节　产业扶贫与乡村产业兴旺有效衔接的现实困境 ……… 49
第二节　产业扶贫与产业振兴有效衔接路径研究 ……… 52

第六章　高原藏区产业发展路径实践探索 ……… 59
第一节　小金县生态农业产业发展 ……… 59
第二节　马尔康市有机农业发展 ……… 82
第三节　九寨沟县生态农业发展 ……… 92

第七章　秦巴山区产业发展路径实践探索 ……… 116
第一节　巴州区现代农业发展 ……… 116
第二节　剑阁县现代农业发展 ……… 137
第三节　广元市昭化区黄龙乡水磨村脱贫攻坚巩固提升 ……… 161

第八章　川南乌蒙山区产业发展路径实践探索 ……… 176
第一节　筠连县生态农业发展 ……… 176
第二节　叙永县现代农业发展 ……… 201
第三节　兴文县蚕桑产业发展 ……… 225

第九章　大小凉山彝区产业发展路径实践探索 ……… 233
第一节　凉山州高山特色现代农业"百里产业示范带" ……… 233
第二节　甘洛县现代农业产业发展 ……… 239
第三节　马边彝族自治县荣丁镇后池村脱贫巩固提升 ……… 262
第四节　布拖县产业脱贫攻坚行动 ……… 273

参考文献 ……… 286

第一章 导 论

第一节 研究背景和意义

一、研究背景

2020年,我国取得了脱贫攻坚的全面胜利,实现了国内的绝对贫困人口清零的目标,创造了人类"减贫"史上的一个奇迹。党的十九大提出实施乡村振兴战略,是以习近平同志为核心的党中央着眼党和国家事业全局、顺应亿万农民对美好生活的向往,对"三农"工作作出的重大决策部署,是决胜全面建成小康社会、全面建设社会主义现代化国家的重大历史任务,是新时代做好"三农"工作的总抓手。"十四五"时期是我国第二个百年奋斗目标的开始期,也是巩固拓展脱贫攻坚成果、推动乡村全面振兴的关键期。脱贫攻坚让贫困人口衣食无忧,乡村振兴将实现富足生活,脱贫攻坚与乡村振兴的衔接是一项十分重大且复杂的工程。

在脱贫攻坚时期,产业扶贫作为精准扶贫"五个一批"工程中的首要工程,是打赢脱贫攻坚战的重要保障,也是其他扶贫措施取得巨大实效的重要基础。在全面推进乡村振兴进程中,产业兴旺是乡村振兴战略的首要任务,是乡村振兴战略的工作重点,是乡村振兴的经济基础和不竭的持续推动力,也是解决我国农村经济社会问题的关键。做好两者之间的有效衔接,实现脱贫地区乡村产业可持续发展,不仅有助于推动脱贫攻坚与乡村振兴有机结合,也为实现第二个百年奋斗目标提供重要支撑,更为实现中华民族伟大复兴奠定坚实基础。

产业扶贫和产业兴旺在本质上存在协同一致性,在政策目标、内容、对象等方面存在着差异。产业扶贫和产业兴旺是产业发展的不同阶段,两者的最终目标都是通过产业发展实现乡村地区的发展和乡村居民的共同富裕。产业扶贫是实现产业兴旺的坚实基础,产业扶贫发展了贫困地区的特色产业,增强了贫困地区的自我发展能力。产业扶贫使贫困群众的收入水平得以明显提升，贫困地区经济得以长足发展；产业兴旺将使产业扶贫质量得到巩固和提升，可有效防范返贫风险，防止脱贫人口返贫，从而更好地巩固产业扶贫脱贫成果，推进产业扶贫成果的优化升级，有利于做好做强乡村产业，提升产业发展质量和可持续发展能力。产业扶贫和产业兴旺的提出，具有明显的政策特征，本质是乡村产业发展。从政策目标来看，产业扶贫是短期目标，增加贫困人口收入，增强内生发展动力；产业兴旺则是长期目标，关注乡村产业高质量发展，是实现乡村共同富裕的经济基础，需要分阶段分目标有序推进，稳扎稳打，久久为功。从政策内容来看，产业扶贫侧重特色产业发展，关注产业发展的当前效果和利益机制，产业兴旺则更关注产业的长期高质量发展。从政策对象来看，产业扶贫主要针对的是特定群体即贫困地区和贫困人口，产业兴旺则是针对整体乡村即全部乡村地区和乡村人口。

鉴于此，乡村产业的可持续发展仍然是巩固拓展脱贫攻坚成果同乡村振兴有效衔接的重点，也是实现农业农村现代化的前提。脱贫摘帽不是终点，而是新生活、新奋斗的起点。未来要在巩固拓展脱贫攻坚成果的基础上，做好乡村产业振兴，接续推进脱贫地区发展和群众生活改善。

二、研究意义

巩固拓展脱贫攻坚成果，为脱贫地区产业可持续发展提供重要支撑。党的十八大以后，脱贫攻坚上升为国家战略，成为各级党委、政府的工作重心。产业扶贫作为精准扶贫的重要抓手和承接平台，其重要性不言而喻。发展农业产业既是脱贫攻坚时期消除绝对贫困的主要手段，也是实现乡村振兴战略和减少相对贫困的重要路径。产业扶贫作为精准扶贫的关键因素，是解决贫困户增收致富的一项根本性和长远性的重要战略举措，是"从短期效益到长期效益""从输血到造血"的主要抓手和平台。发展产业既是贫困人口增收的有效途径，同时也是贫困人口提升自我发展能力的具体体现和重要标准。在乡村振兴战略中，产业兴旺是重点也是基础。要推动乡村产业振兴，紧紧围绕发展现代农业，围绕农村产业融合发展，构建乡村产业体系，实现产业兴旺，把产业发展落到促进农民增收上来，推动乡村生活富裕，最终实现乡村全面振兴。在我国脱贫攻坚战取得了全面胜利，迈入实施乡村振兴战略的历史起点，构建一套比较完整的产业扶贫绩效评价理论与评价体系，做好产业扶贫绩效评估，有助于准确判断产业扶贫方面的治理能力，探索脱贫攻坚产业扶贫与乡村振兴产业兴旺有机衔接路径，对于实现脱贫地区农业产业可持续发展，助力乡村振兴具有重要而深远的意义。

发现潜在风险因素、薄弱环节，促进脱贫地区产业扶贫成果同乡村振兴产业兴旺有机衔接。脱贫地区由于地理气候等自然条件限制，传统农业发展空间有限，农业产业开发多以地方特色经济作物为主。脱贫攻坚中，各级政府整合大量资金支持贫困地区产业发展，取得巨大成绩，农业基础设施进一步完善，农业产业发展水平显著提升。但一个地区优势特色农业产业培育是一个长期的过程，需要持续地投入，坚持不懈地努力。部分脱贫地区对于发展农业产业仍然存在思想观念因循守旧、专业人才缺乏、综合支撑力度不够、内生动力不足、可持续发展能力不强等问题。在迈入"十四五"新的历史起点，探寻脱贫地区农业产业的可持续发展路径和对策，对于巩固脱贫攻坚成果，防止出现规模性返贫现象，促进脱贫攻坚产业扶贫与乡村振兴产业兴旺有机衔接是当前急需解决的问题。

第二节 研究内容与技术路线

一、研究内容

本研究从四川贫困地区产业可持续发展的角度，对四川四大贫困地区产业扶贫成效进行评价，归纳总结四川产业扶贫典型案例，分析产业可持续发展现实困境以及对策建议，并以典型地区为实证，为政府宏观决策提供科学依据。具体内容安排如下。

1. 产业扶贫的理论基础与逻辑框架

在查阅、研读研究文献、政策文件的基础上，以产业扶贫的演进历程为线索，阐述产业扶贫的相关概念、梳理产业扶贫的相关基础理论、政策发展历程及其阶段特点。

2. 农业产业扶贫成效评价

从农业投入水平、农业产出水平、农村社会水平、农业可持续水平以及综合水平五个方面，构建四川省四大贫困地区的绩效评价指标体系，评价产业扶贫绩效，并采用层次分析法（APH）——模糊综合评价方法，对四川省四大贫困地区88个深度贫困县的产业扶贫绩效进行实证分析研究。

3. 产业扶贫典型案例

在国家产业扶贫政策的引领下，四川省各深度贫困县贫困地区依据自己的资源优势，在实践中探索出以特色产业发展为基础的多样化的产业扶贫模式和具体做法。

4. 脱贫攻坚产业扶贫同乡村振兴产业兴旺有效衔接路径

阐述四川省四大贫困地区产业扶贫实施过程中遇到的困境，发现当中的薄弱环节，为推进产业扶贫与产业兴旺相衔接提出政策建议，为促进农业发展、农民增收奠定基础。

5. 四大片区乡村产业可持续发展探索

随着"三农"工作重心历史性地转移到全面推进乡村振兴的新阶段，促进产业扶贫到产业振兴的有效衔接，实现乡村产业可持续发展成为"三农"工作的新要求。四川脱贫地区在产业可持续发展方面进行了积极的探索。

二、技术路线

根据本研究的主要内容，技术路线如图1-1所示。

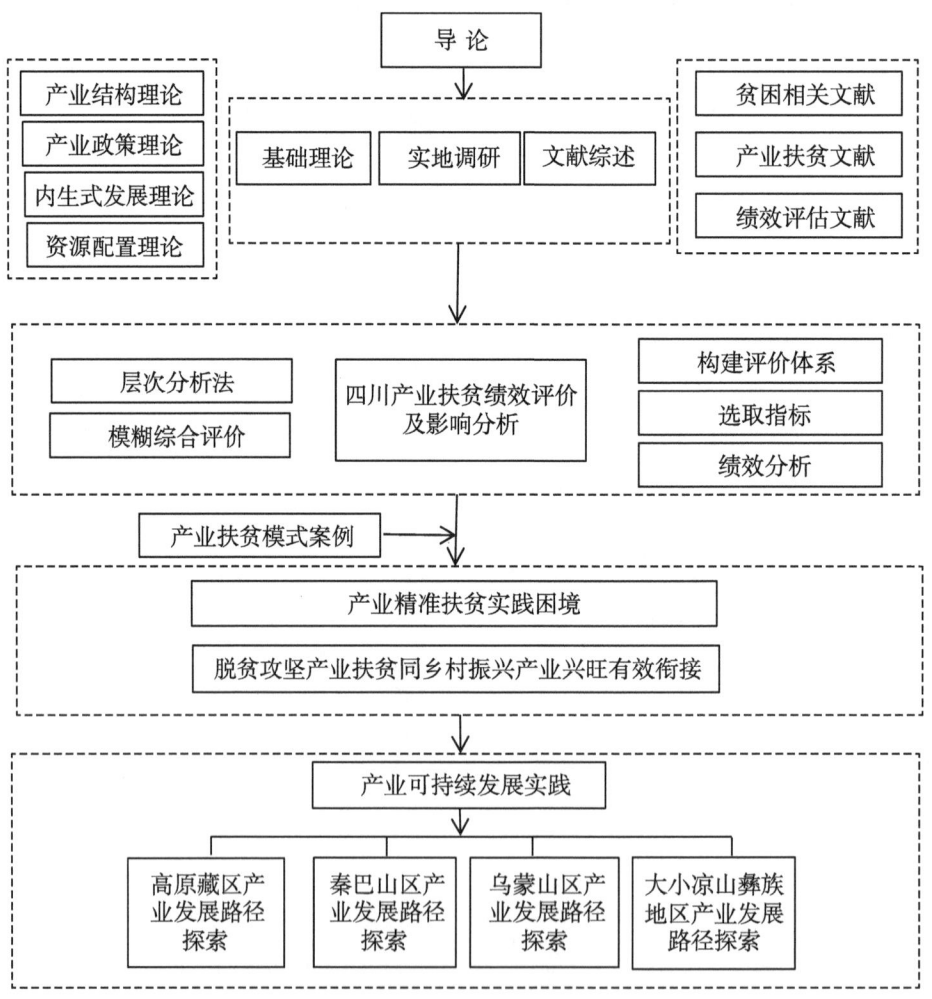

图1-1 技术路线

主要研究内容包括以下几个方面。①研究背景及研究意义；②理论基础，包括核心概念、相关理论研究、产业扶贫与乡村振兴的逻辑关系等；③产业扶贫评价，梳理产业扶贫总体成效，构建评价指标体系，采用层次分析法（APH）——模糊综合评价方法，从农业投入水平、农业产出水平、农村社会水平和农业可持续发展水平以及综合发展水平五个方面进行评价分析；④推进产业扶贫同产业振兴有效衔接，分析脱贫地区产业发展实践困境，提出对策建议；⑤典型地区产业可持续发展路径探索，介绍各地在推进乡村产业可持续发展中的实践探索。

第三节　脱贫地区基本情况

一、研究范围

研究范围包括秦巴山区、乌蒙山区、高原藏区、大小凉山彝区四大片区，是四川省脱贫攻坚主战场；其中秦巴山区包括绵阳市平武县、北川县，广元市朝天区、苍溪县、旺苍县、利州区、昭化区、剑阁县、青川县，巴中市通江县、南江县、平昌县、巴州区、恩阳区，达州市宣汉县、万源市、通川区、达川区、开江县、大竹县、渠县，南充市仪陇县、阆中市、南部县、嘉陵区、高坪区、蓬安县、营山县，广安市广安区、前锋区、邻水县、华蓥市、岳池县、武胜县共计6个市34个县市区；乌蒙山区包括泸州市古蔺县、叙永县、合江县，宜宾市屏山县、高县、筠连县、珙县、兴文县和乐山市沐川县，共计3个市9个县区；大小凉山彝区包括乐山市马边县、金口河区、峨边县，凉山州盐源县、普格县、布拖县、金阳县、昭觉县、喜德县、越西县、甘洛县、美姑县、雷波县，共计2个市州13个县区；高原藏区包括阿坝州壤塘县、黑水县、小金县、汶川县、理县、茂县、九寨沟县、松潘县、金川县、马尔康市、阿坝县、若尔盖县、红原县，甘孜州色达县、石渠县、理塘县、德格县、甘孜县、康定市、泸定县、丹巴县、九龙县、雅江县、道孚县、炉霍县、新龙县、白玉县、巴塘县、乡城县、稻城县、得荣县和凉山州木里县，共计3个州32个县市。

二、区域特征

（一）自然条件

研究范围分别位于四川东北部秦岭大巴山南麓、四川盆地南缘、云贵高原北麓和青藏高原东部横断山区。地貌类型复杂，气候类型多样：秦巴山区以山地、深丘为主，属亚热带—暖温带过渡性季风气候；乌蒙山区喀斯特地貌明显，属亚热带湿润性季风气候，大小凉山彝区以高寒山区、干热河谷区、深山峡谷区为主，地质构造复杂，立体气候明显；高原藏区以高原山地、高寒草原、高原丘陵和高山峡谷为主，属典型的高原季风气候。区内金沙江、嘉陵江、雅砻江、岷江、黄河、大渡河等江河水系发达，水能资源蕴藏量大。秦巴山区和乌蒙山区森林覆盖率较高。区内植被、土壤类型多样，生物物种丰富，是国家重要的生态保护区、生物多样性保护区和水源涵养生态功能区；矿产资源品种多样富集，天然气储量大；自然和民族文化旅游资源极为丰富，开发潜力巨大。大小凉山彝区多高山深谷，气候严寒多变，积温不足。耕地稀少且土质瘦瘠，同时灾害频繁，伴随着旱灾、泥石流、地震等自然灾害。大小凉山彝区的耕地大部分分布在30°～70°的陡坡上，没有灌溉条件，只能依赖天然降水。该区域的高寒山区和二半山区，平均海拔超过2 000米。气候上，最热月平均气温为10℃，最冷月平均气温低于2℃，气温较低，最冷时在0℃以下。霜期长达半年以上，属于高山台地气候，气候多变，昼夜温差大。

（二）经济社会发展

2010—2020年区域内经济社会长足发展，国民生产总值、地方财政一般预算收入、城镇居民人均可支配收入和农民人均纯收入等都有大幅增长，一、二、三次产业结构调整步伐加快，城镇化率、森林覆盖率显著提高。交通、水利、能源等重大基础设施建设取得明显进展，水电、矿产、食品饮料等特色工业初具规模。农村主导产业发展迅速，优势特色产业布局趋于合理，农村生产生活条件不断改善，扶贫开发取得明显成效。

区内人口素质逐步提高，自然增长率得到有效控制。义务教育成效明显，全面实现九年义务教育普及，农村适龄儿童入学率保持在97%以上，农村劳动力文盲、半文盲率下降到15%以内。卫生条件逐步改善，乡镇卫生院实现全覆盖，社会保障体系逐步健全，新型农村合作医疗参合率高，新型农村养老保险逐步推广，农村低保基本做到应保尽保，就业规模不断扩大。

研究范围是多民族融合居住地区，四川藏区是我国第二大藏族聚居区，大小凉山是我国最大的彝族聚居区，藏羌文化、彝族文化源远流长，苗族风情浓郁，民族特色明显，各民族团结和睦，社会和谐稳定。

（三）产业发展

规模大、质不高。研究区域马铃薯、核桃、茶叶、食用菌、水果、高粱、生猪、肉牛、肉羊优势特色产业发展已具有相当规模；乡村旅游、产业观光旅游等从无到有，乡村农家乐、产业观光园等发展迅速，已初现雏形。但是产业发展比较粗放，产业增长动力主要依靠土地资源、农资消耗、自然生产和劳动投入，产业基地小型分散，专业化、产业化程度低，科技支撑体系不健全，科技含量不足，跨市州、跨区县建立较大规模的产业基地还不完善。生产营销体系不健全，生产、加工、储运、销售、服务各个环节联系不紧，商品转化率低，粗加工多，精加工少，产业链条短，产品附加值不高。品牌意识不强，品牌多而杂，知名度低，缺乏产业核心品牌。市场观念不强，重产业轻产品、重加工轻市场的现象仍然存在，区域自主品牌的市场份额较低。乡村旅游还停留在初级发展阶段，档次低、不规范、效益差，项目区优越的生态资源、人文资源、乡村旅游资源没有得到有效开发和综合利用。

不平衡、体系差。一是自然条件不平衡，地质、土壤、气候条件各异，对产业大规模连片发展形成了诸多客观制约因素，尤其生态脆弱地区、地质灾害频发区和高寒山区发展条件和发展能力极差。二是生产基础设施条件不平衡，越是山区、偏远地区基础设施条件越差，产业发展成本高，收益率低，增收难度大。三是贫困程度不平衡，条件越差的地区贫困人口越多，社会发育程度低，公共服务不足，贫困发生率高，整体脱贫致富任务十分艰巨。四是生产经营体系、科技支撑体系、产业基础配套体系不完善、不配套，龙头带动能力较弱，产业化服务水平不高。

积累少、投入缺。一是各级财政投入不足，由于各地经济发展水平低，特别是县域经济比较薄弱，发展积累少，加之过去产业发展基础差、起点低，在产业发展的各个环节、各个方面都需要大量的资金投入。虽然财政专项扶贫资金从2001年到2010年增长了近10倍，对加快产业发展起到了重要作用，但是需要投入的面广量大，投入分散、"撒胡椒面"现象在所难免，财政扶贫资金只能做"药引子"，成效不理想。二是农民自身投入不足，项目区是特殊困难连片地区，农民收入水平低，只能保障基本生活需要，产业发展再投入严重不足。三是企业投入不足，项目区地处边远，对龙头企业吸引力差，很少有大型农副产品生产加工企业涉足该区域。

联系松、扶贫弱。一是偏远地区被边缘化。产业发展以行政区划为单位，产业布局和基地建设各自为政，形成产业点状分布，加之在产业发展中的"三边"（城市周边、公路两边、旅游点周边）现象突出，使贫困人口较多、产业发展落后、贫困程度较深的偏远乡村产业发展项目覆盖极少。二是差别化扶持措施不力。产业扶持政策一刀切，产业发展注重面上普惠，共同发展，对贫困村、贫困对象没有实行差别化政策扶持，许多贫困村、贫困对象因自身发展能力受限，而失去产业扶持机会。三是产业扶贫利益联结不紧密。一方面农民在产业发展中组织化程度低，专业合作组织不健全，在与企业利益联结中处于弱势；另一方面企业到贫困地区投入风险更大，使之不愿实行保底收购、二次返利等能确保农户增收的措施。

第二章 理论基础

第一节 相关理论基础

一、农业区位理论

1826年德国农业经济和农业地理学家约翰·冯·杜能根据资本主义农业与市场的关系,探索了因地价不同而引起的农业分带现象[1]。在出版的《孤立国对于农业及国民经济关系》中提出,孤立国农业圈层理论的农业区位论,阐明了农业区位理论的中心思想,即农业土地利用类型和农业土地经营集约化程度,不仅取决于土地的天然特性,更重要的是依赖于其经济状况,其中特别取决于其到农产品消费地的距离。他认为,在选择农业布局的问题上,并不是由自然条件完全决定的,适合种什么样的作物还受到诸如运输、市场等因素的制约。按照杜能的理论,农业布局应该是同心圆,由里向外依次为自由农作区(集约农业)—林业区(较集约)—谷物轮作区(较集约)—谷草轮作区(较粗放)—三圃轮作区(粗放)—畜牧区(极粗放),为农业生产专业化和农业区划提供了理论依据和借鉴意义。划分农业区位的依据是生产地距市场的远近、农产品市场价格和农产品生产成本。一般来说,农业生产基地距市场的远近,决定了运费的多少,在市场价格相同的情况下,距市场近的比距市场远的对农业生产更有利。按照运费大小和收益等情况,来确定某种农业类型的适宜范围,这是杜能农业区位理论的中心思想。杜能的农业区位理论尽管受到交通运输不发达、传统农业技术占主导地位的时代的限制,但对农业生产基地布局、农业高新技术项目规划具有重要的理论指导意义。总而言之,影响产业布局的主要因素包括自然环境、自然资源、市场和运输、劳动力、外部规模经济、资本、科学技术、政府政策等。

二、产业政策理论

产业政策理论是一种经济理论，其核心目的是为制定产业政策提供原理、原则和方法。产业政策是指政府部门为实现特定的经济政策或行业发展目标，针对外部实际需求以及企业自身的实际状况，积极采取计划、指导、命令、奖励和约束等举措，进行直接或间接的行政干预，以实现市场最佳选择或政策特定目的。产业政策理论研究的主要领域包括产业政策的目标、约束条件和影响因素，产业政策的实施与效果的评估，以及产业政策与其他经济政策的配套协调关系等[2]。产业政策理论的核心部分是产业结构政策理论，以产业资源的分配政策作为研究对象。在探讨产业结构演变规律及其原因的基础上，通过对产业结构的历史、现状及其未来的分析，寻找产业结构的发展变化规律，为制定合理的产业结构政策服务。产业政策理论还涉及产业组织政策，主要研究在特定产业内，企业的组织结构、竞争关系和规模经济等因素如何影响资源的配置效率。产业政策理论还基于市场失灵理论，即由于市场机制的不完善，如垄断、信息不完全、外部性和公共品等因素的存在，市场无法有效配置资源，这时候就需要政府通过产业政策进行干预，以实现资源的优化配置。同时，产业布局政策也可以解决企业的外部不经济问题，如集中解决具有环境污染的企业的外部不经济问题。

产业政策是针对乡村产业而言的，由此直接影响区域的产业组织、结构、布局及整体产业发展状况。总的来说，产业政策包括以下几个部分：首先是对基础设施的建设；其次是对农业产业政策执行机制；再次是对产业相关教育、技术等研究与开发；最后是促进产业相关的服务。通过农业产业政策的制定和实施，有利于资源的合理分配和利用，对于推动农业产业结构的调整意义重大。同时，对于农业整体经济发展来说，也具有重要意义。脱贫攻坚的关键时期，通过规划产业结构、产业发展目标及发展规模，确定扶贫主导产业，并通过政府的经济计划、经济措施扶植主要产业发展，带动产业参与者及整个经济的发展。

三、生态适宜性理论

生态适宜性理论是指某一特定生态环境对某一特定生物群落所提供的生存空间的大小及对其正向演替的适宜程度。对于生物群落和自然生态系统而言，生态适宜性主要是指其对自然环境的适宜性，包括气候适宜性、土壤适宜性和水分适宜性等[3]。生物在长期与自然环境协同进化的过程中，会对自然环境产生依赖，其生长发育对环境产生了一定的要求。如果生态环境发生变化，生物就不能较好地生长，因此产生了对光、热、温、水、土等生态因子的依赖性。例如，植物中有一些是喜光植物，而另一些则是喜阴植物；一些植物只能在酸性土壤中生长，而有一些植物则不能在酸性土壤中生长；一些水生植物只能在水中生长，离开水体则不能成活。因此，种植植物时必须考虑其生态适宜性，让最适应的植物或动物生长在最适宜的环境中。生态适宜性理论要求在进行生态规划时，必须遵循"因地制宜、因时制宜"的原则。该理论不仅适用于农业用地的布局，也可以用于各类建筑用地的布局。针对不同的用地类型，需要对不同方面的适宜性进行综合评价，从而有效地配置各类资源。

四、农业多功能性理论

农业不仅具有供给农产品和提供收入的经济功能，还同时具备生态、社会和文化等多个方面的功能，如传承历史文化、调节自然生态、满足旅游休闲、促进社会发展和保持政治稳定的多重价值作用。这一概念是20世纪80年代末和90年代初日本学者在其"稻米文化"中最先提出来的，1992年6月联合国环境与发展大会通过的《21世纪议程》正式认可并采用了农业多功能性提法，明确提出要注意发挥农业多功能性，以促进农业和乡村可持续发展。

农业多功能性是指农业除了提供食品、纤维等商品产出的经济功能外，还具有生态、社会和文化等多方面的非商品性功能[4]。这些功能相互依存、相互制约、相互促进，构成一个多功能有机系统。农业的生态功能体现在其作为土地与土地上的生物构成的生态系统，具有调节气候、保护和改善环境、维持生态平衡和生物多样性等方面的功能。农业活动通过土壤保持、水源涵养、生物多样性的保护和利用等方式，对自然环境进行保护和改善。农业的社会功能主要体现在确保粮食安全、维护社会和政治稳定、提供就业和社会保障等方面。农业为社会提供了大量的就业机会，是农村地区居民的主要生活来源。同时，农业发展的好坏与社会稳定和政治稳定有着较大的关联，农业的稳定发展对于社会经济的顺利进行和政权的稳固具有重要意义。农业还具有文化功能，这主要体现在土地本身构成的自然和人文综合景观带给人们的休闲、审美和教育价值。农业承载着丰富的历史文化和传统智慧，如农耕文化、农村风貌、农业景观等，这些都是人类文化遗产的重要组成部分。

五、可持续发展理论

自中华人民共和国成立尤其是改革开放以来，中国综合国力大幅上升，工业化取得了举世瞩目的成就，国际地位和影响力显著提高。在人民生活明显改善的同时，出现了一些社会问题如环境问题等，这种"压缩型的工业化"引发了一系列治理危机。诸如环境恶化、生态失衡、气候变暖和资源短缺、大量施用农药化肥，不但使土地日益贫瘠，而且使农作物病虫害泛滥，严重危害人类健康；滥垦滥伐造成水土流失严重，土地沙漠化不断扩大，沙尘暴漫卷我国北方的乡村和城市。1987年第42届联合国大会通过报告《我们共同的未来》，可持续发展逐步提上了议程。

可持续发展理论是一种综合性的发展观，它强调在满足当代人需求的同时，不损害后代人满足自身需求的能力。这一理论主张经济、社会和环境三个维度的协调发展，追求的是长期、稳定、公平和可持续的发展模式。可持续发展理论的核心思想包括公平性原则、持续性原则、共同性原则。通过促进经济增长方式的转变，推动绿色低碳发展，提高经济增长的质量和效益；加强环境保护和治理，减少环境污染和生态破坏，保护和恢复生态系统的功能和完整性；促进社会公平和包容性发展，缩小贫富差距，提高人民生活水平，实现社会和谐稳定；推动全球合作和共建，加强国际合作和交流，共同应对全球性挑战等措施，实现全球范围内的可持续发展。

农业可持续发展是建立在持续性、发展性、公平性的可持续原则基础上的人类经济发展与农业生产能力之间的协调，是一种再生循环农业，是一系列使环境、资源良性循环的农业经营过程。它要求人们在从事农业生产活动的过程中，既要考虑当前发展的需要，又要考虑未来发展的需要；既要满足当代人对农产品数量和质量的需求，又不对后代人满足其需求的能力构成危害。农业可持续发展的目标是实现经济、生态和社会的协调发展，其中经济可持续性是基础，生态可持续性是条件，社会可持续性是目的。为了实现这一目标，需要采取一系列合理的农业生产和经营方式，包括调整农业结构、优化农业资源配置、提高农业科技创新能力、加强农业生态环境保护等。在农业可持续发展的过程中，需要遵循一些基本原则，如保持土地资源的持续利用、保护水资源和生态环境、维护农民的权益和福利、促进农村社会的全面发展等。

第二节 国内外研究综述

国外研究主要集中在农业产业化研究和贫困宏微观研究方面。关于农业产业化的研究，包括①农业产业化的概念、内涵和实质；②农业产业化组织形式的研究，主要包括农工综合体、合同农业、农业合作社等形式[5-7]；③农业产业化的特征与利益联结机制研究[8-9]。在贫困的宏微观研究方面,主要涉及贫困的脆弱性和动态性[10-11],微观方面主要集中在贫困户的权利、资格与能力[12-13];贫困户的评估方法[14-17];贫困的类型[18-22]。美国、法国、日本、韩国等发达国家依托其区位优势和资源禀赋,转变农业发展方式,探索特色产业扶贫模式和休闲旅游产业扶贫模式[6,23-24]。泰国、菲律宾、巴拉圭、蒙古国等国家积极开展"一村一品"运动,提高农民参与的积极性、打造特色农业产品的品牌优势,从而建立政府和农户间良好的交流机制以保证资源的优化配置[6,25-26]。

国内关于产业扶贫的研究基本沿着以下方面进行:①产业扶贫内涵及历程研究;②产业扶贫的模式研究;③产业扶贫的问题及对策研究;④产业扶贫的精准施策研究;⑤产业扶贫绩效评估;⑥脱贫攻坚与乡村振兴衔接。

一、产业扶贫内涵及历程研究

长期以来,国家顶层政策层面就产业扶贫出台的文件很多,学术界有关产业扶贫的研究成果也非常丰富,但是由于关注的重点和视角不同,在不同的文件和研究中对于产业扶贫的定义表述也不尽相同。庞庆明等认为,产业扶贫是在政府主导下,通过发展特色产业、推进产业体系化及产业资本持续增值的方式,实现贫困者脱贫的既定目标[27]。许旭红认为,产业扶贫是挖掘贫困地区自然资源禀赋,通过产业化的发展模式实现经济收益,从而达到带动贫困人群创收增收、摆脱贫困的目标[28]。黄承伟等也对产业精准扶贫的内涵进行了阐释,认为产业精准扶贫是指以贫困地区的资源禀赋为前提,市场需求为导向,产业发展为抓手,外部扶贫力量为依托,通过科学确立产业扶贫项目,有效投入技术、信息、资本、土地、劳动等要素,进行产业培育和发展,从而促进贫困地区经济发展和贫困人口收入增加,实现脱贫致富的过程。产业扶贫是一种坚持市场主导、政府引导,以促进贫困人口增收和贫困地区发展为目标,立足贫困地区资源禀赋、贫困状况,科学规划、选择、培育扶贫产业,建立相应的收益分配机制,并以产业扶贫支持政策作为支撑的一种扶贫方式[29-30]。历程阶段上,吕开宇等将我国产业扶贫政策演变划分为产业扶贫的基础夯实阶段(1949—1977年)、产业扶贫的起步摸索阶段(1978—1985年)、产业扶贫的雏形确立阶段(1986—2000年)、产业扶贫的加速推进阶段(2001—2012年)和产业扶贫的精准施策阶段(2013—2020年)五个发展时期。脉络上,采取了先易后难、由点到面的发展思路;特征上,具有顶层设计不断完善、基础环境持续优化、多元主体有序参与、差异政策不断发力等特征[31]。

二、产业扶贫的模式研究

有学者结合地区案例从金融、生态等方面进行探究。刘清荣等通过对开发式扶贫模式的比较,认为要在完善产业机制、强化产业支撑、培养龙头企业、坚持到村到户的基础上构建长效扶贫机制[32]。巩前文则在反思扶贫产业限制的基础上,提出打造跨区域扶贫产业区的新思路,以期打破区域界限,实现资源的统一配置,提高规模效益、资源配置效率和扶贫效果[29]。梁晨进一步提出了三种产业扶贫项目推广模式,即依靠政府干部直接推行、通过企业或大户推行、依靠农户广泛参与合作推行[33]。李志萌探索产业扶贫的"龙头企业合作社(基地)+贫困农户""金融服务+""特色旅游+""互联网+""移民搬迁进城进园"五大模式[34]。此后,李燕琴等学者进一步深入研究了旅游扶贫模式[35-37]。

三、产业扶贫的问题及对策研究

宏观方面,针对产业发展过程中的目标偏离、实践变形等问题,有学者从产业扶贫政策着手提出转变帮扶思路,创新机制体制[38-39],有学者从扶贫产业本身提出要创新产业发展模式[40],还有学者针对产业扶贫对象提出要强化主体参与等方面的对策建议[41-42];中观方面,基于地方特色资源,有学者对典型县市、贫困集中连片区、经济区域进行了产业发展的案例研究[43-47]。

四、产业扶贫的精准施策研究

凌经球等认为产业到户是精准扶贫的重中之重,要从制度设计、基础设施完善、产业到村到户、资金支持、帮扶机制创新等方面入手实现产业到户[48]。在对精准扶贫的基本内涵进行界定的基础上,进一步提出了实现产业化扶贫开发精准化的基本思路,认为要充分利用当地资源、政策,健全考评制度,加强对农户技能培训[49]。周吉等认为在发展特色产业的同时,要积极创新科技、金融、"互联网+"等扶贫模式,创新扶贫工作机制,才能推动产业精准施策[50]。郑烨、王春萍则进一步提出,产业扶贫要借鉴多方参与、多元共治的理念,要做到精细和准确[51]。

五、产业扶贫绩效评估

模糊综合评价法是基于模糊数学,将定性评价指标定量化,进行系统评价的一种方式。然而,层次分析法和模糊综合评价的结合使用,适用于多因素、难以量化及模糊事物,以及定性和定量结合的评价。在农村问题的研究上,诸多学者选择层次分析法作为研究方法[52-55];在层次分析法的基础上,以绩效评估为研究对象,构建了绩效评估体系,并阐述了层次分析法的实际应用过程。陈小丽运用层次分析法构建三级指标体系,对湖北民族地区扶贫绩效进行定量研究[56]。陈爱雪等在分析我国精准扶贫的前提与实施内核基础上,运用层次分析法建立了包括5个一级指标和15个二级指标的精准扶贫绩效评价体系,并给予了相关对策建议[57]。同时,也有不少学者通过构建模糊综合评价法,进行绩效评估[58-60]。

六、脱贫攻坚与乡村振兴衔接

学者对贫困地区的乡村振兴研究不多,尚未形成十分丰富的理论体系。廖林燕认为应该从完善农村地区社会治理结构,提高化解社会矛盾能力和整合挖掘当地传统特色的治理资源三个主要方面下功夫来提高乡村振兴水平[61]。杨浩等通过对四川凉山州、藏区进行调研,剖析典型案例,寻找具有针对性和可操作性的脱贫路径[62]。刘解龙提出要想彻底解决好深度贫困地区的系统性贫困问题,必须长期推进乡村振兴工作,而且要将脱贫作为首要的、底线性的任务,从而为乡村振兴构建坚实基础[63]。王亚华认为乡村振兴是党对过去提出的有关农村战略的总结和升华,是我国农村发展提出的新战略[64]。

第三节 产业扶贫与产业振兴的逻辑关系

党的十八大以来,中国取得了显著的脱贫成效。党的十九大将脱贫攻坚列为全面建成小康社会必须打好的三大攻坚战之一,与此同时,作出了实施乡村振兴战略的重大战略决策。在这脱贫攻坚的决胜期、实施乡村振兴战略的启动期、脱贫攻坚与乡村振兴的交汇期,探讨如何实现脱贫攻坚同乡村振兴的有机衔接,推动脱贫攻坚与乡村振兴有机结合、相互促进,成为学术界的研究热点。产业扶贫作为打赢脱贫攻坚战的重要保障,把产业振兴作为乡村振兴的重中之重,探究两者的衔接关系,有利于巩固拓展脱贫攻坚成果同乡村振兴的有机结合,缓解我国发展不平衡不充分问题,也为实现第二个百年奋斗目标提供重要支撑。

产业扶贫立足于贫困地区的要素资源,充分发挥农民合作组织、龙头企业等市场主体的作用,以农林产业扶贫、旅游扶贫、电商扶贫等多种方式,加速贫困地区的特色产业形成,帮助贫困人口解决就业难题,使其收入稳定增加。产业振兴是以农业农村资源为依托，以农民为主体，以农村一二三产业融合发展为路径，形成地域特色鲜明、创新创业活跃、业态类型丰富、利益联结紧密的产业。整体上看，产业扶贫与产业振兴是点与面的关系，产业扶贫与产业振兴的衔接过程是由贫困领域向乡村多元发展的全领域拓展，产业扶贫的目标在于使贫困人口受益，进而达到脱贫或减贫的效果，而产业振兴则是以促进乡村全面发展为宗旨。时间维度上，产业扶贫与产业振兴的关系是前期准备与后期目标的关系；实施重点上，二者是阶段性重点与全面长远发展的关系；实施角度上，二者是侧重点与全局的关系。总之，产业扶贫为产业振兴提供有益借鉴和良好发展基础，产业振兴也反过来巩固和提升了产业扶贫的实施成效和发展质量。

产业扶贫与产业振兴也存在一定的差异性（表 2-1）。在政策目标上，产业扶贫旨在通过产业发展帮助贫困县在 2020 年顺利摘帽，贫困户在 2020 年如期脱贫。产业振兴的目标任务则是"力争用 5~10 年时间，农村一二三产业融合发展增加值占县域生产总值的比重实现较大幅度提高，乡村产业振兴取得重要进展。乡村产业体系健全完备，农业供给侧结构性改革成效明显，绿色发展模式更加成熟，乡村就业结构更加优化，农民增收渠道持续拓宽，产业扶贫作用进一步凸显。"在政策内容上，产业扶贫侧重特色产业发展，主要解决当前贫困地区与贫困户的产业发展问题，提高贫困户的收入；产业振兴侧重高质量、高品质发展，重点解决乡村地区和乡村人口持续发展产业问题，提高全体农民的收入。产业扶贫更关注产业发展的当前效果和利益机制，产业兴旺则更关注产业的长期高质量发展。在政策对象上，产业扶贫主要瞄准的是贫困地区和贫困人口，产业振兴不仅瞄准产业扶贫过程中的贫困地区和贫困人口，而是全部乡村地区和乡村人口，一个是特定群体，一个是乡村整体，两者之间有重合但不完全一致。在政策实施方面，产业扶贫要求精准识别扶贫对象，了解其致贫原因，对其精准帮扶、点上着力、靶向治疗；产业振兴不再具有特惠性而更加倾向普惠性，侧重整体施策、科学规划、全面发力。在政策时效上，产业扶贫脱贫效果及脱贫时间要求迫切；而产业兴旺是一项长期的历史任务，需要分阶段有序推进，稳扎稳打。

表 2-1 产业扶贫和产业兴旺的差异

类别	脱贫攻坚中的产业扶贫	乡村振兴中的产业兴旺	差异
政策目标	确保扶贫对象 2020 年能如期实现脱贫	确保 2020 年制度框架和政策体系基本形成；2035 年基本实现农业农村现代化；2050 年全面实现农业强、农民富	一个是短期目标，一个是长期目标

(续表)

类别	脱贫攻坚中的产业扶贫	乡村振兴中的产业兴旺	差异
政策内容	注重特色产业发展，主要解决当前贫困地区、贫困户产业发展问题和贫困户增收问题	侧重高质量、高品质发展，重点解决乡村地区和乡村人口持续发展产业问题，提高全体农民的收入	一个关注当前增收效果和利益机制，一个关注长期高质量发展
政策对象	瞄准贫困地区和贫困人口	面向整个乡村地区和乡村人口	一个是特定群体，一个是乡村整体
政策实施	侧重精准帮扶、点上着力、靶向治疗	侧重整体施策、科学规划，全面发力	一个是精准帮扶，一个是整体施策
政策时效	脱贫效果及脱贫时间要求迫切	是一项长期的历史任务，需要分阶段实施稳扎稳打	一个要求紧迫，一个稳扎稳打

总之，推进脱贫攻坚与乡村振兴的有机衔接，重点应聚焦于产业层面，产业扶贫与产业振兴的衔接能提升脱贫效果的可持续性，进而全面推动乡村振兴战略。同时，乡村振兴离不开产业支撑，实现脱贫攻坚由"输血式"转化成"造血式"同样也需要产业拉动，从产业层面巩固拓展脱贫攻坚成果同乡村振兴的有效衔接，能够实现贫困群体收益的持续性与稳定性，为乡村振兴提供经济支撑。

第三章 产业扶贫成效评价

第一节 产业扶贫整体成效

一、产业体系构建初显成效

针对各贫困地区的自然资源和地理条件，四川省大力发展特色农业产业。在秦巴山区，茶叶、猕猴桃等特色产业迅速崛起；在乌蒙山区，马铃薯、特色养殖等产业得到快速发展；在大小凉山彝区，彝族特色农产品和旅游业得到大力推广；在高原藏区，高原特色农业和生态旅游业也取得了显著进展。秦巴山区各市县依托其独特的自然资源和地理优势，大力发展茶叶、猕猴桃、生猪等特色产业。这些特色产业不仅增加了农民的收入来源，也为当地经济发展注入了新的活力。乌蒙山区气候适宜、植被多样，物种丰富，具有发展生态特色农业得天独厚的资源环境优势；片区粮油、蔬菜和肉类等主要农作物产量较高。如茶叶、核桃、青花椒、白魔芋等地方特色农产品产量也长期保持稳定增长的态势。凉山州围绕建基地、创品牌、搞加工，构建起以核桃为主的"1+X"生态林业、"果薯蔬草药"特色种植业、畜禽养殖业和特色农产品加工流通业、乡村旅游的多元产业发展体系。甘孜州围绕打造现代高原特色农牧业基地目标，积极布局"三江六带"现代农业产业带，推动建设甘孜牦牛产业集群，打造"有机之州"，着力发展优质粮油、特色林果、生态养殖、道地中药材、生态食用菌、精品茶叶六类特色产业；打造"肉、粮、油、蔬、果、菌、药、茶、酒"九大农产品加工区，建设"圣洁甘孜"现代农牧产业发展中心、农产品展示展销中心、物流园区、冷链物流中心、冷链物流设施设备五类商贸流通服务中心。阿坝州重点围绕牛羊（禽蜂）、生（藏）猪、特色水果、高原蔬菜、优质粮油、道地药材六大主导产业和食用菌类、高原花卉、林下种养、水产养殖等N个特色产业，构建了"6+N"现代高原特色农牧产业体系。

二、特色产业基地势头强劲

通过多年来的持续发展，四川脱贫地区形成了一批具备较强区域影响力的产业，有的具备了全国影响力，总体呈现出地方特色浓、产业知名度高、发展规模大、带动能力强、产业效益好的特点，成为地方的一张亮丽名片。结合四川省"10+3"现代农业体系建设，脱贫地区大力发展现代农业园区，推行"一村一品""一乡一业""一县一特"，建成了一批特色产业基地，积极推动蔬菜、水果、中药材、牦牛、藏系绵羊、藏猪、藏鸡等特色优势产业扩面提质，优质农产品贴上"四川扶贫"公益性集体商标标识，走出深山、卖出了好价钱。四川乌蒙山区依托丰富的自然资源和地理条件，积极发展特色农业产业，加强基础设施建设，培育龙头企业，推动农业产业化、规模化、品牌化发展。甘孜州建成"三江六带"现代农业产业带83.46万亩（1亩≈667米^2，全书同），建设现代农业园区43个，创建省五星级现代农业园区1个，累计登记认证"三品一标"（无公害食品、绿色食品、有机食品、地理标志农产品）农产品228个，甘孜牦牛产业集群成功申报国家产业集群建设项目。阿坝州发展蔬菜、水果、中药材等特色种植80万亩，建成果蔬核心示范基地76个、牦牛标准化养殖示范基地6个，万亩连片现代农业示范区5个，红原牦牛奶粉荣登区域品牌百强，金川香果山雪梨、若尔盖唐古大黄、九寨沟刀党参等地域品牌确定为四川省优质品牌农产品。凉山州累计建成生态林业产业基地1 422万亩、水果163.6万亩、马铃薯239.2万亩、蔬菜141万亩、药材10.4万亩。烤烟、蚕茧、水果、鲜切花、白魔芋、马铃薯、中药材产量和草食畜出栏数均居四川省第一；园区农产品综合加工率达70%。认证"三品一标"农产品156个。"大凉山"苦荞茶、西昌葡萄、会理石榴、会东烤烟、宁南茧丝、雷波脐橙、盐源苹果、金阳青花椒等形成品牌效应。

三、利益联结机制不断完善

家庭农场既是联结小农户与现代农业的纽带，又是小农户未来发展的方向。四川脱贫地区小农户仍然是主要的农业经营者，以家庭农场为载体，发挥示范带动作用，带领小农户进入现代农业发展轨道。发展小型农户扩大规模转为家庭农场，家庭农场组建或加入农民专业合作社，与龙头企业和社会化服务组织等建立了多元化合作关系，积极推行"合作社+基地+种植能手"托管经营、"销售龙头+基地+农户"订单产销、"龙头企业+基地+小业主"反租倒包等联结模式，带动农户流转土地和就近务工，促进脱贫地区脱贫村持续发展，脱贫人口稳定增收。推行"农业园区+农户""大园区+农民专业合作社+小业主+集体经济组织+农户"等利益联结机制和合作模式，鼓励产业园区吸纳脱贫户参股入园发展，共享产业链增值收益。甘孜州累计培育农民专业合作社 3 904 家，较 2012 年底增加 3 724 家。阿坝州培育家庭农场 371 个、农民专业合作社 5 749 个，发展新型合作经济，建立完善企业带村组、大户带散户、能人带弱户以及"保底收益、按股分红"等带贫益贫机制。同时围绕"大九寨、大熊猫、大草原、大冰川、大长征、大雪山、大地震遗址、大禹故里"等品牌，积极发展乡村旅游、生态旅游、文化旅游、休闲度假旅游，成功创建省级旅游扶贫示范县 3 个、旅游扶贫示范区 4 个、旅游扶贫示范村 158 个。凉山州从事农林产业发展相关企业 206 家，其中农业产业化龙头企业国家级 3 家、省级 31 家、州级 84 家；家庭农场达 7 687 个，新增 5 655 个，创建示范场省级 81 个、州级 192 个；农民合作社达 9 026 个，新增 6 544 个，创建示范社国家级 18 个、省级 103 个、州级 250 个，合作社成员达 20.2 万个，带动农户 24.8 万户；农业产业化经营组织带动农户 85.8 万户，带动面 70%以上。

四、探索行之有效的产业发展模式

一是生态农业发展模式。依托资源禀赋、聚焦短板弱项，从培育壮大特色产业、建立林下产品质量管控体系、强化林下经济发展科技支撑、创新林下经济发展机制等方面，大力实施推广"林禽""林畜""林药""林旅"和"林下采集"等长短结合的立体经营模式，构建起产业实体、科技支撑、人才培育、资本投入"四位一体"林下经济产业体系，打造了一批特色明显、产业融合、竞争力较强的现代林下立体经济产业示范带（园区）。二是飞地抱团模式。四川省鼓励省内外共建特色产业园区，探索"公司+飞地托管""村集体经济+飞地托管"等模式。飞地扶贫主要是实行政府引导、企业引领、村级负责、群众参与、产业共建、利益共享等联结机制，从而实现不同乡镇、村组之间优势互补、利益共享。三是一二三产业融合模式。依托丰富的人文、旅游、生态资源，四川脱贫地区大力发展乡村旅游、休闲农业、生态康养等新产业、新业态，同时深化农村品牌加工，提升农产品附加值，并大力发展农产品电商，强化农业与工业、旅游业、商贸等二三产业融合发展，实现产业可持续发展。

第二节 脱贫地区产业发展水平评价

一、评价指标体系构建

(一) 指标选择

本研究在吸取同类研究成果的基础上,提出由4项准则指标和14项单项指标组成的评价指标体系(表3-1)。经济效益指标用来表达农业发展过程中实现的社会与经济效益。其中,农业机械总动力反映农业产业化基础条件;减量投入分类指标表达地区农业生产系统投入情况;循环利用分类指标体现在生产过程中对农业资源有效利用的水平;生态安全分类指标表达在农业发展中对于生态环境和资源安全的影响。与其他指标体系相比,该指标体系数据获取性强,计算方法简便易行。

表 3-1 评价指标体系

一级指标	二级指标	单位	计算公式
农业投入水平	劳均耕地面积	公顷/人	耕地面积/第一产业从业人数
	农业科技人员比重	人/万人	农业技术员人数/第一产业从业人数
	单位耕地面积农机总动力	千瓦时/公顷	农业机械总动力/耕地面积
	有效灌溉率	%	有效灌溉面积/耕地面积
农业产出水平	农业劳动生产率	万元/人	农业总产值/第一产业从业人数
	土地产出率	元/公顷	农业总产值/耕地面积
	单位播种面积粮食产量	千克/公顷	粮食总产量/粮食播种面积
农村社会水平	城镇化率	%	(总人口-乡村人口)/总人口
	农村居民人均纯收入	元/人	农民纯收入总额/农业总人口数
	恩格尔系数	%	食品支出的费用/农村居民消费总支出
农业可持续水平	森林覆盖率	%	有林地面积/国土资源面积
	单位面积化肥施用量	吨/公顷	化肥施用量/耕地面积

(二) 指标权重

评价指标分为两类:正指标数值越大越好;逆指标数值越小越好。本研究采用层次分析法,通过构造两两比较判断矩阵,获得各指标权重,判断矩阵通过一致性检验,其权重如表3-2所示。

表 3-2 脱贫地区农业发展水平评价指标权重

一级指标	权重	二级指标	权重	属性
农业投入水平	0.322 5	劳均耕地面积	0.156 9	正指标
		农业科技人员比重	0.088 2	正指标
		单位耕地面积农机总动力	0.483 2	正指标
		有效灌溉率	0.271 7	正指标
农业产出水平	0.490 1	农业劳动生产率	0.691 0	正指标
		土地产出率	0.217 6	正指标
		单位播种面积粮食产量	0.091 4	正指标
农村社会水平	0.127 9	城镇化率	0.093 6	正指标
		农村居民人均纯收入	0.626 7	正指标
		恩格尔系数	0.279 7	负指标
农业可持续水平	0.059 5	森林覆盖率	0.857 1	正指标
		单位面积化肥施用量	0.142 9	负指标

二、评价方法

常用方法的评价方法较多，如综合指数评价法、层次分析法、模糊聚类评价法、数据包络分析法、主成分分析法等。本研究选择具有过程规范、结果直观、使用简便等优势的综合指数评价。其基本模型如下：

$$X = \sum_{k=1}^{n} f_k \sum_{i=1}^{m_k} W_{ki} C_{ki}$$

式中：X 为综合指标评价指数；n 为准则指标数量；f_k 为第 k 个准则指标权重；W_{ki} 为第 k 个准则指标中第 i 项个体指标权重；C_{ki} 为第 k 个准则指标中第 i 项个体指标的数值；m_k 为第 k 个准则指标中个体指标数量。

从评价指标体系可知，评价指标性质各不相同，数据之间缺乏一定的可比性。为使各指标具有可比性，在进行评价时采用 Min~Max 标准化方法对原始数据进行线性变换。设 $MinA$ 和 $MaxA$ 分别为属性 A 的最小值和最大值，将 A 的一个原始值 x 通过 Min~Max 标准化映射成在区间 [0，1] 中的值 X'，其公式如下。

$$正指标：标准化值(X') = \frac{X - MinA}{MaxA - MinA}$$

$$负指标：标准化值(X') = \frac{MaxA - X}{MaxA - MinA}$$

借鉴国内现代农业评价研究的基础，本研究将农业发展划分为准备阶段、起步阶段、初步实现阶段、基本实现阶段和完全实现阶段，并确定各发展阶段的标准值。其中，准备阶段为<0.3，起步阶段为 0.3~0.5，初步实现阶段为 0.5~0.7，基

本实现阶段为 0.7~0.9，完全实现阶段为＞0.9。本研究所用数据来源于 2010—2021 年《四川统计年鉴》《四川科技统计年鉴》《四川农村统计年鉴》等，部分指标数据通过原始统计数据计算得来。

三、评价结果

（一）农业投入水平

2011—2020 年，四川脱贫地区农业投入水平逐年增长，从 0.311 增长到 0.545，增长了 75.24%，年均增长率为 5.77%。但是脱贫地区农业投入水平整体不高，尤其是农业科技人员比重仍处于低水平，仅为 9.32%，远低于全省平均水平 16.16%、全国平均水平 44%，表明四川省农业科技创新对脱贫地区农业现代化发展的支撑作用不强，新技术、新品种等先进科技成果转化与推广亟须加快改善；劳均耕地面积受耕地面积总量、耕地空间分布的限制，未来大幅提升的空间较小。从四大片区来看，大小凉山彝区农业投入增长率最大，增长了 117.21%，其次为高原藏区（75.85%）；高于秦巴山区（55.75%）、乌蒙山区（65.77%）；2011—2020 年投入增长率的变化，一定程度缩小了区域间农业投入差距（图 3-1）。

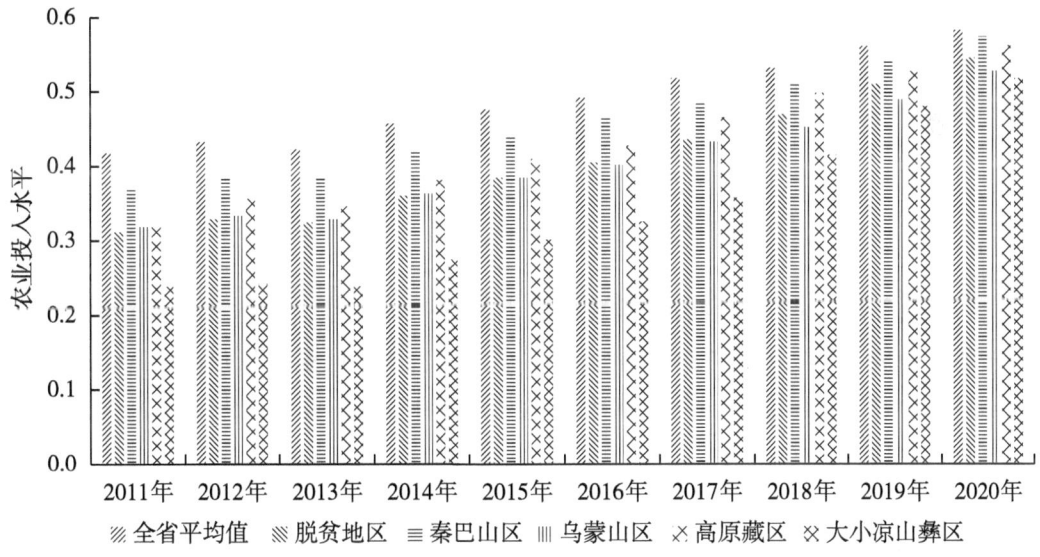

图 3-1 四川脱贫地区农业产业投入水平

（二）农业产出水平

四川脱贫地区农业产出水平快速增长，从 2011 年的 0.254 增长到 2020 年的

0.627，增长了 147.08%，年均增长率为 9.46%；高于全省 139.57% 增长水平，尤其是土地产出率大幅提升，十年增长了 197.85%，农业劳动生产率虽然增长较多，但因基础太差，农业劳动生产率较低，仅为全省平均水平的 65.12%。单位播种面积粮食产量变化不大。从四大区域来看，乌蒙山区十年间增长幅度最大，达 164.44%，其次为大小凉山彝区（151.17%）、高原藏区（146.54%）、秦巴山区（129.13%）。四大区域中，秦巴山区农业产出水平低于全省农业产出水平（图 3-2）。

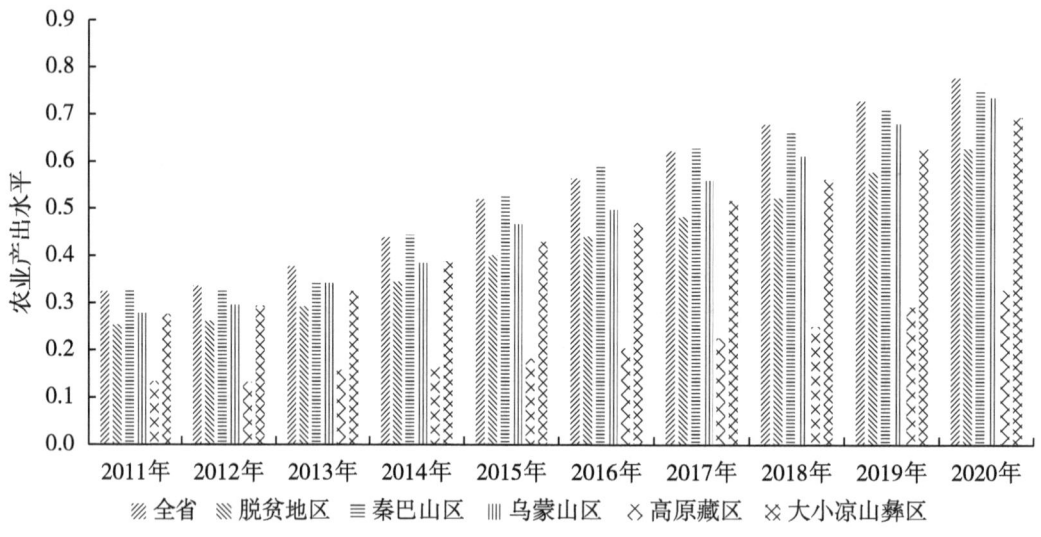

图 3-2　四川脱贫地区农业产出水平

（三）农村社会水平

四川脱贫地区农村社会发展速度较快，2011—2020 年，农村社会水平从 0.304 增长到 0.557，增长了 85.72%，年均增长率为 6.38%，但是四川脱贫地区农村社会发展水平情况整体不高，城镇化率为全省平均水平的 62.78%，农村居民人均纯收入为全省平均水平的 78.12%，说明四川脱贫地区将在加快城乡统筹发展、改善农村生活条件、转变农民生活方式等工作中面临巨大挑战。从四大区域来看，高原藏区十年间增长幅度最大，达 115.14%，其次为大小凉山彝区（93.41%）、秦巴山区（76.87%）、乌蒙山区（67.26%）。四大区域中，高原藏区和大小凉山彝区农村社会发展速度高于脱贫地区以及全省农村社会发展速度（图 3-3）。

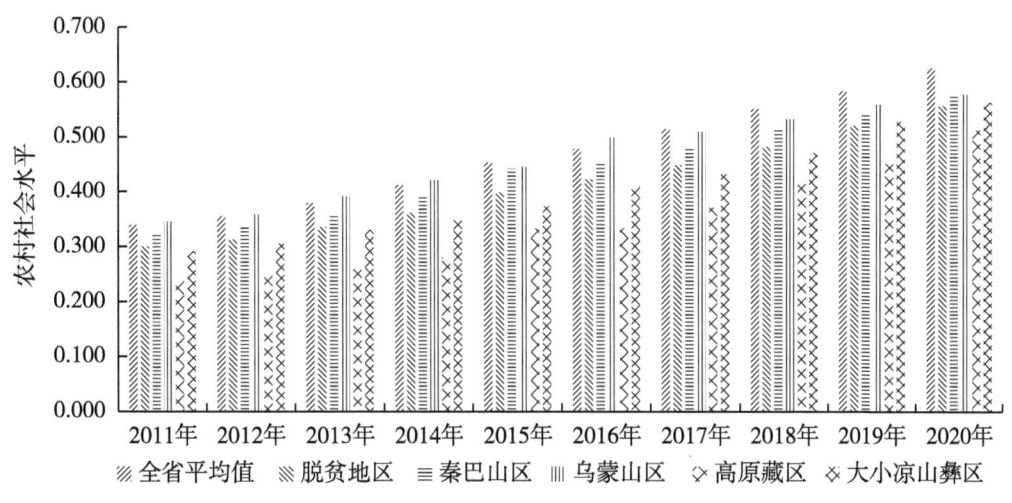

图 3-3 四川脱贫地区农村社会水平

(四) 农业可持续水平

四川脱贫地区农业可持续水平处于稳定态势,森林覆盖率逐年提高,化肥施用减量明显,2020年单位面积化肥施用量仅为2011年的33.52%。四川脱贫地区地处长江、黄河流域上游及金沙江、大渡河、雅砻江、青衣江和岷江等各大支流地带,是我国西部重要的生态屏障和生态保护与建设重点区域,良好的生态环境是脱贫地区的最大财富和最大优势之一,因此要大力发展绿色经济、循环经济,把资源开发与环境保护有机结合起来。从四大区域来看,大小凉山彝区十年间农业可持续水平增长幅度最大,达8.27%,其次为高原藏区(7.71%),秦巴山区和乌蒙山区略有增长,分别为1.32%、1.94%。四大区域中,高原藏区和大小凉山彝区农业可持续水平增长量高于脱贫地区及全省农业可持续水平(图3-4)。

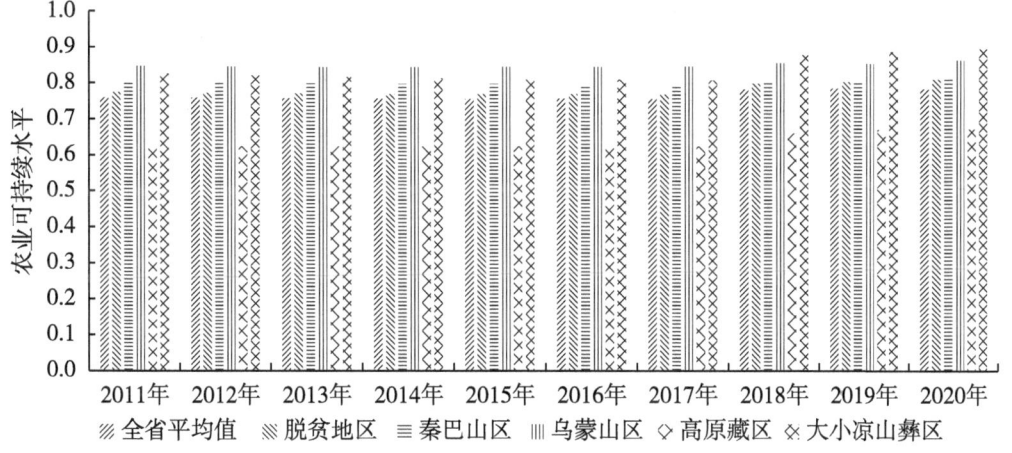

图 3-4 四川脱贫地区农业可持续水平

（五）综合水平

2011—2020 年，脱贫地区农业产业发展综合水平大幅增长，从 0.286 增长到 0.687，增长了 140.38%，从起步阶段稳步跨入初步实现阶段。从增长率来看，2011—2020 年，脱贫地区年均增长率为 9.16%。与四川全省农业产业平均发展综合水平 0.785 相比，脱贫地区农业产业发展综合水平仍然处于较低水平，但年均增长率明显高于全省的 7.47%，表明脱贫地区农业产业发展综合水平提升速度高于全省平均水平，现代化发展程度差距在缩小。从地区来看，秦巴山区和乌蒙山区的农业产业发展综合水平要高于高原藏区、大小凉山彝区，大小凉山彝区要高于高原藏区。从年度增长率来看，2014 年以后，四川四大脱贫地区的农业产业发展综合水平增长加速，也是国家精准扶贫效果的体现（图 3-5）。

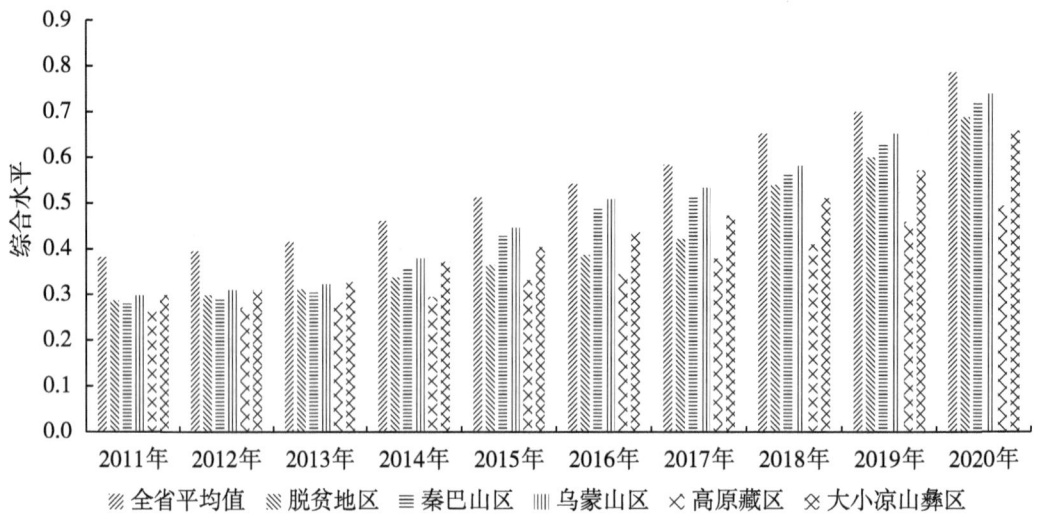

图 3-5　四川脱贫地区农业产业发展综合水平

第四章　四川产业扶贫模式总结与典型案例

第一节　九寨沟县深化产业发展"七要素"加快脱贫奔康步伐①

九寨沟县把农业产业作为贫困群众可持续发展和脱贫奔康的重要支撑，深化产业发展"七要素"，做大做强优势特色产业，以农业产业的蓬勃发展加快农民脱贫奔康步伐，持续巩固提升脱贫攻坚成效。

一、主导特色产业，增强发展"内力"

九寨沟县注重脱贫攻坚与乡村振兴有效衔接，以发展培育特色农业产业为目标，重点发展藏香猪、中蜂、酿酒葡萄、甜樱桃、脆红（青）李、刀党等优势产业，逐步形成河谷高效果蔬发展区、中山特色农牧业发展区、高山生态林牧药发展区。全县建成1个国家级农业标准化基地、9个省级农业标准化基地，各类标准化种植基地达3万余亩。罗依乡创建省级现代农业产业园，建立特色水果、花卉、有机果蔬等多个产业基地，年均临时用工达15 000余人次，带动群众人均增收1 000余元。

二、创建农产品品牌，激发致富"活力"

九寨沟县将品牌培育与安全监管和农产品认证相结合，九寨沟柿子、九寨沟蜂蜜获得农业农村部授予农产品地理标志，九寨沟刀党、九寨沟猪苓纳入国家市场监督管理总局地理标志保护产品，全县已认证绿色食品1个、无公害农产品11个、国家地理标志农产品4个，3 717.5公顷耕地整体认证为四川省无公害产地。利用

---

① 资料来源为九寨沟县扶贫开发局。

"净土阿坝"区域品牌树形象,成功申报注册"九寨阳光""阳光九寨"区域品牌,甜樱桃、脆红李、刀党、花椒、藏香猪等 21 种产品纳入"四川扶贫"集体商标认证,带动 37 家企业收集 300 余种农特产品,在"九寨吃喝玩乐"消费扶贫专区上架进行线上销售,同时积极参加成都、北京、杭州等农业博览会、产销对接会、农产品推介展示等活动,畅通线上线下销售渠道。

三、培育新型经营主体,引领增收"动力"

九寨沟县坚持建基地、拓市场、强中介,通过整合资源、盘活土地、给予政策、项目支持和技术服务,产业发展从资源优势向商品成功转型。培育罗依农业科技有限公司、阿坝州博文农牧科技有限公司、九寨庄园葡萄酒业公司、九珍党参产业有限公司等具有辐射带动能力的农业企业 7 家,其中州级龙头企业 3 家。指导注册合作社 581 家,其中国家级示范社 1 个,省级示范社 3 个,州级示范社 12 个,建立稳定的产品销售网络,提高产品市场竞争力,解决分散经营难、销价低的问题。引导和鼓励新型经营主体通过租赁、入股等多种形式流转土地承包经营权,发展土地流转型、土地入股型、服务带动型等经营模式,全县流转土地 9 123 亩,促进产业由零星发展向适度规模化转变,扩大带动贫困户覆盖面。

四、推进农旅融合,拓宽发展"潜力"

九寨沟县立足独特生态和丰富旅游资源,突出园区建设、业态拓展,形成以农促旅、以旅强农、农旅融合发展之路。结合灾后恢复重建建设现代农旅融合示范园 5 处,大力发展乡村休闲观光农业,打造大录乡油菜大地景观基地、保华乡薰衣草基地和陵江乡甜樱桃采摘园,成功举办首届"甜樱桃采摘节",陵江甜樱桃采摘园解决群众就业 800 余人,实现特色农业同乡村旅游有机融合。大力扶持现代生态休闲农业,推动农业、文化与旅游的互动发展,建成 3 个四川省第二批省级示范农庄(罗依乡九寨沟休闲农庄、九寨沟县鑫海农庄和白河太平生态农庄)。罗依乡九寨庄园成功建设成为"四川省乡村旅游创客基地新业态示范品牌",接待县内外游客 3 600 余人次,实现经济收入超过 40 万元。

五、实施项目建设,形成发展"合力"

九寨沟县积极争取上级财政支持,通过实施农业产业和水利扶贫项目,解决农牧、水利基础设施短板问题,改善农业生产条件。2019 年投入统筹整合财政涉农资金 2 267 万元实施种植业、养殖业、乡村旅游业等项目 13 个,投入资金 5 490 万元实施水利项目28个，夯实基础设施，增强发展后劲。由国投公司牵头投入村集体经济1 000万元入股"飞地园区"发展，2019年实现"飞地园区"集体经济收益135万元，通过利益联结机制带动48个贫困村集体经济发展及3 757名贫困人口增收。

六、发展集体经济，巧借各种"外力"

九寨沟县以旅游引领、城镇开发带动、资产融合、脱贫项目培育等方式，探索出产业园区+公司+农户、龙头企业+农户、合作组织+农户等多种产业扶贫形式。累计投入产业扶持基金2 689万元、省财政集体经济扶持资金2 963万元，在93个村采取"1+N"模式发展73个刀党、中蜂、休闲农庄等多种形式的集体经济，预计实现全年集体经济总收益405万元。永和乡新华村投入集体经济资金189万元建成花椒基地1 800亩，2019年收入200余万元，人均增收7 000余元。永丰乡双龙村通过整合产业扶贫基金145万元打造餐饮综合服务区，"引爆"九寨周末游经济，年接待游客2万余人，年村集体经济收入10万元。郭元乡青龙村整合50万元产业发展基金、111万元邛崃援建资金，建设乡村旅游农家驿站，共接待游客8 000余人次，经营额达30万余元。

七、强化技术服务，坚持科技"助力"

九寨沟县全力推进"科技兴农"战略，坚持把推广先进实用技术作为促进农业增效和农民增收的重要途径。深入开展"农技人员进园区""农业技术人员联乡驻村"活动，建立专家技术服务团队1个（7人），科技巡回小组1个（5人），围绕贫困村主导产业发展技术需求，开展巡回服务27次，培育农业经营主体带头人104人，职业农民105名，农民职业经理人2名。选派调整48名驻村农技员，深入48个贫困村开展技术扶贫行动，2019年驻村农技员举办培训195次，培训农牧民12 000人次，培训贫困户6 000人次，农技员走访入户指导2 450次，一对一技术指导培训5 680人次，发放资料12 800份。邀请科技扶贫"万里行"专家对九寨沟县中药材、特色小水果技术、中蜂养殖技术、水产养殖技术进行现场指导，受益贫困户和非贫困户1 200人。通过开展技术服务，培养造就了一批有知识、懂技术、敢于创新的新型农民，依靠科技助力农民增收致富。

第二节 集体有收益 农民更富裕——发展集体经济的"马尔康实践"①

马尔康市是典型的高原民族贫困地区,全市村集体经济的发展现状可谓是"先天不足、后天失调"。如何实现村级集体经济的稳步发展、村级资产的持续增长、运行质量的逐渐提高是该市脱贫攻坚工作中的一项重要工作。

一、以"产业+组织"确保集体经济持续发展

近年来,马尔康市各村使用政府补助资金或村民自筹资金注册合法组织,以"农户+支部+合作社"的经营模式大力发展集体经济,集体经济影响力和利益辐射面不断扩大,探索出了一条发展集体经济的特色之路。

截至2023年,全市已成立专业合作社112个,总注册资金达6 751.8万元,入社社员达5 100余户,覆盖了乡村旅游、中药材种植、蔬菜种植、中蜂养殖、畜牧养殖、农产品加工等领域,辐射带动6 500余户农户脱贫致富,成为全市农村经济发展的重要引擎。

二、以"产业+资金"确保集体经济资金保障

为实现精准扶贫、精准脱贫,马尔康市出台了《发展农村集体经济的指导意见》《产业扶持政策》《小额贴息贷款政策》等政策性扶持文件。为支持农村集体经济发展,马尔康市委、市政府根据各村选定的项目情况,每个村给予了50万元至100万元不等的产业资金扶持。截至2017年底,该市共安排集体经济发展扶持资金4 634.42万元;对贫困户发展产业和贫困村发展集体经济给予了资金支持。全市共对770户、2 810人给予了952.37万元产业资金扶持。设立小额信贷分险基金,对190户贫困户发展产业给予了831.8万元小额信用贷款支持。

三、以"产业+制度"确保集体经济规范运行

马尔康市在脱贫攻坚工作中,着力发展集体经济,大胆探索创新路径,提出发展集体经济"六有":一有合法的组织,要建立健全村集体经济组织,不论是成立

---

① 资料来源为马尔康市扶贫开发局。

专业合作社或公司制企业都必须在法定机关登记注册；二有独立的财务，村集体经济要单独建账、单独管理和核算，与村"两委"的财务应截然分开，建立健全财务管理制度，确保准确核算集体经济的成本、收入和利润并依法纳税；三有运营的人员，建立健全集体经济的管理运营体系，做到有人抓、有人管、有人做事，管理运营人员的聘任应由村民大会或村民代表大会讨论决定；四有约定的章法，要建立健全集体经济组织的运营管理办法，完善运营管理制度；五有盈利的项目，选择项目时，应充分论证拥有的资源条件、交通条件、资金数额和市场需求等情况，以能保本又能赚钱为标准，避免干亏本的买卖；六有倾斜的分配，在村监委会的监督下，通过召开村民大会或村民代表大会等形式，研究制定集体经济利润分配办法。"六有"制度的建立实施，为该市集体经济有序有效规范运行奠定了坚实基础。

四、以"产业+项目"确保集体经济发展壮大

面对马尔康市存在的"空壳村"的现状，马尔康市委、市政府支持全市各村的经济发展与当地实施的项目捆绑起来，将项目作为"磨刀石"解决"第一桶金"的难题。

马尔康镇俄尔雅村以村"两委"名义用 140 万元的价格流转 4 亩土地，投资 2 000 万元修建俄尔雅村综合市场（全村 213 户村民集资 1 070 万元、村集体资金 160 万元、产业发展扶持资金 10 万元）。该市支持各村以传统产业为基础，合理有效地利用当地资源，把资源优势转化为产业优势，不断推广发展新品种，促进产业结构的调整与升级，实现"建一个合作社、兴一项产业、富一批群众"的目标。2017 年，通过"万亩中藏药材种植及深加工基地"建设，中药材种植面积达到 8 000 亩以上，其中全市流转土地 740 亩，群众实现土地流转费收入 51 余万元；实现务工收入 18 余万元；带动贫困户 210 户，贫困人口 480 余人，实现人均增收 1 300 余元。

五、以"产业+分配"确保集体经济惠民增收

马尔康市各村"两委"在乡（镇）党委政府的指导下，在村务监督委员会的监督下，通过召开村民大会或村民代表大会等形式，制定集体经济利润分配办法，收益分配比例适当向建档立卡贫困对象倾斜，保障贫困户顺利"脱贫摘帽"。

松岗镇直波村充分整合产业发展、旅游建设等项目资金 202.2 万元，利用 21 亩村集体土地修建自驾游营地，通过招租的方式于 2017 年开展经营，每年租金为 11.6 万元。同时，采取 1∶3∶6 的比例进行利益分配，"1"为贫困户发放红利、

"3"为村集体经济累积、"6"为村民发放红利"。同时,按收益分配制度将一部分资金分配给专业合作社社员,使他们切身感受到发展壮大集体经济带来的好处。同时,留存部分资金投入集体经济扩大再生产,确保村集体经济稳定、健康、科学、持续发展。

第三节　阿坝县狠抓集体经济发展　探索脱贫攻坚实招[①]

发展壮大集体经济是深化改革、巩固党在农村基本经济制度的必然要求,是提高农牧民组织化程度,推进农牧业产业化、规模化经营的客观需要,是增强基层组织创造力、凝聚力和战斗力的现实需要,是发展农村公益事业、减轻农牧民负担、促进农民增收、实现农牧民富裕最有效的途径,尤其在脱贫攻坚进程中,发展集体经济是助推产业扶贫最强大的引擎。近年来,阿坝县针对产业发展质量不高、群众思想观念落后以及地理位置偏、资源稀缺、交通不便、信息不畅、技术落后等制约产业发展问题,按照"党委政府主导、园区基地助推、多元主体带动、招商引资解难、扶持群众自力"和"宜农则农、宜游则游、宜商则商"的原则,探索出一条以规划为引领、绿色为方向、文化为内核、人才为支撑、组织为保障的农村集体经济发展新路子,为农牧民实现产业增收进行了有益尝试。

一、突出"规"字引领,因村置业选优特产业

阿坝县紧紧抓住脱贫攻坚的政策机遇,因地制宜、科学谋划,积极发展凸显特色、符合实际、迎合市场的集体经济。在制定规划上,立足资源禀赋、基础条件和群众意愿,全面盘清农村资产、资源、资本等状况,制定《加快发展农村集体经济的实施意见》,出台《"十三五"集体经济发展整体规划》,明确了目标任务、责任要求、扶持措施和发展路径。在类型选择上,采取自主、联合、委托、折股量化等经营方式,因村发展生态农业、特色旅游、商贸服务、资源开发等类型集体经济,并结合资源分布、产业类型等情况,分解制定了 59 个村的集体经济建设方案,对缺少要素支撑的 28 个村,通过统一制定规划、统一申报项目、统一投放资金,集中建设工程机械租赁、光伏扶贫产业等有保底收益的集体经济,确保村村产业有差异、多元经营有亮点、集体收益有保障。在分配措施上,将整合的各种产业扶贫资

[①] 资料来源为阿坝县扶贫开发局。

金进行资本投入，股权量化到村民身上，依据贫困户与非贫困户之间不低于2∶1的比例、临界贫困户与非贫困户之间不低于1.5∶1的比例进行资金配置和收益分配，既照顾到贫困户又兼顾到非贫困户，做到了区别对待、按股分红、共同发展。目前，全县已建成集体经济109个、年净收益1 200余万元（其中贫困村集体经济63个、年净收益470余万元），集体经济实现村村覆盖。初步形成以生态农牧为基础、绿色加工为牵引、清洁能源为策应、特色旅游为重点、商贸物流为支撑的集体经济产业发展新体系。

二、突出"绿"字标签，因势而动推生态产业

阿坝县紧扣"产业生态化、生态产业化"目标，大胆探索可循环、轻污染、低碳化的农村集体经济发展路径。加大生态农牧型集体经济建设，建成黑青稞、露地蔬菜、披肩牧草、青冈木耳、双孢菇、羊肚菌等种植类集体经济16个，建成牦牛、奶牛、绵羊、盘羊、驴、犏母牛等养殖类集体经济13个，为发展生态种植养殖基地打下良好基础。加大绿色加工型集体经济建设，建成糌粑、酸奶、土蜂糖、牦牛肉干等农畜产品粗加工类集体经济3个，并出台有机产品扶持政策，鼓励和支持农村集体经济组织开展有机产品认证，目前，全县已成功申报认证"三品一标"产品38个，进一步延伸了生态农畜产品产业链、提高了产品附加值。加大特色旅游型集体经济建设，建成神座旅游发展合作社、"坝上农耕"生态农业观赏点、旅游露营地、"游牧味道"体验点、牧家乐等集体经济8个，为发展全域旅游业提供强大助力。加大资源开发型集体经济建设，着力化解好生态保护与项目建设所需砂石资源之间的矛盾，适度开发生态自然资源，制定出台《组建集体经济开采砂石资源招商引资方案》，在S220线和S217线改扩建交通项目沿线科学规划砂石集中采挖点5处，实行统一规划、统一拍卖、统一开采、统一治理，既保障了项目建设所需砂石，又保障了沿线7乡17个村的集体收入，实现了科学开发、让利于民。加大商贸服务型集体经济建设，通过政府投资、村民入股、自主经营等方式，统筹建成冷冻库、物流、建材、酒店商铺、中药材交易、畜产品交易、再生资源回收、藏式炉具加工、藏式服装加工等集体经济14个，特别是益民建材市场、安多中药材交易市场、五金炉具市场已初具规模，集体经济年人均分红均超过千元。

三、突出"善"字感召，因势利导扬优秀文化

阿坝县坚持把发扬农村优秀文化与发展集体经济相融，扎实开展农村精神文化建设，着力构建崇尚信义、文化多元的文明乡村。在发展特色文化方面，充分利用

安多藏区民风民俗特点，大力发展民族手工艺、藏式服饰、篮球运动等产业，着力挖掘群众基础深厚的本土文化体育产品，在阿坝镇五村与四洼乡上四洼村建成两家藏式服装加工基地、阿坝镇三村建成藏式炉具综合市场、贾洛镇曼巴洛村建成室内篮球场馆等集体经济，既符合了市场导向又满足了群众需求，实现了社会效应与经济效应的"双赢"。在弘扬传统美德方面，卡西村、阿坝镇三村等数十个村寨每年拿出一部分集体经济收益，在春节、重阳节等节日开展各类孝老爱亲活动，切实弘扬了传统美德、传承了优秀文化，进一步激发了社会正能量。在培育新风正气方面，扎实推进"文明阿坝县创建行动计划"和"双创双评"活动，积极开展移风易俗，切实摒弃陈规陋习，引导群众养成好习惯、形成好风气。目前，全县已创建省级"四好村"7个、州级28个、县级41个，评选县级"双优村"25个、文明户255人。

四、突出"人"字支撑，因才施策强关键环节

阿坝县坚持把人才培养作为发展农村集体经济的强大保障，让农村的机会吸引人、让农村的环境留住人。提升亲商政策吸引力，研究制定《鼓励阿坝籍商人返乡兴业回家发展的实施方案》，重点围绕农业农村现代化建设，出台税收优惠、财政扶持、金融服务、要素保障、搭建平台等刺激措施，最大限度集成优惠政策、优化投资环境；大力推进"千人就业促进行动计划"，引导和鼓励阿坝县青年人才投身脱贫攻坚主战场，营造出浓厚的创业就业氛围，近年来，返乡创业人才创办领办神座村旅游专业合作社等农村集体经济实体6个，带动农牧民人均增收500元以上。畅通人才输出通道，大力培养一批种植养殖土专家、产业发展带头人，在87个村（分场）全覆盖配置农技员，选派50余名懂技术、专业强的县级行业部门干部深入贫困村担任第一书记，进一步畅通智力、技术、管理下乡通道，推动了技术人才下沉农村一线。加强人才队伍建设，充分借助德阳、温州等援建资源，深入开展智力支农活动，加大农村技术人才培训力度，2019年举办各类创业就业、劳务技能等培训82期，培训4 359人次；同时，组织村干部、党员和经营管理人员前往四川德阳、浙江等地学习考察，增长了见识、开阔了视野，提高了带领群众脱贫奔康的能力水平。

五、突出"本"字强基，因地制宜抓组织建设

阿坝县坚持把基层组织建设作为发展集体经济的根本保障，强化职能、狠抓服务，切实打造带领群众奔康致富的基层战斗堡垒。在组织队伍建设上抓带头人，通

过整顿转化"软弱涣散"基层党组织，注重把有文化、懂经营且政治素质过硬、群众信任度高的农村优秀人才选拔培养进村"两委"班子，在服务群众和发展农村集体经济中发挥领头雁作用，真正把农村基层党组织建设成为带领群众脱贫奔康的主阵地。在民主自治建设上抓规范化，完善村规民约、村民自治章程，健全村集体经济理事会和监事会，实行"一事一议""两公开、一监督"等制度，做到了集体的事情一起议、共同定，增强了村民当家作主的主人翁意识，调动起群众参与集体经济建设的积极性和主动性，形成了干群同心、共同创业的良好局面。同时，扎实推进"乡村善治"工程，以党建为核心，以自治、德治、法治"三治"联动为主线，着力解决农村深层次矛盾和问题，构建起基层党组织坚强有力、各民族团结进步、社会和谐有序、活力竞相迸发的乡村良序。

第四节 红原县推广"五联+"产业脱贫新模式[①]

红原县立足政策、资源和区位优势，紧抓"全国现代农业示范、全省现代草原畜牧业试点示范和湿地保护试点、全域旅游景区打造"等重大机遇，以牧区特色产业发展助推脱贫攻坚，探索总结并深入推广"五联+"（龙头企业联带、集体经济联营、社会力量联动、发展基金联扶、金融扶持联保+转产转业）产业化驱动发展模式，实现由"被动输血"向"自我造血"的转变，千方百计让贫困群众的钱袋子鼓起来、走向脱贫奔康之路。截至2017年底，全县贫困村由2014年的13个减至2个，建档立卡贫困户由1 363户减至33户、贫困人口由5 015人减至113人，贫困发生率降至0.3%。

一、龙头企业联带

坚持"政府组织、龙头带动、市场运作"的思路，采取"入一笔资金、选一个产业、建一套机制、富一方百姓"的精准定制方式，以"第一产业"为主导，由龙头企业流转贫困户草场资源和让利收购畜产品等联带经营，贫困户通过草场流转、出售畜产品等方式实现"产业脱贫"；以"技能培训"为支撑，由扶贫龙头企业根据用工需要对贫困户进行定向技能培训，签订用工合同，实现"就业脱贫"。红原牦牛乳业有限责任公司作为红原县国家级龙头企业，通过实行企业与贫困户签订用

---

① 资料来源为红原县扶贫开发局。

工合同、优先收购畜产品协议和提供技术服务等方式，与 11 个乡镇 400 余户贫困户签订优先收购协议，并给予特殊补贴，每年累计支付建档立卡贫困户奶款 170 余万元，户年均增收 4 250 余元；解决贫困户 27 人入企就业，年人均工资收入 1.1 万元。依托"花海""月亮湾"4A 级景区和"日干乔湿地公园"等特色旅游景区的提升和乡村旅游扶贫示范村及特色村寨的建设，立足与时运集团花海、月亮湾公司互惠共赢融合发展理念，打造集游客集散、美食品尝、商业购物、娱乐演艺、文化体验等互为补充的优质景区，通过"企业+党组织+群众"带动景区周边 1 300 余人从事牧家乐经营、旅游产品销售、乡村民宿、藏文化特色体验等涉旅服务，人均年增收达到 1 200 元，其中建档立卡贫困群众 110 人就近就业，年人均收入 9 000 余元。

二、集体经济联营

支持资源优势突出、区位条件较好、组织战斗能力强的村依托自身优势，盘活现有"三资"，发展壮大集体经济，反哺贫困群众发展产业、就医、子女入学等。2015 年以来，通过明确权属所有、健全担保制度、建立奶牛档案、规定领养期限、签订领养合同、参加牦牛保险、提供养殖技术、加强过程监督等措施，对有能力放牧、有牧业生产资料的 116 户贫困户，村集体经济合作社通过签订合同按比例为贫困户发放带崽牦母牛轮换饲养 3 年，牦牛产权归集体所有，饲养收益归贫困户所有，460 余名贫困人口人均年收益 650 元。红原县更攀农牧民专业合作总社还整合全县 34 个合作社资源抱团发展，辐射带动 11 个乡镇共 7 000 余户农牧民，采取"政府+合作总社、金融机构、合作社、牧户、贫困户"联合的"1+5"共融方式，整合政府扶贫资金以"股权量化"形式，贫困人口全覆盖人均增收 190 元/年；并建立"脱贫转股"机制，2020 年后 34 个村村集体获得转股收益可达 2.5 万元。同时解决近 100 名建档立卡贫困户到合作总社就业务工，真正实现产业带动、互惠共赢、增收致富、精准扶贫的发展目标。

三、社会力量联动

广泛开展"产业基础扶贫""体制外扶贫""万企帮万村"等行动，引导社会各方资源向贫困人口汇聚，激发脱贫内生动力。争取省内外资金 2.6 亿元，推广高原牧区畜种改良、农牧业机械、专业化种草等现代生产技术，培育适度规模化养殖场、合作社等新型经营主体，提升农牧业基础设施建设，破解脱贫增收基础薄弱短板，夯实产业发展的硬支撑和软实力。培育农牧民专业合作社 42 个，新型示范牧场308个,健康养殖基地9个,牦牛选育基地2个,建成牧道776千米、牲畜暖棚2 355个、防疫巷道圈180个、草地围栏138万亩,全县牲畜死亡率降低1.6%,出栏率提高1.3%。发挥统战、工商联等和帮扶部门桥梁纽带作用,提高"万企帮万村"精准扶贫行动覆盖率,引导黄河源、遛遛牛、虎头山等一批县内企业,"牵手"贫困村、贫困户,构建"企业、贫困村、贫困户"具有精准扶贫特色的利益共享运行机制。结合企业的资源优势和发展需求及贫困户、贫困村意愿,整合脱贫攻坚资金、财政扶贫资金、产业扶持周转金、到户产业资金等扶贫资金1 150万元,采取资产收益保底分红的方式,带动贫困人口就近就业160余人和全覆盖人均资产收益分红130元,还能解决经济实体和企业实际需求及发展,达到双赢双收益。

四、发展基金联扶

充分利用国家现有的扶贫政策,在全县建档立卡贫困村建立50万元的产业扶持周转金,非贫困村建立10万元产业扶持周转金,充实扶贫小额信贷分险基金规模达到400万元,提高到户产业资金人均6 000元。发挥各项扶贫资金"撬动"效应,支持贫困户自主从事养殖、旅游、维修、餐饮等产业,并以产业发展资金、小额信贷资金入股县内就业人数多、带动力强、脱贫效果好的产业项目、企业、村集体经济,并将投入资金按一定比例量化成股权,确保贫困户"资产收益保底、量化股权分红",增大"供氧""造血"功能,实现"区域产业增效、贫困户增收"的目标。邛溪镇热坤村将贫困户42户120人到户产业资金72万元,通过股权量化到村自驾游营地,保底分红人均700元/年,协调贫困户15户20人以土地入股该镇高原大球盖菇种植基地,人均年保底分红1 500元,可解决贫困户25人就业,月收入2 000元/人。刷经寺镇和壤口乡将25户39人到户产业资金23.4万元入股芸谊酒店,人均分红达到420元/年。

五、金融扶持联保

针对高原牧区畜牧业特点,努力推动金融保险机构创新金融服务扶贫农险产品,支持壮大县域企业贷款融资,激发自我发展的内生动力,探索一条把水浇到"穷根"上的精准脱贫之路。县人民政府与中航安盟保险公司率先在四川省推出了政策性牦牛保险,财政为适龄牦牛参保40万余头,为贫困户参保牦牛每头补贴保费96元,促使贫困户适龄牦牛投保参保率达100%。对因灾、因病致牲畜死亡或受损的牧户,累计理赔1.6亿元,其中贫困户理赔1 000余万元。率先启动全国藏区"草原保险"试点,覆盖所有冬春草场476万亩,保险责任期内发生火灾面积465

亩，赔付 6 975 元，尽可能把因自然灾害造成的经济损失降到最低程度。同时，遵循市场定价原则，试点开展牛羊畜产品目标价格保险，通过价格保险制度设计全力保障产业发展和脱贫攻坚的内在需求。通过建立健全畜牧业风险防控体系，最大限度降低了合作社和牧户的养殖风险，筑牢产品质量安全防线，直接或间接地助推了牧民的产业发展，提供了增收保障。

六、转产转业

红原县作为高原牧区县，针对农牧民就业创业、转产转业能力欠缺问题，在精准扶贫中，特别重视助力"一产"全力推动"三产"，结合全县现代畜牧业与全域旅游业融合发展的总体思路，全力开展农牧民"就业技能培训"扶智行动，将其作为脱贫攻坚的重要途径。围绕全县脱贫攻坚"就业1人、脱贫1户"目标任务，依托就业创业意愿，通过公益性岗位开发、就业技能培训、就业岗位推荐、就业指导培训、就业政策服务、就业案例宣讲等渠道，分类制订就业扶贫计划和措施，有针对性地破除"动力不足、技能落后"短板，着力提升贫困群众就业能力、扩大就业范围。参加中式烹饪、乡村旅游服务、藏式服装制作、畜牧养殖等技能培训的480名贫困人口中有336人转产转业（其中，进入黄河源、芸谊大酒店等宾馆酒店务工21人；劳务输出132人；自身条件较好进行自主创业62人；公益性岗位安置121人），转产就业率达70%。

第五节　越西县借力"四川扶贫"公益品牌商标脱贫增收的实践

越西县是传统农业县，经过近几年产业发展，特色农业产业初具规模，甜樱桃、早熟苹果等优质水果创出品牌，越西贡椒获国家地理标志认证。越西县借力"四川扶贫"公益品牌商标，助推特色农产品推广、销售，带动走上农户脱贫增收之路。

一、优化产品保障，夯实公益品牌建设根基

经过几年的农业产业结构调整，越西县形成了以早熟苹果、绿色蔬菜、优质核桃、越西贡椒、生态牧业、烤烟产业和甜樱桃产业为主导的产业结构。按照"政府

引导,市场导向,因地制宜,因户施策,依法自愿"和"先建后补、以奖代补"的原则,以"园区+基地"的产业发展模式,鼓励多种形式多种规模开发、集中成片为主,坚持主体示范带动,促进农民持续增收,推出"龙头企业+产业基地+农户""龙头企业+培训基地+贫困户""龙头企业+示范基地+适度规模种植户"的利益联结机制,全力助推全县产业区域联动。截至2023年,已建成州级产业示范园1个,建成大瑞、大屯2个县级主导产业示范园区,建设208个贫困村脱贫奔康产业园;新建科技支撑项目10个;新引进或培育州级农业产业化重点龙头企业1家;培育村"两委"主导的农民专业合作社208家。针对农产品标准不一、品牌杂乱,难以形成品牌效应、集群效应,结合产业发展实情、市场接受程度等因素,统一为越西苹果、甜樱桃、土豆片、蜂蜜、禽蛋等17类农产品设计了精美包装,免费提供给各农民专业合作社使用,努力培育本土农产品品牌。

二、搭建产销桥梁,解决扶贫产品销路难题

借助东西部扶贫协作平台、德阳旌阳区帮扶资源,带动培育本地品牌,与好来客食品、德阳金商客、德阳阿斯牛牛、龙升商贸、荞妈食品等公司签订了农特产品采购意向协议。依托省供销社、省交通运输厅,建立销售专档、专柜、专区,示范点在荥经高速服务区设立扶贫专柜。借助资阳市、乐至县商务局援建资源,与资阳市长城物资有限责任公司达成战略合作伙伴,在公司旗下7个店建立越西农特产品扶贫展柜,推进越西县农特产品进入各类食品经营店。将农村电商作为推进精准扶贫、精准脱贫的重要抓手,抢抓电子商务发展机遇,在乡镇供销合作社,60余个农民专业合作社大力推广"电商+供销合作",通过政府主导,乡镇供销社组织,龙头企业带领,县内专业合作社累计销售农特产品120余万元;统筹发展"电商+传统企业",组织企业负责人参与省、州各类市场拓展活动,福银苦荞通过京东扶贫馆,在淘宝开设网店销售苦荞茶,有力推动县域电商产业上档升级,走出了脱贫致富新路子。推进网络消费平台共建,加强与供销系统"四川川供天下""云背篓"公司对接,积极参与"以购代捐"消费平台建设,搭建越西县贫困村、贫困户农产品网上销售的有效链接。积极组织凉山州福银苦荞、越西东方农业等本土企业走入文昌文化旅游节、广交会、西博会等各类展销会5场,双线联动实现年销售额100余万元。探索出"帮扶部门+公司+基地+农户"的现代特色农业模式,打通农产品从土地到餐桌、从生产到消费的高速渠道。每年借助"以购代捐"向省供销社、县生态环境局等帮扶单位销售农产品5万余元。

三、严抓制度落实，确保扶贫产品质量安全

农业农村部门严格认证扶贫产品质量，优先将"四川扶贫"公益品牌产品纳入省级农产品质量安全追溯平台。扶贫开发部门严格规范扶贫产品准入，制定《"四川扶贫"公益品牌申请注册的商品和服务类别清单》，同时设立举报电话，凡是出现质量问题的用标市场主体一律列入黑名单，取消用标资格。供销部门开展对申请"四川扶贫"公益品牌商标企业、产品进行审核认证，对用标企业加强管理。越西县建立了完整的扶贫产品质量安全体系。一是建立产品质量监测体系。严格按照质量标准制定质量监测方案，严把3道关口，对产品定期抽样监测，实现产品质量源头把控。二是建立产品信息科学追溯体系。严格采集产品生产、检测、包装、运输、销售等环节的详细信息，实现信息可溯源和质量可追溯。企业收购产品全部实行信息登记和台账管理，流通全过程实现可追溯。三是建立诚信监督体系。设立诚信担保基金20万元，在合同、专业合作社章程等载明包括生产者、经营者的标准化生产、禁限用投入品使用、"三品一标"标志认证使用、产品合同履约等5种情况的诚信约束条款。将诚信履行情况与产品销售、收购价格、信贷支持、经济惩罚等直接关联，增强企业诚实守信意识。四是建立生态环境监测体系。严格按照标准加强产业基地周边环境监测、治理和保护，为生态农产品生产提供良好的生态环境。

四、强化商标管理，提升商标精准扶贫效能

四川省委、省政府出台《关于创新扶贫产品销售体系促进精准脱贫的意见》，对开展贫困地区扶贫产品公益性集体商标注册工作作出系统安排；省供销社同步制定了《"四川扶贫"集体商标使用申报及审核办法操作手册》《"四川扶贫"集体商标用标产品质量管理办法（试行）》等配套措施；省级相关单位协同开展四川扶贫集体商标的运营和推广，带动贫困县农产品走向市场、辐射全国创品牌，把贫困地区产业"亮"出来，培育精准扶贫产业"金字招牌"。越西县认真贯彻落实商标扶贫政策和措施，采取宣传引导、高效服务、加强"四川扶贫"集体商标管理等一系列举措，积极落实集体商标战略，助推精准扶贫工作。加快构建扶贫产品公益品牌使用机制，实施农产品标准化和绿色化建设，推进7家企业成功申报"四川扶贫"集体商标，创建"三品一标"农产品总数达到12个。其中，越西苹果、花椒、大樱桃、苦荞、豆腐乳等10多个产品被授予"四川扶贫"集体商标使用权。同时，加大对四川扶贫集体商标的动态管理，定期督查相关企业带动脱贫的措施和成效。

第六节　小金县产业助力脱贫攻坚全面提升"造血功能"

小金县位于四川省西北部、阿坝州南端，县域面积5 571千米^2，平均海拔2 000多米，县内居住着藏、羌、回、汉等各族群众8.2万余人，嘉绒藏族占总人口的52%。全县共核定贫困村88个、贫困户3 279户、贫困人口12 191人，贫困发生率为17.6%。小金县是国家新一轮扶贫开发工作重点县，是四川省45个深度贫困县之一。小金县自然资源富集，旅游要素丰富，生态环境优良，具有高原藏区典型的高山峡谷自然环境。作为阿坝州贫困村最多的国家级贫困县，小金县立足当地实际，分析当地贫困人口致贫的原因，充分利用其自身优势，致力发展生态产业，改变传统产业结构不合理、管理粗放、产品附加值低等问题，不断推动传统农业向生态农业迈进。初步形成了小金苹果、酿酒葡萄、高山玫瑰、高原牦牛、生态蔬菜五大主导产业，特色食用菌、道地中药材、特色小水果、特色养殖、特色林产等特色效益产业协同发展局面。

一、立足资源优势，让"小产品"成为脱贫的"摇钱树"

一是加快产业内部结构调整。充分发挥小金县比较优势，整合资源、因地制宜，着力构建"一村一品、一户一业"格局，引导和扶持"小金苹果、高山玫瑰、生态蔬菜、高原牦牛、酿酒葡萄"为主导产业，由"输血"救济到"造血"自救，做实基地、做强产业。二是进一步凝聚产业特色。始终确保小金县农业"金字招牌"不能丢。保留部分金冠品种，通过品种技术更新，淘汰老化基地，新建标准化基地，促进苹果升级发展。树立"小酒庄大产业"理念，引进培育葡萄经营主体，践行"适度规模基地+小酒庄+农旅融合"发展路径，促进酿酒葡萄转型发展。优化高原错季蔬菜品种，调减大白菜、萝卜等传统品种，增加茄果类、瓜类、豆角类精细品种种植。三是开展特色农产品优势区等级划定。统筹考虑农产品生理生长因子和区域产业布局的限制因素，划定小金县特色农产品优势产区和等级，实现特色农产品优质优价，效益最大化。四是推进果畜结合。按照"以草定畜、以果带畜、果草畜结合"的思路，广泛推进"果（菜）沼畜"生态模式。结合高原高山峡谷地形，推广"山顶林草、山腰菜畜、山脚水果"的立体农牧模式。

二、加强过程管理，给"土产品"贴上优质的"好标签"

一是推进基地标准化建设。加快高原特色水果品种更新、技术升级、设施规范、装备提档，推广新品种、新技术 50 余项，牦牛"4218"标准化养殖被四川省委认定为"小金经验"在全省推介，特色优势产业初见成效。二是完善生产技术标准。制定涵盖全产业链的水果标准体系，做到生产标准、质量品质、品牌标示、包装规范、销售价格"五统一"，实现特色水果"带皮吃、贴标签、论个卖"。三是推进特色农产品产地加工。积极推动产地初加工补助政策向特色农产品倾斜。支持新建和改造贮藏、保鲜、烘干、分级、包装和运销等设施装备，促进特色农产品减损增效。四是推进特色农产品电子商务。牢牢抓住"互联网+"发展契机，大力推进农产品电子商务发展，积极引导个体电商与企业联合销售，通过电商网销带动 800 余户贫困户户均增收 1 300 元。完善线上线下流通体系建设，打通特色农产品"田头到餐桌"的渠道。

三、加快农旅融合，让"农产品"分享融合的"大效益"

一是建设全域旅游格局。建设"四姑娘山目的地旅游线路""红色旅游精品线路""川西旅游大小西环线""民俗风情旅游线路"等旅游精品线路，将四姑娘山、日隆民居、夹金山、达维会师桥、沃日土司官寨、懋功同乐会址、两河口等景区景点串联成线，形成全域旅游格局，为特色农产品发展搭建载体支撑。二是园区跟着旅游景区走。坚持特色产业园区（基地）随着景区走，实现功能互补、市场互保。充分利用沃日河、小金河、抚边河等，结合酿酒葡萄、苹果、甜樱桃、脆青李等特色产业，发展沿河观光农业，建设"以农造景、以景带旅"的农业主题观光园。充分利用日隆民居、土司官寨等，在周边规划建设农业产业园，以民族文化为依托，打造美丽乡村、幸福民居。以四姑娘山、夹金山为载体，发展彩化苗木、高山玫瑰等，发展集运动休闲、山地考察、康养健身于一体的综合园区。三是创新旅游扶贫新模式。借鉴新津张河果园子"集趣·共享农庄"发展模式，以"农博+"小金苹果共享农庄为抓手，建设共享农博、共享民宿、共享美食、共享田园，全力推进乡村旅游扶贫工作，形成可借鉴、可推广的乡村旅游扶贫经验，在农民增收、村集体经济壮大等方面取得一定的成效。"苹果共享农庄"项目正式运营后，可带动木栏村和官寨村 616 户、2 220 名农民就地就近增收。

四、创新品牌营销，把"土特产"送进全国的"大市场"

一是加快品牌认证。实施"农业品牌战略"，"小金松茸""小金苹果""小金酿酒葡萄"成功申报国家地理标志产品（商标），全县拥有涉农商标162个，11家企业获得"小金出品"品牌授权，4家获得"净土阿坝"品牌授权，"神沟九寨红"商标成为阿坝州首个"中国驰名商标"。二是用好四川公益扶贫商标。借力"四川扶贫"公益品牌商标，提升小金县特色农产品影响力，增强农民脱贫致富动力。目前小金县共有14个供应商、30个扶贫产品被四川省授权使用"四川扶贫商标"。三是创新营销方式。打好"绿色牌""生态牌"和"错季牌"，充分利用手机客户端、微信公众号等终端形式，全方位宣传展示。四是加强品牌对接。推行农批对接、农超对接、农校对接，促进品牌农产品直供直销，推进特色农产品专销柜、放心店和专业市场建设，实现优质优价，使生产者、消费者双方受益。"小金苹果"荣获2018年四川省优质品牌农业产品称号，被四川省确定为川菜直供港澳基地试点县。

五、强化科技支撑，让"庄稼汉"变成本地的"土专家"

一是深化"科特派"制度。小金县科学技术和农业畜牧水务局牵头成立科技特派团，组织专家团队、农村能人、新型经营主体带头人、技术服务分队等5支团队60多人一齐上阵、整村推进，实现了88个贫困村产业扶贫对象全覆盖，为开展产业扶贫工作提供坚强保障。二是推行"点菜式"服务。根据贫困户产业发展需求，特别是部分接受能力差的贫困户或者不便于经常参加培训的贫困户，制作了畜牧养殖、果树管理、病虫害防治等多方面的技术知识挂图1万多份，开展图文并茂贴心服务，方便贫困户即学即用，不懂即看。为91名"第一书记"和29名科技特派员印制"联系卡"3 000多张，确保能及时为群众答疑解惑。三是开展"多维度"宣传。利用微信、QQ等平台宣传产业脱贫政策、技术服务内容、作物知识；利用县电视台等媒体滚动播放《致广大贫困户的一封信》，增强贫困户的产业脱贫意识；加强科技信息服务体系建设，建设科普短信服务平台，向基层协会、在职干部等发送科普信息380余条，注册"天府科技云服务"个人539人、组织机构26个。

第七节 汶川县"小小甜樱桃 脱贫大产业"脱贫攻坚典型案例[①]

汶川地处高山峡谷地带，土地资源稀少、土地贫瘠。过去，马铃薯、玉米等传

---

① 资料来源为汶川县扶贫开发局。

统农作物是农村经济作物的典型代表，产量低、产值不高迫使大部分青壮年劳动力外出务工，高半上村"空巢化"及土地齐耕现象严重，贫困代际相传。近年来，汶川按照"南林北果+特色畜牧"的农业产业布局，通过建基地、提品质、创品牌、重营销和有效链接小农户，带领全县果农走标准化、合作化、产业化、品牌化的特色发展之路，不断强化扶贫"造血"功能。2019 年，汶川甜樱桃种植面积 2.7 万亩，甜樱桃收入 4.48 亿元，实现户均收入 40 000 元，人均收入 12 000 元以上。甜樱桃种植带动全县 5 个乡镇 56 个村产业发展，直接受益农户 11 128 户，近 1 000 余户贫困户 3 000 余名贫困群众通过发展甜樱桃脱贫致富，克枯乡克枯村贫困户陈树勤，通过种植甜樱桃 2018 年实现收入 50 000 余元，人均收入稳定超过 15 000 元，产业扶贫成效显著。

一、产业规模化

产业扶贫，资金是保障，政策是助推器。汶川县紧紧抓住"党委领导、政府主导、群众主体、部门帮扶、社会参与"的产业扶贫工作机制，以贫困村为重点，以项目为载体，整合部门（社会）及对口帮扶单位资源、资金、项目，按照"南林北果+特色畜牧"的农业产业布局，加大道路、灌溉设施等建设力度，改善甜樱桃生产运输条件，充分发挥了资金为农服务乘数效应。目前，已建成甜樱桃标准化示范园 6 个，面积 5 000 亩。培育扶持了岷江甜樱桃产业有限公司和大禹农庄 2 家省级龙头企业，甜樱桃种植专业合作社 50 余家，家庭农场 30 余家。建立专业合作社+基地+贫困户""公司+贫困户+基地"的运作模式，积极引导农民合作社、农业企业等与贫困户建立紧密的利益关系，形成稳定利益分配机制，严格执行利润返还和收益共享，实现经营收益合理分配，促进贫困户产业增收。

二、生产绿色化

一是建立农产品质量标准体系。制定完善了以"汶川三宝"为主的特色水果标准化生产技术规程，邀请省、州专家针对国家地理标志农产品"汶川甜樱桃"，修订完善了《绿色食品汶川甜樱桃体系标准》，建设 10 个特色水果标准化示范点。二是着力推广绿色生产。大力实施化肥农药零增长计划，汶川甜樱桃、实蜂、果蝇、夜蛾、小菜蛾等病虫害绿色防控和统防统治试验示范面积达 7.2 万亩。大力实施土壤改良有机质提升工程，试验推广微生物改良土壤有机质提升技术，有机肥替代化肥茶叶示范区 3 000 亩、水果示范区 5 000 亩，特色水果示范区 10 000 亩，畜禽粪污资源化利用率达 95% 以上。三是加强林果规范化管理。大力实施"南林北果"提质增效工程，组织实施威绵片区10年以上树龄甜樱桃"缩树冠、降树高、疏密枝"的夏季修剪，累计完成2万多亩次低产果园改造和20万余株甜樱桃中截矮化工作，3万亩水果基地实现提升建设，实施"六个汶川史上最严格"农产品质量安全监管制度，实施化肥、农药减量行动，严控高毒高风险农药使用，成功创建四川省农产品质量安全监管示范县。

三、产品品牌化

一是紧扣时代需求生产产品，打造品牌。持续开展特色水果等优良新品的引种试验和全面推广，每年稳步推进以特色水果为重点的品种推陈出新和更新换代，成功引进甜樱桃新品种4个，有效增加特色优质品种供给，获得市场认可。二是科技引领提升产品质量，夯实品牌。支持和鼓励海拔1 500米以上的甜樱桃果园采取田间套袋管理技术。2019年，汶川县共推广套袋2 000万个，助推果农增收300余万元。引进65万头壁蜂在全县3个乡镇7个村进行500亩甜樱桃辅助授粉试验，坐果率同比增加20%。三是大力开展专业认证，创建品牌。县财政每年投入20万元支持农产品"三品一标"申报认证工作，凡成功申报"三品一标"的专业合作社、家庭农场、龙头企业均给予资金补助和奖励。"汶川甜樱桃"成功申报地理标志证明商标，先后荣获"2011年消费者最喜爱的100个中国著名农产品区域公用品牌""中国优质甜樱桃生产基地""中国优质甜樱桃生产基地""樱桃之乡""天府十宝"等称号，品牌价值5.26亿元。四是全面规范市场秩序，保卫品牌。打响甜樱桃"保卫战"，严厉打击缺斤少两、以次充好等不正当经营行为，建立5个乡镇消费维权站和22个村级维权点，配置300台公平秤。

四、营销多样化

一是全方位开展品牌宣传营销。坚持"请进来"与"走出去"相结合，通过开设成都宽巷子汶川特色场馆一针一线旗舰店，召开旅游推介会，组织参加西博会、农博会、绿博会，举办甜樱桃采摘节等方式加大宣传营销力度，充分利用媒体平台宣传推介汶川甜樱桃等品牌，切实提高知名度和美誉度。将特色水果采摘与"康养汶川"有机结合，举办甜樱桃采摘节，推介特色水果基地休闲农业精品线路，大力发展"基地+采摘"等新型营销模式，吸引过往游客入园采摘。2019年初，成功在湖南卫视《天天向上》栏目走进"熊猫家园"讲述汶川宝藏故事，"汶川三宝"等特色农产品影响力得到进一步提升。二是线上线下销售融合发展。加快川青甘高原物流产业园区建设，管好用好汶川特色水果县、乡、村三级销售市场，探索统一包装、标志使用，在内地设立专卖点、专柜、直销店或进超市，建立线上线下品牌推广店。实施"互联网+"现代农业示范行动，着力电子商务运营服务网络建设，推动电商、物流进村，初步形成县、乡、村三级物流配送体系和面向全汶川的特色农产品集散网络，实现"汶川三宝"等农特产品与互联网深度融合。实施"大品牌电商+"模式，与京东、盒马建立利益联结机制，积极引导种植大户、专业合作社在京东、淘宝等平台开设网店直销"汶川三宝"等农特产品。全县电商主体达180余家、"微商"达1 000余家，荣获"四川县域电子商务十佳县"称号。2019年上半年全县电商交易额达1亿元以上，农产品网络交易额达3 000万元以上，带动贫困群众人均增收500元以上。

实践经验证明，产业是脱贫攻坚的根本和核心，绿色是阿坝州脱贫的底色和特色。创业难能可贵、兴业意义重大，长期辛勤探索实践打下的产业基础，值得坚持和发展，必须坚持综合布局稳定性，保持培育产业、擦亮品牌、增加收益的定力，一张蓝图绘到底、一届接着一届干，坚定不移把甜樱桃产业做成规模化、品质化、标准化、链条化、品牌化的特色产业。

第八节　健全农村商贸双向互通体系　布拖电商扶贫模式呼之欲出[①]

布拖县隶属于四川省凉山彝族自治州，位于凉山州东南部大凉山区，距州府西昌114千米，是一个彝族聚居的高寒山区半农半牧县。全县辖区面积1 685千米^2，辖3个镇27乡，189个行政村。2018年以来，布拖县紧抓电子商务进农村国家级综合示范县建设契机，设定了以建设农村商贸流通体系，减少流通环节、降低生产成本、增加农民收益为目标，逐步健全农村电商信息、物流、质量、销售和人才培养五大体系，改变传统农产品商贸流通模式，突破了城乡商贸流通一体化发展瓶颈，使农村买卖更便捷、质量更可靠、市场更广阔，正在实践一套电商进农村项目服务于农村经济、社会发展和脱贫攻坚工作的新道路、新模式。

一、认真调研及时汇报，提升项目影响力，成为县委县政府"一号工程"

布拖县商务经济合作和外事局从2018年10月初开始，组织人员用了两个月时

---

① 资料来源为布拖县扶贫开发局。

间，首先通过外出考察学习，下村实地调查，开会讨论研究等方式，结合布拖实际情况形成了布拖县示范项目实施工作思路。随后通过逐级多次汇报，在布拖县委、县政府形成了国家级电商项目的成功实施，对于迅速改变布拖农村商贸基础设施发展滞后、农民商品意识缺乏、农业产业单一的现状，助力产业扶贫、脱贫攻坚具有重要意义。2019年4月12日召开的示范项目领导小组第一次全体会议上，召集了县级领导、县级部门负责人、乡镇负责人和相关干部、村干部共400余人参会，会议由县长亲自主持，常务副县长宣读成立示范项目领导小组的文件，分管副县长作项目推进工作安排，州委常委、县委书记作重要讲话。

二、勇于探索敢于创新，推进项目不停蹄，项目实施进度"全省领先"

2018年12月10日布拖县委、县政府审定了初步方案，2019年1月初通过州财政评审，下旬通过州三部门审核上报，月底完成省厅审核备案，同期启动招投标程序，春节前完成投标报名，2月22日顺利完成项目招投标工作。通过能并联则并联推进、不能并联则压茬推进的方式，实现了"程序不减、时间缩短"，布拖县示范项目取得了全省同期项目"四个第一"的工作成效：即第一个形成实施方案，第一个通过财政评审并完成州级部门审核转报，第一个完成省级部门审核备案，第一个完成实施企业公开招标，得到了省、州相关部门的充分肯定，周边其他地区也相继到布拖县学习考察借鉴。

三、整合项目争取资金，电商中心重新建，工程建设时间"创造奇迹"

布拖县没有适合建设电商服务中心的房屋，通过整合供销产业扶贫项目资金150万元，争取县地方财政支持200万元，在布拖县进城门户的位置修建占地800米^2，建筑面积1 224米^{2}的电商公共服务中心。于2019年5月19日进场施工，到2019年7月19日在保障施工安全和施工质量的情况下，完成了房屋修建，室内装饰装修，设施设备购置、安装、调试，成功在布拖2019年火把节召开前夕具备了展示展销功能，开门迎客。创造了布拖脱贫攻坚项目建设新速度，被县委、县政府在多个会议上表扬。

四、结合实际对症下药，农村商贸连锁店，乡村站点建设"从无到精"

布拖农村商贸基础非常差，很多偏远乡镇几乎没有一个像样的农村商超，布拖示范项目在深入调研的基础上经过认真思考、广泛研讨，制定了由村集体经济资金修建房屋，示范项目配备设施设备，把乡村电商和物流服务站建成农村综合商贸中心，并由示范项目实施企业统一管理、统一供货、统一定价、统一调换，形成布拖农村连锁商超运行体系的工作思路。不但圆满解决了布拖农村电商服务站点无房可建的难题，更为电商进农村体系后续运行打下了坚实的基础。

五、商贸物流服务齐全，双向流通出效益，农村商贸体系"大展身手"

虽然布拖示范项目正在建设之中，但先期建成的农村服务站已经发挥出了明显的社会经济效益。其中拖觉镇石咀村电商（物流）服务站是村委会利用30万元扶贫产业发展资金建设的面积108米^{2}的房屋，由布拖县示范项目配备电脑、货架、桌椅、物流设备，悬挂了门头，进行了室内美化；整合其他项目资金配备了超市扫码枪、收银机，安装了全县统一管理运行的商贸进销存系统，形成了日用商品和农资农具供应齐全，销售管理规范，物流运行双向有序的村商贸中心、物流中心。叠加了农业银行的金融服务功能，移动公司的通信服务功能，形成了村社会服务中心。

石咀村电商（物流）服务站建起3个月以来，平均每个月销售日用商品和农资农具15万元以上，毛利润近2万元。在示范项目统一管理服务下，结合石咀村产业，打造黄洋芋品牌，对接了销路；为村集体企业养殖的500只黑绵羊找到了订单；给300亩高山蔬菜提供了西昌的市场信息和销售渠道。为群众办理存取款服务、理财和贷款咨询等金融服务86人次，为群众办理手机号卡、充话费等服务49人次。目前石咀村服务站成了村民购买平价优质商品、销售农产品、呼叫物流运输服务、接受社会服务的中心，已经显现出了明显的社会效益和经济效益。

六、穿针引线提纲挈领，整合资源干大事，示范工作模式"呼之欲出"

贫困地区农村商贸流通体系发展十分滞后，但布拖示范项目却从中看到了机会。通过整合相关项目资金和村集体经济资金，将乡村服务站建成农村商贸中心、物流中心、社会服务中心，并由示范项目实施企业统一管理、统一供货、统一配送，以此支撑乡村服务站长效运行，示范项目根据乡村服务站提供的农产品生产信息，提前对接销售市场，统一收购、加工、包装、销售，构建布拖双向互通的农村商贸流通体系，一种能在贫困地区起到示范作用的电商进农村工作模式即将呈现。

第五章 巩固拓展脱贫攻坚成果同乡村振兴有效衔接

第一节 产业扶贫与乡村产业兴旺有效衔接的现实困境

一、部分产业扶贫项目单一，同质化现象明显

部分产业扶贫项目短期化、同质化现象严重，不能满足乡村产业持续性、多元化发展的目标。在扶贫时期，多地都是选择食用菌、蔬菜、水果等项目来发展，且规模一般比较小。这些项目扶贫效果确实能立竿见影，但忽视市场评估，缺乏足够的预判，等周边资源禀赋相似地区采取同样项目发展之后，就会出现无序竞争，导致特色产业再无特色，产品销路困难，甚至出现滞销现象，贫困户持续脱贫受到影响。产业兴旺是一项长期的历史任务，规模过小和短平快的产业项目不能实现产业的可持续发展，将逐渐被淘汰。另外，脱贫地区产业项目的同质化也较为严重，各地重点支持的产业项目极其相似，大多集中在水果、蔬菜、食用菌、茶叶、药材等门类。在市场需求短期内相对稳定的情况下，大量增加这些特色农产品供给，极易产生供过于求的现象，导致产品降价销售甚至出现滞销现象。这将浪费国家的扶贫资源，冲击贫困地区产业发展，损害贫困户生产的积极性。产业兴旺要充分利用乡村资源，走差异化发展之路，满足人们日益增长的多元化需求，同时要降低自然风险和市场风险，因此，扶贫产业同质化将不利于乡村产业的多元化发展。

部分乡村因自然气候相同、地理环境相近、民族文化相似，各村在发展产业时尽管因地制宜、各出奇招，极力思考如何走产业差异化道路，实现错位发展，但产业同质化现象依然明显。这些同质化产品妨碍了特色品牌的形成，再加上对市场预估不足，看似一片繁荣的产业景象，实则影响了片区脱贫攻坚成果巩固与国家乡村振兴战略落地。比如一些少数民族传统村落或特色村寨，为了打造乡村特色旅游品

牌，推动民族乡村旅游产业发展，都在一窝蜂地推行大同小异的民族文化项目，诸如刺绣、银饰、绝技表演、民歌及舞蹈演艺等。这些手工或机绣民族工艺品大多相同，甚至连所绣纹样都十分相似，还有些工艺品质量不高，也未形成独立品牌，致使其市场竞争力受到严重影响。还有一些民族乡村，在发展产业时并未就其实际现状进行深入调研，照搬照抄别人的扶贫经验，盲目跟风，发展乡村旅游跟着上，林下养殖照着干，精品水果学着种，文艺节目模仿演。

这些同质化项目都带来了严重后果，就是产品滞销，不仅浪费了资源，还给村民造成了经济损失，挫伤了当地居民发展产业的积极性，给乡村振兴带来挑战。

二、产业扶贫项目多以种植业和养殖业为主，且产业链条较短

脱贫攻坚过程中，各地培育了大批能够带动贫困人口增收的产业，但受贫困人口人力资本禀赋的影响，主要为技术含量较低的种植业和养殖业，对于绿、特、新、优产业探索不足，特别是高半山区产业结构调整难度大。扶贫产业过度依靠传统的种植业和养殖业，导致其发展面临较大的自然风险和市场风险，而且收益也仅仅是本行业内的种植养殖初级产品收益，增收能力十分有限。产业融合发展理念单一，休闲农业设施配套不完善，深度和多元开发不足，与文化旅游业融合还较肤浅，带动特色产业转化升级还不显著。产业兴旺过程中不能只是简单地发展农业，需要发挥农业的多功能性，发展农业观光、乡村旅游等不同层次的产业，形成全产业化体系建设。

此外，扶贫产业链条较短，多关注生产环节，农畜产品分级包装、初精加工相对滞后，优质产品运输损耗、贱卖、集散处理、冷链物流、专业配送等业态发展缓慢，产业价值链较短；加工副产物利用不充分，未形成具有良性循环和增值功能的产业链，农牧业生产效益低。较少产品拥有商标和品牌，市场竞争力不足；销售渠道不稳定，多为政府或帮扶单位帮助销售，这些将影响贫困地区产业的健康持续发展，同时也影响对贫困户的带动效果。产业兴旺要将农业生产、农产品加工、观光休闲和销售等环节联结起来，实现农业的增值增效，使一二三产业融合发展，因此，目前很多产业扶贫项目不符合乡村产业融合发展的理念，未来要延长产业链，提高产品的附加值。

三、产业扶贫过度依赖"输血"式发展，产业振兴"造血"能力弱

虽然近年来四川脱贫地区农民收入有了较快增长，但持续稳定增收的渠道仍然

不宽，县区、乡镇财政自给能力较弱，脱贫地区造血功能不足。

首先，多数贫困地区资源匮乏，农民以种地为主要增收方式，没有主导产业支撑。与村之间产业发展差别较大，有主导产业的村贫困程度较弱，户与户之间较为均衡，没有主导产业的村贫富差距大，产业发展的规模也是小而散。然而脱贫攻坚时间紧、任务重，各地的产业扶贫多由政府主导或推动，更多的是一种政府行为，并未遵循产业兴旺提出的"市场主导、政府引导"的原则，这导致了乡村产业发展普遍存在着质量不高、项目分散，多是粗放经营，受市场波动影响大。产业项目多数生产初级产品，产品附加值较低；较少产品拥有商标和品牌，市场竞争力不足；销售渠道不稳定，多为政府或帮扶单位帮助销售，这些将影响贫困地区产业的健康持续发展。

其次，产业扶贫资金多以贴息、补助、奖励等形式发放，不能重复循环利用，使用效率较低。

再次，政府主导的产业扶贫多关注项目建设的投入，对后期管理、技术、维护等方面的投入较少，导致部分产业项目可持续性较差，运行很短时间就被荒废。调研中发现，部分产业扶贫项目过度依赖政府，一旦失去政府支持，将无法运行下去。

最后，贫困地区内生动力不足。村级集体经济薄弱，缺乏稳定收入来源，不能有效带动群众受益。一些贫困户思想观念陈旧落后，安于现状，发展原动力不足，有的只愿意在经营主体中打工，甚至有的两眼向上，坐等国家救助，"等、靠、要"依赖思想严重，有越贫越光荣、越贫越要救济的懒汉思想。

四、部分新型经营主体发育不足，不能在产业兴旺中充分发挥带动作用

为提升面对市场风险和自然风险的能力，在产业扶贫中培育了一批新型农业经营主体，龙头企业、农民合作社和家庭农场等逐渐成为产业扶贫的带动主体。然而部分合作社流于形式，"空壳化"现象突出，存在管理运行不规范，财务制度不健全，议事制度和社员管理制度缺失，生产经营管理粗放，盈利能力弱等问题，以至于带动能力不强。龙头企业因激励政策较少，难以在经济利润和社会责任间平衡，多局限在农业产业园区和示范园区里，辐射带动范围有限。在带动模式方面，部分新型经营主体多采用入股分红方式来带动贫困户，提高了贫困户的财产性收入，但贫困户自身却没有参与到产业经营活动中。这种方式违背了产业扶贫"造血式"的初衷，不能真正提高贫困户的脱贫致富能力。在利益联结机制上，部分新型经营主体带贫意识不强，与贫困户共担风险的意愿不强，利益联结机制较为松散；新型经

营主体与贫困户签订的契约稳定性不强、约束力不足，而且缺乏利益保障机制建设。同时，很多社员对合作社运行机制及其作用与功能也不了解，虽然入了社，但在发展产业时，仍然依靠单打独斗的家庭经营模式，整体缺乏防范农业风险或危机的能力。以上问题导致新型经营主体不能在产业兴旺过程中充分发挥作用，要加大新型经营主体的培育力度，完善利益联结机制。

五、配套支撑相对滞后，吸引力不足

一是农业农村基础设施仍然薄弱。支撑产业发展的基础设施相对薄弱，高产稳产耕地量小、高半山和牧区设施装备与基本需求差距较大，且由于地灾损毁老化影响，建设投入大、管护难度高，基层服务"最后一公里"问题依然存在，抵御自然灾害等风险能力不强，制约农牧产业高质量发展。农村公共服务能力不足，乡村交通问题仍是短板；水利基础设施薄弱，生产基地部分电力设施不足，综合制约四川脱贫地区乡村产业发展。

二是乡村人才体系尚不完善。乡村专业技术人才匮乏，农村实用人才短缺，人才引进难、稳定难，掣肘乡村人才振兴，制约了全州农业农村高质量发展。本土农牧专业技术、农畜产品加工、农村电商、乡村旅游等人才不足，特别是"有文化、爱农业、懂技术、善经营"的农村致富能人、乡镇农技人员、乡土实用人才较为匮乏。比如阿坝州1 154名村支部书记中大专以上学历仅占9.8%，高素质农民占农牧民总数仅为1.42%。乡村特别是高半山区乡村"空心化"问题尤其突出，从事农牧业的劳动力年龄老化、妇孺化程度加剧，素质偏低，自我发展、主动投入意识不强，普遍存在生产技能缺乏、文化素质偏低，主动适应现代农牧业生产的能力不强。

三是政策支撑要素保障不足。支农、惠农、强农政策跟进细化还不充分，系统配套性较弱，落地见效效果不够好；农业农村发展基础要素配置机制仍需加速完善，"人、地、钱"等核心要素保障不足，农业金融、保险等服务体系尚不健全，资本市场注入发展滞后，农牧产业市场融资渠道匮乏；产业发展用地、集体建设用地等土地资源配置改革充分，分类管理和差异化土地供给政策探索不够。

第二节　产业扶贫与产业振兴有效衔接路径研究

一、科学优化乡村产业布局

一是要优化顶层设计，坚持立足当前与谋划长远相协调的原则，做好产业发展的全局规划,增强产业项目的可持续性。产业兴旺是持久战,要持之以恒,切忌短平快,这就需要制定有前瞻性、科学性的乡村产业发展总体规划,按照"先规划,后建设"的原则,规划和引导乡村产业发展。对四川脱贫地区而言,很多乡村缺少产业支撑,产业基础也十分薄弱,因而要发展适宜的产业项目,必须稳扎稳打,先搞试点,再逐步展开和精准实施。要正确看待和处理好乡村产业短期效益与长期发展之间的关系,依据四川脱贫地区的资源禀赋、政策环境、市场条件等,合理选择产业发展项目,长短结合,既要推行一些周期短、获益快的产业项目,如有机蔬菜、精品水果、特色养殖、传统手工、电商物流等产业,提振村民的信心与斗志,也要推行一些发展后劲足、潜力大、市场前景好但获益周期长的项目,如乡村文化旅游、农产品深加工、文化创意、休闲娱乐、康体养生等产业。

二是要坚持多样化发展原则,认真选择产业目录,发挥当地的比较优势,合理规划产业布局。四川脱贫地区面积广阔,地理差异性和风俗人情差异巨大,要依据资源优势,找准适合当地发展的"特色"主导产业,发挥比较优势,不盲目跟风,形成一村一品、一乡多业,走专业化和品牌化的道路。在产业扶贫中发展起来的小规模经营主体要在乡村振兴中通过合作社和协会等方式逐步走向联合,提高产业的整体效率和市场的把握能力。要遵循做精做强的原则,注重提升特色产品质量,利用贫困地区生态资源丰富、无污染或污染少的特点,打造绿色、有机农产品品牌,让每个特色产业向优质发展,具有不可替代性。

三是要做好产业政策衔接,健全和完善乡村振兴体制机制。脱贫攻坚与乡村振兴的有效衔接,是一个渐进的接续过程和持续的互动过程,必须统筹考虑两者之间政策的协调性、互补性与接续性。国家精准扶贫战略实施以来,四川脱贫地区在产业扶贫工作中探索出了许多行之有效的好经验、好做法,梳理和总结这些成熟的实践经验和特惠性政策,有利于从制度层面构建防范返贫和新生贫困、解决次生贫困和相对贫困的"保障网"。因此,在实施乡村产业振兴行动时,应汲取精准扶贫中的好机制、好做法,并以此为基础,因时因地制宜地建立健全有关乡村产业振兴的目标体系、责任体系、监督体系、评估体系、奖惩体系等在内的制度体系,建立贫困监测预警与动态帮扶机制,继而健全和完善乡村振兴的体制机制。

二、做优做精乡村特色产业

四川脱贫地区由于地理气候独特多样,自然环境比较脆弱,应根据不同地区实际制定区别于一般的差异化政策,宜农则农、宜牧则牧。

一是立足特色资源精准支持,促进产业绿色高效可持续发展。筛选一批能代表当地自然资源特点、具有显著的独特性，在全国乃至全球范围内具有鲜明的区域优势，如荞麦、青稞、松茸、牦牛肉等纳入全省特色农产品目录，聚焦特色农业发展分类施策。根据自然资源禀赋划定四川脱贫地区特色农产品优势产区和等级，做好特色农产品布局规划，因地制宜建设一批农（牧）业产业强镇、特色农（牧）产品优势区。开展生态系统生产总值（GEP）核算评估，编制生态产品目录清单和自然资源资产负债表，深化"零碳景区"探索，构建旅游碳普惠机制。

二是要立足乡土，深入挖掘当地的自然资源和特色文化。"绿水青山就是金山银山"，深入挖掘当地自然资源、村落（寨）文化，因地制宜打造各种文化业态，让古民居功能鲜活起来，发展乡村特色产业。深入挖掘历史名人文化、特色风俗、历史典故等人文传统资源，传承优秀传统文化，延续地方文脉，重塑乡村文化特色，打造乡土产业项目品牌。通过打造"一村一景致""一村一特色""一村一主题"，彰显乡土文化与特色，让文化特色与产业特色优势互补，实现共赢。

三是要拓展产业链，提升价值链。充分利用当地的自然资源、社会资源、文化资源等，积极拓展扶贫产业链的广度，除发展传统的种植业和养殖业外，还要发展特色加工、生态和休闲旅游、电子商务等新产业新业态，实现特色产业与相邻产业的横向融合发展。大力发展农产品深加工，增加产品附加值，有效规避市场波动风险；发展电子商务，拓宽产品的销售渠道等，改变扶贫产业链条较短、多数只涉及产前和产中环节的状况，完善产业的上下游分工协作，推动扶贫产业向上下游延伸拓展，提高扶贫产业纵向融合发展水平。

三、加快推进农业生产"三品一标"建设

一是加快推进品种培优。结合农业种质资源普查，收集保护地方珍稀、濒危和特有品种，开展种质资源特征特性、优异性状基因鉴定，发掘优异种质资源，推动传统种质资源优势转化为产业优势。针对地方特色品种开展提纯复壮，提高品种优良率、纯正度和个体产能，使"土字号""乡字号"特色更加明显。依托四川省农畜育种攻关和农业生物育种重大科技项目，实施重点品种遗传改良计划，鼓励种业骨干企业开展新品种攻关，选育高产优质品种，建设良种繁育基地，筑牢农业高质量发展的根基。对接中小微企业需求，瞄准产业发展的难点、痛点，找好切入点，在经济作物种植、畜禽养殖、产品研发加工等方面，将适宜本地气候条件、高产优质、契合市场的新品种，如甘孜州炉霍县高原小番茄、理塘县耐寒食用菌、凉山州布拖县黑山羊、阿坝州若尔盖县麦洼牦牛等有效传输至生产一线。

二是加快推进品质提升。推广一批优质粮油农作物品种，推广一批特色茶叶、

优质蔬菜、道地药材等品种，推广一批禽类、生猪、奶牛、牦牛、水产等良种。集成推广技术模式，加快高端农机装备和适宜丘陵山区、果菜茶生产、畜禽水产养殖的农机装备的应用，集成创新一批土壤改良培肥、节水灌溉、精准施肥用药、废弃物循环利用、农产品收储运和加工等绿色生产技术模式。推广绿色投入品，加快推广生物有机肥、缓释肥料、水溶性肥料、高效叶面肥、高效低毒低残留农药、生物农药等绿色投入品，推广粘虫板、杀虫灯、性诱剂等病虫绿色防控技术产品。推广安全绿色兽药，规范使用饲料添加剂。构建农产品品质核心指标体系，分行业、分品种筛选农产品品质核心指标，建立品质评价方法标准，推动农产品分等分级和包装标识。

三是加快推进品牌建设。强化农业品牌意识，系统研究当地自然条件、资源优势、产业发展状况和历史文化特点，科学制定相应的农业品牌战略规划。努力打造全国品牌、省级品牌、市级品牌、区域品牌、行业品牌、企业品牌、产品品牌等多层次品牌战略体系。强化品牌扶持培育，加快完善有关农业品牌建设的产业、财政、金融等政策和规则，充分调动企业和生产经营者创建农产品品牌的积极性和主动性。加强农业品牌保护，鼓励开展原产地保护农产品、地理标志农产品、世界文化遗产等申报工作，形成多层次、系统性的农业品牌保护机制。拓展品牌发展空间，增加品牌的科技含量，提升品牌知名度。

四是加快推进标准化生产。加强农业标准化生产知识的宣传和培训，加强广大农民和农业经营者的质量意识和标准意识，使安全生产和标准化生产成为农业生产经营者的自发行为准则。以农业龙头企业、专业合作社、家庭农场等生产经营主体为重点，选择具有一定基础的区域或选择在具有特色优质农副产品生产能力的地区建立蔬菜水果标准园、畜禽养殖标准化示范场等农业标准化生产示范点。进一步完善农业标准化生产体系，使特色农产品的生产、加工、包装、储存、流通等各环节都有标准可依。加强农产品质量安全监管，确保农业标准化生产成效。

四、培育壮大经营主体

一是扶持壮大家庭农场。建立健全家庭农场培训机制，支持乡村本土人才、有创业意愿的外出农民工、大中专毕业生以及科技人员等人才依法依规创办家庭农场。加强对农场主的专业知识技能培训，培育农场主的市场经营理念，盘活农村剩余劳动力。扩大和实施支持家庭农场乡村创业的政策，保证农业人才数量可以实现持续增长。继续指导各地深入开展市、县级示范家庭农场创建活动。加大宣传推介，及时对优秀家庭农场发展经验和做法进行总结，推荐一批省级示范家庭农场参选农业农村部家庭农场典型案例，发挥示范引领作用。优化金融服务，尤其要发挥农村信用社等金融机构对家庭农场这种新型农业经营主体的资金帮扶作用，允许家庭农场以大型农用设施、流转土地经营权等抵押贷款，创新信贷品种，简化信贷手续，提供优质服务。

二是规范提升农民专业合作社，增加新型经营主体的带动能力。对"空壳社"、运营不规范的合作社等进行整顿，健全合作社内部治理。引导合作社在设立登记、建章立制、股权量化、利益分配、信息公开、民主管理等方面开展规范化建设，提高合作社规范化运营水平和盈利能力。严控产权比例，构建合理产权结构。充分调动资源要素，明确要素入股机制，激发活力；同时，鼓励引导农村集体资金入股当地农民合作社。改变传统的资金资助模式，充分利用金融担保的杠杆作用，政府国资委下属的国有农资企业介入同农村信用社搭建农民专业合作社专项金融贷款平台，以国有融资企业为担保、政府财政专项扶持资金作利息补贴、农村信用社等金融机构提供信用贷款服务。

三是大力扶持龙头企业。坚持引进和培育相结合，引进一批农业龙头企业，同时引导本地工商资本进入农业领域，大力发展一批农业龙头企业；加强服务，支持专业大户、家庭农场注册公司；着力培育发展一批国内外、省内外竞争力强的大型企业，着力培育发展一批成长性好的龙头企业。突破薄弱环节，重点扶持农产品加工、流通和科技创新、智慧农业龙头企业。鼓励龙头企业参与农产品交易公共信息平台、现代物流中心建设，引导龙头企业加强农产品贮藏、运输和配送等冷链设施建设，支持龙头企业大力发展连锁店、直营店、配送中心和电子商务。加强龙头企业科技创新和运用能力建设，鼓励和支持龙头企业建立或共建研发机构，开发具有自主知识产权的专用新品种、新技术、新工艺；引导龙头企业加大技术改造和新品种、新产品、新技术的引进和研发投入，推动各类研发中心、企业技术中心和检验检测中心建设；加快农业科技成果转化，促进高科技项目与龙头企业嫁接，推动农业龙头企业转型升级。加大金融支持力度，金融机构尤其是涉农金融机构要针对农业龙头企业的特点开发金融产品，降低贷款门槛，拓展质押担保范围和方式，改善金融服务，有效满足农业龙头企业的资金需求。加大用地支持力度，全面落实农业龙头企业用电、用水、用气、税费等优惠政策。

四是大力培养新型职业农民。建设产学教相结合的实训基地，让更多愿意学习和有能力学习的年轻人在当地和附近接受中等和高等职业教育，从而培养出一批有文化、懂技术、会经营的现代农民，为新农村建设提供服务，增添活力。加快建立完善的新型农民培训制度，完善培训机制，合理制订新型农民培训计划。加强对农村带头人、新型农业经营服务主体负责人的培训力度，为农村培养留得住、用得上、干得好的实用人才。

五是积极探索多种合作模式，完善利益联结机制。优化合同的违约条件并完善合同中存在的漏洞，强化新型农业经营主体与小农户的法律意识，增加经营主体与小农户之间的有效互动，从而加强经营主体与小农户的信任度，建立紧密的利益联结机制。坚持"利益共享，风险共担"的利益联结原则，新型经营主体成员之间和小农户在利润可观时分配要公平公正，面对经营风险和损失时也要共同承担。鼓励新型经营主体与低收入户建立契约型、分红型、股权型等合作方式，引导小农户积极参与产业发展，进入产业链，获得稳定持续增收。积极推行"企业+农民合作社+家庭农场+小农户""企业+农民合作社+小农户""企业+家庭农场+小农户""企业+基地+小农户"等产业化经营模式，引导支持龙头企业开展定向投入、定向服务、定向收购，为农户提供种养技术、产品销售等各种服务。支持农业龙头企业和农业产业化联合体大力发展农产品加工和流通，让农户更多分享加工销售收益，让更多农户在乡村产业振兴中实现增收致富。完善新型经营主体的带动方式，提高低收入户自我发展能力。除资产收益带动外，新型经营主体要多发展直接生产带动、就业创收带动、混合带动等模式，让低收入户更多地参与到相应的经营活动中，增加其脱贫致富的积极性，提高其可持续发展能力。

五、健全农业社会化服务体系

一是强化公益性社会化服务保障。优化基层乡镇涉农部门人员配置，通过提高业务能力、设置考核体系、整合有效资源，加强公益性社会化服务保障。完善农村各类资源的产权制度，营造有效的农业信贷、保险市场环境，激励农业金融机构创新。在农业经营适度规模化过程中，要特别重视农业保险产品与服务模式创新，构建高效的农业风险治理制度。以健全农村社保、医保制度为关键，重视破解制约农村要素流转、流动的结构性问题和制度性壁垒，为农村资源整合和高效利用奠定基础。

二是培育综合高效的农业社会化服务主体。整合生产资料供应、农业技术推广、产品购销等服务资源，重点培育一批服务功能全、组织能力强、运行管理规范的综合性服务组织，将各类专业性为农服务力量有序聚合在一起，组建农业社会化服务联盟，统筹开展订单种植、产销对接、质量追溯、信息交流、物流管理、品质评定等多功能、综合性的农业社会化服务。鼓励大学生村官、返乡创业人员领办创办各类农业专业化社会服务组织，为农业社会化服务提供持续充足的人才保障。探索农业社会化服务企业承接农业公益性服务，政府实行跟踪指导、限价收费、差额补贴，探索出一套符合实际的操作流程，实现农业产品、服务的双向有效流动和产前、产中、产后的全方位服务，真正解决服务"最后一公里"问题。

三是建立基于产业链的社会化分工与专业化合作的治理模式。首先，依托农业产中环节，按照"发展适度规模农户经营体系—适度规模农户进入专业化合作机制规范—构建农产品生产规模经济化体系"路径，构建具有竞争力的农产品生产经营体系；其次，依托农业产前环节的要素、技术、服务供给，构建专业型、综合型行业组织，营造规模经济环境；再次，依托农业产后环节，围绕农产品贮藏、加工、物流、营销等方面，构建具有竞争力的农业产后供给体系；最后，充分了解不同主体对农业社会化服务的具体需求，形成产前、产中、产后一体化的产业制度与政策。

四是健全农业社会化服务标准体系。在统筹农业社会化服务主体标准（如企业、合作社标准等）、行业标准（如农机协会、种子协会、苗木协会、灌溉协会标准等）、政府最低强制标准（如涉农国标系列）关系基础上，逐步健全农业社会化服务市场准入监管制度。推动服务主体和服务对象形成紧密合作的利益共同体，建立服务对象与服务主体间"风险共担、利益共享"的利益联结机制。

第六章　高原藏区产业发展路径实践探索

第一节　小金县生态农业产业发展

一、发展条件与基础

（一）区位条件

小金县地理坐标为东经 102°01′~102°59′，北纬 30°35′~31°43′，地处青藏高原东部边缘，四川省西北部，阿坝州南部，东连阿坝州汶川县，西毗甘孜州丹巴县，南邻雅安市宝兴县，北接马尔康市。小金县位于阿坝州、甘孜州、雅安市三地交会地带，位于成都经济圈中连通康巴、川西北生态经济区交通枢纽位置，是阿坝州"东进成都、西连康藏"战略的重要节点。距省会成都 286 千米、州府马尔康 143 千米，是阿坝州向南开放前沿阵地、阿—甘—雅—成合作桥头堡；也是川西北生态经济区东部边缘的引擎点，面向成都平原经济区的重要门户。

（二）社会经济

小金县辖 5 镇 16 乡，134 个行政村和 2 个社区，426 个村民小组。2017 年末农村人口 7.3 万人，乡村劳动力 4.7 万人，其中从事第一产业 4.3 万人，外出务工 1.03 万人。到 2017 年，全县实现地区生产总值 15.61 亿元，同比增长 7.7%；本级财政一般预算收入 7 050 万元，同比增长 6.3%；三次产业结构比由 2016 年的 19.8∶42.3∶37.9 调整为 19.3∶43.4∶37.3。城镇居民人均可支配收入达到 2.99 万元，同比增长 8.9%；农村居民人均可支配收入达到 1.2 万元，同比增长 13.7%。

（三）地形地貌

小金县地处青藏高原东部边缘，邛崃山脉西侧，夹金山西北侧，山脉呈南北和东北走向,其地势东北高西南低。小金县地形狭长,河流切割强烈,峰峦叠嶂,地面起伏大。地貌以高山峡谷区为主,县域内地层岩性和地质构造较复杂。河谷地貌分布在溪河两岸北南流向的抚边河,东西流向的达维河,零星分布小金川两岸;半山、高半山地带谷坡陡峻、悬崖峭壁。县内最高点是东北部的四姑娘山,其主峰达6 250米,处于四姑娘山镇长坪沟中段东侧与汶川县交界,四座山峰顺长坪沟自北向南逶迤并列。最低点是西南部的门子沟口,海拔1 750米。

(四)气候条件

小金县属亚热带季风气候区,冬寒夏凉,常年干燥,雨量稀少,气温变化剧烈,四季不甚明显。因属高山地形,无论垂直或水平分布,地区之间气候差异很大。气温地域垂直差异大,西南部高于东北部,低海拔高于高海拔;全年平均气温12.2℃,有效积温(≥10℃)为3 294℃;年蒸发量一般为1 500毫米,年降水量617.2毫米,5—9月为雨季,其间5—7月时下骤雨,7—9月常见伏旱;11月至翌年4月为干旱期。全年无霜期为230天。全年光照2 242.6小时,太阳能资源丰富,辐射数值为5 117.26~6 559.12焦耳/米^2(表6-1)。

表6-1 小金县气候分区指标

区域名称	干热河谷区	低半山暖湿区	中山冷湿区	高山山原寒湿区
海拔/米	<2 800	2 800~3 200	3 200~4 000	4 000~4 500
最冷月平均气温/℃	-13.1	-2.8~-0.2	-18.3~-16.8	<-18.3
最热月平均气温/℃	27.8	17.6~22.1	13.1~17.5	<13.1
年平均气温/℃	14.5~16.7	10.4~14.5	3.8~9.8	<3.7
年降水量/毫米	600~680	220.5~931.5	781.6~956	1 100
温度带	河谷暖温带	山地中温带	山地寒温带	山地亚寒带
干湿状况	半干旱	半湿润	半湿润过渡到湿润	湿润

(五)水文条件

小金县河川密布,水量丰沛,主要有抚边河、沃日河、小金川、汗牛河及众多溪流。小金川、汗牛河均属长江流域大渡河上游青衣江水系,县内主干河流大小溪河呈树枝状,从东北起横贯全县,顺着西南出县。县内河川径流主要靠地表水、地下水、夏季冰雪融水及雨水补给。河流径流与降雨具有相关性,径流深680.8毫米,多年平均水资源总量为34.56亿米^3。县内湖泊多为高山海子(达90个),水面面积 9 369 亩，蓄水量约 1 000 万米³。县内各河流径流量较丰富，为四川省每亩耕地拥有水量的 7.4 倍。由于落差、比降大，各河可供开发的水能资源较多，全县水能资源理论蕴藏量 197.78 万千瓦，可开发 74.16 万千瓦（表6-2）。

表6-2 小金县主要河流水系

序号	支流名称	主要溪流	流经乡镇	境内流域面积/千米²	境内河流长度/千米	多年平均径流量/（米³/秒）	径流总量/亿米³
1	沃日河	长坪沟、海子沟	四姑娘山、达维、日尔、沃日、结斯、老营	70.5	1 759	34	11
2	小金川	崇德、美沃、四明、日落、马儿玲、沉水	崇德、美兴、沙龙、宅垄、新格	26	4 741	92	29
3	汗牛河	大哇、中纳、阿斯隆、洛果宗、窝底	汗牛、窝底、潘安	37.5	627.81	12.16	3.84
4	抚边河	虹桥、美诺、登春	两河口、抚边木坡、八角双柏	83.5	1 932	37.43	12

（六）土壤资源

小金县地质结构均为曲折程度较大的古生代沉积变质岩系。但处于干旱区多形成山地褐色土，处于湿润区多形成山地棕壤。小金县主要形成地带性土壤，从海拔角度看，土壤垂直分布规律是：冲积土分布于低海拔河谷的沿河两岸；褐色土主要分布在海拔 2 200~2 800 米；2 800~3 200 米为山地棕壤土，3 200~3 500 米为暗棕壤土，土地面积 304.38 万亩，占土地总面积的 36.36%；亚高山草甸土主要分布在 3 500~4 000 米林线以上地带；高山草甸土位于亚高山草甸土以上，海拔 3 500 米以上的平缓山原地带，土地面积达 355.13 万亩，占土地总面积的 41.46%。全县农业土壤有机质含量为 6%~10%。

（七）土地资源

小金县面积 5 571 千米²，农用地面积 730.53 万亩。耕地 12.73 万亩，人均耕地面积 1.8 亩，冬闲地 11.05 万亩，耕地中旱地 8.73 万亩、水浇地 3.99 万亩；园地 5.18 万亩，占农用地总量的 0.07%；林地 383.78 万亩，占农用地总量的 52.53%；牧草地 328.84 万亩，占农用地总量的 45.01%。

二、发展评价

（一）发展优势

产地环境质量优越。近年来，小金县牢固树立"绿水青山就是金山银山"发展理念，坚持环境保护与经济建设的协调发展，全面推进国家重点生态功能区建设。全县空气环境质量长期处于优良状态，地表水环境质量达到国家Ⅱ类标准，农业生态环境优越。农耕地远离工业、生活污染源，环境优良，水源洁净，土壤有机质含量高且无有害物质污染。春、夏、秋气候冷凉，昼夜温差大，紫外线强，病虫害发生大大少于内地，是发展生态特色农业，生产安全优质高端农产品的理想之地。

草地资源十分丰富。小金县牧草地资源丰富、牧草质量优良，人工草场挖掘潜力巨大，具有发展牦牛等草食家畜的先天资源优势。现有牧草地面积为328.83万亩，占全县总面积的39.40%。其中，天然牧草地为293.63万亩，占牧草地总面积的89.30%，其他草地占9.5%，人工草地仅占1.2%。除此之外，小金县海拔3500米以下存在冬闲地11万亩之多，通过大力发展饲草产业，可有效缓解冬春季饲草短缺问题，为牦牛周年化养殖提供草料支撑。

农旅融合潜力巨大。小金县具有极为丰富而又独特的自然景观和人文景观，嘉绒藏族文化、红色文化源远流长，"大九寨旅游环线、四姑娘山目的地旅游、川西旅游大小西环线、红色文化遗址旅游、藏族民俗风情旅游"等多条旅游精品线路汇聚于此，随着交通条件的日益改善，全域旅游格局将逐步形成。数量庞大的旅游消费群体对小金县生态特色农业发展将形成巨大辐射带动效应，对特色农产品产生多样化、个性化、高端化的差异性需求，为小金县农旅融合发展提供十分优越的市场支撑条件。

交通条件显著改善。近年来，小金县抓住国家西部交通枢纽建设契机，高速公路、国省干道与农村公路建设得到快速推进，道路交通建设取得了显著的成效。随着都江堰至小金旅游干线、雅马高速公路、理小县道的开工建设和G350、G351、S210、县道、乡道的提升改造，内外贯通、快速转换、畅达乡村的交通网络体系即将形成。红原机场的通航，将持续改善小金县交通条件，实现人流、物流和资金流汇聚，强化小金县与省内外的联系和交流，以开放合作促进大发展。

（二）存在问题

农业基础设施薄弱。农业基础设施薄弱是小金县生态特色农业发展的一大瓶颈。一是农田水利设施建设滞后。河谷农业缺乏农田水利设施，季节性水患、缺水问题严重；半山、高半山地区靠天吃饭的局面未能改变。二是全县机械化水平低，单位耕地面积农机总动力远远低于阿坝州和全省平均水平。三是耕地质量普遍不高，中低产田占比较大，旱涝保收的高产稳产良田占比较小。四是农特产品流通重点设施建设薄弱，农产品流通相对落后。农产品物流网络建设不完善，农贸市场数量少，农民卖难尚未从根本上解决。农产品冷链物流设施缺失，尚未形成生产、储备、运输、销售、冷链物流链条，影响农产品销售质量和价格优势。

特色产业有待振兴。小金县正处于产业振兴的重要阶段，亟须恢复小金农产品的"金字招牌"。高原苹果、酿酒葡萄、生态蔬菜等特色产业振兴过程中，存在产业结构不合理、管理粗放、品牌附加值低等亟须解决的问题。一是小金苹果原有高原独特地位减弱。小金苹果国家地理标志的代表产品——金冠，由于品种老化、树龄过大、病害增多，使得原有苹果特色有减弱趋势。二是葡萄企业在生产经营方面存在"重产后，轻产前"的理念，传统的"订单农业"弱化了龙头企业在生产端的技术优势和消化县域葡萄产量能力，很大程度上影响了种植户的积极性。三是秋淡生态蔬菜传统的种植模式，未充分发挥立体农业的优势。长期种植单一蔬菜品种，导致土壤酸化、板结，病虫害多发，不利于提高农产品的品质和附加值。

产品价值未能激发。小金苹果、酿酒葡萄、高山蔬菜等主导产业在四川省已具有一定的市场和品牌优势，但农产品价值未能得到激发。一是产业结构模糊。这些传统特色产业不自觉受经济规律的支配，盲目开展自发性种植，造成农业探索发展的沉没成本巨大。二是现有农产品结构单一，产地商品化不足，特色农产品市场化程度低。三是特色农产品品牌建设与市场拓展不足。"三品一标"、ISO9000质量管理体系、HACCP（危害分析与关键控制点）、GAP（良好农业规范）、GMP（良好生产操作规范）、QS（质量安全）等品牌及商标认证数量少、体量小，增值效益流向下游环节。

农业科技水平较低。小金县经济总量偏小，对农业投入不足，农业科技水平较低。一是农业科技人才十分缺乏，劳动生产率、土地生产率较低，对新品种、新技术运用不足，农业从业者综合素质较低、观念较为落后、缺乏创新意识。二是农技推广能力不强，还需进一步完善农业科技推广与农产品质量安全监测等公益性服务。三是农业科技社会化服务水平较低，缺乏专业技术协会、农民经纪人、龙头企业等社会化服务主体，农机作业、技术培训、农资配送、农产品营销等专业化服务能力较弱。

产业融合发展不足。小金县农业融合发展水平不足。一是种植与养殖结合度不高，以种定养、种养循环、种养平衡的生态发展模式尚未真正形成；二是农业产业链延伸不足，特色农畜产品产地预冷、烘干、分选、包装、屠宰、分割等产地初加工配套较为欠缺；三是农业发展与现代信息技术结合不足，智慧农业、网上销售等新业态体量较小；四是生态特色农业发展未能与旅游和地方特色文化深度融合，对现代农业生态、生活功能挖掘不足，乡村旅游功能性服务设施缺乏，尚未形成农旅融合发展合力。

（三）面临机遇

脱贫攻坚加大"农业倾斜力度"。当前，小金县是四川省45个深度贫困县之一，在享受国家、省、州原有扶贫支持政策不变的前提下，还将进一步获得国家对深度贫困地区的大力支持，整合安排大量项目、资金、技术、人才等要素向小金县倾斜，为小金县基础设施改善、产业基地建设、产业配套支撑建设等提供必不可少的要素保障。

乡村振兴激发"农村发展活力"。党的十九大提出要全面实施乡村振兴战略，着力推进乡村产业、人才、生态、文化和组织的全面振兴。围绕落实乡村振兴战略的各项目标任务，中共四川省委十一届三次全会提出构建"一干多支，五区协同"区域发展新格局，打造川西北生态示范区，推进"农业大省向农业强省跨越"；阿坝州提出按照"南林北果·特色畜牧+全域旅游（康养）"的总体思路，以脱贫攻坚为总揽，全面实现农业农村现代化。这一系列战略举措，将全面激发农村发展活力，为实现农村"产业兴旺"提供必要的制度与政策支撑。

农村电商扩展"农业发展张力"。小金县作为国家级电子商务进农村综合示范县，提倡健全农产品产销稳定衔接机制，大力建设具有广泛性的促进农村电子商务发展的基础设施，鼓励支持各类经营主体基于"互联网+"新型农业产业模式，深入实施电子商务进农村综合示范，加快推进农村流通现代化。以现代科技为支撑，增强农产品供给与市场需求的有效衔接，从而扩大优质特色农产品销售半径与市场区域，扩展小金县农业发展潜力。

（四）主要挑战

区域生态环境脆弱。小金县地处山地农牧交错浅藏区，生态环境脆弱。生态植被自我恢复机能较差，受限制开发主体生态功能定位影响，放缓生态经济圈层的扩散步伐。在生态环境承载力和容量有限的背景下，面临全域散养型牲畜数量仍在扩大的挑战；生态环境保护的重要性不容忽视，农业产业发展与生态环境保护需同步进行。

农业规模面临饱和。小金县四面环山，山高、坡陡，土地高度碎片化，受特殊地理条件限制，环境承载能力相对较弱，可利用农业用地面积固定，不适宜规模化发展生态农业。一是固有土地资源的限制，各主要农业产区体量规模已饱和，生态特色农业发展难以用"量"取胜，只能另辟蹊径走"质"的精品化发展道路。二是由于农业规模总量的限制，土地流转与适度规模经营比重小，导致产地市场规模体量小，市场竞争力不强，主导产业优势难以得到发挥。三是农业规模化、组织化程度低，产业支撑薄弱，资源优势未能充分转化为产业优势。

农业人才队伍缺乏。实施乡村振兴战略，必须破解人才瓶颈制约，强化乡村振兴人才支撑。小金县缺乏一支知识型、技能型、创新型的农业经营者队伍。农村懂生产技术、会经营管理的人才极度匮乏，而在生产管理、疫病防控、加工物流、市场营销等方面对农业从业者综合素质要求较高。生态特色农业发展需要农业技术支撑，而农业科研技术推广人员缺乏，农业从业者对现代农业科技的学习、掌握应用程度较低，人才队伍培训难度大。

三、发展战略

（一）发展定位

站在新起点、新高度，小金县应该谋求新的战略定位。在新的发展形势下，将小金县打造为"深度贫困地区脱贫攻坚示范县""川西高原绿色高质量发展先行区"。

（二）主要目标

充分考虑小金县现实农业发展水平、阶段特征和发展趋势，坚持以乡村振兴为总揽，规划期内努力实现以下主要目标。

——农业农村经济快速增长。农林牧渔总产值保持平稳较快增长，年均增长达5%以上，产业结构持续优化；产业助农增收人均增幅明显高于四川省平均水平，农村居民可支配收入达15 800元，产业带动贫困群众增收致富能力进一步增强，全面完成产业脱贫任务。

——农业产业结构不断优化。农业供给侧结构性改革成效显著，优质、特色、精品农业比重大幅提升，适销对路农产品规模大幅增加，生产、加工、储藏、包装、销售各环节竞争力显著增强，三次产业融合发展水平大幅提升。

——农业设施装备水平提升。现代设施、装备、技术手段广泛应用于农业生产,农业良种化、机械化、科技化、标准化水平大幅提升,产业道路配套基础设施基本完善。绿色生态理念深入实施,推动传统农业向生态特色农业转型。

——农业经营体系不断完善。农村土地经营权流转速度加快,多种形式适度规模经营广泛开展,种养大户、家庭农场、农民合作社、龙头企业等多种新型经营主体发展壮大,家庭经营、集体经营、合作经营、企业经营等多种经营方式协调发展。

——农业综合竞争力不断增强。"三品一标"产品数量不断增加,农产品商品化率、农产品销售收入大幅增长,农业质量效益大幅提高,农业综合竞争力不断增强。

小金县生态特色农业产业发展主要指标如表 6-3 所示。

表 6-3 小金县生态特色农业产业发展主要指标

一级指标	二级指标	单位	2017 年现状值	2020 年目标值	2022 年目标值	指标属性
农业综合产出水平	农林牧渔业总产值	亿元	—	5	7	预期性
	农村居民可支配收入	元	10 590	15 800	20 000	预期性
	扶持生产和就业发展一批	人	—	—	18 840	约束性
	有效带动全县脱贫人数	人	—	19 924	31 683	约束性
农业设施装备水平	有效灌溉面积占耕地比重	%	14.09	20	30	约束性
	耕地保有量	万亩	—	—	20 848	约束性
	基本农田	万亩	—	—	18 773	约束性
	主要作物良种化率	%	—	85	90	约束性
	主要畜禽良种化率	%	—	80	85	约束性
	产业道路配套率	%	10	25	40	预期性
	科技人员比重	人/万人	1.01	5	10	预期性
农业产业化生产水平	畜禽规模化养殖比重	%	—	50	60	预期性
	"三品"农产品认证基地比重	%	—	60	80	预期性
	乡村旅游收入	亿元	8.77	10	12	预期性
	农产品商品化率	%	—	63	70	预期性
	农产品加工率	%	—	50	70	预期性
农业经营体系	土地经营权流转比重	%	—	30	50	预期性
	新增新型经营主体数量	个	589	1 200	1 803	预期性
	农业组织化比重	%	—	80	85	预期性
	农民专业化组织带动农户比重	%	—	75	80	预期性
	订单农业比重	%	—	30	50	预期性
	龙头企业数量	家	—	95	100	预期性

（三）发展策略

按照小金县经济社会发展与农业转型升级的内外要求，结合小金县农业产业特点，以现代农业技术、现代信息技术为支撑，以优化调整产业结构和空间布局，提升产业发展水平为主线，突出自然、生态优势，以结构调整、提升水平、夯实基础、科技支撑为重要抓手，努力探索具有小金县生态特色农业产业发展模式，推动小金县生态特色农业产业发展。

立足资源优势，让"小产品"成为脱贫的"摇钱树"。首先，充分发挥小金县比较优势，集中力量挖掘"高山玫瑰、酿酒葡萄、高原苹果、生态牦牛"等产业发展潜力。通过精准脱贫、农旅融合、电子商务等方式，因地制宜适度发展"生态蔬菜、特色食用菌、特色小水果、核桃、花椒、中药材、中蜂"等特色产业。其次，树立"小酒庄大产业"理念，引进培育葡萄经营主体，践行"适度规模基地+小酒庄+农旅融合"发展路径，促进酿酒葡萄转型发展。保留部分金冠品种，通过品种技术更新，淘汰老化基地，新建标准化基地，促进苹果升级发展。优化生态蔬菜品种，调减大白菜、萝卜等传统品种，增加茄果类、瓜类、豆角类精细品种种植。再次，小金县具有典型的高原高山峡谷自然环境，资源禀赋独特，为了突出小金农产品"绿色、特色"优势，统筹考虑农产品生理生长因子和区域产业布局的限制因素，划定小金县特色农产品优势产区和等级，实现特色农产品优质优价，效益最大化。最后，开展畜牧养殖承载力、草原养殖承载力等专题研究，按照"以草定畜、以果带畜、果草畜结合"的思路，广泛推进"果（菜）沼畜"生态模式。结合高原高山峡谷地形，推广"山顶林草、山腰菜畜、山脚水果"的立体农牧模式。

加强过程管理，给"土产品"贴上优质的"好标签"。首先，加快高原特色水果品种更新、技术升级、设施规范、装备提档，促进小金县特色水果转型升级。其次，制定涵盖全产业链的水果标准体系，做到生产标准、质量品质、品牌标示、包装规范、销售价格"五统一"，实现特色水果"带皮吃、贴标签、论个卖"。再次，积极推动产地初加工补助政策向特色农产品倾斜。支持新建和改造贮藏、保鲜、烘干、分级、包装和运销等设施装备，促进特色农产品减损增效。最后，牢牢抓住"互联网+"发展契机，大力推进农产品电子商务发展，积极引导个体电商与企业联合销售。完善线上线下流通体系建设，打通特色农产品"田头到餐桌"的渠道。

加快农旅融合，让"农产品"分享融合的"大效益"。首先，以乡镇为单位，对各类旅游资源进行实地调查，全面掌握准确的旅游资源信息。结合高原特色产业，新发现一批优质农旅融合资源。按照《旅游资源分类、调查与评价》对各类资源进行评价、归类和分级。在客观评价的基础上，对具有旅游开发前景，有明显经济、社会、文化价值的旅游单体，提出具有地域、历史、文化、民族特色的开发利用建议。其次，加快建设"四姑娘山目的地旅游线路""红色旅游精品线路""川西旅游大小西环线""民俗风情旅游线路"等旅游精品线路，将四姑娘山、日隆民居、夹金山、达维会师桥、沃日土司官寨、懋功同乐会址、两河口等景区景点串联成线，形成全域旅游格局，为特色农产品发展搭建载体支撑。最后，农旅融合关键在地理连接。坚持特色产业园区（基地）随着景区走，实现功能互补、市场互保。充分利用沃日河、小金河、抚边河等，结合酿酒葡萄、苹果、甜樱桃、李子等特色产业，发展沿河观光农业，建设"以农造景、以景带旅"的农业主题观光园。充分利用日隆民居、土司官寨等，在周边规划建设农业产业园，以民族文化为依托，打造美丽乡村、幸福民居。以四姑娘山、夹金山为载体，发展彩化苗木、高山玫瑰等，发展集运动休闲、山地考察、康养健身于一体的综合园区。

创新品牌营销，把"土特产"送进全国的"大市场"。首先，积极引导特色农产品开展"三品一标"认证登记，培育和发展独具特色的地域品牌，强化农产品的独特品质，增强特色农产品市场竞争力。其次，依托"川藏高原"区域品牌，创新品牌发展模式，形成"区域品牌+企业品牌"的品牌家族。设计生动形象的品牌符号，赋予品牌拟人或物化的性格特征，增强消费者对品牌的忠诚度，扩大影响面。再次，充分利用手机客户端、微信公众号等终端形式，全方位宣传展示。打好"绿色牌""生态牌"和"错季牌"。深入挖掘文化内涵，给农产品品牌注入更多人文元素。最后，推行农批对接、农超对接、农校对接，促进品牌农产品直供直销，推进特色农产品专销柜、放心店和专业市场建设，实现优质优价，使生产者、消费者双方受益。

强化科技支撑，让"庄稼汉"变成本地的"土专家"。首先，整合涉农科研院所专家，继续开展"万名农业科技人员进万村科技服务行动"。与四川省农业科学院签订院县科技合作协议，开展长期稳固的农业技术咨询和指导。其次，采取县级调训、乡镇集中培训、田间地头实训等方式，分产业和专题办班，与粮食生产能力提升工程、特色农业产业基地建设工程、测土配方施肥、农产品质量安全、农机化示范和现代畜牧业建设等农业项目结合，持续开展基层农技人员知识更新培训。最后，积极开展多层次农民教育培训工作，探索与高等职业院校建立长期培训基地，抓好农业职业教育，围绕产业发展需要和农民科技需求，开展新型农民职业培训、农民实用技术培训等，提高广大农民技术水平。

(四) 结构调整

产业分类。充分考量小金县比较优势,科学利用固有的土地资源、旅游资源和空间资源,在有限的土地体量范围内,合理优化产业结构和适度调整产业规模,助力乡村产业振兴。

基础产业的巩固利于夯实农业发展基础。列入城乡基本粮食供给保障的主要有马铃薯、青稞、玉米、绿豌豆、油菜等相关农产品,城乡基本农产品供给安全是小金县保持一定比例的自给生产能力,构建完善的市场供给体系,保障稳定供给体系(表6-4)。

表 6-4 小金县农业产业结构分类

基本分类	具体产业	基本特征	发展思路
基础产业	马铃薯、玉米、青稞、绿豌豆、油菜等优质粮油	保障县域"米袋子"稳定安全和少数民族特色食品供给	稳定规模优化结构
主导产业	高山玫瑰、酿酒葡萄、高原苹果、生态牦牛	特色鲜明,竞争性优势明显,规模优势潜力较大,是助农增收主要增长极	突出优势大力发展
特色产业	生态蔬菜、特色小水果(甜樱桃、雪花梨等)、特色林产(核桃、花椒)、道地中药材、生态牲畜养殖	具有一定地域特色、品牌知名度和农户积极性,但深受自然资源、市场前景、政策调控等约束,在一定程度上限制了产业比较优势,是助农增收的重要补充	因地制宜适度发展
融合产业	农畜产品加工、农旅融合、"互联网+农业"	产业链条拉长延伸,助农增收,也是提高农产品附加值的重要途径	开拓创新融合安装

主导产业的凝聚利于助推农业重点发展。一是结合高山玫瑰独具特色的产地环境和产业基础,打造"四川省级独有万亩高山玫瑰"示范基地。二是引进培育葡萄企业经营主体,促进酿酒葡萄产业转型升级。三是稳定高原苹果种植面积,更新苹果基地及品种组合。四是加大草地利用和标准化牦牛养殖模式推广力度,巩固提高生态牦牛养殖规模和效益。

特色产业的明晰利于彰显农业独特优势。一是利用林地资源积极发展特色小水果(甜樱桃、李、雪花梨)、特色林产(核桃、花椒、沙棘)、中药材等林果业,并积极探索林下经济。二是利用优越的自然气候条件,保护与适度发展特色食用菌。三是结合良好的自然生态资源,发展生态养殖业。

融合产业的延伸利于助推县域经济发展。大力助推生态特色农业、农畜产品产地加工、乡村旅游的产业融合与延伸,推进旅游业与三次产业融合发展。以"互联网+农业"的农畜产品营销模式,促进农户多渠道增收,助推县域经济发展。

发展规模。种植业方面,到 2022 年,高山玫瑰种植面积 1.5 万亩、高原苹果 4.1 万亩、酿酒葡萄 1 万亩、特色小水果（甜樱桃、李、雪花梨等）1 万亩、生态蔬菜 3.17 万亩（其中设施蔬菜 0.24 万亩）、特色食用菌 0.5 万亩（其中大棚食用菌 0.12 万亩）、道地中药材 1 万亩、特色林产 6.3 万亩（其中核桃 2.5 万亩、花椒 0.8 万亩、沙棘 3 万亩）；主要种植业规模达 18.07 万亩,需要土地资源 17.01 万亩,耕地、园地资源共计 17.71 万亩,能承载产业发展需求（表 6-5）。养殖业方面,到 2022 年,生态牲畜存栏量 20 万头,出栏量 10 万头以上。其中,牛（含牦牛）存栏 8.0 万头、出栏 3.5 万头以上；羊存栏 8.0 万只、出栏 4.0 万只；生猪存栏 5.0 万头、出栏 4.5 万头；中蜂 0.8 万箱。

表 6-5　小金县主要种植业结构调整及土地利用平衡　　　　　　　　　单位：万亩

名称	2017 年面积	2022 年面积	复种系数	所需土地 面积	所需土地 类型	实测土地面积 耕地	实测土地面积 园地
高山玫瑰	0.9	1.5	1	1.5	耕地、园地		
酿酒葡萄	0.89	1.0	1	1.0	耕地、园地		
高原苹果	4.1	4.1	1	4.1	耕地、园地		
生态蔬菜	2.99	3.17	1.5	2.11	耕地	16.27	1.44
大棚食用菌	—	0.12	1	0.12	耕地		
特色小水果	0.91	1.0	1	1.0	园地		
中药材	0.59	1.0	1	1.0	耕地		
特色林产	4.57	6.3	1	6.3	耕地		
合计	14.95	18.07	—	17.13	—	17.71	

（五）发展布局

根据小金县交通格局、地形地貌、自然资源禀赋、农业产业基础以及旅游资源分布等多种因素,优化产业空间布局与功能分区,重点围绕"两带四区",大力发展特色种植、特色林果、生态畜牧等生态特色产业；着力构建"10 万亩特色种植基地、10 万亩特色林果基地、20 万头生态畜牧基地",推动生态特色农业规模化、集约化、标准化、产业化发展。

北部、中部地区以高山峡谷地貌为主,气候垂直差异明显,结合农业产业基础,打造生态特色农业产业带。

——北部抚边河特色农业产业带。在省道210及抚边河沿线，兼顾光、热、水、土等自然因素，重点建设生态特色农业产业示范基地，发展以生态牦牛产业为主，搭配种植蔬菜、饲草和特色小水果，突出种养循环农业示范。

——中部西环线立体农业产业带。中部沿沃日河、小金川及国道350小金段道路干线，依托万亩高山玫瑰产业带、酿酒葡萄产业带，综合发展高原苹果、甜樱桃等特色农业。

在四姑娘山、汗牛水库、结斯藏区、两河口会址，依托丰富的旅游资源和农业产业园区，促进农文旅深度融合发展。

——四姑娘山生态康养示范区。四姑娘山以生态康养为主题，协同夹金山森林公园景区，发展以高山玫瑰为主，搭配甜樱桃、沙棘等其他经济作物。

——汗牛水库湖滨休闲示范区。汗牛水库以高原湖泊为主题，发展以花椒、核桃为主，搭配中药材、生态牦牛种养循环模式的高原水乡牧区。

——结斯嘉绒冰川体验示范区。结斯藏区以别斯满嘉绒冰川文化为主题，发展以中药材为主，搭配生态蔬菜、松茸等特色产业。

——两河红色文化旅游示范区。两河口以红色文化为主题，发展以生态蔬菜为主，搭配种植中药材以及特色小水果的农业产业基地。以主题式、功能式发展休闲农业与乡村旅游，打造形态多样的农旅融合示范区。

四、产业基地建设

（一）高山玫瑰

抓住小金县全域旅游建设和脱贫攻坚的重大契机，大力发展高山玫瑰产业，打造"四川省级独有的万亩高山玫瑰"产业示范县。以"川西旅游大小西环线"为发展主线，顺沿达维河、抚边河、汗牛河流域，镶嵌式布局多品种、多花期、多色彩的高山玫瑰示范园区；以贫困村、贫困户为实施重点，集中连片打造产业扶贫基地。积极推广"公司+合作社+农户+基地"生产经营模式，通过新型品种引进、栽培技术创新、精油提炼加工技术升级，赋予小金玫瑰产业更多的"文化、技术和品牌"含量，不断延伸产业链，提高产品附加值。

到2022年，高山玫瑰种植面积达到1.5万亩。其中，最适宜区面积约1万亩，次适宜区面积约0.5万亩。产品总产量达3.8万吨，主要包括玫瑰精油800千克、玫瑰花蕾6 000吨、玫瑰醋饮和玫瑰露酒3.0万吨；全年总产值1.2亿元，带动5 000余农户增收致富，其中贫困户980余户（表6-6）。

表 6-6 小金县高山玫瑰产业发展目标规划

项目	单位	2017 年现状	2022 年目标	指标属性
面积	万亩	0.9	1.5	预期性
总产量	万吨	2.1	3.8	预期性
总产值	亿元	0.45	1.2	预期性

合理布局在海拔 2 800 米以上的台地、缓坡地等适宜区域，形成主要沿 S210、G350 沿线两条产业带。产业布局：达维镇 2 400 亩、日尔乡 1 200 亩、双柏乡 1 000 亩、结斯乡 1 000 亩、木坡乡 1 100 亩、抚边乡 800 亩、八角乡 800 亩、新桥镇 1 200 亩、美兴镇 600 亩、美沃乡 600 亩、崇德乡 900 亩、宅垄乡 700 亩、新格乡 500 亩、沙龙乡 800 亩、沃日镇 200 亩、老营乡 300 亩、汗牛乡 500 亩、窝底乡 400 亩。

（二）生态牦牛

利用高半山、高山区域 300 多万亩天然牧草地，发展天然牧区生态牦牛养殖业；在低半山地区积极推广"4218"牦牛标准化养殖模式，大力推进现代化、集约化、标准化适度规模健康养殖场建设，力求缩短周期、提高肉质、错峰出栏，实现生态牦牛立体养殖模式。加快牦牛优良品种引进和良种繁育场建设，提升良种化率；鼓励标准化养殖小区、养殖大户进行"牦牛—沼气—果粮药（种草）"生态循环种养模式，提高养殖废弃物的利用率，特别是利用冬闲地资源，大力发展草料产业工程，保障冬春补饲需求。紧抓成都市新津区助力小金县生态牦牛产业发展契机，以伍田食品和三旺集团等企业为核心、合作社为纽带、养殖户为主体，合力助推小金县生态牦牛产业跃上新台阶。

到 2022 年，实现牦牛存栏 5.0 万头，年出栏 3.2 万头，出栏率达 37.5%；牦牛集约化、标准化养殖率达 40%，良种化率达 85%，养殖废弃物处理率达 75%，生态牦牛肉制品商品化率达 90%，生态牦牛总产值达 3 亿元以上（表 6-7）。

表 6-7 小金县生态牦牛产业发展目标规划

项目	单位	2017 年现状	2022 年目标	指标属性
存栏量	万头	3.6	5	预期性
出栏量	万头	1.5	3.2	预期性
总产值	亿元	1.3	3	预期性

根据生态牦牛养殖场数量规模，提升改造牦牛健康养殖场、联户养殖场，形成以抚边区、汗牛区为主的"4218"生态牦牛标准化养殖模式，逐步推广到县内外其他牦牛健康养殖生产区。

(三) 高原苹果

立足小金县空气清新、光照充足、昼夜温差大、纯净无污染的产地环境优势，极力塑造优质、生态、绿色"小金苹果"品牌。加快新品种更新换代步伐，保留部分金冠品种，通过品种技术更新，淘汰老化基地，新建标准化基地，促进苹果基地升级发展。按照"总体规划区组合、个体带状依存"的品种组合思路，分步骤、分片区对小金苹果品种进行滚动优化组合，结合四姑娘山旅游西环线打造早中晚熟制苹果产业基地，实现鲜果应市期时序科学化。

到2022年，高原苹果巩固提升产业面积4.1万亩，总产量达6.5万吨，产量增加约0.8万吨；建成苹果标准化生产基地3.5万亩以上，苹果基地全部实现标准化认证，产品商品化率达85%，苹果总产值达3.5亿元以上。

结合河谷地带沿线立体气候和生态区类型的复杂性及品种多样化影响，集中对海拔2 800米以下的苹果产业基地进行分区分熟制建设，重塑"小金苹果"地域品牌。

——晚熟苹果主产区。包括东部达维、日尔、沃日、老营、结斯以及南部汗牛、窝底、潘安等乡镇；地处2 600米以上的较高海拔地区，由于积温偏低，晚秋温度下降快，可栽培以金冠（保留品种）、红富士为主的晚熟品种，发挥其晚熟、季差优势，避开处于旺市期的同类品种，目标市场定位以鲜食为主，面向国内高档果品超市，在元旦、春节消费高峰期供市，占领淡季市场，获取时序效益。到2022年，巩固提升标准化优质苹果产业基地2.6万亩，逐步形成小金县晚熟苹果主产区。

——北部中晚熟苹果过渡区。包括北部抚边河沿线的双柏、八角、木坡、抚边等乡镇，地处海拔2 800米以下的河谷地带，高山峡谷的地貌为主，气候差异明显，光热资源较丰富，虽然整体生态条件并非苹果最适宜区，但经过多年的发展，已形成一定规模的优质苹果基地。该区生产的红富士苹果成熟期比东部早，以及嘎啦等品种可发展加工鲜食兼用，打造东西苹果基地过渡区域，同时，苹果上市期正值旅游旺季，旅游消费市场潜力大。到2022年，建设3个过渡区品种组合示范基地，中晚熟苹果基地巩固提升面积达0.85万亩。

——西部早中熟苹果产区。海拔2 600米以下的河谷地带，春天回温相对较早，

4—5月平均气温达14~15℃，同品种果实成熟期较我国北方早10~15天，可充分发挥其早熟优势，赶在当年鲜果的市场淡季——中秋节前，向省内外地区供市，以取得较大的时序效益。到2022年，改造提升标准化苹果产业基地3个，早中熟制苹果改造种植面积达1.2万亩。

（四）酿酒葡萄

以酒庄为重要依托，形成以小酒庄为单位的集群式葡萄酒产业，推进"小酒庄大产业"发展模式。探寻"适度规模基地+小酒庄+农旅融合"发展路径，引进培育葡萄经营主体，结合嘉绒藏族文化，发展具有民族特色和民族文化的葡萄酒，提升葡萄酒的文化内涵，促进酿酒葡萄产业转型。

到2022年，酿酒葡萄种植面积适当扩展到1.0万亩，总产量达0.5万吨；建成酿酒葡萄标准化生产基地0.4万亩以上，标准化认证基地面积比重达98%，产品商品化率达90%，酿酒葡萄总产值达1.2亿元以上。

以中部沿线酿酒葡萄产业带为经济轴，适当延伸至低半山林药畜发展区，采用"以点带面、串点成线"的发展线路，在小金县酿酒葡萄基地构筑"一心两轴一区"的总体布局结构。

"一心"：以老营乡尹家坪标准化酿酒葡萄母本园为核心区域，打造成小金县酿酒葡萄生产基地"神经中枢"，对全县酿酒葡萄产业基地建设起到辐射带动作用。

"两轴"：结合神沟九寨红现代农业观光生态走廊建设项目，覆盖建设"两带"。一是横轴葡萄基地生态旅游发展带，沿国道350自东向西串联达维、沃日、老营、美兴、宅垄及新格等乡镇，将葡萄生产基地、沿线小酒庄以及西环线旅游景观有机结合，打造横轴葡萄庄园生态旅游长廊。二是纵轴酿酒葡萄基地示范推广带，沿省道210由北至南，连接木坡、八角、双柏及老营，打造成小金酿酒葡萄生产基地重点示范带。依托两带规划葡萄产业基地布局能够最大化串联全县有效资源，激发沿带地区葡萄产业发展潜力。

"一区"：以南部的潘安乡为地标核心，带动南部汗牛库区坡地周边酿酒葡萄产业基地发展。

（五）优质粮油

夯实农业生产能力基础，深入实施藏粮于地、藏粮于技战略，严守耕地红线，巩固粮食生产基础地位，稳定现有粮油基地面积，逐步减少河谷地带种植面积，向低半山地区适度扩展，避免与苹果、酿酒葡萄等主导产业抢地。稳定脱毒马铃薯、杂交玉米、高原青稞、优质豆类、高原油菜种植面积，加大科技投入力度，提高粮油单产和产品质量，提高粮油综合生产能力。加快土地流转，按照相对集中连片的要求，加快粮食基地质量标准认证，建设生态、绿色粮油基地。到2022年，建成适度规模经营现代化优质粮油基地10万亩以上，粮油总产量达7.6万吨，粮油良种化率达90%，机械化率达30%，粮油总产值达1.1亿元以上。

（六）特色食用菌

注重资源环境保护，逐步实现野生种质资源的循环再生和合理开发利用二者平衡，优化调整县域林下食用菌产品结构，实现林副产品的绿色开发利用。在海拔3 200~4 000米中山地区优越的产地环境下，加强食用菌基地绿色认证，并依托"净土阿坝"区域公共品牌深化县域"小金羊肚菌""小金松茸"等产地品牌，进一步提高小金特色食用菌的市场影响力。到2022年，特色食用菌种植面积达0.5万亩（其中大棚食用菌面积0.12万亩），年产菌类1.25万吨以上，年产值达0.5亿元。

（七）生态蔬菜

立足小金县独特的立体气候优势，逐步将生态蔬菜种植面积向半山和中山地区扩散，在河谷地区可发展设施蔬菜、露地蔬菜等早市蔬菜，在半山、中山地区利用差异的气候条件和种植制度，扩大夏秋淡季蔬菜种植面积。进一步优化蔬菜品种结构，调减大白菜、萝卜等传统品种种植面积，增加茄果类、瓜菜类、豆角类等精品蔬菜面积，将小金县打造成川西北山地夏秋生态蔬菜生产基地。到2022年，蔬菜种植面积达3.2万亩，蔬菜总产量达6.0万吨。其中，设施蔬菜面积0.24万亩，露地蔬菜面积2.93万亩（新增露地蔬菜面积0.32万亩），蔬菜育苗中心150亩；建成标准化基地2.0万亩以上，蔬菜良种化率达85%、商品化率达80%，蔬菜总产值达3.2亿元。

（八）特色小水果

充分利用河谷地带光热资源和半山、中山地区林地资源，对产业布局逐步优化调整，在不与主导产业争地情况下，鼓励农户自主、自愿因地制宜发展甜樱桃、李、雪花梨等小水果，以水果产业精品示范园区、重点示范基地为龙头示范，融合乡村旅游，走特色旅游产品路线，扩大产品知名度。到2022年，各类特色小水果种植面积达1万亩以上，年产值突破0.5亿元。

（九）特色林产

结合产业现状与市场需求，利用丰富的林业资源，加快发展核桃、花椒和沙棘特色林产品。以标准化生产示范基地为载体，稳定现有花椒种植面积，开发利用半山、中山坡荒地发展经济花椒林；加快核桃品种改良和标准化示范基地建设；利用退耕还林、灾后植被恢复项目，加大沙棘人工种植基地面积。结合小金县旅游市场优势，宣传小金花椒、核桃、沙棘区域品牌，提高小金特色林产品附加值。到 2022 年，核桃种植面积 2.5 万亩、干核桃产量达 6 250 吨，花椒面积达 0.8 万亩、产量达 400 吨，人工沙棘面积达 3.0 万亩、产量达 9 000 吨。良种化率达 70% 以上，培育特色林产种植大户 50 户。

（十）道地中药材

充分发挥小金县"生态环境优良、藏羌文化悠久"两大优势，采取分散种植与适度规模种植相结合的方式，鼓励专业大户开展自建基地、订单基地建设。积极探索"基地示范带动+合作社统筹营销+农户扩面生产"发展模式，以市场需求为导向，调整中药材品种结构，发展羌活、大黄、猪苓、天麻、川贝等适销对路品种。加快中药材良种繁育体系建设，挖掘本地品种资源潜力，做好保种选育、良种引进、成苗供应等环节。加强中药材产地初加工建设，逐步实现初加工集中化、规范化、产业化。到 2022 年，全县中药材面积达 1 万亩，新发展各类中药材示范基地 0.49 万亩，中药材专业合作社 10 家以上，种植大户 20 户以上，着力打造中药材专业村 4~6 个。

（十一）生态养殖业

根据小金县生态养殖业发展现状，从产业布局角度，可将养殖业细分为"四区一基地"：优质肉牛养殖片区、优质肉羊养殖片区、优质商品猪养殖区、优质蜂蜜养殖片区、饲草种植基地。到 2022 年，生态牲畜存栏量达 20 万头，出栏量 10 万头以上。

五、产业融合发展

（一）农产品加工

坚持产业振兴，加快产业融合发展步伐，延伸拉长产业链条。加快推进农产品精深加工建设，加大高山玫瑰、酿酒葡萄、小金苹果、生态蔬菜、生态牲畜、小水果、特色林产、蜂产品、食用菌、中药材等生态农产品开发力度，注册商标、创立品牌,增加农畜产品附加值。围绕旅游市场需求,适度开发特色旅游加工产品;通过对口扶贫、扶优扶强、招商引进等办法,引进培育一批产业关联度高、带动能力强的龙头企业,不断壮大农产品加工业,实现一二三产业融合发展。到2022年,农产品加工转化率达50%,农产品加工总产值达4亿元以上,加工产品质量抽检合格率达到100%。

(二) 农产品物流

加强物流基础设施建设,畅通农产品销售渠道。着力构建以美兴现代物流园区为核心,农产品产地交易市场、乡镇农贸市场、产地集散点为支点的农产品市场流通体系;积极探索推广电子商务、冷链物流等现代流通方式。大力发展"互联网+农业",持续巩固全国电子商务进农村综合示范县创建成果,构建"中国西部野生菌交易中心"物流信息平台,试点建设"一乡一品"电子商务精准扶贫示范基地。2022年,形成以1个物流园区、21个乡镇农贸市场、100个产地集散点为框架的农产品市场流通体系;探索"电商平台+电商服务网点+乡村特色产品"的线上农特产品网销"生态链",打通农产品网络交易的"最后一公里"。提档升级小金县电子商务产业园,建成乡镇电商服务站21个,农村电商服务点120个;农产品电商交易额达5 000万元,物流业产值达到1.2亿元以上。

(三) 农产品品牌

充分利用"净土阿坝"生态特色名片,按照"区域品牌+企业品牌"的发展模式,启动实施"小金出品"县域公共品牌建设行动计划,加快特色农产品品牌商标注册,积极引导特色农产品开展"三品一标"认证登记,培育和发展独具特色的地域品牌,塑造一批小金特色农产品品牌;采用多种方式,加大资金投入,加强品牌营销推广力度,统一打造"小金出品"县域公共品牌,并推向市场。到2022年,全县优势支柱产业无公害认证率达95%以上、绿色产品认证率达85%以上、有机产品认证率达5%;特色潜力产业和其他产业无公害认证率达95%以上、绿色产品认证率达75%以上,申报国家地理标志产品3个以上,形成系列"小金出品"全国知名特有县域公共农产品品牌。

(四) 农旅融合发展

摸清小金县旅游要素资源,坚持"农业产业园区跟着旅游景区走"的原则,打造全域农业旅游格局。紧抓四姑娘山景区创建国家AAAAA级景区的契机,结合绿水青山、农林产业、红色文化、民俗风情等资源，推动乡村各类资源景观化，加强农业生态环境保护，加快推进农业园区观光旅游、森林公园生态康养、红色文化景区农耕体验等农旅融合新业态发展。结合全域旅游空间和农业产业布局，建设"以农造景、以景带旅"的农业主题观光园，重点打造中部旅游沿线立体农业产业带、北部抚边河谷风光产业带、四姑娘山生态康养示范区、汗牛水库湖滨休闲示范区、结斯嘉绒冰川体验示范区、两河口红色文化休闲示范区，开发果园采摘体验、农耕文化体验、生态康养、民宿度假、红色回忆等旅游产品，树立"净土圣山·立体山水"旅游形象。到2022年，农业产业园区与生态旅游每年接待游客数量达500万人次以上，乡村旅游收入达8亿元。

按照"项目向示范集中、产业向载体集中"的思路，引导产业沿区位条件优越线路集中，主抓重点、侧重示范、总结经验，高起点、高规格、高标准建设一批生态农业与乡村旅游融合发展示范园区，开发观光农业、休闲农业、循环农业等多种产业新业态，示范展示农旅融合多样化、标准化、产业化等，支撑和带动全域经济发展。到2022年，全县共形成16个农旅融合示范园区，其中10个已建园区需提档升级，需新建6个园区。

围绕"两带四区"产业布局，强化示范效果，建成16个农旅融合示范园区（表6-8）。根据区位交通、自然资源、辐射带动效益等综合考量，结合产业示范需求，按照"县上主推、乡镇主体、业主主建"的思路，重点打造十大农旅融合示范园区。新建改造3个观光休闲农业示范园（沃日高原苹果观光旅游示范园、日尔董马藏寨羊角花观光农业示范园、窝底红花椒采摘体验示范园）；2个生态种养循环农业示范园（老营母本园种养循环农业示范园、新桥牦牛种养循环农业示范园）；1个高山玫瑰主题示范园（达维高山玫瑰观光旅游示范园）；4个农旅融合示范园（四姑娘山农旅融合示范园、两河口农旅融合示范园、结斯农旅融合示范园、汗牛农旅融合示范园）。

表6-8 农旅融合示范园区汇总

两带四区	16个农旅融合示范园区	备注
中部西环线立体农业产业带	达维高山玫瑰观光旅游示范园	提升
	沃日高原苹果观光旅游示范园	提升
	日尔董马藏寨羊角花农旅融合示范园	提升
	新桥牦牛种养结合农旅融合示范园	提升
	老营酿酒葡萄母本园农旅融合示范园	提升
	宅垄立体农旅融合示范园	提升
	新格果蔬种植观光体验示范园	提升

(续表)

两带四区	16个农旅融合示范园区	备注
北部抚边河特色农旅产业带	抚边牦牛种养循环农旅融合示范园	提升
	木坡粮果蔬基地农旅融合示范园	提升
	八角果蔬循环农旅融合示范园	提升
汗牛水库湖滨休闲示范区	潘安经果林地农旅融合示范园	新建
	窝底红花椒采摘体验示范园	新建
	汗牛农旅融合示范园	新建
四姑娘山生态康养示范区	四姑娘山农旅融合示范园	新建
结斯嘉绒冰川休闲示范区	结斯农旅融合示范园	新建
两河口红色文化休闲示范区	两河口农旅融合示范园	新建

六、产业支撑建设

（一）产业道路

以推动产业发展为核心，重点解决旅游产业道路短缺、通村通组公路硬化率较低等问题，大力开展通村通组道路、农业机耕道、旅游产业道路建设。科学规划道路交通网，统筹交通及旅游部门共同做好旅游点交通标识和引导标志，推进过境国、省、县三级旅游产业道路安保全覆盖；加强农村公路与干线公路网的有机衔接，围绕高山玫瑰、酿酒葡萄等特色产业基地，加快通村通组道路、农业产业基地道路建设，保证农产品及时、便捷地运输，降低运输成本。到2022年，实现旅游产业道路安保全覆盖，村道通达通畅率100%，机耕道通达率达50%以上，形成辐射面广、通达度高、布局合理、方便安全的产业道路网。

（二）农业水利

结合小金县水利设施薄弱环节，加大水利设施投入力度，采取"蓄、引、提"相结合的措施，加大重要引调提水工程、农田排灌渠系以及中小型水利设施的建设。尤其是河堤水利工程的修建亟待全面开展，切实解决工程性、季节性缺水问题，提高水资源利用率，降低自然灾害损失，解决好农田灌溉"最后一公里"问题。到2022年，农田灌溉水有效利用系数提高到0.65以上，抗旱减灾能力显著增强。

（三）耕地建设

坚持严格的耕地保护制度，划定永久基本农田，坚守耕地红线。结合中低产田改造、沃土工程、扶贫开发等项目，建设旱涝保收农田，提升农业综合生产能力。到 2022 年，改造提升旱涝保收的中低产田 5.6 万亩，实施耕地质量提升 4.5 万亩。

（四）生态环境

深刻践行绿水青山就是金山银山的发展理念，坚定不移走生态保护优先与兼顾绿色开发的发展道路，推动农业高质量发展和农村生态文明建设。要深刻把握好生态环境是最普惠民生福祉的宗旨精神，着力解决农业面源污染、农村人居环境脏乱差等农业农村突出问题，提供更多优质生态农产品，满足人民对优美生态环境的需要。

坚持生态立县，加强生态保护与开发建设，执行生态保护红线，确定小金县生态功能分区，加强重点区域野生资源保护，筑牢生态本底，着力打造与"生态小金"发展相配套的生态环境，走生态经济型产业发展道路。到 2022 年，全县森林覆盖率达 85%以上。

（五）农业机械装备

大力推进农业现代化装备水平，完善落实农机购置补贴政策，积极推广适应特色产业生产、加工、运输等环节的新型农机具，促进农业产业化高度融合。北部地区重点发展蔬菜、中药材、饲草基地、养殖业生产机械化，加快轻便、耐用、低耗、中小型耕种、收割、植保等适用农机具的引进和推广。中部地区围绕特色林果业，加强产业基地建设的标准，预留机械作业空间，尝试引进和逐步推广先进适用、适应规划区地形地貌的农机具。探索建立以基层农机服务站、农机作物服务队等专业服务组织为龙头，农机大户为基础，农机中介组织为纽带的农业机械社会化服务体系，提高农业机械社会化服务水平。到 2022 年，全县农机总动力达 10 万千瓦以上，农机装备水平达 40%，农机作业水平达 45%；全县建设 15 个农机维修网点，建成 8 个维修服务队。

（六）农业信息装备

加快信息基础建设，完善配套相应的网络和硬件设备，积极利用"互联网+"的方式，加强农业大数据、云计算、物联网等现代信息技术在农业经营、管理、服务等各环节广泛应用，实现信息化与现代农业融合发展。加强对农民信息知识的普及和培训，建立覆盖县、乡、村三级的农业综合信息服务体系，指导农民"以需定产"、加工企业"以求定供"，促进农业健康有序生产。健全农业气象要素观测系统、县级农产品电商平台、农产品追溯系统，不断促进农业信息水平提高。到2022年，农业信息化覆盖率达75%。

(七) 经营主体培育

加快构建新型农业经营体系，积极培育家庭农（牧）场、种养大户、龙头企业、专业合作社等新型农业经营主体，重点引进或培育企业专职经理人、返乡农民工、农村经纪人，重整农业产业化企业、创办家庭农场、领办农民合作社。到2022年，新培育种养大户及家庭农场800户以上，培育农业产业化龙头企业3家，现代新型职业农民1 000人。大力发展多种形式农业适度规模经营，引导土地经营权规范有序向有意愿、有能力、有诚心发展现代农业的新型经营主体流转。到2022年，小金县土地流转面积占耕地面积的50%以上，适度规模经营面积占流转面积的85%，农业组织化水平达85%以上。要积极扶持小农户，通过发展农业社会化服务，健全完善小农户与新型农业经营主体的利益联结机制。积极推广"龙头企业（或合作社）+基地+农户"，促进农户与各新型经营主体之间形成利益共享、风险共担的利益共同体，帮助小农户加入现代农业产业链，实现小农户与现代农业发展的有机衔接，促进小农户农业增收。

(八) 农业社会化服务

围绕主体多元化、服务专业化、运行市场化的方向，加快构建公益性服务与经营性服务相结合的新型农业社会化服务体系。到2022年，农业社会化服务体系健全完善，服务能力与水平大幅提升；农业经营性社会化服务长足发展，新培育各类农业专业化社会服务组织20个，农机、农技、植保、营销、配送等专业经营性服务广泛开展，主要农作物、特色优良品种及先进适用技术普及率达到85%。按照"综合设置、整合资源、设施配套、统一分配"的思路，支持县、乡政府整合基层农业生产服务结构和人员，提升现有21个乡镇农业技术综合服务站，做到"一站式"管理，引进农业、畜牧、水利、土肥等方面专业技术人才30名，提高乡镇或区域性农业服务、动物疫病防控等公共服务能力。依托村级综合服务中心或专业合作组织，建立村级农业服务超市25个，覆盖现代农业园区等产业重点区域，成为直接面向农民的农业终端服务平台，依托农业服务超市开展农机、农技、劳务、营销、配送等农业社会化服务。大力培育新型社会化服务组织30个，扩大政府购买农业公益性服务试点，引导社会资本积极参与组建各类综合性社会化服务公司，重点推进县域农产品质量安全检测平台搭建，健全小金县农产品质量安全检测体系，为新型经营主体提供产前、产中、产后全程化服务，以适应现代农业生产的需求。

第二节　马尔康市有机农业发展

一、发展基础

（一）自然资源

马尔康市位于北东走向的龙门山、北西走向的鲜水河断裂带及松潘地块交会地区。地质构造复杂，是典型的高山峡谷地区，山原面积约占65%，高山峡谷约占35%。地势由东北向西南逐渐降低，地面海拔为2 180~5 301米，坡度多在25°以上。马尔康市气候属高原大陆季风气候，年均气温8.6℃，≥10℃积温2 224℃，年均降水量760.9毫米，雨量集中在5—10月，具有"冬干夏湿、雨热同季、日照充足、昼夜温差大"的特点。河流主要有梭磨河、茶堡河、脚木足河，水资源较为丰富，但受高山峡谷地形影响，半山和高半山农业灌溉能力有限。据《马尔康土地利用总体规划》，全市土地利用结构以农用地为主体，面积达64.58万公顷，占总面积的97.27%。农用地中以林地、牧草地为主，耕地面积约7.4万亩，仅占0.74%。

（二）社会经济

马尔康市总人口约5.6万人，农业人口约3.4万人。西南部沿河谷地区人口稠密，东北部高山峡谷地区人口稀少，全市平均人口密度8.30人/千米^2。2013年，全市农村经济总收入2.98亿元，其中种植业收入0.72亿元，农牧民人均纯收入7 730元。

（三）产业基础

马尔康市农业正处于传统农业向现代农业跨越发展的重要阶段，粮食、蔬菜、水果、牦牛等产业初具规模，林下经济发展迅速。其中，粮食大多分布在距离主干公路较远区域，以满足市内需要为主；蔬菜沿梭磨、县城、党坝一线布局，现已逐步走上专业化、规模化和商品化的发展之路；水果集中在白湾、党坝、脚木足3个乡，产品在当地市场销售；林下经济以松茸、羊肚菌等野生食用菌及贝母、虫草等中药材的采售为主，是农牧民增收的重要辅助产业。全市已发展农业专业合作社39

家,其中省级示范社2家,州、县级示范社3家;发展农产品加工龙头企业3家,年加工牛肉800吨,年产值达2 000万元。

(四)生态环境

马尔康市生态环境整体良好,是大渡河上游重要的水源涵养区和生态保障区,依据《马尔康县土壤检测结果分析报告》《马尔康脚梭两河水利工程环境影响报告书》《四川省环境保护公报》等报告,马尔康市土壤条件基本符合《土壤环境质量 农用地土壤污染风险管控标准(试行)》(GB 15618—2018)二级标准,空气质量达到国家Ⅱ级标准,各项水质也达到国家Ⅱ类地表水水质标准。马尔康市工业较少,环境污染较小,农业生态环境对发展有机农业无限制。

二、发展评价

(一)发展优势

洁净的生态环境。马尔康市地处川西北高原,人口密度小,工业较少,环境污染较小,是大渡河上游重要的水源涵养区和生态保障区,其空气质量达到国家Ⅱ级标准,水质优良,高原紫外线强,病虫害发生大大少于内地,洁净环境条件十分有利于常规农业基地向有机农业基地转换。

丰富的林草资源。马尔康林草综合覆盖率达96%以上,其中,林地面积336 709.4公顷,牧草地面积301 870.7公顷,丰富的林草资源可以弥补耕地资源不足的问题,大力发展林下种植养殖业及畜牧业,实现农产品多样化,同时,科学发展林下经济有利于减少人工合成外来投入品的使用,符合有机农业可持续发展的要求。

产品的错季优势。马尔康海拔为2 180~5 301米,地形复杂多样,气候较同纬度平原地区冷凉,适宜蔬菜、牦牛、经果、药材等多种特色动植物生长,可以形成明显的错季供应优势和特色显著的产品,上市时间的互补及产品的独特性更易提高有机产品附加值。

嘉绒农耕文化优势。马尔康梭磨河流域是嘉绒藏区4个最大的农区之一,生活在该区的嘉绒民族一直保持着传统的农耕习俗,轮作、套作、耦耕技术较为成熟,农耕文化特色显著,有利于有机农业休闲观光功能拓展。

产业基础优势。随着"一乡一业、一村一品"等项目的实施,马尔康已初步形成了以蔬菜、特色青稞、道地中药材、阿坝中蜂等特色产业基地,为马尔康开展有机农业示范基地建设奠定了良好基础。

（二）面临的挑战

投入资金不足。2013年，马尔康市实现地区生产总值18.7亿元，地方财政一般预算收入实现1.15亿元。马尔康市属于欠发达地区，财政资金困难，如何有效地寻求外部资金注入及金融支持是影响马尔康市有机农业产业开发的头等问题。

耕地资源受限。马尔康地处高原峡谷地区，耕地总量少、分布散。随着双江口电站开工建设，脚木足、白湾、党坝、松岗、木尔宗5个乡镇海拔2 500米以下的5 564亩耕地将形成淹没区，水电开发加剧了农业生产用地短缺的问题。

农牧民素质较低。有机农业建设是技术密集型产业，要求生产者有较高的素质和熟练的操作技能。由于农牧民文化程度较低，对有机农业发展前景认识不足，主动调整种植养殖习惯行为不够，致使有机农业技术普及和推点扩面工作受到制约。

农业配套基础设施较差。由于财政资金投入有限，马尔康乡村道路等级低、通达率不高，尤其是机耕道和牧道建设远不能满足有机农业基地建设需求，半山和高半山农田灌溉条件差、耕地质量不高，靠天吃饭的问题依然突出。

三、发展战略

（一）发展目标

重点打造有机蔬菜、有机牦牛、有机经果、高原中藏药、阿坝中蜂五大特色产业，依托丰富的林草资源配套发展林下经济；以加工物流港为载体，提升有机产业链；完善机耕道、农田水利、耕地等基础设施；完善有机农业生产服务体系；加强废弃物的循环利用，保护生态环境。将马尔康建成全国有机农业示范县（市）、有机牦牛供应基地、万亩有机蔬菜生产示范基地、阿坝州特色生态农业示范区（表6-9）。

表6-9 马尔康市有机农业示范基地建设发展指标

类别	指标	单位	2013年现状	2017年目标	2020年目标	规划期年均增幅/%
农业产出水平	有机农业总产值	亿元	—	7.4	10.4	11.6
	农牧民人均纯收入	元/人	7 730	10 702	13 670	8.5
	农产品加工物流增加值	亿元	—	3	5.5	22.4

(续表)

类别	指标	单位	2013年现状	2017年目标	2020年目标	规划期年均增幅/%
有机农产品认证基地	有机蔬菜	万亩	—	0.4	1.3	45.4
	有机经果	万亩	—	0.4	0.6	27.2
	阿坝中蜂	万箱	—	2	2	32.0
	高原中藏药GAP基地	万亩	—	0.5	1	27.2
	年出栏有机牦牛	万头	—	0.5	1.8	29.3
科技创新水平	农业科技贡献率	%	—	61	65	1.6
	良种覆盖率	%	—	93	95	0.4
	有机技术普及率	%	—	80	90	2.4
	职业农民培训	人次/年	—	500	500	—
有机农业品牌	有机产品认证	个	—	3	20	—
	国家级著名品牌	个	—	1	4	—
	省级著名品牌	个	—	3	12	—
有机环境治理和保护	水环境质量	—	—	—	二类	—
	土壤质量	—	—	—	二级	—
	大气质量	—	—	二级	二级	一级	—

（二）市场定位

马尔康有机农产品立足成渝大市场，辐射周边应季市场，拓展旅游消费市场，建立旗舰店、直销店、进入高档超市等，辅助发展电子网络交易。

四、重点建设任务

（一）有机蔬菜

以国道317梭磨河流域为轴线，在本真有机农业综合片区和白湾特色有机农业片区重点布局，辐射带动全县蔬菜产业发展。到2020年，全县有机蔬菜总面积达到1.3万亩，其中有机露地蔬菜面积1.2万亩，有机设施蔬菜面积1 000亩。

引进推广白菜、甘蓝、莴笋、大蒜、辣椒等露地蔬菜以及黄瓜、菜豆等设施蔬菜，丰富有机蔬菜种类，品种引进时应优先选择有机种子及繁殖材料，如引进常规种子,制订获得有机种子的生产计划。

针对目前存在蔬菜产地土壤板结及病虫害的现状,通过选用抗病抗虫品种、非化学药剂种子处理、中耕除草、耕翻晒垡、清洁田园、轮作倒茬、间作套种等措施,采取合理施用有机肥、建设有机缓冲带,将马尔康特色小杂粮(青稞、马铃薯、胡豆等)与蔬菜轮作,利用灯光、色彩诱杀害虫,机械捕捉害虫,机械或人工除草等措施,改善土壤结构,提高土壤肥力,防治病虫草害。

积极推广"协会(专业合作社)+农户(家庭农场)"模式,新建8个蔬菜专业合作社,合作社功能有农业生产合作、生产资料供应合作、产品加工销售合作、经营管理和技术信息咨询合作,通过合作提高蔬菜生产标准化、专业化水平,提升市场竞争力。

(二)有机牦牛

根据草地资源承载能力,适度规模发展牦牛养殖业,以达维高原有机养殖片区、沙尔有机立体种养片区为重点布局区域,辐射全市牦牛产业。到2020年,规划年存栏9.06万头,出栏1.8万头。

积极引进九龙牦牛、麦洼牦牛等优良牦牛品种,常规公畜引入后按照有机标准饲养,引入常规母畜数量不超过有机母畜总数量的10%。到2020年,实现良种覆盖率95%以上,年出栏有机牦牛1.8万头。

牦牛养殖应保持自然放牧方式,为提高高寒牧区牦牛防疫密度,确保免疫质量,减少牲畜流产和不必要的伤亡,提高牦牛安全越冬率,实施防疫巷道圈与暖棚建设工程,配套建设打贮草基地,打贮草基地应按照《有机产品》标准经过2年有机转换期才能作为有机饲料使用。

培植牦牛有机养殖专业合作社10个,包括养殖专业合作社、草业经营专业合作社、育种专业合作社等,推广现代有机养殖技术,将马尔康牦牛产业由传统产业改造为一个现代化的有机产业。

(三)有机经果

规划布局在海拔2 000~2 800米的山体中下部的阶地、宜林荒山、退耕还林地和需要进行低质低效林改造的原经济林地。在脚木足河中下游流域重点发展核桃和特色水果,在梭磨河流域重点发展草莓,到2020年,建设标准化核桃基地4 000亩,草莓试验示范基地1 000亩,特色水果基地1 000亩。

积极推广核桃、草莓、特色水果(苹果、脆青李)等中早熟品种,以核桃、草莓为有机认证主推品种，到 2020 年，全市良种覆盖率达到 95%。

以排灌系统化、种植规范化、管理科学化为目标，开展实施低效果园群体结构优化及提质增效，病虫害绿色有机防控、标准化生产配套技术等农业高新技术成果，建设高产、优质、高效、安全的标准化有机经果基地。

培育经果专业合作社 7 个，扶持"专合组织+农户"和"订单信贷+订单农业"等产业化发展模式，积极开展水果产后商品化加工处理。

（四）高原中藏药

以半山、高半山为重点，进行中藏药标准化 GAP 基地建设，利用高半山退耕还林地、荒山荒坡、林下及浅草地等土地资源，拓展中药材种植发展空间；加强野生中药材资源保护，通过禁采、人工补种等方式，进行野生抚育基地建设。到 2020 年，发展中藏药标准化 GAP 生产基地 1 万亩，野生抚育基地 5.5 万亩，实现高原中藏药年产量 500 吨。

依托四川省科研院所，开展秦艽、大黄、羌活、铁棒锤、藏红花、麝、川贝母、红景天等野生中药材的品种筛选、引种驯化，建立中药材良种繁育基地。

引进知名制药企业，建立高原道地中藏药 GAP 种植基地，以 GAP（中药材质量管理规范）和 SOP（中药材生产标准操作规程）为指导进行优质中藏药材生产。到 2020 年，全市中藏药良种覆盖率达到 95%。

积极开展马尔康野生中藏药资源保护项目，通过禁采、人工补种、仿野生栽培等方式，在全市建设 5.5 万亩道地中藏药的人工抚育基地。

（五）阿坝中蜂

选择在日部乡以外的 13 个乡镇发展阿坝中蜂产业。结合林草资源，规划在海拔 2 000~3 500 米的区域布局阿坝中蜂生态养殖基地。到 2020 年，全市阿坝中蜂蜂群达到 2 万箱，产量达到 300 吨，养蜂示范户 200 家。

依托马尔康丰富的林业资源，对珍稀野生食用菌开展保育式开发；采取"沟顶繁育，沟谷育肥"模式，融合现代养猪实用技术和传统的饲养方式，适度发展藏香猪养殖；选用藏鸡、七彩山鸡或本地野山鸡，在林下用围栏圈养，发展优质藏鸡养殖。

（六）加工物流业发展

以莫斯都农畜产品加工园区为载体，打造集"仓储保鲜、冷链物流、精深加工、商品化处理、电子商务"于一体的有机农产品加工物流港，促进马尔康有机农产品集群发展。加大招商引资力度，引导企业相对集中，实现产业集群发展。培育农业物流主体，加快第三方物流和服务平台建设。鼓励扶持龙头企业，就有机蔬菜、牦牛、阿坝中蜂等打造一批知名品牌，加强QS认证，提升产品附加值。

力争经过5~7年的建设，通过加工物流产业资源整合或外部强势资源引进，实现全市农产品加工物流业跨越式发展；基本构建起以"有机农产品"为鲜明特色的县（市）域农产品加工物流产业体系。到2020年，实现农产品加工物流业增加值5.5亿元。打造中国驰名商标4个，四川省著名商标和名牌产品12个。

规划布局在松岗镇莫斯都村建设"马尔康有机农产品加工物流港"，规划占地面积20公顷，其中加工园占地面积10公顷，物流园占地面积10公顷。

（七）休闲观光业发展

沟域休闲观光业。以有机园区（基地）为基本要素，以沟域为单元，结合沟域自然景观、人文景观，配套旅游基础设施，将有机农业融入休闲观光旅游中，形成特色鲜明的沟域休闲农业景观。规划以木脚沟、纳足沟、砍竹沟、解放沟、脚木足沟、黑尔桠沟、达尔仓沟7条支沟为重点，配套乡村农家乐111家，观光游道127.6千米，停车位14处，公厕17个，打造脚木足河高原生态观光走廊和梭磨河嘉绒农耕文化走廊，进一步提升有机农业产业附加值。

有机农业专业村。在马尔康镇、卓克基镇、白湾乡生态基础较好、产业特色鲜明、交通便利的区域，重点发展5~7个种植养殖相结合、有机食品开发、环境保护相结合的有机专业村，开展有机循环产业示范、有机生态环境保护及生物多样性田园景观休闲体验，以点带面，推动全市有机休闲产业发展。

五、产业支撑体系建设

（一）机耕道路建设

依据《农业机械化生产道路 通用技术条件》（DB51/T 379—2017），按照"因地制宜、节约用地、方便生产、减少投入"的原则，结合土地整理项目开展产业田间道路建设。到2020年，在全市14个乡（镇）新建机耕道95千米，满足农业生产需要。

（二）农田水利建设

受自然地形限制，有机农业产业基地大多布局在高山、高半山、半山的坡地、梯田。对高山区的核桃、中药材等有机认证基地,由于缺乏稳定水源,主要通过土地综合整治、配套集雨水窖来解决灌溉用水。对高半山、半山、河谷等耕地相对集中、水源稳定的区域,通过底格拦栅坝取水,经高位水池后,通过干支管输送基地内。到2015年完成19个灌区,4.85万亩灌溉面积建设,新建干管92.31千米,新建支管37.86千米,新建蓄水池67座,灌溉保证率达到75%,管道水利用系数达到0.95。

(三) 耕地质量建设

针对蔬菜产地土壤板结、病虫害增多的现象,采用秸秆还田、施用有机肥、轮作豆科作物等措施,增加土壤有机质含量,培肥基础地力;通过推广耕作制度改革,提高耕地、肥料、水的利用率和利用效率,提高土地产出能力。到2020年,完成1.3万亩有机蔬菜基地、1万亩中药材基地、4 000亩核桃基地、2 000亩有机水果基地土壤肥力建设。建立完善7个标准化土壤质量监测点。

(四) 有机认证

转换期的开始时间从提交认证申请之日算起。一年生作物的转换期一般不少于24个月,多年生作物的转换期一般不少于36个月。肉用牛、马属动物12个月;肉用羊和猪6个月;肉用家禽10周。转换期主要建设内容:制定增加土地肥力的培肥制度;制定持续供应系统的肥料和饲料计划;制定合理的肥料管理计划、有机食品生产配套的技术和管理措施;创造良好的生产环境,减少病虫害的发生,并制定开展农业、生物和物理防治计划和措施。

根据不同产业生产周期及品种转换期的差别,采取分类指导、分步推进的原则,以点带面逐步推进全县有机农业基地认证,到2017年,有机蔬菜基地面积达到4 000亩,有机经果基地面积达到4 000亩,阿坝中蜂养殖规模达到9 000箱,有机牦牛出栏5 000头/年。到2020年,有机蔬菜基地面积达到13 000亩,有机经果基地面积达到6 000亩,阿坝中蜂养殖规模达到20 000箱,有机牦牛出栏18 000头/年。

鼓励扶持龙头企业参与国家有机食品认证,引导有条件的主体开展欧盟有机认证(ECOCERT)、美国有机认证、日本有机JAS认证,积极开展"雪松牦牛、雪原牦牛、白湾海椒、梭磨大白菜、阿坝中蜂"等有机子品牌的建设,到2020年,有机认证产品达到20个以上。

(五) 市场营销

电子营销平台搭建。政府部门通过报纸、期刊、网络、电视等媒体对马尔康有机农业进行专题报道，开通马尔康有机食品官方微博，建立马尔康有机产品信息库，形成有机综合信息系统，建立有机产品舆论阵地。鼓励企业、专业合作社等经营主体积极发展网络电子交易，在淘宝、阿里巴巴等电商平台，发展有机牦牛、蔬菜等有机加工产品旗舰店，拓宽营销渠道。

成渝市场营销网络构建。引进和培养一批营销经纪人、运销大户，充分发挥其带动作用，深入川渝等大型城市销售市场，建好产品营销和信息传输网络，搭好产品与市场对接平台，及时疏通运输通道和市场准入通道，改善销售环境，形成稳定的生产销售关系。积极推行订单生产，大力支持蔬菜、牦牛加工、销售等龙头企业做大做强，并积极引导龙头企业、经销商及合作经济组织发展订单生产，降低农户种植风险。同时，维护好销售秩序，及时解决生产和销售中出现的矛盾和问题，以此形成较严密的产销网络。

有机农产品旅游消费平台建设。依托大九寨旅游环线和环红原机场旅游经济圈，举办有机节会活动，将有机农产品作为特色旅游产品打造，在重点景区建设有机农夫市集5~8个，为小规模的农户、合作社搭建和消费者直接对话的平台，引导有机时尚消费，同时推出有机餐饮、有机小吃、有机特产等，增加小规模农户、合作社的经济收益。

(六) 农业服务体系建设

有机农业科技推广体系。加大对县级科技、农业、畜牧、水产、林业、农机、水利等涉农单位进行资源整合，进一步建立和完善农业技术推广体系，强化1个县级中心和本真有机农业综合片区（松岗）、白湾特色有机农业片区（白湾）、沙尔有机立体种养片区（沙尔宗）、达维高原有机养殖片区（草登）四大区域中心综合性服务站职能。加强与国家、省市农业科研院所、高等院校的科技合作，以科技成果转化和新技术示范推广为载体，以实施农业科技进村入户工程为纽带，组建由教育、科研、推广机构和行业协会等多方参与的农业科技服务组织。每年培训职业农民队伍500人次，发放有机技术手册5 000套，技术明白卡10 000张。到2020年，全市有机技术普及率达到90%。

有机农产品质量监管体系。加强农产品质量安全监测机构建设，明确县（市）、乡（镇）两级农产品质量检验检测机构标准、规模、人员编制、功能定位等，增加气相色谱仪、液相串联质谱仪、电感耦合等离子体质谱仪、多功能水质测定仪、免疫荧光分析仪、菌落总数测定仪、全自动滴定仪等必要的农产品质量检验检测设备，完善检验检测手段，提高检验检测能力。根据《有机产品》《有机产品操作规程》，严格监测全市中投入品使用情况。到2020年，建立县（市）级农畜产品质量监测中心1个、14个乡镇农畜产品产地检疫报检点。建立以构建政府管理系统、企业管理系统、终端查询系统为主的有机农产品追溯管理平台，以《农产品质量安全追溯操作规范　通则》（NY/T 1761—2009）为标准，应用二维条码、RFID等识别技术和农情检测等物联网技术，对农产品生产、加工、流通各个环节的操作时间、地点、责任主体、产品批次以及质量安全相关内容进行追溯，使得消费者能够随时查询到农产品生产的全过程，确保有机产品问题追溯。

（七）动植物疫病监测防控体系建设

加快有机农业监测预警系统、养殖疫病预警体系建设，加强乡镇监测防控技术队伍建设，建立健全病虫害预测预报系统及检疫防治制度，根据病虫草害、疫病发生形势，科学制定综合防治方案。加强动植物综合防治设施设备建设，建立病虫害预警站1个，每个乡镇建立农业有害生物监测点1个、畜牧兽医站1个，逐步实现县（市）级农业有害生物预警与控制区域站建设全覆盖，生物农药普及率达到60%，牲畜免疫率达100%。

在有效的传统综合农业防控技术、健康养殖技术基础上，加强生态防控技术创新和推广，提高有机农业生态系统生物多样性和遗传多样性，降低病虫害发生；加强缓冲防控带建设，减轻外来物种入侵，保护利用有益的生物群，提高天敌对害虫的控制能力；利用害虫对温度、湿度、光照的敏感性，大力推广诱杀、诱捕等措施，控制病虫害发生；普及植物、微生物源及矿物源农药的应用推广。

（八）有机农业信息服务体系建设

构建马尔康"三农"综合信息服务平台，推广以"三电"为重点的农业综合信息服务模式，建立以县（市）级信息网络平台为主体，以乡镇农技110网络服务中心为服务窗口的农产品信息服务体系。信息平台负责发布产品市场供求信息，介绍有机农业新技术、新品种、新经验，发布疫病发生动态及防治措施、气象灾害及预防措施等信息，为马尔康有机农业发展提供技术信息服务。到2020年，建立1个县级信息服务中心和14个乡镇农技110网络服务中心。

第三节　九寨沟县生态农业发展

一、发展基础

(一) 自然基础

九寨沟县位于川西北高原的北部，阿坝州的东北部，地处岷山山脉的北段。地貌属于深切割高山，兼有部分山原和零散平坝，地势西北高、东南低。九寨沟县高山主要分布在西北部、西南部、南部与北部地区。山地面积占全县总面积的86%且海拔多在2 500米以上，相对高差大于1 500米，谷坡陡峻，森林茂密。山原多分布在塔藏夏日柯河以西地带，海拔3 000米以上，相对高差约800米，山顶浑圆，坡度稍缓，占总面积的13.8%，山原上土壤肥沃，牧草丰盛，是县内主要牧区和中药材种植区。零散的平坝集中于县城一带的河谷和郭元乡、黑河乡、玉瓦乡、白河乡等处，占全县面积的0.2%，是主要的粮食产区。

九寨沟属高原湿润气候，冬季长夏季短，昼暖夜凉，昼夜温差大；夏无酷暑，冬无严寒，春秋温凉。气候垂直差异明显，干、雨季分明。按海拔大致可分成3个气候带：海拔1 600米以下，属暖温带半干旱季风气候；海拔1 600~2 500米属温带季风气候；海拔2 500米以上属寒温带季风气候。全县年均气温12.7℃，极端气温-9.4~35.8℃。年日照时间1 636小时，年降水量600毫米左右。结合区域气温、降水、积温、地形地貌、农业产业等各项指标，将九寨沟县划分为4个农业气候区，分别为干暖河谷区、山地温和半湿润区、山地冷湿区、高山寒湿区（表6-10）。

表6-10　九寨沟县气候分区指标

区域名称	干暖河谷区	山地温和半湿润区	山地冷湿区		高山寒湿区
主导产业类型	果蔬	果、林、牧	早熟玉米、药、林、牧	林、粮、药、牧	林、牧、药
≥0℃积温/℃	≥4 200	≥3 400	≥3 100	≥2 000	<2 000
≥10℃积温/℃	≥3 500	≥2 550	≥2 250	≥610	<610
海拔/米	<1 600	<2 050	<2 200	<2 800	≥2 800

(续表)

区域名称	干暖河谷区	山地温和半湿润区	山地冷湿区		高山寒湿区
累年极端最低气温/℃	-12.1~-7.7	-16.7~-12.2	-18.3~-16.8	-24.5~-18.4	<-24.5
最热月平均气温/℃	21.1~23.5	18.7~21	17.8~18.6	14.5~17.7	<14.5
年平均气温/℃	11.6~14	9.1~11.5	8.3~9.0	5.0~8.3	<5
年降水量/毫米	500~605	580~720	640~770		700~800
干湿状况	半干旱	半湿润	半湿润	半湿润过渡到湿润	湿润

九寨沟县成土母质复杂，岩石产状名目繁多，处于半干旱区多形成山地褐色土，处于湿润气候区多形成山地棕壤。从低海拔到高海拔，九寨沟土壤的垂直分布规律是：冲积土分布于低海拔的沿河两岸；褐色土主要分布在海拔1 300~2 200米，为九寨沟县土壤垂直分布带中的基带土壤；海拔2 200~2 800米为山地棕壤土；2 800~3 800米为暗棕壤土；亚高山草甸土主要分布在海拔3 800~4 000米林线以上地带；高山草甸土位于亚高山草甸土之上，海拔3 800~4 300米的平缓坡地和山原地带；海拔4 300米以上的高寒地带零星分布着高山寒漠土和流石滩。

九寨沟县地表径流主要来自大气降水，融雪水和湖泊径流少，多年平均径流总量约为21.2亿米^3。全县河流均为嘉陵江水系，主要河流有白河、黑河、白水江、汤珠河。此外，密布的溪流众多，流域面积大于100公顷的溪沟有15条。

(二) 社会经济

九寨沟县坚持以习近平生态文明思想统领经济社会发展全局，经济社会保持平稳较快发展势头。2013年全县经济总量在阿坝州排名第三，全年实现生产总值（GDP）20.16亿元，比2012年增长10.3%。其中，第一产业总产值24 117万元，农民人均纯收入达到6 820元。

近年来九寨沟县通过规划统筹、产业统筹、投入统筹、体制统筹、政策统筹，努力破除城乡差别的体制机制障碍，促进公共财政向农村倾斜、公共设施向农村延伸、公共服务向农村覆盖，协调推进城乡经济社会建设，确保城乡居民共享改革发展成果。城乡住宅、公共服务设施、市政设施、环境整治等各项建设取得新进展，城镇功能和形象显著提升。

作为九寨沟县主要支柱的旅游业在受到 2008 年汶川特大地震重创后，通过改善基础设施、积极宣传促销等，使旅游产业在恢复振兴中取得一定的实效，旅游接待人数、旅游总收入、旅游外汇收入增长较快。2013 年九寨沟县共接待游客 477 万人，实现旅游总体收入 61.77 亿元。近年来，除九寨沟风景名胜区外，九寨沟县内其他景区和乡村休闲旅游游客数量开始快速增长，已经成为推动九寨沟县旅游产业发展的重要力量。2013 年，九寨沟县内其他景区和乡村休闲旅游游客人数已经占到了全县游客总数的 38.57%。

（三）基础设施

近年来，九寨沟县委、县政府及各相关部门在农田水利建设中投入了大量的人力、物力、财力，在蓄水工程、配套管线、沟渠修建等方面取得了不俗成绩，全县的水利设施条件得到了很大改善。2013 年九寨沟全县工程蓄水量为 6 689 米^3，有效灌溉面积达到 8 585 亩。

九寨沟旅游业的发展，促进了全县外接和内连公路交通的发展，"三横"（迭九路—九若路—九武路）"四纵"（成兰高速铁路—九绵高速路—S205—S301）的交通格局已具雏形。县内公路交通网已基本形成，道路畅通，九环线全线已经建成以山重三级公路（绝大多数为水泥路面）为主的交通干线，对整个九寨沟县域经济的发展发挥着巨大的作用。全县 120 个村都已通公路，道路硬化率 100%，村组道路 291 千米，道路硬化率 71%。完善的道路交通体系，为九寨沟县现代农业的发展奠定了坚实的基础。

九寨沟县辖区面积 5 290 千米^2，农用地总面积 730 万亩，占土地总面积的 92%；交通运输用地 14 511 亩，占 0.18%；水域水利设施用地 24 688 亩，占 0.31%；城镇村及工矿用地 28 984 亩，占 0.37%，其他用地 566 359 亩，占 7.14%。农用地方面，林地 551 万亩，占农用地总量的 75.57%；耕地 8 万亩，占农用地总量的 1.13%；园地 3 万亩，占农用地总量的 0.37%；草地 167 万亩，占农用地总量的 22.92%。

（四）农业综合区划

结合九寨沟县地形、气候、土壤、水资源等因素，利用 GIS 技术叠加分析，将九寨沟县划分为 3 个农业大区：河谷高效果蔬发展区、中山特色农牧业发展区、高山生态林牧药发展区。

河谷高效果蔬发展区：该区位于县域东部白水江两岸河谷狭长地带，海拔

1 600米以下，涉及白河乡、安乐乡、永乐镇等9个乡镇、49个行政村；区域土地总面积9.12万亩，其中耕地5 239亩、园地6 438亩、林地4.19万亩、草地2.27万亩。该区热量资源在全县最为丰富，水资源利用较好，年平均气温11.6~13.8℃，≥10℃的积温平均为3 513.2~4 215℃。年降水量全县最低，约550毫米，多年无霜期为224天。土壤多为沙壤土、大沙土，精耕细作较细，土壤熟化程度较高，较肥沃。该区域地处河谷地区，紧靠县城，交通方便，社会经济发展水平较高，为种植业的重点发展区域。根据该区自然、经济及生产特点，完善农业基础设施，重点发展优质、高产、高效河谷农业，产业以果蔬为主，并结合九寨沟品牌效应，逐步拓展乡村旅游业。

中山特色农牧业发展区：该区位于县域中部，区内地貌多以高山峡谷为主，海拔为1 600~2 300米，是全县辖区面积最大的一级区。涉及全县17个乡镇、106个行政村；区域土地总面积74.1万亩，其中耕地4.24万亩、园地1.78万亩、林地53.48万亩、草地10.97万亩。区内热量资源较好，平均温度为7.75~12.1℃，≥10℃的积温平均为2 041.9~3 694.2℃，降水量580~750毫米。该区处于半湿润区，土壤肥力较差，耕作技术较为粗放，经营管理技术水平较低。但该区高山地较多、水热资源较好，适宜苹果、梨、花椒、核桃、药材等多种产业的发展。利用光、热、水良好的气候条件及丰富的土地资源，走循环经济发展道路。山上以苹果、梨、花椒、核桃等经济林为主，林下种草、中药材等，圈中养牛羊，并实施粪便还田，形成种养循环。

高山生态林牧药发展区：该区地处高山，地形包括切割高山和部分山原，海拔在2 300米以上。涉及17个乡镇，108个行政村；区域土地总面积709.8万亩，其中耕地3.5万亩，园地3 038亩，林地493.8万亩，草地154万亩。区内沟谷多溪流，森林茂密，气候属于温带—寒温带湿润区，年均温7.75℃以下，≥10℃的积温平均为1 417.6~2 041.9℃，降水量多在750毫米以上。该区土地资源丰富，受气候影响，农作物为一年一熟，单产低。交通条件较差，农业仍以传统种植技术为主，栽培粗放，在一定程度上制约了该区经济的发展。结合区域资源优势，以高山畜牧业、特色中药材、特色小杂粮为重点，进一步调整该区产业结构，加强良种引进、试验示范，打造高山生态产品品牌。做好高山水源的涵养，保护好金丝猴、大熊猫等珍稀动物。

二、发展评价

（一）有利条件

政策环境优势。加快发展现代农业是多年来中央一号文件的总体要求，党中央坚持把解决好"三农"问题作为全党工作的重中之重。《四川省优势特色农产品区域布局规划》等文件都惠及了九寨沟县农业发展。四川省主体功能区规划将九寨沟划为重点生态功能区，这为九寨沟县生态农业的发展创造了绝佳的契机。多年来国家对少数民族的持续优惠政策，也为九寨沟县各项涉农项目的建设提供了有力保障。随着各项发展政策的落实，强农惠农富农政策力度将进一步加大，九寨沟县现代农业的发展将迎来黄金时期。

农业生态资源优势。九寨沟县的气候及其各种小地貌、小气候与其下发育的特定土壤等自然条件组合，造就了樱桃、苹果、李、柿等水果，蔬菜、中藏药材、花卉等特色农产品生长发育的最适生态。同时，也是发展酿酒葡萄、夏秋草莓等多种水果的最佳生态区域。以"九寨沟刀党""九寨沟猪苓""九寨沟柿""九寨沟蜂蜜"为代表的系列特色农产品具有较高的知名度和美誉度。九寨沟县农耕地主要分布在河谷、半山、高山及高原，远离工业、生活污染源，环境优良，水源洁净，土壤无有害物质污染，春、夏、秋气候冷凉，昼夜温差大，紫外线强，不利于病虫害发生与流行，为大力开发无公害农产品、绿色食品和有机农产品提供了先决条件。

逐步成型的交通网络优势。"十二五"期间，通过县委、县政府及各相关部门的共同努力，九寨沟县的道路交通建设取得了显著的成效，"三横、四纵"的交通格局已具雏形，红原机场的通航又为九寨沟县交通锦上添花。畅达的地面、空中交通，为整个九寨沟县域经济的发展发挥着巨大的作用。

旅游资源优势。九寨沟县自然旅游资源和文化旅游资源丰富。自然旅游资源包括九寨沟国家风景名胜区、四川白河金丝猴自然保护区、四川勿角大熊猫自然保护区等，特别是九寨沟国家风景名胜区享誉全球。县内各类风景区、旅游区总面积达1 695.2 千米^{2}以上（不含保华和黑河风光带），占全县总面积的32%。白马伫舞、南坪曲子、藏族山、登嘎甘（熊猫舞）四个国家级非物质文化遗产以及涂墨节等省、州、县级非物质文化遗产为九寨沟县提升文化产业、促进旅游发展提供了坚实的基础（表6-11）。

表6-11 九寨沟县旅游资源类型

大类	亚类	种类	代表性景区景点
自然旅游资源	地貌景观	古冰川地貌、藏乡神山	大录乡其桑囊、亚隆纳日、陵江乡森迭
		峡谷、陡崖绝壁、奇岩怪石	黑河喇嘛石峡谷、红岩沟山崖，黑河四道成石蜡（玉瓶插花）
		自然灾害遗迹及治理工程	永乐镇（泥石流治理）、勿角（山崩遗迹）
	水景观	高山湖泊钙化彩池	保华月南山天池、海池、芝麻沟双池、青池、勿角甲勿池、神仙池青龙海、仙女海、神蛙海、瑶池、彩池玉瀑
		河流、山溪	白河、黑河、白水江、太平沟、汤珠河
		名贵珍稀泉水	东北寨名贵矿泉、神仙池矿泉（神水）、九寨沟口矿泉水
	森林生物景观	森林植被	神仙池高山森林、玉瓦彩林、白河太平沟（彩林）、勿角（甲勿森林、红叶、杜鹃花山），九寨沟森林公园
		草地	大录神仙坪、神女坪（森林草地）、嘎玛涛、加曲囊、泽母钦念、审作等地
		珍稀动物	大熊猫、川金丝猴、牛羚、小熊猫、毛冠鹿、鬣羚、林麝、岩羊、天鹅、鸳鸯、绿尾虹雉、红腹角雉、血雉、兰马鸡等
		自然保护区	白河（省级）、勿角（省级）
	气象景观	雪景	神仙池、杜鹃山、弓杠岭
人文旅游资源	民俗风情	藏寨民居	东北村、大录村、英各村等
		民族风情	大录藏族民俗、马家、勿角、草地白马藏族民风民俗（服饰、婚礼、葬仪）
		节庆	藏历年、麻芝节、德朵节、转山节、赛马会、尕米寺庙会、涂墨节
		民族艺术	白马藏族歌舞，南坪曲子，谐舞
	宗教文化	宗教与寺庙	苯波教：扎如寺、达基寺、芝麻寺、沙勿寺、东北寺 萨迦派：大录寺、香扎寺、玉瓦寺
	旅游物质	土特产品	中药材：当归、黄芪、党参、黄连、贝母、天麻、金银花、杜仲 山珍：蕨菜、黑木耳、花椒、核桃 水果：苹果、柿、甜樱桃
		风味食品	酥油茶、青稞酒、土豆糍粑、杂面、糌粑、手抓肉
		民族工艺品	灯盏、茶壶、藏式佩刀、首饰、手工羊毛编织品

（二）存在的问题

农业主导产业不突出，标准化水平低。从九寨沟县的农业生产结构可以看出，全县农业生产的主要特点是"麻雀虽小、五脏俱全"，无支柱产业，更没有形成产业优势，生产力水平也在较低层次徘徊，严重影响农业产业化发展，农民持续增收难度加大，急需调整结构，延伸产业链。

农地资源分布不均不利于规模化发展。九寨沟县耕地面积为8万亩，林地面积500万亩，草地面积150万亩，且大量的耕地、林地、草地分布在半山、高半山区域。这种耕地、林地、草地资源结构形式，决定了九寨沟县不适宜搞大规模连片形式的现代农业发展道路，只能发展以标准化种植园、种植基地为主，同时辅以林下经济的精品现代农业。

农业基础设施建设相对滞后。在九寨沟县委、县政府的领导下，通过各部门的不懈努力，九寨沟县的交通、农田水利等基础设施建设取得了显著成绩，但与现代农业的要求相比仍存在一些问题：部分田地仍然未得到有效灌溉；多数蓄水池、沟渠、引水管道年久失修，失去功能；已建成的机耕便民道"断头"较多，缺乏联结性，严重制约着农业及农村经济的发展。

农业受资金和人才制约，发展水平较低。资金和人才问题是制约九寨沟县现代农业发展的重要因素。县财政安排用于农业科研、农业技术服务体系等方面的资金较少，县内从事农技推广的基层农技人员少，农业科技推广力度不够，农业科技成果转化率低。

全县农业大部分依然延续传统的生产耕作方式，规模化、集约化程度较低。农产品加工业还处于起步阶段，生产性服务业发展缓慢，以旅游为代表的服务业与农业、工业相融性、协同性较差，县域内各片区发展不均衡。九寨沟县目前以一家一户为单位的农业生产经营方式，不利于产业持续稳定发展和九寨沟农业品牌的创立。

劳动力素质有待进一步提升。农牧民在农业操作技能及农业科技素养方面距现代农业的要求仍有较大差距。由于农业劳动者整体文化素质不高，而且大量较高素质的农业劳动力转为非农就业，使得从事农业的劳动者接受新科技、新技术的能力受到限制，制约了农业科技推广和现代农业发展观念、经营理念的吸收。

土地产出率低。九寨沟县的土地产出率相对较低，高原地区特殊的自然地理气候是原因之一，但田间管理水平差、品种落后是土地产出率低的另一个重要原因。九寨沟县现代农业发展障碍度分析研究表明，土地产出率低，农业科技支撑薄弱是影响九寨沟县农业发展的重要因素之一。

三、发展战略

(一) 发展思路

主动适应农业发展新常态，在优化农业结构上开拓新途径，在转变农业发展方式上寻求新突破，在促进农民增收上获得新成效，在建设新农村上迈出新步伐。充分发挥区域农业资源优势，依靠科技创新发展现代农业。突破传统的种植方式、管理方式、营销方式，以抓工业、抓旅游业的理念抓农业，积极推进标准化、市场化和产业化经营，拓展农产品加工和产加销一体化经营，积极将资源优势转化为品牌优势、将经营效益转化为市场效益，提升市场竞争能力，实现特色优势产业高效可持续发展。面向旅游发展农业，依托旅游市场，开发特色优势旅游农产品；拓展农业旅游功能，大力发展观光农业、体验农业，实现一、三产业互动，提高农业综合效益。

(二) 发展定位

九寨沟县现代农业发展战略整体定位是：以生态、高效农业为内核，以旅游服务型生态农业产业为抓手，以"特色化、精品化、高端化"为发展方向，以特色林果和中藏药材为主导，多种特色产品插花式发展的旅游服务型现代生态、高效农业。进一步目标定位是：将九寨沟县打造成重点生态功能区农业发展新典范、国际旅游名城农旅融合新样板。

(三) 空间布局

从九寨沟县农业发展的自然地理条件、农业资源空间布局、农业资源开发利用现有基础、城镇和旅游业发展现有基础、交通区位状况出发，链接九寨沟县城市总体规划、土地利用总体规划等，依托生态农业、休闲农业、民俗文化等产业，根据生态、高效、旅游服务型现代农业总体定位，将九寨沟县现代农业总体划分为"溪沟冷水鱼、河谷菜果花、半山种林果、高山中藏药、林下种养、空中飞蜜蜂"的空间布局结构。

(四) 产业调整

在稳定发展粮食生产的前提下，面向旅游市场，农旅融合发展，实施扶优扶强的非均衡发展战略，突出发展甜樱桃、中藏药材、核桃等优势特色产业，突出抓好一批品质优良、效益显著的优势特色农产品生产基地，尽快形成优势农产品产业区域，深挖农业内部增收潜力。

为加快九寨沟县农业结构调整，理顺产业发展优先顺序，按保障型产业、主导型产业和辅助型产业进行分类（表6-12），促进农业功能转换和产业结构有序调整，明确宏观调控目标和政策、财政扶持重点。

表6-12 九寨沟县农业产业结构分类

基本分类	具体产业	基本特征	发展策略
保障型产业	玉米、青稞、油菜、马铃薯、蔬菜、生猪、牦牛	保障县域"米袋子、菜篮子、肉盘子"稳定安全和少数民族特色食品供给	继续稳定保障型产业
主导型产业	甜樱桃、中藏药材、核桃	特色鲜明，竞争性优势明显，规模优势潜力较大，是助农增收的主要增长极	加快开发主导型产业
辅助型产业	特色水果（苹果、李、枇杷、柿、杏、草莓、葡萄等）、花卉、花椒、小家禽（鸡、兔）、肉牛、藏香猪、冷水鱼、九寨沟中蜂	具有一定地域特色、品牌知名度和农户积极性，但深受政策调控、自然资源、市场前景等约束，在一定程度上限制了产业比较优势，是助农增收的重要补充	完善提升辅助型产业

继续稳定保障型产业。列入城乡基本农产品供给保障的主要是粮食、蔬菜、生猪、牦牛等相关农产品。城乡基本农产品供给安全是指县域保持一定比例的自给生产能力，依托大市场和大流通，构建完善的市场供给体系，保障稳定供给。要首先保证保障性基础农产品生产对资源要素的配置需求，切实增加对生产基础设施、装备设施、重点开发项目的财政扶持资金投入，努力改善其生产条件，提高综合生产能力，促进可持续发展；逐步提高发展的质量和效益，拥有比较合理的投资收益和比较效益。

加快开发主导型产业。九寨沟县农业中具有明显竞争力的主导产业指甜樱桃、中藏药材、核桃三大农产品生产，既是九寨沟县农业区域优势特色的体现，也是全县现代、生态、绿色农业的主体，农业增效和农民增收的主要增长点。针对各不同产业的特性，抓住薄弱环节和关键节点，以项目扶持为抓手，着力产业链和核心竞争力培育；重点扶持规模化、集约化、组织化和产业化经营，鼓励强势企业开展产业整合，拓展深加工和产加销一体化经营，竞争性发展优势特色产业和产品，做强品牌和做大规模，带动相关产业的整体发展；限制低水平外延扩张，优先鼓励和扶持有市场潜力的高效农产品生产，合理调控各相关产业的发展规模。

完善提升辅助型产业。辅助型产业主要是指苹果、李、枇杷、柿、草莓、葡萄等小水果，以及花卉、花椒、九寨沟中蜂、小家禽、肉牛等。以上产业在县域内主要集中在一个或几个乡镇，具有一定地域特色、品牌知名度和农户积极性，但深受政策调控、自然资源、市场前景等约束，在一定程度上限制了产业比较优势，是助农增收的重要补充。

针对不同产业的特性，以巩固产品特色，提升产品品质为重点，引导该类产业向资源禀赋优、农民积极性高的地方集中；引导传统大户向家庭农场转变，扶持由特色产品农民专业合作组织开展的统一经营管理；主动融入休闲农业开发，挖掘产品特色，借助民族文化、山水文化等乡村旅游项目，形成具有典型特色的旅游农产品，提升产品附加值。

（五）发展模式

"专业合作组织+家庭农（牧）场"经营模式。以各类专业合作组织服务为主带动家庭农（牧）场的发展模式，是各类专业合作组织与家庭农（牧）场的有机结合。专业合作组织可以在农产品流通、加工销售、农业技术等方面为家庭农（牧）场提供支持，同时家庭农（牧）场的壮大也为专业合作组织的做大做强提供了有力保障。

"专业合作组织+农户"经营模式。建立专业合作组织与农民的利益联结机制，完善各种农民专业合作组织，组织和带动广大农户进行优势农产品的生产和销售，使参与产业化经营的农户不但可以从农业生产中获利，还可以分享农产品加工、销售环节的利润，增加收入。如：马家乡中药材种植专业合作社、郭元乡甜樱桃种植专业合作社、安乐乡獭兔养殖专业合作社等。

"资产管理公司+土地股份合作社+农户"经营模式。在农户自愿的基础上，创新集体经济组织形式，鼓励、引导和支持农民以产权为纽带，组建资产管理公司和土地股份合作社，开展适度规模经营和农业开发，带动特色农业产业、休闲农业和乡村旅游突破发展。

"公司（龙头企业）+基地+农户"模式。采用"公司（龙头企业）+基地+农户"的形式，通过龙头企业建立标准化农产品示范基地，带动农户进行标准化生产；实行最低保护价收购政策，订单收购，二次返利，确保农民的基本利益。如：四川省阿坝州博文农牧科技有限公司、四川省九寨沟县林红实业发展有限公司等通过生产基地和订单农业带动农户发展现代农业模式。

"养殖小区+沼气处理与利用"循环模式。采用节本增效型的绿色农产品生产模式和"畜（禽）、沼、果（菜、粮）"循环经济的发展模式，提高主导产业品质，改善生态环境，使猪（牛、禽等）、沼、果（菜、粮）相得益彰，在全县推进生态循环养殖和零排放养殖技术，确保农业可持续发展，发展生态农业、低碳农业。

林下养殖立体农业循环经济模式。利用九寨沟县独特的地域优势，发展"树林（果园）—小家禽共生"生态模式，在高山、半高山地带杂果园或森林中放养土鸡，采用林下养殖模式，大力发展林下养鸡、养野猪等节约型、健康型、生态型畜禽养殖业，节约土地，减少养殖业带来的粪便污染，实现养殖业与种植业的有机结合，促进农民增收。

"农旅融合"互动模式。大力实施"政府主导、项目带动、品牌建设、线路统筹、产业化发展"五大战略，加快传统农业转型升级，形成"特色产业+风景名胜+乡村旅游"的发展格局。根据各乡（镇）各村（寨）的特点，采取"农户+农户""公司+农户""公司+社区（村委会）+农户"、公司制、股份制、"政府+公司+农村旅游协会+旅行社""政府+公司+农户"等多种模式，吸纳农民就业，增加农民收入，打造"政府主导+农民主体+社会参与+市场运作"四位一体的九寨沟县观光农业与乡村旅游发展新亮点，实现一、三产业良性互动，开创九寨沟县现代农业全面推进新篇章。

（六）运作机制

九寨沟县现代农业产业的发展，需要处理好政府、企业、农户和金融机构四者之间的关系，通过建立起一套符合九寨沟县地方实际的良好利益联结机制，可明确四者在现代农业产业发展中的责、权、利，优化资源配置，并达到充分调动各方积极性和主动性的目的。

政府政策引导、产业扶持、基础设施建设、环境风貌改善，搭建起企业、农户与金融机构合作的平台；现代农业产业的发展使得地区经济结构得以优化调整，经济持续快速增长，财政税收显著增加，"三农"问题得到根本解决，从而获得经济和社会进一步发展的稳定基础。

企业带来现代农业产业发展所需的资金、人才和先进的经营理念，助推九寨沟县农业快速腾飞，为地方经济发展、农民持续增收、剩余劳动力转移等作出应有贡献；产业的良性经营也为企业的投资带来丰厚的投资回报。

金融机构在政策的引导和利益的驱动下，为现代农业产业的发展提供所需的资金，并同时获得应有的经济回报。

农户提供现代农业产业发展所需的必要资源（场地、劳动力等），并参与建设和经营，从中获取收益（资产性收入、工资性收入、经营性收入），成为现代农业产业发展的参与者和最终受益者。

四、产业建设重点

（一）甜樱桃

合理配置甜樱桃早中晚熟优质高产品种，增加种植规模，既要与"汶理茂"（汶川县、理县、茂县）错季，又要在内部实现分批次上市。改善果园生产条件，研究推广矮化密植、早结、丰产、优质栽培规范技术，打造高端精品甜樱桃产业，创建"九寨沟甜樱桃"知名品牌，提高市场知名度。根据甜樱桃发展现状，在适宜乡镇实施差异化发展行动，在保华乡、陵江乡、罗依乡实施甜樱桃提升优化行动。在白河乡、安乐乡、双河乡、郭元乡、永丰乡等乡镇实施扩面提质行动；在黑河乡、漳扎镇、永乐乡、草地乡、永和乡等乡镇适度发展。

注重早、中、晚熟搭配、授粉品种配置，重视丰产性能，主推"拉宾斯""新星""大星""早甜""早红珠""萨米脱"等优良品种。加快发展甜樱桃标准化生产基地建设，鼓励和扶持开展绿色、有机、GAP基地认证。

建立《九寨沟县甜樱桃生产基地建设标准》，推广应用先进的栽培管理技术。在种苗栽植、整形修剪、配方施肥、水土管理、病虫防治、产量调控、果实采收、果品分级包装等各个环节，严格执行技术操作规程。到2020年，在白河乡、安乐乡、永丰乡、黑河乡、漳扎镇、双河乡、永乐镇、保华乡、郭元乡、草地乡、永和乡发展标准化甜樱桃基地4 940亩。

通过推广矮化密植、早结、丰产、优质栽培规范技术，改造提升现有低效甜樱桃基地，提升标准化水平，实现产业的标准化、规模化，提高单位面积产出。到2020年，永丰乡、双河乡、永乐镇、保华乡、陵江乡、郭元乡改造甜樱桃基地1 917亩。

（二）中藏药材

紧紧抓住全球天然药业兴起和国内中药现代化的历史机遇，充分发挥药材资源丰富、生态环境优良和藏羌文化悠久三大优势，利用"九寨沟刀党""九寨沟猪苓"等品牌打开国内外市场。探索建立党参轮作模式，稳定现有猪苓种植规模，适度发展羌活、半夏、黄芩、大黄、秦艽、天麻等药材种植。扎实做好中药材市场风险预警工作，适度、稳步推进九寨沟县中藏药产业发展，切实保护药农利益。在白河乡、黑河乡、马家乡、玉瓦乡、双河乡、保华乡、大录乡、陵江乡、草地乡、永和乡重点发展，在安乐乡、漳扎镇、永乐镇、郭元乡适度发展。

加强品牌营销。面向国内外市场及州内特色旅游产品市场，整合全县高半山中藏药产业资源，通过营销手段，进一步提高"九寨沟刀党""九寨沟猪苓"的市场知名度，使九寨沟刀党、猪苓成为中药材市场的精品、名品，成为九寨沟旅游产品的一张名片。

提升药材种植及加工技术。实现中藏药材种植基地标准化、规范化，加快药材加工业发展，挖掘药材种植、加工、营销产业链价值。

(三) 核桃

抢救性保护、开发地方特色品种"陵江核桃"，发挥其品牌特色优势。加强退耕还林地核桃管理，全面改造低产核桃经济林。在荒坡林地新建核桃基地，实现核桃产业标准化、规模化发展，积极申报"九寨沟核桃"或"陵江核桃"地理标志产品，争创品牌。在白河乡、黑河乡、双河乡、郭元乡提升改造发展鲜食核桃，在陵江乡发展干核桃。在永丰乡、保华乡、永和乡推进核桃扩面提质行动。

标准化经济林建设。科学和客观地进行品种选择和规划布局，建立和完善与之配套的良种化支撑体系，大力繁育和推广优良品种，推进标准化核桃基地建设，提高核桃产业基地建设的质量。到2020年，陵江乡、白河乡、安乐乡、永丰乡、勿角乡、马家乡、漳扎镇、双河乡、永乐镇、保华乡、郭元乡、草地乡、永和乡新建核桃标准化经济林2 592亩。

低效林改造提升。低产低效林改造工程首先从推广应用良种入手，通过引进"盐源早""香玲""清香"等优良品种实现良种化生产；综合应用科学经营管理技术，加强土肥水管理、整形修剪、促花促果、病虫害防治等丰产栽培技术集成，迅速提高存量核桃资源的产量和品质，提升核桃产业的经济效益。到2020年，全面推进白河乡、安乐乡、永丰乡、漳扎镇、双河乡、永乐镇、保华乡、郭元乡的2 385亩核桃提档升级。

"陵江核桃"品牌建设。加大"陵江核桃"的宣传和保护力度，对陵江乡现有的核桃古树、老树采取妥善的保护措施。

(四) 蔬菜产业

积极推广"专业合作社+农户（家庭农场）"模式，通过新建蔬菜专业合作社，加大新品种、新技术引进和推广力度，特别是高半山地区蔬菜种植技术的提升,发展绿色高山蔬菜。充分发挥合作社农业生产合作、生产资料供应合作、产品加工销售合作、经营管理和技术信息咨询合作的功能,提高蔬菜生产标准化、专业化水平,提升市场竞争力。

九寨沟县蔬菜产业的发展以满足本地消费和旅游消费为主。在罗依乡、安乐乡、永丰乡、双河乡、保华乡、郭元乡重点布局绿色蔬菜种植,辐射带动全县蔬菜产业发展。适度发展设施蔬菜。到2020年,全县新建蔬菜基地5 417亩,其中露地蔬菜面积4 985亩,设施蔬菜面积386亩,蔬菜育苗中心50亩。露地蔬菜重点发展乡镇:安乐乡、永丰乡、双河乡、保华乡、大录乡、陵江乡、郭元乡、草地乡。设施蔬菜适度发展乡镇:白河乡、安乐乡、永丰乡、漳扎镇、保华乡、郭元乡、永和乡。在永丰乡建设蔬菜设施育苗中心。

(五)粮油

玉米重点做好中低产田土地改造、增肥土壤,提高土壤肥力,为提高玉米产量奠定坚实基础。建立品种试验示范与高原早熟玉米培育基地,引进和选育更多的玉米新优品种,替换更新现有推广种植多年的玉米栽培品种,加大高原早熟玉米新品种选育力度,2020年九寨沟县玉米种植面积稳定在20 000亩。

青稞以保障民族地区农牧民对青稞的需求为目标,以提高单产为主攻方向,以改善生产条件、普及优良品种、推广先进技术为抓手,开发具有藏区特色的青稞加工产品,提高附加值,2020年全县青稞种植面积稳定在5 000亩左右。

油菜大面积推广生态适应性好、抗冻性强、抗倒伏、牲畜适口性好、产量高的饲料油菜品种。打造高原油菜花节,壮大农业旅游产业。建立优质高端蜂蜜生产基地,拓展油菜的产业功能。2020年全县油菜播种面积稳定在8 000亩左右。

(六)马铃薯

大力开展原原种和原种生产基地建设,立足于本地用种,开拓川中和川南秋、冬、春马铃薯种薯市场,繁殖脱毒种薯,重点繁殖中薯3号、费乌瑞它等中早熟品种脱毒种薯,引导企业和薯农组建马铃薯专业化合作组织,搞好产前、产中、产后服务,通过"公司+基地+农户"等形式,建立企业与薯农之间利益共享、风险共担和利益共同体。加大马铃薯产业化龙头企业扶持力度并严格考核与管理,充分发挥龙头企业带动作用,实施标准化、规模化生产,提高高半山马铃薯生产质量安全水平,培育品牌产品。到2020年,稳定马铃薯原种120吨、生产种370吨的供应水平。逐步减少河谷和低海拔地区马铃薯的种植面积,重点布局在永丰、永和、勿角、黑河、马家的高半山和高海拔村寨。

（七）养殖

改变传统养殖习惯，通过现代化、规模化、集约化的养殖技术辅以适当的高海拔区域生态放牧提高养殖效率，通过建立合作社等方式增强市场竞争力，同时采用"畜、沼、果（蔬）"循环经济的发展模式，提高主导产业品质，改善生态环境，使畜、沼、果、蔬相得益彰，在九寨沟县推进生态循环养殖和零排放养殖技术，确保农业可持续发展，发展生态农业、低碳农业。加强农牧结合，逐步探索牦牛牧区繁殖、农区短期育肥养殖模式，提高牦牛养殖效益。根据牦牛养殖传统及基础，以大录乡、玉瓦乡、安乐乡、勿角乡、马家乡、漳扎镇、陵江乡为重点布局区域；生猪主要布局在安乐乡、黑河乡、永乐乡、保华乡、郭元乡、陵江乡等乡镇。

（八）休闲农业与乡村旅游

依托九寨沟县丰富的自然景观资源和独特的山区立体气候条件，围绕主要交通干线和特色景点，结合旅游线路及服务节点，融合九寨沟特有的藏羌文化（白马伫舞、南坪曲子、藏族山歌、熊猫舞等），以特色农业产业为基础，以现代农业休闲观光园、采摘园为窗口，以星级农家乐、藏家乐、特色村寨为亮点，以资源整合和文化再造，构建区域休闲农业产业；紧密结合全域景区发展战略，加大旅游服务设施投入、环境综合治理、民居（客房）风貌改造，强化社区参与和旅游商品的宣传策划，发展休闲及游乐项目，发展乡村农（牧）家旅游、乡村民俗文化表演、绿色畜产品、自驾游及食宿等具有民族特色的乡村旅游，建设高端、精品乡村旅游产业。

以种植园区（基地）为基本要素，结合自然景观、人文景观，配套旅游基础设施，将现代农业融入休闲观光旅游中，形成特色鲜明的休闲农业景观。打造"五个旅游乡镇、五个旅游片区"的休闲旅游空间布局。五个旅游乡镇：永乐镇、漳扎镇、勿角乡、马家乡、大录乡。五个旅游片区：漳扎—白河片区、黑河片区、大录片区、永丰—保华片区、勿角—马家片区。

（九）农产品加工与物流体系建设

以九寨沟生态工业园区为载体，引导民间资本向九寨沟县特色农产品加工业流入，扶持鼓励龙头企业开发高标准、规模化、集约化、现代化的加工环节，落实农产品质量安全工作，加强引导和监督，完善标准体系、全程质量控制体系和检验检测体系，在农产品加工企业推行良好生产操作规范（GMP）、危害分析与关键控制点（HACCP）和 ISO9000、ISO22000 族系质量管理与控制体系。通过引进先进技术，加大力度开发具有九寨特色的柿、小水果、核桃、花椒、蜂产品、食用菌、中藏药材等中高档旅游产品，并进行精包装、注册商标，增加农副产品附加值，为农民增收开辟新途径。坚持"基础先行、体系构建、完善功能、培育主体"的指导思想，采取"政府扶持+企业主导"模式发展农产品加工物流业，不断完善农产品加工与物流，构建具有核心优势的产业链条。以九寨沟县（含游客市场）为市场目标，构建以现代物流园区为核心，以永乐镇、漳扎镇、陵江乡、白河乡、黑河乡、安乐乡、永丰乡、双河乡、郭元乡等乡镇农贸市场为基础，以农产品产地集散点为节点，以品牌专营店为拓展的流通网格，努力探索电子商务、冷链物流等现代流通方式。鼓励农业中介组织、农户联合体、合作经济组织（协会）、产销地批发商、农村经纪人等从事农产品营销流通活动。

通过成熟适用技术的筛选与示范推广，支持农民和专业合作组织改善贮藏、保鲜、烘干、清选分级、包装等设施装备条件，建设特色粮食、水果、林产品、畜产品等旅游产品加工项目。到 2020 年，基本形成与国际接轨的农产品加工标准体系和全程质量控制体系，农产品加工转化率力争达到 50%。完善九寨沟县现代物流园区基础设施和公共服务设施建设，加大招商引资力度，培育壮大本土物流企业，在原有基础上再引进第三方物流龙头企业 2~3 家，基本建成以第三方物流为主的农产品物流体系。加快物流产业（园区、市场、企业等）信息化建设，大力发展网上交易、电子商务、物流配送等现代物流方式，完善市场服务功能，力争培育出省级农产品物流龙头企业。

重点抓好高、低温牛羊肉食品加工，酱卤及腌腊制品加工和副产品深加工，积极发展休闲及旅游肉类食品加工。加大青稞麦片、糌粑、青稞米、青稞面粉等精细产品开发力度，及时将高原上的特殊资源转化成特色产品。依托龙头企业和农民专业合作组织，重点抓好水果、核桃等特优食品精深加工，开发中高档旅游产品。充分利用九寨沟县丰富的林木、石材等原材料，融入藏羌民族文化，大力开发具有九寨特色的旅游纪念品。

按照市场化原则，通过招商引资，结合社区商业发展需求，在白河乡、安乐乡、漳扎镇、永乐镇、大录乡、永和乡选择适宜地点新建标准化乡镇农贸市场 6 个。乡镇农贸市场建设规模根据各乡镇人口规模进行配置，1 万人以上乡镇建设标准为 500~1 000 米^2，1 万人以下乡镇建设标准为 300~500 米^2。

为切实提高农产品商品化率，缩短农户搬运距离，方便经销商收购，有效促进九寨沟县特色农产品上市销售，全县拟新建农产品产地集散点68个。

在永乐镇新建大中型农副产品交易市场1个，完善九寨沟县现代物流园区基础设施和公共服务设施，构建九寨沟县农产品电子交易平台1个。

为充分保障果蔬、肉类冷藏保鲜仓储能力，在永乐镇、漳扎镇、罗依乡新建仓储设施（含冷链物流）4个。

（十）农产品品牌建设

用好"九寨沟"这张名片，按照"区域品牌+企业品牌"的发展模式，启动实施九寨沟县"农业品牌建设"行动计划，提高农产品的市场化程度，增强农产品的营销能力，促进传统农业向市场农业的转变。加快特色农产品品牌商标注册，塑造一批九寨沟特色农产品品牌，形成"创一个品牌，兴一个产业，富一方经济"的品牌效应，有效提高农产品的附加值，显著增强产品市场竞争力，实现农业增效、农民增收，促进传统农业向效益农业的转变。

到2020年，九寨沟县主导产业无公害认证率达90%以上、绿色产品认证率达30%以上、有机产品认证率达5%；保障型产业和辅助型产业无公害认证率达90%以上、绿色产品认证率达20%以上。申报国家地理标志产品3个以上，形成系列"九寨沟"全国知名特优农产品。

公共品牌建设。大力推广"九寨沟"农业公共品牌，使九寨沟农产品真正成为全国知名的名特优农产品，能够为九寨沟农产品的经营者提供国内外最优的历史文化、生态环境、质量安全、产品品质等方面的品牌背书，并成为吸引游客前往九寨沟休闲观光度假的重要因子。强化政府在农产品区域品牌打造中的主体作用，加大对区域公共品牌打造的投入。根据九寨沟县特色优势农产品市场特点，分批、逐次推进区域特色优势农产品的营销宣传，重点突破优势拳头品牌。由于蜂蜜产品的市场价值较高、易于进行旅游商品加工包装，建议九寨沟县优先进行"九寨沟蜂蜜"区域品牌和系列产品的打造和提升。

加强农产品区域品牌保护和利用。保护和利用好"九寨沟刀党""九寨沟猪苓""九寨沟柿""九寨沟蜂蜜"等农产品地理标志品牌，积极将"九寨沟花椒""黑河木耳""九寨沟核桃"等优质农产品申报农产品地理标志品牌。建立九寨沟系列农产品区域品牌专职管理机构，制定有关管理区域品牌的法规，依法建设和提升区域品牌。加强对"九寨沟刀党""九寨沟猪苓""九寨沟柿""九寨沟蜂蜜"等区域品牌的管理，防止品牌滥用；凡需要使用区域品牌，必须向区域品牌管理机构申请，经过质量检测认证，产品合格者方可使用区域品牌；严厉打击无证经营、以假乱真、侵犯知识产权等违法行为，加强与其他区域的协调合作，建立共同保护区域品牌的联动机制和网络体系；鼓励、扶持九寨沟县各类农业经营主体成立保护区域品牌的自律组织，以增强各类经营主体参与保护区域品牌的积极性与主动性。

企业品牌建设。加强九寨沟农产品商标注册，建立较为完善的九寨沟农产品商标注册、使用、培育、保护的工作机制。以农业产业化企业、农民专业合作社为主体，注册各项企业商标和产品商标。鼓励企业进行ISO9000、ISO14000、HACCP、气候品质优级、GMP、QS、"三品一标"等认证，不断提升"九寨沟"农产品品牌质量。鼓励企业围绕"九寨沟蜂蜜""九寨沟甜樱桃""九寨沟花椒""九寨沟刀党""九寨沟猪苓""九寨沟柿""九寨沟核桃"等名特优农产品，建立专卖店、专业超市的名店品牌。

"三品一标"基地和产品建设。围绕特色水果、核桃、花椒、肉禽、中药材、中蜂等特色产业，坚持品牌化引领标准化、标准化推动产业化的建设思路，大力扶持和引导农业企业、农民专业合作社开展"三品一标"基地和产品建设，逐步引导发展有机农业。通过认证不断提高内部管理水平，提高市场开拓和竞争能力，实现优质优价，在提高主导农产品质量安全水平的基础上，争创国家和省、市级名牌产品。

五、加强基础设施建设

（一）农村道路建设

围绕特色农产品基地建设，按照"先通达、后通畅、逐步完善"的原则，在农村公路通达基础上，增加通畅能力，进一步完善农村道路结构，显著改善农村道路条件，高标准推进村组道路和田间道路（包括机耕道和牧道）建设，保证农产品及时、便捷地运输，降低运输成本，增加单位农产品的收益。

到2020年，九寨沟县硬化道路94.9千米，新建田间道路897.75千米，实现农村村民小组道路硬化率98%以上、田间道路通达率90%以上，逐步构建"进组、入院、到田"的农村田间道路网络，基本形成较高服务水平的农村公路网，有效解决"农村出行难、农产品运输难、农机下田难"的问题。

（二）田间水利建设

针对九寨沟县农田水利设施薄弱环节，重点抓好小型灌区续建配套和节水改造，努力加强节水项目建设，全面推行农业节约用水，实行水资源的有偿使用，大力发展小型、微型水利,实行小、微结合,蓄、引结合,推广使用肥水一体化设施,增强水资源的综合利用率,扩大有效灌溉面积,提高灌溉水利用系数,增强农业抗灾能力。到 2020 年,全县农田水利工程建设基本完善,达到初级水利化县的标准,有效灌溉率达 50% 以上。

全面加强农田水利设施工程建设。不断健全和完善农田排灌系统,加强基本农田水利设施建设,增强抗灾能力;对现有蓄水池清淤扩容、整修配套、除险加固,增加蓄水能力;整治和配套完善农田灌溉渠道(管网)。到 2020 年,全县新建蓄水池 448 口,整治蓄水池 29 口;新建引水渠 186 千米,整治引水渠 71.1 千米;新建引水管道 304.02 千米;新建太阳能提灌站 49 个。

大力推广农业节水灌溉工程建设。大力发展节水灌溉工程,在适宜地区示范推广管灌、喷灌、滴灌、微灌等先进灌溉技术。积极推行灌区续建配套与节水改造、节水高效示范区等项目建设。围绕九寨沟特色水果、道地中藏药材,到 2020 年,全县新增节水灌溉 29 295 亩。

(三) 耕地质量建设

坚持最严格的耕地保护制度,结合金土地工程、农业综合开发、扶贫开发等项目,有序开展、整村推进田、水、路、林、村综合整治,因地制宜进行宜耕荒草地的开发,进一步优化九寨沟县土地利用结构;深入实施"沃土工程",抓好"五良"工程建设,改造中低产田,建设旱涝保收高标准农田,提高单位农田产出水平。到 2020 年,全县开发、复垦土地 2 132.85 亩,建设 26 764.2 亩,新增耕地面积 2 456.1 亩;土壤改良 21 015 亩。

(四) 农村清洁能源

因地制宜推广"畜(禽)—沼—果(菜、粮)"等生态农业发展模式。在规模养殖场排泄物治理中,通过沼气技术推广应用,上促畜牧业健康发展,下促绿色农产品基地建设;村庄整治中,通过建设户用沼气池,既改善了农村生活环境,又实现了低收入农户增收。到 2020 年,在白河乡、安乐乡等 13 个乡镇新建户用沼气池 1 186 个,实现农村清洁能源利用率 100% 以上。

六、支撑体系建设

(一) 农产品质量安全与标准化体系建设

建立健全农产品质量标准体系。根据国家、省、州和行业现有农业生产标准,结合本地特点，突出重点内容、主导产品和地方特色，大力推进农业标准化生产，按照产前、产中、产后标准相配套的原则，制定《九寨刀党生产技术规程》《九寨沟柿生产技术规程》《九寨沟蜂蜜生产技术规程》等农产品质量标准体系。并以"三品一标"产地认定和产品认证为重点，积极开展国家绿色食品、有机食品、地理标志农产品标志申报工作，提高农产品市场竞争能力。

建立健全农产品质量安全管理体系。引导农民和企业采取标准化生产技术生产安全农产品，落实农民质量安全生产自律机制。县、乡（镇）两级检测机构要按照统一要求对辖区内农业生产环境、生产过程、农产品及投入品质量，实行强制性检测和定期定量例行检测，落实农产品投入品评价准入机制。示范推广速测技术，建立追溯和承诺制度，按照从生产到销售每个环节可相互追查的原则，实现对农产品产前、产中、产后全程监控，实现"从产地到餐桌"的全程监控，落实产品准出和市场准入机制。

建设农产品质量安全追溯体系。加快农产品质量安全追溯系统和制度建设，按照从生产到销售每个环节可相互追查的原则，建立农产品生产、经营记录制度；通过加强农产品产地监管、农业投入品监管、农产品加工企业监管、电子地图管理、产品包装与标识管理、风险评估与预警机制管理、信息交流互动平台管理等系统建设，以及采用网络技术及其设备如条形码、RFID标签等对产品赋予"身份证"、追溯码，对农产品生产、仓储、分销、物流运输、市场巡检及消费等环节形成数据采集跟踪，实现对农产品生产、销售、流通、服务全程监控管理。

（二）农业科技推广服务体系建设

创新农业科技推广服务体系运行机制。不断创新农业科技推广方式方法，重点着眼于市场需求、为用户提供农业咨询等综合性的服务，建立农业科技推广信息反馈机制。健全激励机制，制定农业科技人员考核方式，建立考核评价机制，将实际工资与考核结果联系起来，强化农业科技推广人员的竞争意识、忧患意识。创新农业科技人才合作方式，加强农业科技人才储备，建立流动性人才合作服务机制，吸引外来人才以建立转化推广基地、短期服务、兼职服务等方式参与九寨沟县农业科技服务。加强多元合作，建成以农业农村部门、科技部门、科协等涉农政府机构作为推广服务主体，各类农业科研院所、涉农院校及农业龙头企业为辅助，各类农村专业合作组织等为补充的功能完善、主体协同、运行高效的农技推广服务体系。培养一批专业技术人才和农村实用人才，打造一批农业科技实验示范基地，推进特色水果、道地中藏药材标准园和畜禽标准化适度规模场建设。

公益性农业科技推广服务体系建设。整合全县农业科技服务资源，强化基层公益性农技推广服务，建立健全乡镇或区域性农业技术推广、动植物疫病防控、农村经营管理、农产品质量安全监管等基层农技推广机构，着力建设有完善的管理体制、有规范的运行机制、有精干的人员队伍、有稳定的经费保障、有必要的工作条件的"五有"乡镇农业科技推广服务体系。加强与省级、州级农业科研院所、高等院校的科技合作，以科技成果转化和新技术示范推广为载体，以实施农业科技进村入户工程为纽带，发挥公益性农业技术推广服务体系主导作用，引领带动多元化农业技术推广服务工作。深入推进"阳光工程""绿色证书"等培训，配套集成及示范推广，到2020年，开展农业实用技术培训3万人次以上，培育科技示范户663户，良种、良技普及率达到90%以上。

市场诱导型科技服务体系建设。充分发挥龙头企业的带动作用，建立以龙头企业为主体的市场诱导型农业科技成果转化推广体系。农业龙头企业受市场和经济的驱动，具有积极推广先进科技成果的动力和活力，鼓励和支持农业龙头企业围绕产业发展，为基地建设和农民生产提供相关技术服务；鼓励支持民营企业从事市场前景好、可控性强、容易实现产业化经营的开发类农业技术、经营性农业技术产品的推广服务，如良种、农资等。

自我服务型科技服务体系建设。大力发展农民专业合作组织、中介组织和行业协会等服务组织，鼓励、引导农民专业合作组织与科研院所、高等院校开展多种形式的技术合作、技术咨询等农业科技服务活动，并在宏观上加强指导、协调，在政策资金上加强扶持、服务，不断完善和规范农民专业合作组织的组织管理，不断强化其生产、技术、市场等服务功能，建立以农民专业合作组织为主体的自我服务型农业科技推广服务网络。

（三）动植物良种繁育与管理体系建设

良种繁育体系建设。围绕甜樱桃、核桃等优势产业，建立配套完善的种养业良种繁育体系，培育、推广、利用高产、优质、多抗、专用的农作物、畜禽等优良品种，提高良种化程度，依靠科技提高农产品质量，增强市场竞争力，改变当前许多农产品出现"卖难"的状况，促进九寨沟农业向高产、优质、高效转变及持续、稳定、健康发展。以四川省农业科学院、四川农业大学等科研院所、高等院校为技术依托单位，加快建立全县新优品种区域试验站和品种展示基地，为全县现代农业发展提供更多的良种储备和技术支撑。到2020年，全县农作物良种普及率达到95%以上，畜禽良种率达到90%以上。

良种市场监管体系建设。加强动植物良种质量监控体系建设,建立和完善动植物质量监督检测网络。建立和完善资源共享的优良农产品信息系统,向公众提供国家和四川省有关种业的政策法规、标准规程、体系职能、品种管理、生产管理、经营管理,科研育种、企业资源、产品介绍、种植技术、市场预测等信息服务。贯彻执行《中华人民共和国畜牧法》《种畜禽管理条例》,完善《种畜禽生产经营许可证》制度。对种畜禽生产、经营企业进行有效监督管理,坚决打击无证经营。

(四)动植物疫病防控监测体系建设

农作物病虫害综合防治体系建设。建立重大病虫害监测预警应急防控体系,对影响农作物的重大病虫害防控,纳入公共安全范围,由政府统一组织防控,提高防治效果。大力推广使用农业、物理、生物方法综合防治农作物病虫害,加强和发挥农业系统植物检疫职能,增加检疫仪器设备,提高防疫检疫能力,加强植物疫病出入的控制,加强对生产区域防疫服务。积极推进牧区草原改良、退牧还草、牧草鼠害、虫害综合防治、草原沙化治理工程建设。

动物疫病监测防控体系建设。做好畜禽防疫工作,贯彻"预防为主、防重于治"的方针,提高养殖场区动物疫病源头控制能力,狠抓畜禽免疫、预警预报、消毒灭源、检疫监督、应急管理等综合防控措施落实,采取强制免疫、强制检疫、强制消毒等措施,推进畜禽定点屠宰、集中检疫,有效控制疫情发生传播。加强乡镇畜牧兽医队伍管理,涉及规模畜禽养殖的每个村须配备防疫员。加强突发重大动物疫情防控体系建设,制定突发应急处理预案,及时有效地预防、控制和扑灭重大动物疫情。到2017年,按照标准化屠宰场要求,改建九寨沟县定点屠宰场2个。

(五)农业和农村信息化服务体系建设

加强农业信息系统建设。建立"九寨沟县农业与农村专业信息网",加快以农业决策信息数据库、农业市场信息数据库为重点的农业信息系统建设,加强在农产品价格、农业实用技术、农业政策法规、农业技术咨询、农业市场信息等方面全方位为政府、企业、农户提供优质高效的农业信息服务,努力实现产品与市场、专家与农户、政府与农民三个层面的有效对接。不断完善远程教育平台,保证每个村必须具备1个平台,切实发挥远程教育在农村党建中的作用,提高农村党员教育水平。

加强农业信息队伍建设。重视农业信息网络人才的培养和利用,特别是计算机技术、网络通信技术、农业经营人才、农业科技人才、法律人才等方面的人才培养，不断开发、充实、完善、更新网络功能以及农业信息服务内容。

加强农村信息员队伍建设，利用多种渠道、多种形式加大培训力度，培训一支既懂农业又懂经济、既懂技术又懂管理的信息员队伍，从各种渠道收集、整理有价值的信息，通过多种方式把信息传递到农村、传递到农户，解决从乡镇到农民的信息传递问题。

加强农民获取农业信息的技能培训，增强农民利用农业信息的能力。在充分重视农村基础教育和农民实用技术培训的基础上，加强农民的信息技术培训，从文化程度和农业生产经营技能上切实提高农民的素质，提高农民的信息意识和利用农业信息网络的能力。

（六）农业机械化服务体系建设

建立多形式的农机服务组织。按照公益性职能和经营性服务分离的原则，放活经营性服务，将市场经济中的经营意识、经营机制、经营主体、经营方式等要素引入农业机械化服务中来。稳定公益性农业机械化技术服务机构，增加农业机械化技术资金投入，加大农业机械化新技术、新机具的引进、示范、推广力度。大力推进农机化信息网络建设，建立农机产品、农机作业等信息的采集、整理和定期发布制度。

建设高素质的农机服务队伍。组织开展农机化管理和各级科技人员培训、农机重点项目示范区专项技术培训、新购机农民技术培训、农机职业技能鉴定培训、农机专业服务组织和农机大户农机专业技术培训、农村牧区科技能手和科技致富带头人实用技术培训，努力造就一支高素质的人才队伍。

农机化先进技术推广。围绕农牧业发展方式转变和现代农业需求，大力研发推广增产增效型、资源节约型、环境友好型农机化技术。一是推广成熟技术。加快推广化肥深施、秸秆根茬还田、机械深松整地等先进技术。二是突出推广农牧业节能环保技术。重点推广保护性耕作技术，严格实施保护性耕作工程项目、示范项目，并发挥工程项目引领作用，依托家庭农牧场、农机专业合作社，推进保护性耕作技术规模化应用。三是推进畜牧业机械化发展。大力发展饲草种植、收获、加工、贮存机械化，推广饲草基地节水灌溉技术。重点发展牲畜药浴、清圈等机械化作业。

（七）农业生产经营组织创新体系建设

创新农业生产经营制度。稳定以家庭承包经营为基础、统分结合的双层经营体制，积极引导农户发展以资金、土地、劳务、技术等要素为主的联合与合作。积极探索土地经营新模式，鼓励农民以土地承包经营权入股方式开展统一经营，探索和推广集体资产管理公司、土地股份合作社、土地股份公司、家庭适度规模经营、"土地银行"、业主租赁经营、"大园区+小业主"等多种土地流转规模经营模式。支持有经营能力的龙头企业、农民专业合作组织、新型集体经济组织等市场主体适度流转土地，建设规模化、标准化特色农产品生产基地。推进生猪、牛、小家禽适度规模标准化养殖经营模式，鼓励农户加入养殖专业合作组织，建立标准化养殖小区。探索建立"公司+农民专业合作社+农户"的生产方式，形成专业化生产、一体化经营、企业化管理、系列化服务的畜禽现代化经营模式。

培育农业生产经营主体。着力培育一批骨干农民，推动农业经营主体职业化。支持有文化、懂技术、会经营的农村实用人才和农村青年致富带头人，通过流转土地等多种方式，扩大生产规模。加强农业人才储备，支持高等院校、中等职业学校毕业生以及农业科技人员从事农业创业，支持外出务工农民、个体工商户等从事农业开发。鼓励有一定规模的种养大户成立家庭农场和家庭牧场，符合登记条件的可以申领个体工商户或个人独资企业营业执照。鼓励农户以土（林）地承包经营权作价入股农民专业合作社。支持引导合作农场（牧场）将股份合作的土地进行整理规划，引进专业种养大户或专门生产经营管理人员，发展标准化、生态化、专业化生产。到2020年，全县新建家庭农场168个，家庭牧场220个。

深入开展以"运行规范化、生产标准化、经营品牌化、社员技能化、产品安全化"为主要内容的农民专业合作社"五化"创建活动。支持农民专业合作社完善生产设施，扩大产销对接，提升生产经营、市场开拓和组织带动能力。到2020年，全县新建农民专业合作组织93个。

根据产业主体发展方向，实施"扶优、扶强、扶大"战略，强化政策、项目、资金扶持力度，集中力量培育壮大农业龙头企业，重点培育带动能力强、发展潜力大的本土农业龙头企业，在政策、项目、资金上对这些龙头企业进行扶持。搭建农业招商选资平台，完善优化政策、信息、技术等方面的服务，引导工商资本进入适宜规模化发展的种养业。

第七章　秦巴山区产业发展路径实践探索

第一节　巴州区现代农业发展

一、发展基础与条件

（一）区位条件

巴州区位于四川省东北部，秦巴腹地，东接通江县、平昌县，南邻南充市仪陇县，西连恩阳区，北抵南江县。地处"成渝西金三角"几何中心，距离成都、重庆、西安三大中心城市约 300 千米，是连接成渝和关天两大经济区的重要黏合地带，同时也是川东北经济区的重要节点城市。广巴高速、成巴高速、巴达高速及广巴铁路、巴达铁路穿境而过，随着巴陕高速、巴广渝高速、绵万高速、汉巴南铁路和巴中机场的相继建设，巴州区对外综合立体交通体系日益完善，川东北交通区域中心的区位优势将进一步凸显。

（二）自然资源

巴州区属于亚热带湿润季风气候类型，冬暖、春早、夏热、秋凉，四季分明，无霜期长，光照适宜，雨量充沛。年均气温 17.1℃，月均温在 7 月达到最高，约 27℃；1 月最低，约 5.9℃。日照时数 1 462 小时，无霜期 275 天，多年平均相对湿度 76%。多年年均降水量 1 152 毫米，降雨时空分布不均，主要集中在 5—9 月，占全年雨量的 76%，其中 7 月雨量最大，约 270 毫米；1 月雨量最小，仅为 8.8 毫米。

巴州区地处大巴山南麓丘陵、低中山地带，为构造侵蚀剥蚀地貌和侵蚀堆积地貌。全区分为低中山、丘陵、平坝 3 种地形，以中低山为主，高丘次之，河谷、平坝极少。总的地势受大巴山控制，北部最高，东（南、西）部次之，中部最低，大部分区域海拔400~800米。巴州区缓坡地较多，坡度集中在6°~15°；6°以下的区域主要集中在中部地区；大于15°的区域主要集中在北部、南部。在北部区域，东南和南朝向分布较多，光照时间相对较长；在南部区域，东和西北朝向分布较多，光照时间相对较短。

巴州区水资源丰富，境内河流众多。多年平均过境水总量约为30.82亿米^3。境内共有大小溪河116条，均属渠江上游巴河水系，呈南北流向，树枝状分布，主要河流有南江、恩阳河、驷马河。巴州区地表径流空间分布不均，自北向南随地势由高向低递减。巴州区多年平均地表水资源量约8.16亿米^3，可利用量为2.47亿米^3，地表水资源可利用率为30.3%。

巴州区土壤类型丰富，以水稻土为主，兼有紫色土、黄壤土、新积土。水稻土分布最广，遍布平坝、丘陵和山区；紫色土主要分布在丘陵地区；黄壤土集中分布在低山和沿江两岸的二、三级阶地。土壤肥力水平整体不高，空间分布不均。有机质含量相对缺乏，除平梁镇、清江镇、化成镇、鼎山镇、大罗镇、大和乡等乡镇部分区域土壤有机质含量较高外，其他区域土壤有机质介于10~20克/千克，占比达78.26%。碱解氮含量位于中等水平，为90~120毫克/千克；有效磷含量整体较为缺乏，为5~10毫克/千克；速效钾含量也位于中下水平，为50~100毫克/千克。土壤pH值以中性为主，占比达80%以上；微酸性次之，主要分布在光辉镇、三江镇、龙背乡、鼎山镇、大罗镇、白庙乡等乡镇。

根据全国第二次土地调查和年度土地利用变更调查，巴州区土地总面积1 403千米^2，农用地面积12.51万公顷（其中耕地5.37万公顷，园地0.076万公顷，林地5.6万公顷，农村道路0.16万公顷，沟渠及坑塘水面0.18万公顷，设施农用地及田坎1.13万公顷。六类农用地占比分别为42.9%、0.61%、44.77%、1.25%、1.45%、9.02%；建设用地1.22万公顷，未利用地0.3万公顷。三类土地占比分别为89.11%、8.72%、2.17%。劳均耕地面积0.14公顷，达标率仅为13.78%。2014年，巴中市国土资源局办公室下达了耕地保护目标任务，至2020年末，巴州区基本农田保护面积3.197 3万公顷，耕地保有量3.72万公顷。基本农田占耕地保有量的84.19%。随着城镇化进程加快，建设占用耕地急剧扩张，在确保完成耕地保有量，基本农田不占用的情况下，巴州区可供开发、复垦、整理的后备资源较少，劳均耕地压力将不断加大。

（三）社会经济

巴州区辖东城、西城、回风、玉堂、江北、宕梁6个街道，23个乡（镇），412

个行政村（社区或居委会）、2 379个村（居）民小组。2015年，全区总人口73.25万人。其中，农村人口53.40万人，占全区总人口的72.90%。农村劳动力27.74万人，常年外出务工劳动力16.63万人，占农村劳动力总数的59.95%；从事第一产业7.76万人，仅占农村劳动力的28%。

2015年，巴州区地区生产总值实现122亿元，同比增长9%。三次产业结构比优化为11∶38∶51。地方一般公共预算收入7.06亿元，增长13%；一般公共预算支出完成35.22亿元，增长7.8%。其中农林水事务支出5.88亿元。投入各级财政涉农项目资金9.35亿元。城镇居民人均可支配收入24 935元、增长9.2%，农村居民人均可支配收入9 147元、增长10.4%。

巴州区是四川省88个"四大片区"贫困县（市、区）之一。截至2015年末，巴州区尚有90个贫困村、建档立卡贫困人口51 393人。按照"三年集中攻坚、两年巩固提升"的要求，2018年贫困村全部"销号"、农村建档立卡贫困人口全部越过扶贫标准线，基本消除绝对贫困。

二、现代农业发展评价与对策

（一）发展成效

农业现代化水平稳步提高。"十二五"期间，巴州区农业稳定发展。截至2015年末，巴州区农、林、牧、渔及服务业总产值达到25.66亿元，同比增长2.9%；农、林、牧、渔及服务业比例为48.01∶2.96∶43.52∶1.78∶3.73，其中农业、牧业两项的比重在整个农林牧渔服务业总产值中占到91.53%，已占据绝对的主导地位，成为支撑和带动巴州区农业经济增长的主力。

农业产业结构调整稳步推进。巴州区立足自身特色，突出产业优势，加快农业结构调整，已初步形成中药材、果蔬、畜禽、粮油等优势特色产业。全区现有中药材6.15万亩，其中皂角2.5万亩、金银花2万亩、草本药材1.65万亩；蔬菜13.1万亩，其中特色蔬菜芦笋（石刁柏）0.5万亩、黄花0.55万亩；水果7.6万亩，其中柑橘4.2万亩。巴州区是全国商品粮基地县和粮食生产交售大县，粮食总播种面积71.4万亩，油料总播种面积13.0万亩，尤以旱作粮食作物生产水平较高，位于全省前列。

农业产业化水平持续提升。巴州区农业产业化水平持续提升，农业竞争力不断增强。一是有序推进产业基地建设。建成平梁、枣林、寺岭、水宁寺、金碑等道地中药材产业带；建成一批大宗蔬菜基地和芦笋、黄花等特色蔬菜基地；水稻制种面积8 000亩，是川东北最大的水稻制种基地；紧抓30万头生猪产业一体化项目建设机遇，推进生猪标准化养殖基地建设，技术改造65个养殖场，新建生猪标准化养殖场25个；建成巴山土鸡标准化养殖场10个、牛羊标准化养殖场26个。二是农业产业化经营水平提高。依托巴州工业园成功引进秦巴中药、普瑞制药、川巴药业、珍途医药等中药材种植、加工、销售全产业链龙头企业26家；积极建设盘兴物流园，加快发展农产品物流。三是标准化和品牌建设稳步推进。制定了大罗黄花、虎杖等农产品生产技术标准和规程20多项；全区耕地认定为无公害农产品基地，通过无公害、绿色、有机农产品认证的基地达30万亩。

农业生产条件逐步改善。近年来，巴州区加大了对农业基础设施建设的投入，生产条件得到逐步改善。"十二五"期间，建设通村公路1 020千米，围绕产业及乡村旅游发展构筑五大交通环线，新建产业环线169千米、旅游环线32千米；围绕重点项目建设园区道路88.5千米，为保障农机使用共完成机耕便民道路1 290千米；全区共建成各类水利工程15 117处。

(二) 存在问题

主导产业优势不够突出。一是主导产业发展种类多、定位不清。将道地药材、优质果蔬、现代粮油、生态畜禽同时列为主导产业，不利于突出巴州区产业优势，优质果蔬、现代粮油的主要功能更多是保障巴中市主城区"菜篮子""米袋子"供给。二是部分主导产业生产效率不高。虽然中药材、家禽、生猪在全省范围内具有综合比较优势，但中药材、水稻、蔬菜、水果等效率优势均小于1，表明在良种良法、生产管理、物质装备上仍然不足，制约了主导产业优势的进一步发挥。三是缺乏集中连片标准化基地。主导产业生产依然为传统农户分散经营，生产零星、分布散乱，缺乏有实力的新型经营主体带动，相对集中成片、标准化程度高的产业基地比重较小。四是农产品加工发展滞后。主导产业生产规模推进速度较快，农产品加工发展速度有待同步跟进。

经营主体带动能力不强。一是新型经营主体数量不够。在农村劳动力大量外流的背景下，现有新型经营主体数量不足以支撑巴州区现代农业发展要求。二是龙头企业带动能力不足。现有龙头企业数量少、规模小、实力弱、素质低，市场拓展与产业带动能力有限，尤其是缺乏产业领军型龙头企业。三是专业合作社纽带作用未发挥。现有专业合作社大多为"空壳社""一人社"，管理不规范，利益联结松散，未能发挥组织产业生产的纽带作用。四是家庭农场（种养大户）自我发展能力不足。巴州区地处秦巴山贫困地区，自有资金不足，融资能力差，经营理念落后，生产方式传统，难以持续发展。

基础配套设施建设薄弱。农业基础设施较为薄弱，道路、水利、耕地依然是现代农业发展的主要瓶颈。一是农村机耕道建设"最后一公里"问题突出，与田块相连的作业机耕道和田间生产路匮乏，影响农机作业，增加生产成本，不便于机械化、省力化生产。二是农田水利骨干工程少，水库工程分布不均，田间配套设施薄弱，用水供需矛盾突出，特别是北部高山乡镇没有骨干水利工程，农业生产用水极为困难，节水灌溉面积小。三是中低产田土数量多，全区现有中低产田土66.07万亩，占耕地总面积的84.69%以上，且田坎台位高、坡度大、地块零乱。

特色品牌建设力度不够。一是与"巴食巴适"区域品牌对接不够，未能充分利用"巴食巴适"已经形成的营销平台。二是缺乏极具知名度的巴州区产品品牌，导致公共品牌知名度与美誉度不够，市场难以形成对巴州区特色农产品品质的整体良好印象与口碑。三是标准化认证不足。获得"三品一标"、GAP、GMP、QS等相关认证的基地、产品数量比例较小，产品品质缺乏足够的证明支撑。四是品牌意识不强。特色农产品商标注册数量较少，获得的驰名商标、著名商标、知名商标等评比认证更少。

农业生产服务能力不足。一是科技支撑不足。巴州区农业科技投入力度小，与科研院所联系不够紧密，缺乏专家大院、科技示范园、科技示范户等服务载体，未能充分发挥科技对产业发展的支撑作用。二是公益性服务体系不够健全。基层农技推广人才总量仍有较大缺口，边远地区尤其严重，多处出现"有编无人"的现象，而同时由于体制不顺，区乡双重管理，一人多岗，进一步弱化了公共服务能力。三是经营性服务发展不足。大部分龙头企业、专合组织更加注重自身发展，缺乏向自身以外的农户、家庭农场、种养大户提供社会化服务的内在动力，加之专业服务公司较少，现有服务多集中在产前和产中环节，产后服务较为薄弱，尤其是信息服务、金融服务等尤为缺乏。

(三) 发展机遇

重大战略改善"农业宏观环境"。在国家深入推进"一带一路"、长江经济带建设和新一轮西部大开发的宏观背景下，四川省抓住支持川陕革命老区振兴发展的历史机遇，进一步深化"多点多极支撑"战略，加快推进"川东北经济区"建设。这一系列重大战略的实施必将为巴州区社会经济发展带来更多政策"红利"，将有更多重大项目落地、政策资金倾斜，促进交通条件、经济环境和公共服务显著改善。巴州区宏观经济社会的大发展，经济体量快速增大，经济协调发展格局开始凸显,经济带动能力显著增强,促使财政支持、税费优惠、金融保险等特色政策向贫困地区倾斜,促进资金、项目、科技、人才等要素不断向巴州区聚集,为巴州区现代农业发展奠定良好基础。

脱贫攻坚加大"农业投入力度"。巴州区既是国家层面秦巴山扶贫开发重点区,也是省域层面"四大片区"贫困县,基础瓶颈制约明显。2016年,中央安排财政扶贫资金660.95亿元。四川省已安排落实17个中央和省级涉农项目向贫困地区倾斜,其中粮食生产能力提升工程2.08亿元、现代畜牧业发展项目1.42亿元、基层农技推广体系改革与建设项目1.14亿元、农业综合开发产业项目1.19亿元、农民培训和新型经营主体培育项目1.2亿元、现代农业千亿示范工程1.32亿元,到2020年,四川省还将进一步加大产业扶贫资金投入。巴州区借助此重大机遇,积极争取上级资金,保障农业发展资金需求。

农村改革激发"农业发展活力"。巴州区是全国第二批农村综合改革示范区,承担了中央、省委确立的"4+3"农村改革试验任务。在土地承包经营权流转、有偿退出、抵押、担保、转让,集体林权制度改革,农田水利设施产权制度,宅基地使用权,农村住房财产权抵押、担保、转让等方面赋予了巴州区先行先试、率先突破的权利,扫清了巴州区农业跨越式发展中的各项制度障碍,畅通了工商资本、金融资本进入巴州农业的渠道,盘活了农村资源与农业要素,深度挖掘农村发展潜力、释放农村发展能量,激发农业生产活力。

(四)面临挑战

农业要素流出与农业投入需求逆向运行的挑战。巴州区农业发展整体滞后,在基础设施、科技支撑、产业发展、品牌打造、市场营销等方面历史欠账较多,资金缺口较大。巴州区自身财力有限,农业投入绝大部分依赖于转移支付。随着经济发展进入"新常态",宏观经济增长放缓,国家提高财政支农资金压力加大。"十三五"时期,是巴州区城镇化、工业化建设加速推进的重要阶段,要素资源加快流向工业化和城镇化,进一步加大了农业投入水平的政策压力。如何抢抓发展的政策机遇,切实加大对上争取资金与招商引资力度,提高农业的投入水平,有效解决投资需求与资金缺口的供需矛盾是巴州区现代农业发展要应对的挑战。

劳动力素质不高与现代农业技术密集的挑战。随着城镇化进程的加快,巴州区农村劳动力不断外流,常年外出务工劳动力达16.63万人,占农村劳动力总数的59.95%,导致农业从业者老龄化、低素质化,对现代农业科技接受意愿不强、掌握应用程度较低、培训难度大,农村懂生产技术、会经营管理的人才极度匮乏。现代农业具有技术密集型的重要特征，在生产管理、疫病防控、加工物流、市场营销等方面对从业者综合素质要求较高。因此，如何有效解决劳动力素质不高与现代农业科技应用能力弱的矛盾是巴州区现代农业发展面临的挑战。

传统生产方式与产品质量安全提升的挑战。巴州区农业发展方式传统，农业生产依然依赖于农药、化肥、农膜等投入品的追加投入。2014年单位面积农药施用量达15.77千克/公顷，化肥施用量达1 282.51千克/公顷，面源污染加大，农业生态安全水平下降，远低于四川省、巴中市平均水平。随着城乡居民收入的增长，生活水平显著改善，城乡居民生活消费已从传统的温饱型转向小康型，农产品消费更加关注"食品安全"，对绿色、有机农产品需求快速增长。因此，如何加快改变农业生产方式，满足市场对农产品质量安全快速提升是巴州区现代农业发展的重大挑战。

（五）发展对策

突破产业选择瓶颈。一是尊重巴州区农业发展要求和乡镇发展意愿。筛选道地中药材、有机果蔬、优质粮油、生态畜禽等优势特色产业重点发展，遵循巴州区农业自然资源条件，合理优化产业生产布局，建设优势特色产业集中连片产业带。二是扩大主导产业生产规模。鼓励龙头企业采取土地流转、承包、租赁、入股等形式参与自建基地建设，积极开展"龙头企业+农民合作社+基地"的产业化经营模式，推行订单收购、保护价收购，鼓励农民合作社、家庭农场、种养大户开展订单基地建设。三是完善基础设施配套，提升物质装备水平。加大政策倾斜力度，整合部门涉农资金，重点围绕优势特色产业基地建设机耕道、农田水利设施，提升耕地质量，稳步提升农业综合生产能力。四是配套完善良种繁育体系。重点建设中药材引种驯化基地，做好主推品种的选种、试种及配套集成技术示范，建设畜禽保种选育、良种繁育及扩繁基地，做好良种引进、人工冷配点、良种改良站建设。五是加强生产管理，转变生产方式。以产业示范基地、示范园区为抓手，推广化肥减量控害、绿色防控、生态循环种养、废弃物综合利用等现代农业技术，改善产地环境安全，全面推进巴州区农业生产基地规模化、标准化、集约化发展。

突破产业融合瓶颈。一是积极争取农产品产地初加工补助，围绕优势主导农产品、菜篮子产品产后商品化处理，新建和改造升级贮藏、保鲜、烘干、分类分级、包装和运销等设施装备，提高初加工能力，促进农产品实现大幅减损增效。二是加快发展农产品精深加工，提升主导产业核心竞争力。依托本地道地中药材优势，重点发展中药制剂、中药提取、中成药研发，推动道地药材精深加工快速发展；围绕生猪、土鸡、金银花、芦笋、猕猴桃等特色资源大力发展风味食品、果蔬饮料产业。三是加强农产品产地流通建设。以盘兴物流园区为中心，大力发展第三方物流，建设一批乡镇物流中心、产地集散点，完善农产品流通绿色通道，支持农村电商网络示范建设，在有条件的地区开展农村电商网点试点工作，发展"互联网+特色农业"品牌。四是立足优越的生态环境，丰富的旅游资源景观，紧紧围绕乡村旅游精品路线，以示范基地（园区）、旅游农庄、巴山新居为载体，加快配套服务设施完善，拓展休闲农业业态。

突破品牌建设瓶颈。一是积极组织优势特色农产品申报"三品一标"、GAP、GMP、QS等认证登记，持续推进农产品标准化生产，扶持龙头企业、专合组织积极申报注册商标，争创国家级、省级知名品牌。二是积极对接利用"巴食巴适"区域品牌，引导优势特色产品进入"巴食巴适"区域品牌营销渠道，充分利用"巴食巴适"品牌影响力提升巴州区农产品市场知名度。三是打好"绿色牌""生态牌"，深入挖掘文化内涵，给农产品品牌注入更多文化元素；加强品牌营销推介，创新农产品品牌推广、营销方式，结合"互联网+"多形式、全方位地进行宣传展示。四是大力推行农批对接、农超对接、农校对接，促进品牌农产品直供直销，推进品牌农产品专销柜、放心店和专业市场建设，实现优质优价，使生产者、消费者双方受益。

突破经营主体瓶颈。一是积极引导返乡农民工、退伍军人、大中专毕业生、乡土能人从事现代农业发展，加快培育家庭农场、种养大户、专合组织、龙头企业等新型农业经营主体；把家庭农场主、农民合作社带头人、农业龙头企业骨干和农业社会化服务能手等作为新型职业农民重点培育对象。二是通过扶优扶强、招商引资等办法，着力引进培育一批理念新、质量信誉好、经济实力强的农业产业化龙头企业；充分利用贫困地区申请IPO的优惠政策，重点支持有条件的中药材企业上市、新三板挂牌，培育行业领军企业，推动中药材企业集群发展。三是引导合作社深入开展规范化建设，积极开展示范合作社的评选和认定，清理淘汰"空壳社""一人社"，推广承包制、成本核算制、职业经理人等管理制度；积极争取省级财政安排的农民合作社项目，扶持一批运营能力好、带动作用明显的专合社，推动巴州区农民合作社向经济实体转变，进一步发挥专合社的纽带作用。

三、发展战略

（一）发展定位

站在新起点、新高度，巴州区应该谋求新的战略定位。在新的发展形势下，将巴州区现代农业发展定位为："川东北生态农业振兴区，秦巴山区现代农业崛起示范区"。全面理解总体定位，还要着力实现四大区域功能。

——优质特色农产品重要生产基地。绿色农业体系基本形成，特色农业迅速崛起，优势特色农业生产面积、产品规模、产值比重大幅提升，成为川东北地区重要的优势特色农产品生产供应基地和西部优质道地中药材生产基地。

——优质特色农产品精深加工基地。特色农产品加工体系基本形成，以中医药、食品饮料为重点的精深加工能力、加工产值大幅提升，对巴中市及川东北地区辐射带动能力进一步增强，成为川东北地区重要的特色农产品精深加工基地。

——优质特色农产品商贸物流区域中心。交通区位条件显著改善，商贸物流体系日益完善，重点围绕中药材、生猪、家禽等优势农产品建成辐射川陕渝的农产品商贸物流中心和全国中药材仓储物流基地。

——生态农业休闲度假目的地。生态环境优势进一步凸显，特色产业与红色文化、健康养老、休闲度假、观光体验等深度融合，成为休闲农业与乡村旅游示范区。

（二）发展目标

充分考虑巴州区现实发展水平、阶段特征和发展趋势，坚持以脱贫奔康为统揽，规划期内努力实现以下主要目标（表7-1）。

——农业农村经济快速增长。农林牧渔总产值保持平稳较快增长，年均增长5%以上，农林牧渔业结构持续优化；产业助农增收人均增幅明显高于全省平均水平，农村居民可支配收入达25 000元，产业带动贫困群众增收致富能力进一步增强，全面完成产业脱贫任务。

——农业产业体系不断优化。农业供给侧结构性改革成效显著，优质、特色、精品、高效农业比重大幅提升，适销对路农产品规模大幅增加，生产、加工、储藏、包装、销售各环节竞争力显著增强，农业新产业、新业态不断涌现，农工贸一体化、三次产业融合发展水平大幅提升。

——农业生产体系不断完善。现代设施、装备、技术手段广泛应用于农业生产，农业良种化、机械化、科技化、信息化、标准化水平大幅提升，绿色生态理念深入实施，农业生态环境明显改善，农业现代化水平由起步阶段向基本实现阶段跨越。

——农业经营体系不断健全。农村土地经营权流转速度加快，多种形式适度规模经营广泛开展，种养大户、家庭农场、农民合作社、龙头企业等多种新型经营主体发展壮大,家庭经营、集体经营、合作经营、企业经营等多种经营方式协调发展。

——农业综合竞争力不断增强。"三品一标"产品数量不断增加,品牌化建设取得显著成效,农产品商品化率、农产品销售收入大幅增长,农业质量效益大幅提高,农业综合竞争力不断增强。

表7-1 巴州区现代农业发展主要技术经济指标

序号	一级指标	二级指标	单位	2015年实现值	2020年目标值	2025年目标值	指标属性
1	农业农村经济	农林牧渔总产值	亿元	25	45	65	预期性
2		农村居民人均可支配收入	元	9 147	15 000	25 000	预期性
3		贫困村数量	个	112	0	0	约束性
4		贫困发生率	%	7	3	2	约束性
5	现代农业产业体系	主要支柱产业产值比重	%	70	80	85	预期性
6		粮食总产量	万吨	26.7	27	28	预期性
7		蔬菜总产量	万吨	25.4	26	26	预期性
8		肉类总产量	万吨	4.8	5	5	预期性
9		农产品加工率	%	30	40	60	预期性
10		乡村旅游收入	亿元	—	5	10	预期性
11	现代农业生产体系	耕地机耕道配套率	千米/公顷	0.02	0.03	0.05	预期性
12		有效灌溉率	%	30	50	55	约束性
13		节水灌溉率	%	32.6	60	65	约束性
14		耕地保有量	万亩	80.4	80	80	约束性
15		基本农田保有量	万亩	—	48	48	约束性
16		高标准农田	万亩	30	50	70	约束性
17		粮食作物农机化综合水平	%	38	65	70	预期性
18		主要作物良种化率	%	80	85	90	约束性
19		主要畜禽良种化率	%	90	98	100	约束性
20		规模养殖废弃物综合处理率	%	90	95	100	约束性
21		化肥施用强度	千克/公顷	1 282.5	1 000	600	约束性
22	现代农业经营体系	土地适度规模经营比重	%	15.8	43.5	62.5	预期性
23		畜禽规模化养殖比重	%	35	60	70	预期性
24		新增新型经营主体数量	个	—	5 000	7 500	预期性
25		农业组织化比重	%	—	70	80	预期性
26		龙头企业数量	家	23	50	100	预期性
27	农业综合竞争能力	新增"三品一标"产品数量	个	—	72	150	预期性
28		农产品商品化率	%	40	70	85	预期性
29		订单农业比重	%	—	50	70	预期性

(三) 结构调整

发挥自然条件和特色农产品资源优势,按照以农牧为主,林渔为辅的方向,推动农林牧渔结合、粮经饲统筹、种养加一体、一二三产融合发展。坚持藏粮于地、藏粮于技,巩固提升粮油综合生产能力,稳定水稻、油菜种植面积,适度发展鲜食玉米,适度调减小麦规模;积极扩大木本类、草本类和花草类中药材种植面积;稳定蔬菜种植面积,调整蔬菜产业结构,重点发展以芦笋、黄花为特色的绿色、有机蔬菜基地;适度发展桃、李、猕猴桃等畅销对路的特色水果;合理控制养殖规模与布局,积极转变畜禽养殖方式,大力倡导生猪标准化养殖,适度发展家禽、草食家畜;加强宜养水面利用,开展生态水产养殖。充分利用林地资源积极发展特色干果、林下经济;利用优美的自然生态资源和优越的自然气候条件,大力发展休闲农业、森林康养等乡村旅游,推进农旅融合互动发展(表7-2)。

表7-2 巴州区农业结构调整分类

产业定位	产业名称	功能作用
优势主导型产业	道地巴药、有机果蔬、优质粮油、生态畜禽	适宜巴州整体自然资源,竞争优势明显,规模优势潜力较大,具有拉动农业经济增长,带动全产业链发展的能力,是助农增收的主要增长极
特色效益型产业	特色林业、健康水产	具有一定地域特色、品牌知名度和农户积极性,但深受政策调控、自然资源、市场前景等约束,在一定程度上限制了产业比较优势,却是助农增收的重要补充

(四) 重点产业带

百里道地巴药产业带。重点围绕光辉—平梁—枣林—凌云—寺岭—化成—梓潼庙—白庙—关渡—大河—清江—花溪—水宁寺—曾口—金碑—梁永—鼎山17个乡镇打造百里道地药材产业带,集中连片发展中药材40万亩,围绕皂角、丹参、白芍等打造5万亩以上基地3个、万亩基地10个,GAP标准化基地认证面积达10万亩,建设500亩以上中药材科技示范园4个,建设中药材良种繁育基地2个,建设中药材产地初加工服务点26个。

10万亩有机果蔬产业带。重点围绕平梁—凌云—清江—水宁寺—花溪—曾口—梁永—鼎山—大罗—凤溪10个乡镇集中连片打造10万亩有机果蔬产业带,着力打造清江镇巾字村国家级现代农业产业示范园、凌云乡万亩芦笋基地、大罗镇万亩黄花基地，重点建设千亩以上芦笋基地6个、千亩以上黄花基地6个和现代化蔬菜育苗中心1个。

20万亩优质粮油产业带。重点围绕化成—清江—大和—曾口—金碑—梁永—羊凤—鼎山—大罗—凤溪10个乡镇集中连片打造20万亩现代粮油产业带，围绕高产稳产建设10万亩高产稳产粮油基地，围绕机械化示范建设万亩水稻制种基地，围绕淀粉加工建设10万亩加工型红薯基地，围绕城市消费建设万亩鲜食玉米基地。

四、农业产业基地建设

(一) 道地巴药

围绕"西部优质道地中药材生产基地"的区域定位，充分利用北部中低山区、东部高丘的中药材生长适宜区，推广"药药、林药、果药、粮药"等套种模式，打造"道地巴药"品牌。采取分散种植与适度规模种植相结合的方式，鼓励龙头企业、家庭农场、专业大户通过土地流转，开展自建基地、订单基地建设；结合精准脱贫，引导贫困户开展中药材种植，扩大种植规模。鼓励扶持经营主体开展标准化基地和品种认证，创建一批中药材专业乡（村），提升中药材品质。以市场需求为导向，重点推广皂角、丹参、白芍；结合群众发展意愿，遵循省时、省工、省投入原则，配套发展川芎、白花蛇舌草、板蓝根、黄精、杜仲、银杏、黄柏、荆芥、田野菊、金银花、枳壳、栀子、何首乌等适销对路品种；探索培育金钱柳、油用牡丹、药用玫瑰、猫爪草等新品种。加快中药材良种繁育体系建设，挖掘本地品种资源潜力，做好保种选育，加强良种引进、中试试验、成苗供应等环节的能力建设。加强中药材产地初加工建设，逐步实现初加工集中化、规范化、产业化。

(二) 有机果蔬

按照"大宗蔬菜+特色蔬菜"的基本思路，完善城市郊区与优势产区基地布局，重点建设一批芦笋、黄花特色蔬菜基地。加快转变蔬菜产业发展方式，适度发展标准化设施蔬菜，鼓励"菜—稻"粮经生产模式；加强蔬菜基地基础设施建设，着重完善品种选育、集约化育苗、田头预冷等关键环节；鼓励龙头企业、合作社、家庭农场等新型经营主体积极开展绿色、有机蔬菜基地认证，增强蔬菜产品市场竞争力。

利用巴州区局部区域独特的自然条件及房前屋后微田园，鼓励家庭农场、专业大户自主、自愿，适度规模发展猕猴桃、桃、李、梨、枇杷、葡萄等特色水果，加强优质晚熟杂柑品种改良，改进生产管理技术；深度融合乡村旅游，走特色旅游产品路线，提高产品附加值。加快绿色、有机基地与产品认证。积极推进产地冷藏保鲜、分级包装等商品化处理。

（三）优质粮油

稳定粮油生产面积，大力推进高标准农田建设，配套完善基础设施，提高粮食综合生产能力，确保主要农产品有效供给。调整优化粮油产业结构，扶持种粮（油）大户，大力发展以优质水稻、鲜食玉米、双低油菜、加工型红薯为主导的粮油产业；大力完善制种产业配套设施，提升制种水平，扩大高产、优质、抗性好的优良品种种植面积；推进农机与农艺的有机结合，进一步提高主要粮油作物耕种收机械化水平。在现有粮油生产基础和粮油产业布局的基础上，发展优质水稻规模化集约化生产基地，到2025年，确保全区粮食播种总面积不低于60万亩，油菜播种面积不低于10万亩。其中优质粮油面积达30万亩以上。

（四）生态畜禽

优化养殖布局，转变养殖方式，着力构建现代畜牧业生产体系，"十三五"时期，充分发挥畜禽养殖在脱贫攻坚中的重要作用，以贫困地区为主战场，加快推进畜禽产业转型升级。以规模化标准化养殖单元、养殖小区、养殖大户为切入点，配套完善养殖粪污处理设施，提高养殖废弃物利用率，逐步实现大中型养殖小区沼气池全覆盖，提高标准化养殖比重；加快生猪、家禽、牛、羊优良品种引进和良种繁育场建设，提升良种化率；开展种草养畜示范，支持发展种养循环经济；加快动物防疫基础设施建设，加强动物标识及疫病可追溯体系建设，提高养殖场区动物疫病源头控制能力，狠抓畜禽免疫、预警预报、消毒灭源、检疫监督、应急管理等综合防控措施落实。

严禁在城镇规划区、饮用水源保护区、重要地表水体功能区、各级自然保护区和其他需要保护的区域发展畜禽养殖，禁止在城镇规划区外1 000米内区域，城市生活饮用水源保护区外500米内区域，乡镇生活饮用水保护区外200米内区域，大、中水库禁养区外500米内区域，小型水库、主要河流禁养区外200米内区域、主要交通干线两侧300米范围内，巴河上游沿线200米范围内，风景名胜区外500米范围内区域新建、扩建畜禽养殖场。结合巴州区脱贫攻坚需求，重点在贫困村和贫困人口分布区新建、扩建现代畜禽养殖场，其中清江镇、水宁寺镇、曾口镇、梁永镇、鼎山镇、平梁镇等乡镇为生猪优势产区，关渡乡、白庙乡、寺岭镇等乡镇为牛羊优势产区,光辉镇、凌云乡、平梁镇等乡镇为家禽养殖优势区。

五、产业融合发展

(一)农产品加工

坚持"政府引导、市场运作、培植引进、产业集群"为理念,大力引进具有较强实力的农产品加工企业,重点引进全国中药百强企业,引导企业进驻巴州工业园区,扶持鼓励龙头企业重点开展现代中医药、食品饮料加工。做大做强中药饮片、中成药和中药提取物等主导产品;开发中药保健品、中药日化产品、中药杀菌杀虫剂及中兽药(含饲料添加剂)等中药衍生产品;围绕生猪、土鸡、金银花、芦笋等特色资源,大力发展风味食品、方便食品、保健饮料等产品。到2025年,巴州区农产品加工率达60%以上,农产品加工业总产值达到150亿元,引进或培育各类农产品精深加工企业20家,其中加工产值10亿元的龙头企业1家、亿元以上龙头企业10家。引进全国中药百强企业1~2家,鼓励企业研制开发新药3~5种。

(二)休闲观光与乡村旅游业

依托巴州区丰富的旅游景观资源和优越的生态环境,树立"诗意巴州、五彩山水"的形象,坚持"农业园区、新型社区、旅游景区"三区同建的思路,积极发展休闲农业与特色乡村旅游。根据旅游资源分布及交通路网构建乡村旅游示范区、打造关键节点和旅游产品。到2025年,建设4个省级乡村旅游特色乡镇、10个特色精品村寨、40个旅游扶贫示范村,乡村旅游收入达10亿元以上,建成集巴山巴水游憩、乡村生态休闲、巴人文化体验、巴山新居度假为一体的四川省休闲农业与乡村旅游强区、全国休闲农业与乡村旅游示范区。

(三)市场建设

坚持"基础先行、体系构建、完善功能、培育主体"的发展思路,强化农产品产地流通体系建设。构建以盘兴物流园为核心,以乡镇农贸市场为节点,以农产品集散点为终端的产地流通体系;大力探索电子商务、冷链物流等现代流通方式;积极培育现代农业物流主体,大力发展第三方物流企业,鼓励农业中介组织、农户联合体、合作经济组织(协会)、产销地批发商、农村经纪人等从事农产品营销流通活动。积极对接国内知名电商平台,开设巴州特色农产品地方馆1个,建设冷冻库19座、配套冷链物流车等。

（四）品牌建设

坚持政府引导，企业主体，名企、名品、名牌、名区联动发展的品牌创建模式，精准树立目标市场，深入挖掘农产品品牌文化，积极开展"三品一标"、GAP、GMP、QS 等登记认证。通过政府协调，将巴州特色农产品纳入"巴食巴适"商城销售，允许巴州区农产品无偿使用"巴食巴适"区域品牌；严格落实"巴食巴适"区域品牌管理办法，杜绝滥用、冒用现象，规范进出机制。定期开展秦巴道地药材养生文化节，积极参加西博会、农博会等展会活动；加大在报纸、电视、外墙等传统宣传媒体的覆盖力度，鼓励和引导龙头企业、专合组织，充分利用电商平台、移动终端等新媒体推广营造生态安全品牌形象。

六、基础设施与物质装备建设

（一）道路建设

围绕产业发展，以村道硬化、社道与机耕道新改建为重点，使乡村道路与主要交通干线形成快速连接的交通网络，保障农业生产与农产品及时、便捷运输，降低运输成本。到 2025 年，村道里程总数达到 1 090 千米，村道通达通畅率达 100%；社道里程总数达 4 670 千米，社道硬化率达 80%；机耕道配套率达到 0.05 千米/公顷。

（二）农田水利

加大农田水利设施投入，加快灌区配套和节水改造，推广农业节水设施和节水技术，切实解决工程性、资源性缺水问题，增强水资源的综合利用率，扩大有效灌溉面积，增强农业抗灾能力。到 2025 年，巴州区有效灌溉率达 55%，节水灌溉率达 65%。以水源工程、灌溉排水工程和节水灌溉工程为重点，采取"蓄、引、提"相结合的措施，在示范、引导的基础上，大力推广微灌、滴灌、喷灌等高效节水配套改造项目。

（三）耕地质量

落实最严格耕地保护制度，加强规划管控和用途管制，加快划定永久基本农田，全面推进建设占用耕地耕作层土壤剥离再利用，加强耕地占补平衡监管，确保占优补优、数量相等、质量相当。加快中低产田改造，提升耕地肥力水平。到 2025

年，耕地土壤有机质提高1个百分点，土壤酸化和重金属污染得到有效遏制，新增高标准农田40万亩。结合高标准农田建设、农业综合开发项目，重点围绕主导产业基地，加快田间基础设施建设、耕地地力提升，到2025年完成高标准农田建设40万亩；为巴州区1 000个以上新型经营主体和家庭农场及种植大户提供个性化测土配方施肥全程技术指导服务，推广测土配方施肥20万亩以上，减少不合理化肥投入，降低施肥成本。

(四) 物资装备

针对山区现代农业薄弱环节，以机械化、信息化建设为重点，加强农业物质技术装备建设，提升巴州农业现代化水平。努力提升水稻及制种的耕、种、收全程机械化水平，尽快突破山区农业机械化提升的装备瓶颈，推进农机深耕深松作业，力争主要商品粮基地年度深耕深松整地面积达到60%左右；加快实施"互联网+"现代农业行动，加强物联网、智能装备的推广应用，着力推进农业生产与经营信息化，力争到2025年农业物联网等信息技术应用比例达到20%，主要农产品网上销售率达35%、农产品质量可追溯覆盖率达到40%。

农机装备建设。以增加农机装备总量为重点，继续落实农民购机补贴项目、农业机械现代装备项目等政策，重点补贴主要农作物和农业主导产业发展急需的农业机械，开展农机新机具新技术的引进、示范和推广应用，加快农机具装备更新改造和升级换代。突出抓好幸福美丽新村示范片、粮食生产重点区以及现代农业产业基地的农业机械化发展，增强农业机械化对项目建设的促进作用。到2025年，农机总动力达60万千瓦以上；全区主要粮食作物耕、种、收综合机械化水平提高到70%，全面推进农业机械化。

农业生产信息化建设。提升农业信息化水平，围绕主要产业选择有条件的区域，建设3~5个产业信息化生产示范基地，完善信息化硬件和软件基础设施，利用农田水利信息化、气象墒情采集、物联网远程监控、基于GIS的耕地测土配方、无人机作业、智能喷灌、基于遥感的作物长势监测、营养诊断、产量与品质预测预报、自动精确饲喂等农业信息技术推动现代农业生产，加快实现生产过程可视化、生产管理智能化，提升农业生产精细化、智能化、智慧化水平。

农业经营信息化建设。加强物联网、云计算、大数据、移动互联等现代信息技术在现代农业经营、管理、服务等各环节广泛应用，建设道地巴药、有机果蔬等农业物联网基地5万亩；推动"政府+涉农企业"共同搭建1个区级农产品电商平台，在各村及生产企业、基地业主均设联系点，及时对接供需信息，拓宽农产品销售渠道。广泛支持涉农企业、合作社、家庭农场、农民等提升供销渠道、发展电子商务，并积极普及电子商务知识，开展农村电子商务培训，让更多的业主、群众了解电子商务知识，熟悉操作技能。由政府和龙头企业合作共建1个区级农产品溯源平台，实现"企业+平台+产品"的智能化管理。加快农产品质量安全追溯系统和制度建设，通过采用网络技术及其设备如条形码、RFID 标签等，建立农产品生产、经营记录制度，实现对农产品生产、销售、流通、服务全程监控管理。加强对龙头企业、农民专业合作社、家庭农场、农业社会化服务组织等信息化培训，培训条形码、智能标签、无线射频自动识别等信息技术的应用，提升其农业信息接收和应用水平。

七、生态环境治理

（一）环境治理

全面推进供销社村级综合服务网点建设，提升农业生产投入品供应的便捷性和安全性，深入推进化肥和农药零增长行动，畜禽养殖污染防治行动，农业废弃物资源化利用行动，农村生活污染治理行动，确保农业与生态保护平衡发展。到 2025 年，化肥施用强度降低到 600 千克/公顷、肥料利用率达 40%以上、农药利用率达 40%以上，秸秆综合利用率达 90%，生物农膜推广使用率达 80%，规模化养殖小区配套废弃物处理设施比例达到 100%，全区农作物秸秆、畜禽粪便和残膜基本得到资源化利用。

化肥农药零增长行动。一是持续推广有机肥和缓释肥料，在粮经作物上推广测土配方施肥技术，科学合理施用肥料。二是调整农作物茬口，推广绿色增产技术，发展种养结合生产，鼓励秸秆还田。三是加强农作物病虫害预测预报，推动病虫害统防统治；继续做好杀虫灯、性诱剂、诱虫板等绿色防控技术示范，推广高效低毒低残留环保型农药和生物农药，减少农药使用量。到 2025 年，全区治理农药、化肥污染面积 6 万亩，建立重大病虫害统防统治核心示范区 35 万亩，主要作物绿色防控技术集成示范区 20 万亩。

畜禽养殖污染防治行动。综合整治畜禽养殖污染问题，按照《巴中市巴州区畜禽养殖区域划分方案》，严格执行禁养、限养标准。严格畜禽养殖项目审批，对现有养殖场点进行规范整治。继续实施以生态还田、沼气工程为主的减排模式，实现雨污分流、干粪收集处理、污水发酵处理，推动规模化畜禽养殖场进行污染减排治理。

种植废弃物资源化利用行动。支持秸秆机械粉碎还田、秸秆腐熟还田、青黄贮饲料化养畜、食用菌基料利用和固化炭化等技术示范。积极推广使用可降解的生物农膜,扶持地膜回收网点和废旧地膜加工能力建设。

加强农村生活污染治理。加快推进巴山新居环境基础设施配套,建设污水收集系统,实现雨污分流,继续推进农村生活污水治理工程,加快污水处理厂和配套管网的建设。在巩固前期成果的基础上,继续对农村环境脏、乱、差等现象全面开展集中整治,消除卫生"死角",加快垃圾收运设施建设,采用"户分类、村收集、镇中转、区处理"的垃圾收集处理模式,着重治理公路沿线、沿江、沿风景区以及生活饮用水源头的生活垃圾对水体造成的污染,进而达到全面治理的目的。鼓励农民使用沼气、天然气等清洁能源。

(二)生态保护

加大生态建设投入,继续实施重大生态工程,全面提升自然生态系统稳定性和生态服务功能;大力保护巴州区内大巴山脉为主的生态绿林,严禁乱采滥伐山区天然植被林,保护林下生物的多样性,保护水源,着力打造与森林康养发展相配套的完善生态屏障;推进农村环境治理,建立并强化生态产业发展、农村环境治理、生态植被修复和美丽新村建设"四位一体"的综合治理机制。到2025年,全区森林覆盖率达到53%,森林蓄积量达到800万米^3,新村绿化覆盖率达30%以上。

实施"七大森林工程"。继续实施天然林资源保护工程、退耕还林工程、野生动植物保护及自然保护区建设工程、湿地生态保护与恢复工程、易灾地区生态环境综合治理工程、长江流域防护林体系建设三期工程、森林经营工程、石漠化治理工程。重点围绕化成水库等城镇生活饮水源保护地、天马山森林公园等自然历史风景名胜区,广巴高速、成巴高速、巴达高速、巴陕高速、巴广渝高速、绵万高速及主要国、省干道和南江、恩阳河、驷马河等主要河流,开展大规模造林绿化行动,落实天然林总量管理制度,增加森林面积和蓄积量。到2025年,新增林地面积20万亩以上。

加强重点区域水土流失治理。坚持预防为主、防治结合,开展以坡耕地改造、经果林建设、小型水利水保工程建设为重点的小流域综合治理。加强水保基础设施建设,根据水土流失项目区范围,灾害类型、结合地貌、水土流失特点,整治土地,修建梯田,封禁治理,修筑沟边埂,通过建设一定数量的排水渠、护坡、草地植被和围墙等水土保持设施加强水土流失治理。加强水土保持监测、监督管理,落实水土流失治理责任。确保到2025年,新增治理水土流失面积120千米^2。

实施山水田林生态保护和修复工程。以松林河、正直河以及通江、南江等两岸为重点，加快河流水系绿化步伐。加快建设三江镇、光辉镇、梁永镇、大茅坪镇、曾口镇、金碑乡等沿巴河水系流域的湿地自然保护区，完善湿地保护体系。加强珍稀动植物和特殊地理地貌保护，严格控制外来物种的引进，提高生态系统稳定性。开展村庄绿化美化行动，按照道路林荫化、农民庭院花果化的要求，加强村庄绿化、庭院绿化、道路绿化和农田防护林建设。

加强地质灾害防治。加强地质灾害隐患调查和动态巡查，对人口密集区上游易发生地质灾害地带，加强监测预报，确保及时发现险情、及时发出预警。积极开展综合治理，合理安排工程措施和非工程措施，提高地质灾害设防标准。提高地质灾害应急能力，强化基层地质灾害防范，提高地质灾害应急处置能力。

八、新型农业经营体系建设

（一）引导农村土地规范有序流转

健全"区—乡（镇）—村"的三级土地流转体系，成立土地流转服务公司，搭建农村产权信息交易平台，在乡镇和村设置服务站点，开展全区农村土地流转的信息收集、地块整合、包装推介和风险防控与处置等业务。修订完善《巴州区农村土地承包经营权流转管理实施办法》，明确土地流转方式、流转程序、流转管理以及流转合同等内容，实现"规范、便捷、高效、零风险"的土地流转。探索巴州区农村土地流转风险防控机制，推行"土地集中预推—平台公开交易—资质评估前置—后期持续监管—风险应急处理"土地流转五步机制，畅通流转渠道，保障流转质量，强化以利益保障机制、金融支持机制、纠纷解决机制等农村土地承包经营权流转配套机制，更好地化解和防范土地流转风险。探索土地流转价格的分类评估和指导办法，合理引导农村土地流转价格。到2025年，耕地流转面积占60%以上，适度规模经营面积占流转面积的80%以上。

（二）培育种养大户和家庭农场

鼓励和支持有文化、懂技术、会经营、善管理的农村实用人才、农村青年致富带头人和返乡创业农民工、个体工商户、农村经纪人等投身农业生产经营，依托农村土地制度改革，开展租赁、转让、抵押、入股等方式加快土地流转，扩大生产规模，形成农村种养专业大户。引导和扶持具有家庭农场雏形和特质的种养大户注册家庭农场。落实小额贷款、担保贴息、政策保险等措施，强化对家庭农场的发展支撑。同时，由区委组织部和区委农工办、区农牧局牵头每年开展一次"评星定级"活动；每年整合2 000万元以上项目资金，投向"星级"家庭农场的产业基地。免费向产业带、标准化示范基地的家庭农场提供病虫害预测预报、气象灾害、市场价格、实用技术等信息服务，免费将家庭农场特色农产品纳入"巴食巴适"营销渠道和巴州区地方特色馆。家庭农场的种植、养殖以及粮食烘干机械用电按农业生产用电价格执行。鼓励同类家庭农场组建家庭农场联合体，新组建家庭农场联合体经营土地面积400亩以上的奖励5万元。鼓励家庭农场的农产品进入大中城市的超市，80%以上农产品进入超市的家庭农场奖励1万元。

（三）提升壮大农民专业合作社

引导更多的经营主体创办和领办合作社，规范农村合作经济组织运作管理，支持创建国家级、省级专业合作社，对成功创建国家级合作示范社、省级合作示范社的分别给予10万元、5万元奖励。对"空壳社""一人社"的合作社等进行清理整顿和淘汰。重点提高合作社实体化运作能力，创新合作社经营机制，积极引入承包制、成本核算制、职业经理人等制度。开展多渠道、多区域、多层次联合与合作，鼓励同类农业合作社抱团发展，组建成立合作联社20个，新组建的联合专业合作社社员达1 000户、辐射面积达1 000亩、管理优良、带动作用强的奖励5万元。发挥合作联社在品牌培育、展示展销、协调授信、行业管理、业务培训等方面的纽带作用。

（四）壮大农业产业化龙头企业

通过扶优扶强、嫁接改造、招商引进等办法，着力培育一批管理理念新、质量信誉好、经济实力强的农业产业化龙头企业，推动龙头企业集群发展。重点创建一批中药材省市重点龙头企业，支持龙头企业引进战略合作伙伴组建大型企业集团，支持有条件的农业企业上市，加快培育行业领军企业，增强龙头企业对农业产业化发展的示范引领作用。鼓励和扶持龙头企业建立自有核心基地，国家级龙头企业自建核心基地不低于10 000亩，省级龙头企业自建核心基地不低于2 000亩，市级龙头企业自建核心基地不低于1 000亩，区级龙头企业自建核心基地不低于500亩。

（五）健全新型职业农民培育机制

一是优选培训对象。立足巴州区优势特色产业，以专业大户、家庭农场主、农民合作社带头人为重点培育对象，鼓励返乡农民工、个体工商户和农村经纪人等成为职业农民。二是明确培训内容。重点围绕农产品质量安全、市场营销、先进实用技术等内容开展培训。三是创新培训模式。实行理论授课+观摩交流+实践操作、创优提升培养、农民与专家互动和田间教学培训等模式，注重针对性、实用性和规范性。四是完善培训体系。统筹各类教育培训资源，加快构建和完善以农业广播电视学校、中高等农业职业院校等专门教育培训机构为主体，农技推广服务机构、农业科研院所、农业企业和农民合作社等多元参与的新型职业农民教育培训体系。

九、社会化服务体系

（一）强化公益性服务能力

加快基层农技推广体系建设与改革。按照"综合设置、整合资源、功能强化、设施配套"的思路，支持区、乡政府整合基层农业生产服务机构和人员，设置基层农业综合服务中心，提高乡镇或区域性农业技术推广、动物疫病防控等公共服务能力。加强涉农专业技术人才引进，改善办公环境与条件，创新薪酬激励机制，健全基层农技推广体系；大力开展与科研院所农业科技合作，重点围绕良种引进选育快繁、标准化种养的应用，联合申报农业科技创新与成果转化项目。到2025年，农业公益性服务体系健全完善，引进农业、林业、畜牧、水利、土肥等方面专业技术人才100名，服务能力与水平大幅提升。

（二）培育经营性服务组织

采取政府订购、定向委托、奖励补助、招投标等方式，积极引导经营性组织参与公益性服务，大力开展农技推广、农机作业、抗旱排涝、统防统治、农产品营销、农资配送、信息提供等各项生产性服务，满足经营主体对社会化服务的需求；大力培育新型社会化服务组织，扩大政府购买农业公益性服务试点，支持供销合作社开展农业社会化服务，引导社会资本积极参与组建各类综合性社会化服务公司，推广开展技术承包、全程托管、代耕代收等社会化服务，为新型经营主体提供产前、产中、产后全程化服务，以适应现代农业生产的需求。到2025年，农业经营性社会化服务长足发展，新培育各类农业专业化社会服务组织100个，农技、农机、植保、营销、配送、信息等专业化经营服务广泛开展，农业社会化、专业化水平大幅提升。

第二节　剑阁县现代农业发展

一、发展本底

(一) 区位条件

剑阁县位于四川盆地北部边缘，广元市西南部，北接大巴山脉，西邻龙门山脉，地理位置为东经105°10′~105°49′，北纬31°31′~32°21′，东与广元市昭化区、苍溪县毗连，南与南部县、阆中市接壤，西与梓潼县、江油市交界，北与青川县、广元市利州区为邻。东西最宽61.5千米，南北最长83.8千米。县城所在地下寺镇位于县内东北角。剑阁县是自古以来的西南交通要道，有"蜀北屏障、两川咽喉"之称，是连接大西南、大西北两大片区的战略要地，处于成渝、关天两大经济区的重要纽带上和成都、重庆、西安构成的"西三角经济圈"中成都—西安发展轴上，向南向北的市场对接能力均较强，具有优良的区位条件。剑阁县近年来交通条件显著改善，已形成"铁公机水"四位一体外部交通格局。西成高铁、宝成铁路、京昆高速、绵万高速（规划）、剑苍高速（规划）和G108、G347、S205、S208、S302等多条国省干道穿境而过；剑阁县城距离广元机场仅27千米，距离广元港红岩作业区仅38千米。县内基本形成由下普金路、剑盐线、剑南线、剑苍线组成的"一路三线"道路骨架，进一步提升县内各乡镇的交通联系。

(二) 自然资源

剑阁县属亚热带湿润季风气候，四季分明，气候温和，雨量充沛。由于辖区面积大、海拔高差和多变地貌影响，垂直气候明显，小区域气候差异大。年平均气温15.7℃，最冷月（1月）平均气温4.8℃，最热月（7月）平均气温25.6℃，历年极端最高气温39.6℃，极端最低气温-7.1℃。雨量时空分布不均，年平均降水量1 003.9毫米，其中5—10月降水量880.7毫米，占全年降水量的87.7%。年平均无霜期266天。年平均日照时数1 250.2小时。年平均相对湿度77%，最小相对湿度9%，年平均风速1.1米/秒，最多风向为北风，年平均蒸发量为1 139.4毫米。

剑阁县地处四川盆地北部边缘低山地带，整体地势西北高、东南低。剑门、姚家、盐店一线山峰林立，地势最高的盐店乡五指山右峰海拔1 318米；中南部地势平缓，沟谷发育，河流曲折，岭谷连绵，多为南北向展布，地势最低的长岭乡白龙滩河口海拔388米。全县坡度差异明显，北部受龙门山脉皱断山影响，向东南倾斜，地势高，坡度大，农耕地较零碎；南部区域坡度相对较缓，缓坡地相对集中成片，是剑阁县的粮油作物主产区。坡向总体分布中半阴坡占比最大，阳坡及半阳坡在中、北部分布较广，南部相对较少。

剑阁县内河流属嘉陵江水系，嘉陵江沿县境东部边界流过，西河、闻溪河、炭口河、清江河、汞河为县内主要河流，大多发源于县境北部，由西北流向东南，全县河流总长675千米，流域面积2823千米^2。全县主要水源有亭子口水库、升钟水库，另有中型水库3座，为七一水库、杨家坝水库和五一水库，截至2015年底，全县已建成各类蓄、引、提水工程21581处，蓄、引、提水总能力达2.4亿米^3，有效水量2.26亿米^3。总体而言，农业所需水源充足，但由于春季少雨，冬季土壤失水快，故冬春两季相对缺水。

剑阁县土壤类型丰富，涉及水稻土、潮土、紫色土和黄壤4个土类，11个土属34个土种。从地质看，轻壤土占54%，介于黏土和砂土之间，通气透水、保水保温性能都较好；中壤和重壤土占32%，占比较大，此类土壤黏重较高，需通过增施有机肥等措施进行整改。剑阁县耕层土壤pH值为5.5~8.6，多为中性、微碱性土壤，其中pH值为7.6~8.5的微碱性土壤占耕地总面积的77.25%。剑阁县土壤有机质平均含量为（17.1±7.1）克/千克，属中等含量水平。耕地土壤全氮含量平均为（1.29±0.58）克/千克，属中等水平；耕地土壤速效氮含量平均为（80±31）毫克/千克，速效磷平均含量为（6±4）毫克/千克，土壤速效钾平均含量为（98±39）毫克/千克，均属低等水平，耕地中缺氮面积、缺磷面积、缺钾面积分别占耕地总面积的87.12%、75.34%和73.31%。

剑阁县辖区面积3202.83千米^2，第二次全国土地调查主要数据成果统计显示，农用地以林地为主，耕地次之，耕地138万亩，占农用地面积的30%；园地3.7万亩，占农用地面积的0.84%；林地261万亩，占农用地面积的59%。全县耕地地力等级按国家标准主要为三等地、四等地及五等地，占比分别为22%、76%、2%，耕地地力综合指数处于中下水平。耕地分布不均衡，全县耕地斑块数量多，破碎度大。北部中低山窄谷区和中部台梁低山宽谷区耕地主要分散分布于台梁及沟谷，土层较薄，含石砾量大；南部低山槽坝深丘区及部分河谷平坝分布较为集中，土地条件相对较好。

（三）社会经济

剑阁县辖57个乡镇（23个镇、34个乡），36个居委会、543个村委会，106个居民小组、3 557个村民小组。2015年，全县总户数25.3万户、总人口66.4万人。其中，农村户数17.0万户、人口58.4万人，农村人口占全县总人口的87.9%。农村劳动力34.0万人，从事第一产业10.9万人，仅占农村劳动力的32.1%；常年外出务工劳动力18.5万人，占农村劳动力总数的54.4%。

2015年，地区生产总值实现90.02亿元，同比增长8.5%。三次产业结构比优化为26.5∶38.0∶35.5。地方一般公共预算收入4.28亿元，增长11.09%；一般公共预算支出完成30.66亿元，增长5.07%；其中农林水事务支出6.76亿元，增长11.53%。投入各级财政涉农项目资金6.90亿元。全县农林牧渔总产值45.23亿元，农村居民人均可支配收入8 847元。

剑阁县是全省88个"四大片区"贫困县（市、区）之一。截至2015年末，剑阁县尚有163个贫困村、建档立卡贫困人口6.1万人。按照县委、县政府脱贫攻坚要求，全县每年减少农村贫困人口1.6万人左右，到2019年基本消除绝对贫困，6.1万农村贫困人口全部脱贫，163个贫困村全部退出，贫困县"摘帽"，农村建档立卡贫困人口全部越过扶贫标准线。到2020年，全县农村与全国、全省、全市同步实现小康。

（四）农业现状

近年来，剑阁县立足自身特色，突出产业优势，已初步形成畜禽、林果、粮油、蔬菜、烤烟五大产业。2015年，粮食作物播种面积110.2万亩，粮食总产量达到41.38万吨，油料作物播种面积48.5万亩，总产量10.63万吨；核桃种植面积20万亩，部分投产，产量0.44万吨；烤烟常年种植面积5万亩左右，实现产量12万担以上；蔬菜种植面积15.7万亩，水果种植面积3万亩，其中猕猴桃1万亩；年出栏生猪94.6万头、牛5万头、羊13.5万只、土鸡1 080万羽，肉类总产量7.85万吨。获得国家商品粮食生产基地县、全国油料百强县、全国生猪调出大县、四川省畜牧重点县和全省农业（生猪、土鸡）标准化示范区等多项荣誉。

"十二五"期间，逐步建立"龙头企业+专合组织+产业基地+农民+银行+保险"的现代农业经营体系，积极推动专业大户、农民合作社、家庭农场、农业企业等新型农业经营主体迅猛发展。截至2015年末，培育重点龙头企业61家，其中省级重点龙头企业3家、市级15家；全县登记注册农民专合组织446个，其中成功培育省、市级示范专合组织39个；工商注册家庭农场139个；全县种养大户达到4.7万户，占全县总农户的27.5%。基本完成农村土地确权颁证，土地确权面积137.57万亩。放宽适度规模农业经营准入条件后，流转土地面积达20.3万亩。

剑阁县大力推进农产品标准化基地建设，80万亩粮油基地获国家无公害农产品产地认证，68万亩全国绿色食品原料基地（海椒10万亩、油菜26万亩、水稻32万亩）创建已通过省级验收，碗中宝大米、蜀景园猕猴桃、剑门关菜籽油、辣椒（鲜）、剁辣椒成功申报绿色食品认证，剑门关茶叶、姚家松林包土鸡、东宝大米获得有机产品认证，有机认证产品总数达17个。剑门关土鸡荣获第十五届国际西部博览会（农博会）最受消费者欢迎奖。剑门关土鸡、剑门关豆腐获得国家地理标志产品。东山米业"碗中宝""剑门香米""东宝贡米"系列产品及剑门木业公司"剑门香柏实木地板"获得"四川名牌"称号。剑门火腿获得四川省著名商标、四川老字号产品。

按照新建一批、提升一批、滚动发展、持续推进的总体思路，经过多年努力，先后整合了各类国家项目资金5.8亿元，本级财政投入1.1亿元，吸纳社会资金4.7亿元，围绕"下普金"新农村示范片高起点、高规格、高标准建成白龙、木马、汉阳、剑门、公兴、普安、高观、二龙、武连、抄手、化林、姚家、五指山（2016年）共13个现代农业示范园区，沿"下普金"建成10万亩规模的现代农业示范带。其中，抄手现代园区2016年1月被评为四川省首批省级示范农业主题公园，2017年1月被命名为四川省现代农业示范园区。

"十二五"期间，剑阁县以发展高产、优质、高效农业为目标，加强农业科技创新、技术集成和成果转化，引进应用科技成果33项，引进和培养较高水平农业科技人才120人，累计推广优良农业新品种16万亩，累计开展科技下乡活动1 200次，参加活动的科技人员1.2万人次，发放各类科技资料1 000万份、书刊10万册。举办各类农业实用技术培训班200期、受训1万人次，科技支撑作用增强。

二、研究评价

（一）发展优势

生态环境优势。剑阁县地处盆周山区，远离工业污染，自然环境优越。全县耕地获得无公害产地整体认定，空气整体质量达到国家环境空气质量二级标准，水质综合评定达Ⅲ类标准，森林覆盖率达51.5%。剑阁是全省首批金融生态环境示范县和生态旅游十佳县，并于2016年成功创建省级生态县。剑阁县生态资源得天独厚，四季分明、气候温和、空气优良，具备发展生态农业、乡村生态旅游和生态康养的绝佳优势。

市场潜力优势。剑门关"建关"已有近2 000年历史，作为"四川四绝"之一,"剑门天下险"闻名海内外。剑门关、翠云廊是融自然奇观与历史文化为一体的世界唯一性旅游资源,于2015年成功获评国家5A级旅游景区、国家风景名胜区,知名度和影响力不断扩大,游客人数不断上升。2015年,全县全年接待游客达553万人次,其中景区接待游客达335万人次,旅游品牌吸引来的数百万游客量,将为剑阁县特色农产品、休闲农业、乡村旅游和生态康养提供巨大的消费市场。

交通区位优势。剑阁县地处成都、重庆、西安、兰州四大都市圈的腹心交会地带,西成高铁通车后,可纳入成都1小时高铁圈和西安2小时高铁圈。同时剑阁县也处于中国南北大动脉宝成铁路、京昆高速和东西大通道兰渝铁路、兰渝高速交会处,是连接大西南、大西北两大片区物流整合的战略要地,随着一批重大交通项目的陆续建成运营,广元机场航线的不断拓展,剑阁将成为四川省少数几个在国家快速铁路网和高速公路网上的重要城市,将在更大区域内凸显其交通和物流中心的区位优势。

(二) 发展机遇

重大战略改善农业宏观环境。在国家深入推进"一带一路"、长江经济带建设、新一轮西部大开发和川陕革命老区振兴发展的宏观背景下,四川省深化"多点多极支撑"战略,加快建设"川东北经济区",深入推进农业供给侧结构性改革,加快向农业强省跨越。这一系列重大战略的实施必将为剑阁县社会经济发展带来更多政策"红利",将有更多重大项目落地、政策资金倾斜,交通条件、经济环境和公共服务将得到进一步提升,促进资金、项目、科技、人才等要素不断向剑阁县聚集,为剑阁县现代农业发展奠定良好基础。

脱贫攻坚加大农业投入力度。剑阁县既是国家层面秦巴山扶贫开发重点区,也是省域层面"四大片区"贫困县,脱贫攻坚任务重。国家、四川省已整合安排大量扶贫资金,2016年中央安排财政扶贫资金660.95亿元,2017年中央安排财政扶贫资金861亿元;四川省2016年制订出台17项扶贫专项年度工作计划,投入各类资金1 181亿元,剑阁县在"十三五"期间计划投入70.99亿元用于脱贫解困,借助政策机遇,积极争取上级资金,现代农业发展所需资金将得到有效保障。

全域旅游增强农旅融合动力。剑阁县成为首批国家全域旅游示范区创建单位,借此机遇,剑阁县依托剑门关国家5A级旅游景区,围绕"生态立县、旅游强县"的发展战略,树立"大旅游经济"和"大康养产业"理念,大力实施"旅游+"战略,深入推进农旅、文旅、商旅等融合发展,努力形成"产业大融合、地域全覆盖、四季皆可游"的发展局面。这将极大增强剑阁县农旅融合动力,促进现代农业新业态的培育和发展。

（三）存在问题

农业大而不强。剑阁县耕地资源丰富，农业总产值较大，但土地单位产出效益较低，经济作物占比较低，整体而言，是个农业大县却不是农业强县。一是重点不明，产业发展种类多、定位不清，将畜禽、林果、粮油、蔬菜、烤烟同时列为主导产业，同步推进，不利于突出剑阁县产业优势。二是布局不优，大多数乡镇产业发展盲目、各自为政，产业布局凌乱无章。三是质量不高，高标准、成规模、集中成片的特色产业基地比重较小，部分产业虽有一定规模，但管理水平不高，综合产出效益较低，农村居民人均可支配收入 8 847 元，低于广元市 8 939 元、全省 10 247 元的水平；四是融合不够，农产品加工物流发展滞后，产品附加值普遍较低；同时"剑门关"一景独大，休闲农业、乡村旅游发展缓慢，绝大多数农旅项目小打小闹、建设水平不高，特色挖掘不足，"农文旅"产业融合不够。

产业化水平低。近年来剑阁县大力培育新型农业经营主体，构建现代农业经营体系，取得了一定成绩，但是总体而言，经营主体实力不强，产业化水平低。一是龙头企业带动能力不强，现有龙头企业数量少、规模小、实力弱，市场拓展与产业带动能力有限，尤其是缺乏产业领军型龙头企业。二是专业合作社纽带作用未发挥，存在大量"空壳社""一人社"，管理不规范，利益联结松散，未能发挥组织产业生产的纽带作用。三是家庭农场（种养大户）自我发展能力不足，融资能力差，经营理念落后，生产方式传统，难以持续发展。四是利益联结机制不完善，目前在联结机制上存在"三多三少"：劳动联合、产品联合等松散合作多，资本入股、土地使用权入股等紧密合作少；农业种植养殖等初级合作多，产加销一体化经营等全面合作少；服务让利、保护价收购多，按股分红、按交易量返还利润少。

科技支撑不足。科技支撑不足是剑阁县农业竞争力不高的关键原因，严重制约了现代农业发展进程。一是对农业科技重要性认识不到位，多年来剑阁县产业基地建设一直存在重建轻管甚至只建不管的现象，并且产业基地建设标准较低，对科学生产管理技术重视不够，比如猕猴桃产业就因此多次发展失败。二是农业科技投入力度小，土地产出率较低，仅为 0.17 万元/亩，新品种、新技术推广运用不足，仅为 80%，综合机械化率 55.3%，已建成农业科技示范园后续科技跟进不足、运营不善，示范效果不明显，未能充分发挥科技对产业发展的支撑作用。三是公益性服务体系不够健全，基层农技推广人才总量仍有较大缺口，乡镇虽建有综合服务站，多处出现"有编无人"的现象，而同时由于体制不顺，县乡双重管理，一人多岗，进一步弱化了公共服务能力。

基础设施薄弱。农业基础设施薄弱是剑阁县现代农业发展的主要瓶颈。一是交通制约明显，农村通村道路等级低，机耕道、田间生产道缺乏，已建成道路也多为简易路面，"断头"普遍，缺乏联结性，严重制约了农产品运输，延长了运输时间，增加了运输成本。二是水利设施建设滞后，较多地方有水源无设施，有效灌溉率仅为37.5%，工程性和季节性缺水问题较为突出。三是耕地质量普遍不高，耕地破碎度大，坡耕地占比大，中低产田土面积所占比重仍然很大，农业综合生产能力仍然较低。

（四）主要挑战

宏观经济下行压力的挑战。随着中国经济进入新常态，经济发展增速放慢将为现代农业发展带来深远的影响。经济下行，对农产品的需求总量和需求层次产生了一定影响，需要针对农业供给侧变化调整产业结构；同时，地方财政收入增幅下降对农业农村的投入产生影响，剑阁县农业在本就投入有限的情况下更加捉襟见肘。因此，剑阁县现代农业发展将面临经济发展增速放慢的挑战。

县域农业弱势地位的挑战。"十三五"时期，是剑阁县城镇化、工业化加速推进和旅游业高速发展的重要阶段。剑阁县农业发展整体滞后，历史欠账较多，农业比较效益低下，相对而言仍然处于弱势地位，土地、资金、劳动力等资源不断地向非农行业转移，发展要素抽离和弱化的趋势越来越明显。因此，剑阁县现代农业发展将面临要素流出与投入需求逆向运行的挑战。

劳动力供需不对称的挑战。随着城镇化进程的加快，剑阁县农村劳动力不断外流，导致农业从业者老龄化、低素质化，对现代农业科技接受意愿不强、掌握应用程度较低、培训难度大，农村懂生产技术、会经营管理的人才极度匮乏。现代农业具有技术密集型的重要特征，在生产管理、疫病防控、加工物流、市场营销等方面对从业者综合素质要求较高。因此，剑阁县现代农业发展将面临劳动力供需不对称的挑战。

三、总体要求

（一）基本原则

坚持突出重点实施差异化发展的原则。基于剑阁县资源禀赋，发挥综合比较优势，充分考虑市场前景、发展基础、发展潜力，突出重点产业；立足于解决脱贫和发展两大需要，兼顾有市场有效益的特色小产业与见效慢周期长的大产业，长短结合；在产业的空间布局、建设时序上，统筹规划、分类指导、分步实施，主次分明，差异化发展，循序渐进推进农业产业转型升级。

坚持因地制宜可持续循环发展的原则。根据剑阁县资源特点和产业定位，处理好资源保护和开发利用的关系，坚持生态立县、绿色发展，发展资源节约型、环境友好型农业，探索新型农作制度、集约化种植模式、种养循环模式，有效保护和合理利用农业资源，切实改善农业生态环境和生产条件，实现农业可持续发展。

坚持市场导向和政府引导相结合的原则。发挥市场配置资源的决定性作用，按照市场要求明确发展定位、发展方向和规模。结合政府引导和调控，健全政策诱导机制，完善多元化多渠道投资机制，强化政府公共服务与管理，营造产业发展良好环境，不断拓展农业发展空间，推进农业现代化进程。

坚持质量与数量相结合、以质量为主的原则。准确把握农业供给侧结构性改革的重点和关键环节，坚持市场需求导向，主攻农业供给质量，结合剑阁县现代农业发展滞后的现实，农业产业发展既要重数量也要重质量，最终以质量为主。

坚持政府主导和农民主体相结合的原则。强化组织领导和工作指导，充分利用政策、金融、税收等手段，大力推进制度创新和机制创新，不断完善公共服务体系，优化发展环境，增强发展能力。加大力度宣传现代农业发展的意义、项目和政策、农民的责任和义务，积极引导农民正确认识和理解现代农业产业发展是为农民群众办实事、办好事、致富奔小康的惠民之举，变"要我干"为"我要干"，充分调动农民的积极性和主动性，发挥农民在现代农业建设的主体作用。

（二）发展策略

调结构——调整农业产业结构。根据剑阁县自然资源禀赋和农业产业基础，结合脱贫攻坚要求，着力调整优化农业产业结构。一是重点突破健康畜禽产业，运用生态循环养殖的方式继续做大做强生态土鸡、优质生猪、生态牛羊等优势支柱产业；二是积极培育特色林果产业，立足剑阁县生态环境优势和市场潜力优势发展精品水果、优质药材、优质核桃等特色潜力产业；三是巩固提升优质粮油、绿色蔬菜、优质烤烟产业，因地制宜发展茶叶和健康水产；积极培育本地适宜、效益较好、农民增收后劲支撑强的新兴产业。

优布局——优化农业生产布局。优化各产业生产布局，着力打造优势产业集中连片示范带，推进产业集群化发展。一是在"一带两区三线"沿线及浅丘平坦地区发展果蔬、果药产业，西河、炭口河流域的河谷区域发展绿色粮油产业，以县域北部区域为重点,向"一带两区三线"外适宜种植区域连片集聚集约布局发展烤烟产业;二是在"两湖一关"等禁养区、限养区外适宜区域,发展生态健康畜禽产业;三是在"下普金"新农村示范片沿线及亭子湖、升钟湖库区乡镇发展生态康养、休闲农业与乡村旅游。

转方式——转变农业发展方式。加快转变农业发展方式,构建新型农业经营体系,走安全高效绿色发展之路。一是适度规模经营与主体培育同步加快,引导农村土地规范有序流转,以市场为导向培育和发展一批辐射面广、带动力强的新型经营主体,与农民构建紧密的利益联结机制,推进专业化社会化农业服务,构建新型农业经营体系,推动社会化大生产带动小农户、大市场对接小农户,让小农户共享现代农业发展成果;二是资源利用与环境保护同步实施,加强节水控药,大力推行标准化规模养殖,支持规模化养殖场(区)配套建设畜禽粪污处理设施,探索规模养殖粪污的第三方治理与综合利用机制;三是坚定不移推进农村改革,积极探索盘活土地资源存量,促进"人、地、钱"等资源要素的合理配置和高效利用,稳步推进资源资产化、资产资本化、资本股份化改革进程。

促融合——推动产业融合发展。延伸产业链接,创新产业融合发展机制,培育壮大农业农村新产业新业态,推动农村一二三产业联动融合发展。一是统筹布局农产品生产基地建设与初加工、精深加工发展及农副产品综合利用,协同推进农产品生产与加工业发展;二是完善农产品市场流通体系,加快发展农产品电子商务,推进农超、农社、农企、农网对接;三是拓展农业多种功能,发展多种业态的康养产业、休闲农业与乡村旅游;四是创新一二三产业融合机制,建设一批农村产业融合示范载体,示范展示农业标准化生产、生态循环、产业化经营模式和一二三产互动融合发展。

强基础——夯实农业基础支撑。夯实产业基础支撑,为农业发展创造良好环境和必要条件,降低成本支出,提高农业质量效益和竞争力。一是加强生态本底建设,推进资源保护和生态修复,严格管控农业农村面源污染,保持生态环境质量优势,夯实农业生态基础;二是补齐农业农村短板,夯实农村共享发展基础,加强项目资金整合,集中打捆用于田网、路网、水网建设,夯实农业基础设施支撑。

树品牌——培育特色知名品牌。坚持品牌化引领标准化、标准化推动品牌化的建设思路,确保产品绿色、生态、安全,实现优质优价,改变农业比较效益低下的局面。一是大力扶持和引导经营主体开展"三品一标"认证,建立完善的农产品质量检测和追溯体系,保障农产品安全;二是按照"区域品牌+企业品牌"的发展模式,打造"剑门关"农产品区域品牌,加快特色品牌商标注册,加大农产品营销宣传力度，显著增强产品市场竞争力。

(三) 发展目标

到 2020 年，按照"三年打基础、两年上台阶"的要求，贯彻落实四川省十一次党代会精神，坚持以"建基地、创品牌、搞加工"为重点，通过壮大优势特色产业、推动农村产业融合、培育特色知名品牌、夯实农业基础支撑等途径，推进健康畜禽、特色林果、优质粮油、绿色蔬菜和优质烤烟五大产业成链发展，力争把剑阁县建成"国家级绿色有机农产品生产基地、川东北优质农产品加工基地、秦巴山区产业融合示范基地"三大基地，做强"剑门关土鸡、剑门关豆腐、剑门关生态康养旅游名城"三大品牌，实现剑阁传统农业大县向现代农业强县跨越，促进"三农"工作上台阶。

充分考虑剑阁县发展水平、阶段特征和发展趋势，坚持以脱贫奔康为统揽，规划期内努力实现以下主要目标（表 7-3）。

——农业农村经济快速增长。农林牧渔总产值达到 65 亿元，农林牧渔业结构持续优化；产业助农增收人均增幅明显高于四川省平均水平，农村居民可支配收入达到 15 000 元；产业带动贫困群众增收致富能力进一步增强，全面完成产业脱贫任务。

——农业产业体系不断优化。粮食总产量稳中求进，蔬菜、肉类总产量大幅提升；农业供给侧结构性改革成效显著，农产品商品化率达 70%，"三品一标"产品数量不断增加，销售农产品绿色食品认证率达 80%；生产、加工、贮藏、包装、销售各环节竞争力显著增强，农业新产业、新业态不断涌现，农工贸一体化、三次产业融合发展水平大幅提升。

——农业生产体系不断完善。现代设施、装备、技术手段广泛应用于农业生产，主要农作物、畜禽水产良种化率及先进适用技术普及率达 100%，农作物机械化水平达 68%，农业良种化、机械化、科技化、信息化、标准化水平大幅提升；绿色生态理念深入实施，规模养殖废弃物综合处理率达到 100%，农业生态环境明显改善，农业现代化水平大幅提升。

——农业经营体系不断健全。农村土地经营权流转速度加快，多种形式适度规模经营广泛开展，土地适度规模经营比重达到 45%；种养大户、家庭农场、农民合作社、龙头企业等多种新型经营主体发展壮大，农业组织化比重达 70%，畜禽规模化养殖比重达 70%，家庭经营、集体经营、合作经营、企业经营等多种经营方式协调发展。

表 7-3 剑阁县现代农业发展主要技术经济指标

序号	一级指标	二级指标	单位	2015年实现值	2020年目标值	年递增率/%	指标属性
1	农业农村经济	农林牧渔总产值	亿元	45	65	7.63	预期性
2		农村居民人均可支配收入	元	8 847	15 000	11.14	预期性
3		贫困村数量	个	163	0	—	约束性
4		贫困发生率	%	10.45	<3	-22.09	约束性
5	现代农业产业体系	主要产业产值比重	%	70	80	2.71	预期性
6		粮食总产量	万吨	41.38	42	0.30	预期性
7		蔬菜总产量	万吨	32.45	45	6.76	预期性
8		肉类总产量	万吨	7.85	15	13.83	预期性
9		农产品加工率	%	30	70	18.47	预期性
10		乡村旅游收入	亿元	5	20	31.95	预期性
11		农产品商品化率	%	40	70	11.84	预期性
12		新增"三品一标"产品数量	个	—	82	—	预期性
13		销售农产品绿色食品认证率	%	30	80	21.67	预期性
14	现代农业生产体系	耕地生产道路密度	千米/公顷	0.01	0.03	24.57	预期性
15		有效灌溉率	%	37.5	55	7.96	约束性
16		耕地保有量	万亩	138	138	0.00	约束性
17		基本农田保有量	万亩	—	100	—	约束性
18		高标准农田	万亩	34	60	12.03	约束性
19		农作物机械化水平	%	55.3	68	4.22	预期性
20		主要农作物、畜禽水产良种化率	%	90	100	2.13	约束性
21		先进适用技术普及率	%	90	100	2.13	约束性
22		规模养殖废弃物综合处理率	%	90	100	2.13	约束性
23		化肥施用强度	千克/公顷	851	250	-21.73	约束性
24	现代农业经营体系	土地适度规模经营比重	%	14.5	45	25.42	预期性
25		畜禽规模化养殖比重	%	45	70	9.24	预期性
26		新增新型经营主体数量	个	—	11 500		预期性
27		农业组织化比重	%	—	70		预期性
28		龙头企业数量	家	61	144	18.74	预期性
29		订单农业比重	%	—	50		预期性

（四）空间结构

根据剑阁县交通格局、自然资源条件、社会经济发展现状和农业产业基础，构建"一带两区三线"的空间结构，形成发展要素集聚、产业特色突出、区域联系紧密的农业产业空间发展格局。

一带：下普金现代农业示范带。以下普路、普京路沿线插花式、镶嵌式的众多农业园区、特色农业基地、美丽新村、景观节点为支撑，发展梨、桃、脆红李等精品水果，打造形态多样的都市农业、休闲农业示范带。

两区：亭子湖生态康养示范区和升钟湖滨水休闲示范区。依托亭子口水库、升钟水库丰富的旅游资源，功能式、主题式地发展休闲农业与乡村旅游，打造农旅融合示范区。亭子湖以生态康养为主题，发展以梨为主、搭配脆红李、桃等其他小水果品种的水果产业；升钟湖以滨水休闲为主题，发展以春见、不知火为主、搭配金橘及其他宽皮柑橘品种的水果产业。

三线：剑盐猕猴桃高效农业示范线、剑南粮经饲种养循环农业示范线、剑苍果药套作立体农业示范线。按照规模化、区域化、标准化的要求，在剑盐线、剑苍线、剑南线建设优质高效农业基地。剑盐线重点发展猕猴桃产业，突出高效农业示范；剑苍线重点发展脆红李和中药材产业，突出果药套作立体农业示范；剑南线以绿色粮油、养殖为主，搭配种植蔬菜、饲草，突出粮经饲种养循环农业示范。

（五）推进时序

前期（2016—2018年）：突出优先区域，主抓核心示范。以"下普金现代农业示范带"范围内的生态康养、休闲农业和乡村旅游，"剑苍果药套作立体农业示范线"范围内的剑江现代农业园区，"剑南粮经饲种养循环农业示范线"和"剑盐猕猴桃高效农业示范线"范围内的王河、抄手农业园区为重点，优先推进"一带三线"建设。明确"大力发展优势产业、精品项目示范带动、完善基础设施配套"三大主要任务，针对该区域生态健康畜禽、果蔬、果药产业，优先投入人力、物力、财力进行建设和扶持，加大招商引资力度，率先打造一批叫得响、有看点、能带动的农业示范工程，迅速提高该区域农业发展水平。

后期（2019—2020年）：推进产业融合、凸显规模效益。以"升钟湖滨水休闲示范区"和"亭子湖生态康养示范区"为重点，着力推进"两湖"建设。以扩大产业规模、产业纵深推进为重点，通过产业基地集聚，现代化生产技术集成，大力发展农产品精深加工和农文旅互动融合发展，开发新产业新业态，促进剑阁农业转型升级，不断提升良种化率、加工率等，促进休闲农业项目与产品逐渐向养生、度假、体验等高端形态转变，提升农业效益。

四、壮大优势特色产业

（一）健康畜禽

生态土鸡。以"做品牌、做市场"为核心思路，依托"剑门关土鸡"品牌影响力，将生态剑门关土鸡做大做强为剑阁县农业拳头产业和农民增收、脱贫奔小康的支柱产业。加快剑门土鸡品种选育、标准制定、遗传资源保护及养殖技术推广，完善土鸡良繁体系；引进或培育领军龙头企业，作为主体负责剑门关土鸡品牌推广和全县土鸡产业的市场对接，加快二维码脚环等身份标识和追溯体系建设；发展土鸡真空包装、腌辣制品、风味食品等精深加工，丰富剑阁县特色旅游商品种类。以标准化养殖小区（场）、养殖大户为切入点，配套完善粪污处理设施，规模化养殖1 000万羽；充分发挥土鸡养殖在脱贫攻坚中的重要作用，挖掘林地资源，大力发展林下养殖土鸡，以贫困人口为主实施"人均百只鸡、散养一千万"行动。到2020年，年出栏生态剑门关土鸡达2 000万羽。按照全县发展土鸡产业的思路，一是围绕五指山沿盐店、西庙、柳沟、毛坝、开封、高池、义兴、凉山、北庙、姚家10个乡镇打造百里剑门关土鸡产业示范带，以规模化养殖为主，年出栏500万羽；二是结合产业基础和贫困人口，确定元山、白龙、羊岭等11个乡镇为示范带外重点土鸡产业乡镇，以散养为主，年出栏500万羽；三是其余36个乡镇结合贫困人口分布和资源状况发展土鸡产业，年出栏1 000万羽。

优质生猪。依托巨星集团，按照现代化、集约化、标准化的养殖方式，因地制宜、循序渐进做大做强生猪产业。优化养殖布局，划定禁养区和限养区，在适养区围绕种植业基地布局，实现种养循环；以标准化养殖单元、养殖小区（场）为切入点，逐步实现规模化养殖粪污贮存、处理、利用设施全覆盖，以生猪为重点建立规模化养殖粪便第三方治理综合利用机制，通过引进有机肥加工企业集中处理规模化养殖粪便，增强承载能力；加快生猪品种引进和良种繁育场建设，提升良种化率；加快动物防疫基础设施建设，加强动物标识及疫病可追溯体系建设，提高养殖场区动物疫病源头控制能力。到2020年，年出栏优质生猪达200万头。突出种养循环，重点在剑盐线、剑南线建设2个商品猪产业带，新增现代化、规模化养殖主要集中在此区域，辐射带动全县在适养区发展现代化优质生猪养殖。

生态牛羊。充分发挥畜禽养殖在脱贫攻坚中的重要作用，以贫困地区为主战场，依托扶贫项目和业主带动，扩大牛羊等节粮型草食家畜养殖规模，加大肉牛羊规模养殖的比重，有序推进引种工程，打造"肉牛羊产业示范带"，示范带动剑阁县生态牛羊产业发展。到2020年，年出栏肉牛达10万头、肉羊40万只。重点在凉山、义兴、高池、迎水、广坪、白龙沿线打造"肉牛羊产业示范带"，示范带动全县生态牛羊产业发展。

(二) 特色林果

精品水果。围绕剑阁县"全域旅游"建设，大力培育特色小水果、猕猴桃等精品水果产业,加强农旅深度融合,突出景观、体验和提供旅游商品的功能。围绕乡村旅游"两湖一关"重点区域,多品种早中晚搭配,按照"三季有花、四季有果"的理念新发展特色小水果,打造四季花果走廊;围绕全县"三园建设"(县建现代农业园区、村建特色产业园、户建小庭院)新发展特色小水果。按照"打造新红心"的理念,采用新一代品种、技术,推行"大园区、小业主"的模式集中连片发展猕猴桃产业。到 2020 年,特色小水果种植面积达 10 万亩,猕猴桃种植面积达 5 万亩。特色小水果以"两湖一关"区域为重点,包含江口、长岭、剑门关等 12 个乡镇;庭院经济建设包含县域所有乡镇。猕猴桃以剑盐线为重点,辐射柳毛开路、绵万高速国光至广坪段及剑南线普安至龙源段沿线区域,包含 12 个乡镇。

优质药材。树立"大健康产业"理念,立足本地道地药材资源,大力培育中药材产业,与秦巴山区中药材产业区抱团发展、借势发展。充分利用核桃、水果等林果业基地和山区林地资源,在中药材生长适宜区,推广"果药、林药、药药"等套种模式,依托四川春雨制药有限公司,按照长短结合,发展剑柴胡、党参、金银花、川白芷、桔梗等道地药材和优质中药材;依托吴氏生物科技公司采用"公司+农户"的模式设施化栽培铁皮石斛。采取分散种植与适度规模种植相结合的方式,鼓励新型经营主体通过土地流转,开展自建基地、订单基地建设;结合精准脱贫,引导贫困户开展中药材种植。加快中药材良种繁育体系建设,做好保种选育、良种引进、成苗供应。结合产业布局,加强中药材产地初加工建设。到 2020 年,中药材种植面积达 20 万亩。以剑门关、升钟湖、亭子湖及剑苍线区域的 14 个乡镇为重点进行果药、林药套种,带动全县发展林下套种中药材。设施化栽培铁皮石斛主要集中在剑门关区域。

优质林产。对接"大规模绿化全川行动"要求,发展核桃、苗木等特色林业产业和林下种药、植菌等林下经济,延长产业链,推进剑阁县林业资源有效转化,积极发展林板、家具等林产品加工业和生态旅游业,优化发展林业产业。"下普金"一带主要发展根雕盆景、核桃、林下经济,拓展林产品加工业、家具制造业;剑盐线一带主要发展核桃产业和林下经济;剑南线一带主要发展核桃产业、林下经济产业;剑苍线一带主要布局核桃产业、林下经济和生态旅游业。到 2020 年,核桃种植面积稳定在 20 万亩。

核桃产业提档升级。稳定现有 20 万亩核桃产业规模,完善基地基础设施配套,对已建基地提档升级。推进品种改良,以晚实品种剑门 1 号、硕星为主,搭配盐源早、川早等早熟和清香等晚熟品种。加强生产管理,重点推广早结丰产、促枝促花等栽培技术。立足脱贫攻坚,长短结合,推广套种黄豆、牧草、中药材等。引进或培育核桃加工龙头企业,积极发展核桃精深加工,延伸产业链条,降低市场风险。重点区域林相调整。结合县全域旅游发展契机,加大旅游沿线林相调整力度,近期重点完成"下普金和国道108剑阁段"的林相调整。

(三)优质粮油

巩固粮油大县地位,稳定粮油播种面积,大力推进高标准农田建设,提高粮食综合生产能力。结合本地优势,大力推动小麦规模化经营;积极发展口感较好的优质水稻、鲜食玉米;北部结合乡村旅游发展高芥酸油菜。加强质量标准认证,建设绿色、有机粮油基地。以西河、炭口河流域河谷区域和武引灌区为重点,培育经营主体,加快土地流转,加强新品种、新技术、新装备的应用,建成相对集中连片、适度规模经营、机械化生产的现代化优质粮油基地60万亩。

(四)绿色蔬菜

按照"保障型蔬菜+加工原料蔬菜"的基本思路,大力发展辣椒,适度发展盆周山区高山错季蔬菜和标准化设施蔬菜。选择满足居民生活需求的时令蔬菜品种,在下普金沿线及中心集镇周边发展城郊供应蔬菜2万亩,其中包含设施蔬菜5 000亩,应用节水灌溉、水肥一体、保温避雨等技术,保障新老县城及中心集镇的蔬菜供应;在江口至开封的县域中部,以果蔬复合型、粮经复合型模式发展蔬菜8万亩;在开封、元山、公兴、鹤龄四片区发展绿色辣椒10万亩,新建辣椒育苗基地1 000亩。鼓励龙头企业、合作社、家庭农场等新型经营主体积极开展绿色、有机蔬菜基地认证。到2020年,绿色蔬菜播种面积20万亩。

(五)优质烤烟

积极争取烤烟生产计划和政策、资金补贴,稳固烤烟产业。优化空间布局,以北部乡镇为重点,向"一带二区三线"外适宜种植区域连片集聚集约布局,将剑门关镇、汉阳镇、高观乡、龙源镇、江口镇打造成烤烟生产万担乡镇。在重点区域建设200个密集型烤房。到2020年,建设基本烟田30万亩,稳定优质烤烟种植规模5万亩左右。

(六)健康水产

按照资源开发与生态保护并重的原则,以升钟水库、亭子口库区为主,并充分利用溪沟、中小水库、山坪塘等宜养水面,适度发展健康水产养殖。升钟水库淹没区水域养殖面积 2 万亩，亭子口库区淹没区水域养殖面积 3 万亩，配套休闲设施，发展生态观光、垂钓休闲等乡村旅游。以传统家鱼养殖为主，适度发展大鲵等特色水产。积极探索稻田循环养殖 2 万亩，养殖鱼、虾、鳖、泥鳅等。在江口镇金钟村新建水产良种场 500 亩。到 2020 年，全县水产养殖面积稳定在 10 万亩。

（七）有机茶叶

依托剑门绿茶的悠久历史和优异品质，按照"高端有机"的理念，以剑门关茶场为核心，在剑门、汉阳、盐店等乡镇，根据适宜区域点状分布，建成有机剑门绿茶茶园 1 万亩。按照高标准、高质量的要求，对低产低效茶园实施品种改良，完善茶园基础设施；新建茶园按照有机标准，并加强质量标准认证。推进茶园"茶+花、茶+贵、茶+艺"改造，丰富景观造型，建设生态观光茶园，配套茶家乐、茶文化馆等，挖掘文化内涵，推动剑门绿茶与乡村旅游融合发展。加强龙头企业培育，支持企业进行品牌宣传。

五、推动农村产业融合

（一）农产品加工

根据剑阁县农业资源和产业基地布局，以剑阁县普安工业园、江口食品饮料园为平台，围绕"畜禽加工、粮油加工、特色农产品加工"三大重点，以企业为主体，加快生猪、土鸡、大米、油菜、花生、核桃、林产、辣椒精深加工和果蔬商品化处理等一批重点加工项目建设，提高精深加工水平和副产物利用率。到 2020 年，农产品加工转化率达 70%，农产品加工业总产值达 12 亿元以上。

对剑门火腿厂、嘉信食品厂等现有肉食品加工企业进行改造和扩产，做大加工规模，年加工生猪 30 万头，延长产业链，不断开发新产品，提升产品附加值。以剑门关土鸡公司为龙头，积极发展风干熏干、真空包装、风味食品等深加工，开发旅游商品，年加工土鸡 500 万只。全县 32 个生猪定点屠宰场上档升级建设，完善检疫检验、无害化处理、消毒、有害物质的检测等设施设备。以肉牛羊产业示范带乡镇为主，建设牲畜定点屠宰场 10 个，以肉牛羊屠宰为主，配套自动屠宰生产线、肉类冷藏冷冻设施设备等。引进或培育更多畜禽加工企业，向农产品加工园区集中，发展冷鲜肉制品、香肠、腊肉、畜禽休闲食品、罐头、牛肉干、皮革等深加工。积极招商引资，引进 1~2 家高端加工企业，发展胶原蛋白提取、加工皮毛制品、工艺制品等精深加工。

在优质粮食产区发展粮食产品产地商品化初加工，如分选（色选、风选）、精制、整理、去菌除尘、灭菌绝虫、包装等，年商品化处理粮食20万吨以上。大力提高副产物综合利用率，开发米糠、造型米、胚乳饮料加工等。在普安镇新建食用油加工厂1个。培育或引进2~5家粮油加工企业，以油菜、花生为重点，发展粮油精深加工，年产4 000吨绿色食用油。在普安工业园区建成年生产能力达10万吨以上的饲料生产厂1个。

通过政策补贴，鼓励市场主体在普安、城北、剑门关、江口、王河、金仙建设6个果蔬商品化初加工厂，进行果蔬清洗、分选、包装等，配套果蔬商品化处理设备，年商品化处理果蔬10万吨以上。在普安工业园区建水果保鲜冷藏加工厂1个，配贮量5 000米^{3}保鲜库。在城北、普安新建1万吨气调贮藏库2处。在普安、盐店、下寺、元山、开封、武连、公兴、鹤龄、姚家、北庙等10个乡镇配套小型果蔬产品冷藏设施。支持下寺镇现有辣椒加工生产线进行技改升级，提升加工能力，达到年加工10万吨辣椒。引进核桃精深加工企业2~5家，以核桃油为主要产品，配套完善厂房、仓库、加工生产线等，使核桃油生产能力达1万吨。将50%以上的核桃留在县内加工，建成核桃产业全产业链。支持龙头企业将现有剑门关风味系列豆制品生产线技术升级改造，提升加工能力。在普安工业园引进中药材精深加工企业1~3家，新建加工线3条，形成年产中药饮片小包装压块、分装达到100吨，中药超微颗粒达到50吨的生产能力。在中药材重点乡镇建设初加工服务点14个。

（二）农产品物流

加强物流基础设施建设，推进县城和普安现代物流园区、专业交易市场、乡镇农贸市场、村农产品集散点等项目建设。创新农产品流通方式，积极引导开展"农超对接""农餐对接"，大力探索电子商务、冷链物流等现代流通方式，构建物流信息平台。积极培育现代农业物流主体，大力发展第三方物流企业，鼓励农业中介组织、农户联合体、合作经济组织（协会）、产销地批发商、农村经纪人等从事农产品营销流通活动。到2020年，形成由2个物流园区、57个乡镇农贸市场、200个产地集散点为骨架的农产品市场流通体系；在全国顶级电商开设5家以上旗舰店，建成农村电商服务点300个；农产品物流业产值达到8亿元以上。

在县城建设综合物流园区，占地350亩，建筑面积35万米^3，集物流信息、仓储配送、流通加工、采购分销、总部办公五大功能，打造区域农产品物流中心。建设700米^{3}畜禽标准屠宰场，完善园区道路、运输车辆、冷藏保鲜库、电子交易等现代物流基础设施，提升仓储服务、物流服务、信息服务水平。按照市场化原则，通过招商引资，对全县乡镇新改建标准化农贸市场 57 座，配套肉类冷藏库，冷链运输车。新建农贸市场建设规模根据乡镇人口规模进行配置，1 万人以上乡镇建设标准 500~1 000 米^2，1 万人以下乡镇建设标准 300~500 米^2；改造农贸市场重点是完善市场设施配套，引导室内交易。新建普安、下寺水产品专业交易市场 2 个。在下寺新建中药材专业交易市场 1 个。以现代农业示范园区、现代农业示范基地、特色产业规模较大的行政村为重点，新建农产品产地集散点 200 个，缩短农户搬运距离，方便经销商收购，促进产销对接。

支持龙头企业积极对接国内知名电商平台 5 家以上，开设剑阁特色农产品线上旗舰店，增强市场开拓能力。积极推行"互联网+"网络营销理念，支持有意愿、有能力的农户建设农村电商服务点 300 个，激活农村"网货下乡"和"农产品进城"双向物流，提高优质农产品销售能力。

（三）休闲农业与乡村旅游

抢抓剑门蜀道剑门关旅游景区升级为国家 AAAAA 级景区带来的发展契机，依托绿水青山、特色农业、乡村田园、三国文化、农耕文化等资源，推动乡村各类资源景观化，加强乡村生态环境保护，加强农文旅融合，大力发展深度融合三国文化的休闲农业、乡村旅游、民宿产业、养老养生产业。结合全域旅游空间布局和农业产业布局，重点打造下普金现代农业观光示范带、亭子湖生态康养示范区和升钟湖滨水休闲示范区，积极推进觉苑寺、李翰林院等特色乡村旅游资源开发，加速培育乡村旅游新业态，开发农耕体验、滨水休闲、山水观光、生态康养、民宿度假、文化览胜等旅游产品，打造"剑门关生态康养旅游名城"品牌。到 2020 年，休闲农业与乡村旅游每年接待游客数量达 500 万人次以上，乡村旅游收入达 15 亿元。

建设下普金现代农业休闲观光示范带、亭子湖生态康养示范区、升钟湖滨水休闲示范区 3 个乡村旅游示范区。结合重点旅游区项目开发建设和特色农业产业布局，充分发挥旅游扶贫的带动功能，推进休闲农业、乡村旅游与幸福美丽新村建设融合，把乡村旅游发展与带动农民增收和民生改善紧密结合，选择区位优势明显的贫困村，重点建设 14 个旅游扶贫示范村，全面改善提升基础设施，改善发展条件，引导当地群众积极发展农家乐和乡村旅游，开发建设生态农产品种植、山水游乐接待，带动群众发展民宿，带动贫困乡村和群众脱贫致富。

旅游扶贫示范村包括普安镇剑西村、凉山乡联合村、垂泉乡春光村、武连镇兴隆村、马灯乡双坪村、剑门关镇双旗村、桂花村、剑城村、汉阳镇顺风村、闻溪乡二郎村、江口镇新禾村、长岭乡双桥村、姚家乡柳长村、碗泉乡石靴村。在此基础上可结合实际情况扩展带动其他旅游特色村建设。在剑门蜀道徒步游线路和108国道自驾游线路沿线的乡村布置康体养生型乡村旅游产品；在剑州大道生态乡村游线路沿线的乡村布置生态观光型和民宿体验型乡村旅游度假产品；在嘉陵江水道沿线的乡村布置休闲度假型乡村旅游产品。

旅游接待设施配套。在乡村旅游重点区域，发展休闲农庄、农家乐园、养生山庄、花果人家、生态渔庄、森林人家、创意文园、美食美味等特色业态经营点800个以上。实施乡村旅游富民工程，引导当地群众积极发展民宿经济，开发建设生态农产品种养、山水游乐接待、休闲度假式养生养老，发展乡村民宿达标户2 000户，带动贫困乡村和群众脱贫致富。完善乡村旅游基础设施建设，提升乡村旅游可进入性和服务能力，在乡村旅游示范区的重要节点选取合适的位置设立游客接待中心10个，为游客提供接待、信息服务。

（四）产业融合示范载体

按照"产业向载体集中、土地向规模集中、项目向示范集中"的理念，引导产业集聚集约发展，抓重点、抓示范，高起点、高标准、高规格建设一批现代农业示范园区、万亩示范基地、"一乡一品"示范镇、村特色产业示范园和户办产业小庭院等现代农业产业融合载体，拓展农业多种功能，支持发展产业新业态，示范展示农业标准化生产、生态循环、产业化经营模式和一二三产融合等，支撑和带动重点产业、重点区域快速发展。到2020年，全县共形成19个现代农业示范园区、10个万亩示范基地、1个"一乡一品"示范镇、543个村特色产业示范园和10万个户办产业小庭院，作为推进农业供给侧结构性改革的重要抓手。

六、培育特色知名品牌

（一）农业生态环境

坚持生态立县，开展大规模绿化全川行动，加强生态保护和建设，执行生态保护红线，加强重点区域水土流失治理，加强区域水环境综合整治，筑牢生态本底，着力打造与"生态剑阁"发展相配套的生态环境，发展绿色低碳循环经济，打好蓝天、碧水、净土保卫战。到2020年，全县森林覆盖率达到52.5%，成功创建国家级生态县，大山大水大森林特点和嘉陵江上游生态屏障功能进一步彰显。

通过划定生态红线，统筹全县重点生态功能区、生态环境敏感区和脆弱区等的保护、利用和规划工作，严格限制畜禽禁养区、限养区内进行规模化养殖，构建生态基础稳固、生态内涵丰富、生态容量逐步提升的生态体系，充分发挥生态红线在维护生态平衡、维持生物多样性、提高生态承载力中的决定性作用，为全县生态文明建设提供安全保障。

紧紧围绕生态文明示范区、山水森林旅游城市建设，开展大规模绿化全川行动，结合林果产业，继续实施8.6万亩退耕还林工程、15万亩封山育林、8万亩森林抚育工程、8万亩低产低效林改造工程，提高森林覆盖率。加快实施"生态细胞"建设工程，努力构建嘉陵江上游生态屏障。实施剑州大道防护带绿地、剑阁县绿道建设、东滨大道道路绿化、剑门新区绿化工程项目、旅游文化产业园绿化项目、乡镇集镇城镇周绿化等绿地防护工程1万亩。积极推进道路、河流和农田生态林网工程建设，坚持退耕还林与农业产业结构调整相结合，加快推进核桃等环境友好型林业产业项目建设。

实施水土保持生态修复工程，加强水保基础设施建设，整治土地，修建梯田，封禁治理，修筑沟边埂，通过建设一定数量的排水渠、护坡、草地植被和围墙等水土保持设施加强水土流失治理。实施正兴、开封、国光、王河、元山、店子、广坪7个小流域水土保持治理，治理水土流失面积166千米^2。实施抄手、化林、松木、武五、五指5个生态清洁型小流域治理，治理水土流失面积25千米^2。

对亭子口、升钟水库等重点湖库进行综合防治，关闭或搬迁污染企业，发展生态、有机农业，实现规模化畜禽养殖废物资源化综合利用，在周边居民集中安置点建设生活污水生态处理工程。实施西河流域污染综合治理，完成流域中心集镇污水处理厂并配套管网建设；实施炭口河流域综合治理，建设污水处理厂；实施闻溪河流域污染治理，完成普安污水处理厂扩建工程；实施清江河周边污染治理，完成县城污水处理厂扩建工程。开展集中式饮用水水源地保护区环境综合整治，24个饮用水源地新建隔离设施和标识标牌，实施生态保护和修复。全县新建水质监测点39个。

（二）农业农村污染管控

多措并举推进畜禽养殖污染防治，加强农村面源污染治理和种植废弃物资源化利用，确保农业生态平衡。到2020年，化肥施用强度降低到250千克/公顷、肥料利用率达40%以上、农药利用率达40%以上，秸秆综合利用率达95%，规模化养殖小区（场）、养殖单元配套废弃物处理比例达100%。

1. 畜禽养殖污染防治

一是以堵禁排。严格执行宜、限、禁养区规定，以防随意选址；采用"场+厂"

微循环、"场+沼+园"小循环、"场+沼+厂+园"大循环等模式进行粪污处理和综合利用;建立普查和巡查制度,严禁源头直排。

二是以改减排。全面采用"三分二改"清污工艺,实行干湿分离、雨污分离、固液分离,改水冲粪为干清粪,改明沟排污为暗沟排污;将沉淀后的沼液回流至猪舍进行粪污清理,或回流至搅拌池稀释粪便,实现沼液循环使用。

三是以建扩能。加强农村沼气工程、粪污废弃物加工能力、粪污消纳园区建设,养殖单元配套废弃物处理设施比例达到100%;按照专业化生产、市场化运营的方式,引进或培育集沼气服务、粪污处理于一体的有机肥生产企业1家以上,利用畜禽粪便无公害处理、各类秸秆等农业废弃物等加工有机肥,实现年产有机肥料50万吨。

四是以消增效。要求养殖场畜禽粪污必须进入沼气池进行发酵处理,对用粪污供气或发电的养殖场予以补贴;鼓励各养殖场将沼渣进厂、沼液还田,同时给予资金补助;引导农户改变重化肥、轻有机肥的施肥习惯。

2. 农村面源污染治理

加强农药、化肥污染防治,倡导施用有机肥,推广测土配方施肥。全县规划期内治理农药、化肥污染面积10万亩,实现农药零增长、化肥减量使用。探索实施农膜回收、有机肥、低毒低残留农药使用补助政策。加强对农资市场的监管,严禁销售高毒、高残留农药。加强对农药使用的管理,保证农药质量,减少用药次数,提高用药效果。主要作物推广杀虫灯、性诱剂、粘虫板等绿色防控40万亩,推广高效低毒低残留环保型农药和生物农药。

3. 种植废弃物资源化利用

支持秸秆机械粉碎还田、秸秆腐熟还田、青贮饲料化养畜、食用菌基料利用和固化炭化等技术示范。积极推广使用可降解的生物农膜,扶持地膜回收网点和废旧地膜加工能力建设。

(三) 农产品质量安全

按照"全域绿色"的总体要求,围绕剑阁优势特色产业,完善相关地方标准,着力推进"三品一标"、GAP、GMP、QS等登记认证,大力推动绿色农业、有机农业快速发展,加强农产品加工质量认证,推进农业标准化建设,提高市场开拓和竞争能力,实现优质优价。到2020年,全县销售农产品绿色食品认证率达80%,力争创建国家有机产品认证示范区。

根据国家、省市和行业现有农业生产标准,结合本地特点,突出重点内容、主导产品和地方特色，按照产前、产中、产后标准相配套的原则，建立健全农产品品种、质量安全、生产技术规程、产地环境、检测方法等剑阁县地方农业标准。

加强绿色、有机产地认定和产品认证，全县特色产业基地全部获得绿色食品认证，水稻、蔬菜等有机认证基地5万亩，"三品"认证产品新增80个以上。围绕剑门火腿、剑门绿茶等特色产品，积极申报国家地理标志产品2个以上。

坚持质量兴农，完善农产品质量安全监管体系，统一农资配送，构建农产品可追溯体系，强化病虫害监测预警防控能力，深入开展执法监管，加强农产品市场质量安全准入工作，严厉打击、严肃处理违法违规行为，全面提升农产品质量和食品安全水平。到2020年，农产品质量安全合格率为98%，力争创建农产品质量安全监管示范县。

（四）农产品品牌

品牌创建与保护。借助剑门关天下知名的品牌效应，将县内优势特色农产品，统一打造"剑门关"农产品区域品牌，推向市场。重点做强"剑门关土鸡""剑门豆制品""剑门关生态康养旅游名城"三块全国"金字招牌"。按照"区域品牌+企业品牌"的模式，加快特色品牌商标注册，实施品牌兴农战略，打造一批企业品牌。树立农产品品牌观念，增强经营者的品牌保护意识。到2020年，争创中国驰名商标3个以上，四川省著名商标6个以上。

以企业为主体，将剑门牌火腿、剑门牌手杖、剑门牌香柏实木地板创建国优品牌，将剑门关茶叶、剑门豆腐干系列、剑门关牌土鸡、剑州牌火腿、剑门铁皮石斛、剑门牌测土配方肥等创建省优品牌。加大对农产品品牌的扶持支持力度，为企业提供品牌保护、农产品基地建设等方面的服务。着力对品牌创建成功的经营主体进行奖补。

着力开展"剑门关土鸡""剑门关豆腐"以及后续新申请国家地理标志保护产品专用标志的规范和使用工作，构建信息服务系统，加大宣传营销力度，强化监督管理，统一宣传营销品牌和标识，解决不用、乱用和滥用国家地理标志产品品牌的问题。对符合使用条件的特色农产品企业进行重点帮扶，为企业提供全方位的信息、技术和政策支持。按照国家商标法及实施条例，加强农产品商标的规范使用及管理。对市场出现的侵权行为，加强企业与部门联动，及时通报有关部门，依法维权，提升企业及产品市场形象。

品牌推广与宣传。加强农产品品牌系统的管理，加大农产品品牌的市场推广和宣传力度，采用多种媒体和技术手段来推介和宣传、塑造剑阁县农产品品牌整体形象。通过策划和开展一系列的市场推广、宣传活动来提高"剑门关"区域品牌及"剑门关土鸡""剑门关豆腐""剑门关生态康养旅游名城"的知名度和大众认可度。

七、夯实农业基础支撑

（一）基础设施

农业水利。针对水利设施薄弱环节，加大水利设施投入力度，加强水源工程、重要引调提水工程、农田排灌渠系等建设，加快灌区配套和节水改造，采取"蓄、引、提"相结合的措施，在示范、引导的基础上，大力推广微灌、滴灌、喷灌等现代高效节水灌溉模式，切实解决工程性和局部资源性缺水问题，提高水资源利用率，扩大有效灌溉面积，增强农业抗灾能力。加快小型水利工程确权颁证，明确管理者和使用者的责、权、利，确保农业生产用水得到有效维护。到2020年，县内耕地有效灌溉率达55%。

道路交通。以推动产业发展为核心，重点解决通村通组公路硬化率较低、产业基地生产道路缺乏等问题，大力开展通村通组道路、机耕道、田间生产道路建设。科学规划农村公路网络，加强农村公路与干线公路网的有机衔接，并建立和完善农村公路、道路管护的长效机制。同时坚持统一规划，交通及旅游部门共同指导旅游点做好交通标识和引导标志，规划建设旅游点停车场及客运系统，形成对产业发展的有力支撑。

耕地建设。严格落实耕地保护制度，加强规划管控和用途管制，加快划定永久基本农田，实施耕地占补平衡，加强监管，确保占优补优、数量相等、质量相当。结合高标准农田建设、农业综合开发项目，加快中低产田改造，提升农业综合生产能力；全面推广测土配方施肥，提升耕地肥力水平。到2020年，完成高标准农田建设26万亩，推广测土配方施肥30万亩以上。

（二）经营主体

培育新型农业经营主体。把培育多元化新型农业经营主体作为构建新型经营体系、建设农业强县的关键之举，加快发展专业大户和家庭农场，规范发展农民专业合作社，壮大农业产业化龙头企业，发展新型农村集体经济组织，大力推行"户改场、场入社、社接企、企连市"等新型农业经营主体培育模式。到2020年，家庭农场总数达1 000家、农村经济合作组织达1 000家、重点龙头企业总数过百，引进或培育上市企业1家（剑门土鸡）。

大力推动适度规模经营。以现有县、乡镇、村三级联网的农村产权交易综合服务平台为基础，健全土地流转体系，新成立县级土地流转服务公司，开展全县农村土地流转的信息收集、地块整合、包装推介和风险防控与处置等业务。不断修订完善《剑阁县农村产权流转交易管理办法（试行）》，明确土地流转方式、流转程序、流转管理以及流转合同等内容，健全农村产权流转合同公证、登记备案、资质评审等配套制度，实现"规范、便捷、高效、零风险"的土地流转。

探索剑阁县农村土地流转风险防控机制，推行"土地集中预推—平台公开交易—资质评估前置—后期持续监管—风险应急处理"土地流转五步机制，畅通流转渠道，保障流转质量，强化以利益保障机制、金融支持机制、纠纷解决机制等农村土地承包经营权流转配套机制，更好地化解和防范土地流转风险。探索土地流转价格的分类评估和指导办法，合理引导农村土地流转价格。建立土地流转监测评价机制，加强农业、林业、国土等相关部门协作和监测评价，加大执法力度，及时纠正、查处土地流转违规违法行为。到2020年，耕地流转面积占50%以上，适度规模经营面积占流转面积的90%以上。

构建紧密利益联结机制。大力推广土地股份合作、土地托管、订单生产等生产经营模式，推进家庭经营、集体经营、合作经营、企业经营等多种经营方式共同发展。大力发展"大园区、小业主"和"大基地、小业主"等形式的双层经营模式，积极推广"龙头企业+基地+农户"的"龙头带动"产业发展模式，"合作社（大户）+基地+农户"的"挂靠帮带"产业发展模式，把租赁土地的农民返聘务工变成产业工人的"租赁返聘"产业发展模式，把多个新型经营主体组织集中合作经营的"抱团经营"产业发展模式，发展乡村旅游和农家乐的"休闲农业"产业发展模式，在农户与各新型经营主体之间形成利益共享、风险共担的利益共同体，改变在传统分散经营模式下产供销脱节的现象，将农业组织化程度提高到70%以上。

（三）农业服务

强化公益性服务能力。加快基层农技推广体系建设与改革，强化乡镇农业技术综合服务站、村级农业服务超市等公益性服务机构建设，采取政府订购、定向委托、奖励补助、招投标等方式，积极引导经营性组织参与公益性服务，大力开展农技推广、代耕代种、联耕联种、抗旱排涝、统防统治、代销代购等各项生产性服务。到2020年，农业公益性服务体系健全完善，服务能力与水平大幅提升，主要农作物、畜禽水产优良品种及先进适用技术普及率达到100%。

农业机械化服务。大力推进农业现代化装备水平,完善落实农机购置补贴政策,积极推广适应特色产业生产、加工、运输等环节的新型农机具,促进农机和农业产业化高度融合。南部地区重点发展水稻等粮食生产全程机械化,同时着力提升水稻机插、玉米、油菜机收等关键环节生产机械化,北部地区重点发展烟叶、蔬菜、林果、养殖业生产机械化。到2020年,全县农机总动力达105万千瓦以上,农机装备水平达78%,农机作业水平达66%,农作物耕种收机械化水平达68%,力争建成国家级农业机械化示范县。

农业信息化服务。利用"互联网+"的方式,加强物联网、云计算、大数据、移动互联等现代信息技术在现代农业经营、管理、服务等各环节广泛应用,实现信息化与现代农业融合发展。建立覆盖县、乡镇、村三级的农业综合信息服务体系,实施粮食储备库数字化粮库建设、环境土壤资源监测、县级农产品电商平台、农产品溯源平台等建设,不断促进农业信息化水平提高。到2020年,发展"农技宝"用户5万户,农业信息化覆盖率达80%。

第三节　广元市昭化区黄龙乡水磨村脱贫攻坚巩固提升

一、发展基础与条件

(一)区位交通

水磨村位于广元市昭化区西南部,紧邻嘉陵江,主要通过乡道太黄路、广永路和国道212线对外联系,北距昭化区城区52千米,南至金川县城62千米。

(二)资源条件

水磨村地处四川盆地北部边缘,地质构造属龙门山北东向华夏式构造体系,属盆地丘陵向山区过渡地带,地形地貌呈"两山夹一沟"特点,海拔在510~800米。

水磨村属四川盆地亚热带湿润季风气候区,具有"四季分明、冬干夏湿、雨热同季、终年湿润"的特点。冬半年受偏北气流控制,气候干冷少雨;夏半年受偏南气流控制,气候炎热、多雨、潮湿。年均气温16.5℃。年均降水量1 096.6毫米,主要集中在5—10月。多年平均年日照时数1 340小时左右,全年无霜期平均263天。

水磨村所在区域土壤类型有水稻土、新积土、紫色土、黄壤土4类，其中水稻土广泛分布于低山两侧及中小溪河沿岸；新积土主要分布于各江河沿岸的一级阶地；紫色土一般分布在低、中山地带，因水土流失，土层浅薄，保肥力较差；黄壤主要分布在海拔900米以上的低山区。

（三）社会经济

水磨村共11个村民小组，总人口406户1 447人，男性734人，女性713人，劳动力730人，占总人口的50.4%，其中外出务工583人，占劳动力的76.7%。水磨村现有党员49人，其中男性党员42人，女性党员7人，60周岁以下党员占比为65%，大专及以上文化8人。

全村建档立卡贫困户共有110户364人。截至2018年末，已实现107户356人脱贫，仍有建档立卡贫困户3户8人，贫困发生率降至0.5%，计划在2019年全部实现脱贫。2019年3月，水磨村顺利通过第三方评估验收和定点扶贫专项检查。

2018年，水磨村农村经济总收入为1 571.73万元。其中农林牧渔收入188.7万元，占农村经济总收入的12%；第二产业收入47.15万元，占农村经济总收入的3%；第三产业收入1 335.97万元，占农村经济总收入的85%。水磨村农村经济收入以第三产业收入占绝对主导，主要来源于劳动力务工收入。

2018年，全村农民年人均可支配收入10 862元，相比2017年增长10.27%。村集体经济收入4.98万元。

（四）产业发展现状

水磨村种植业以传统粮油为主，主要种植水稻、小麦、玉米、油菜、蔬菜等作物，共计1 400余亩。种植方式传统，标准化程度不高，绝大部分为农户自食用。自2018年起，在上级部门指导下，水磨村采取以"业主引领+分散经营""合作社+农户"的模式，引导农户积极发展特色产业：引入业主2个，带动农户发展猕猴桃480亩。培育中药材、柑橘等专业合作社4个，引导全村发展柑橘1 200亩；采用"林—药"间作模式，长短结合，柑橘树间作夏枯草、紫苏等中药材800余亩；创建灵芝、瓜蒌半夏、丹参等党建扶贫中药材种植基地3个。

养殖业方面，水磨村以生猪、家禽养殖为主。全村现有生猪养殖大户8户，其中采用铁骑力士"1211"代养模式的养殖大户6户，存栏生猪共1 500头左右；生猪养殖大户2户，存栏生猪共400余头。农户家庭养殖以自食用为主或小规模养殖为主。2018年，全村依托扶贫专项项目建成土鸡养殖大棚18个，品种均为剑门关土鸡，存栏量18 000羽左右。2018年，全村共出栏生猪3 640头，家禽8 600余羽。

农产品加工方面，依托扶贫项目，一亩田中药材种植专业合作社建成1 200米^{2}的库房。引进了四川宇辉农业有限公司，现正在建设中药材产地初加工基地。

（五）基础设施现状

水磨村现有通村道路、通组道路已全部实现硬化，但部分路段缺乏必要的安防设施。全村仍有部分产业路为碎石路或土路，晴通雨阻，通行性较差。水磨村2018年已实施完成灌溉工程，现有灌溉设施较齐全，能满足现状农业生产灌溉用水需求，未来仅需根据产业的发展需求增加调蓄设施。水磨村现已建成集中供水厂1处，高山分散供水4处，日供水量100米^3；集中供水调蓄池8口，能够保障村内人畜饮水安全。仅有9组、10组海拔较高处的农户存在供水水压不足、雨季水质浊度较高的问题。全村建成生活污水处理设施1处，处理村委会聚居点农户生活污水，其他农户直接将生活污水排入自建化粪池。村内养殖场均已配套养殖粪污处理设施，且均符合环保要求。全村已完成农网改造工程，实现通电率100%，现有电力设施满足全村用电需求；通信网络和有线电视也已实现全村域覆盖，但通信网络和有线电视线路与低压供电线同杆，线路架设也较为混乱。农户生活能源以薪柴为主。村内设置有垃圾收集点6个，近30%的农房配备有户用分类垃圾桶，无垃圾转运点。村内现有公共厕所1处，位于村党群公共服务中心。

二、现状评价

（一）发展优势

生态环境好，产品质量佳。水磨村地处川北丘陵和盆周山区过渡地带，紧邻嘉陵江边，村域内无工业污染，生态环境良好。村内养殖大户粪污处理设施完善，养殖废水经处理后基本用作有机肥还田还地处理，化肥、农药使用相对较少，农产品整体呈现生态、无污染的特点，产品质量较好。

脱贫效果佳，发展基础牢。水磨村于2019年初顺利通过第三方评估验收和定点扶贫专项检查，正式"摘帽"。脱贫工作效果好，村民生活条件得到极大改善，基础设施配套日趋完备，产业发展的基础条件好。

奔康意愿强，发展劲头足。在脱贫过程中，全村村民在上级政府部门的带领下，顺利完成了脱贫工作，生活条件得到极大的改善，生活水平也得到了极大的提高，获得了实实在在的好处，老百姓巩固脱贫成果、共奔小康的劲头足。

（二）发展瓶颈

对外交通不便。水磨村地处昭化区西南部，地理位置较偏僻，仅依靠乡道太黄路、广永路对外联系，农产品（尤其是鲜果）对外运输距离远，隐性成本高。

劳动力外流严重。全村劳动力就业以外出打工为主，青壮年外流严重，空心化程度较高，且农村经济对务工收入依赖性强。

标准化程度低。受限于务农劳动力数量不足和文化程度不高，对先进的现代农业技术接受能力有限，农业产业仍以传统的种植养殖业为主，特色产业发展尚处于起步阶段，标准化程度低，缺乏强有力的龙头企业和新型经营主体示范带动。

土地资源相对贫瘠。水磨村林地多，耕地、园地少，且耕地、园地多分布于丘区台地、坡地。除村内1组、2组耕地质量较好外，其余区域土地资源相对贫瘠，耕作层较浅薄，土壤有机质含量低，制约着特色产业的发展。

环境保护限制。全村现有养猪大户8户，大多采用代养模式发展养殖产业，效益较好。但由于水磨村紧邻嘉陵江，地处川北嘉陵江上游生态环境保护区，受限于环境保护日益严格的要求，未来全村想通过扩大生猪养殖规模，带动农户持续增收有一定的困难。

三、发展思路及定位

（一）指导思想

全面贯彻党的十九大精神，以习近平新时代中国特色社会主义思想为指导，加强党对"三农"工作的领导，坚持农业农村优先发展，按照"产业兴旺、生态宜居、乡风文明、治理有效、生活富裕"的总要求，全力推动乡村产业振兴、人才振兴、文化振兴、生态振兴、组织振兴，推动乡村振兴健康有序进行。按照四川省委、省政府"一干多支、五区协同"的发展战略以及《美丽四川 宜居乡村》推进方案（2018—2020年）》的部署，根据广元市委、市政府"建设川陕甘接合部区域中心城市和四川北向东出桥头堡""实现从连片贫困到同步全面小康跨越"，区委、区政府"实现全区脱贫攻坚与全面小康'双重跨越'"的奋斗目标，加快推进农业农村现代化，构建城乡融合发展新格局，构建乡村治理新体系，开创乡村发展新局面，推进乡村全面振兴，让农业成为有奔头的产业，让农民成为有吸引力的职业，让农村成为安居乐业的美好家园。

(二) 发展思路

立足水磨村现有的三大发展优势①，针对发展存在的五大瓶颈②，方案提出四条突破路径。

立足党建领发展。加强村党组织建设，建设村级服务型党组织，打通联系服务群众"最后一公里"，实现党建引村、造福百姓。充分发挥村党支部和党员在培育特色产业、发展村集体经济、治理乡村、塑造文明新风等方面的引领作用和带头作用，形成党员群众共富联合体，推动全村经济社会各项事业健康发展。

立足特色树标杆。立足水磨村优良的生态环境优势，坚持"双色一标③"的发展思路，积极培育特色农业产业，大力推广"猪/禽—粪(肥)—果/药"的绿色生态种养模式。以村特色产业示范园、户办特色产业园建设为抓手，培养特色产业技术带头人，树立现代农业发展示范标杆，提高全村农业生产标准化程度，发展现代高效生态农业，实现产业兴村、特色富民。

对接需求补短板。对接水磨村农户的实际需求，提升完善群众生产生活基础设施条件和公共服务设施配套。主要围绕"产业道路畅通、灌溉设施完善、饮用水质提升、电网线路优化、村庄道路亮化"五大工程，补齐短板，实现基础强村、服务便民。

立足生态促提升。牢固树立"绿水青山就是金山银山"理念，坚持绿色发展，实施以农村垃圾治理和村容村貌提升为主的农村人居环境综合治理工程，实施庭院美化工程和村庄绿化工程，全面提升水磨村人居环境，实现全村生态美、村容美、庭院美，生态立村、绿色惠民。

(三) 总体定位

紧紧围绕将水磨村建成美丽宜居乡村的目标，以巩固脱贫攻坚成果联动乡村振兴发展为方向，以富村惠民为核心，以群众满意为标准，以党建工作为引领，重点围绕特色产业发展、农村人居环境提升两大重点抓手，将水磨村建设成为川北盆周

---

① 三大发展优势：生态环境好，产品质量佳；脱贫效果佳，发展基础牢；发展意愿强，奔康劲头足。

② 五大瓶颈：对外交通不便；劳动力外流严重；标准化程度低；土地资源相对贫瘠；畜禽养殖受限。

③ 双色一标：特色、绿色、标准化。

山区乡村振兴示范村。

（四）功能布局

综合考虑水磨村现状条件和发展定位，形成"一心、一带、两区"的总体布局。即"一心"：党群综合服务中心；"一带"：特色种养业示范带；"两区"：特色产业培育区、生态林地保护区（图7-1）。

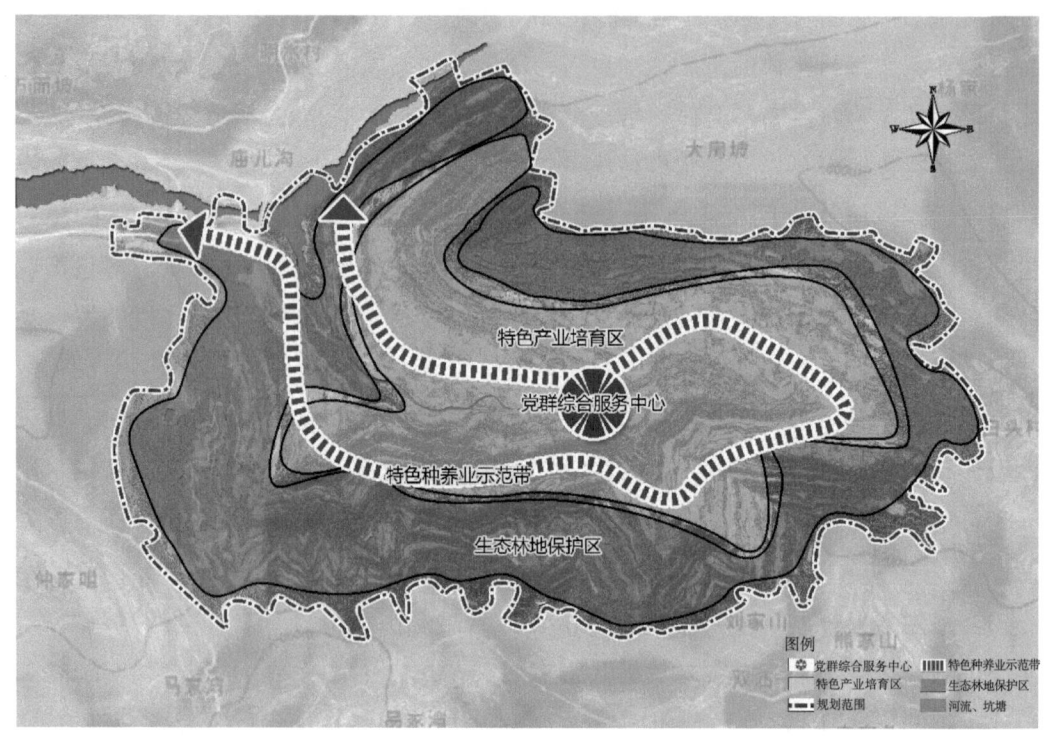

图 7-1　功能布局

四、立足党建领发展

（一）党建阵地建设

党建阵地建设是建设服务型党组织的重要基础。水磨村现有党群活动中心位于水磨村3组村委会，按照四川省"1+6"村级公共服务设施配置的标准建设，功能齐全，是全村服务群众、凝聚人心、推动发展、促进和谐的主阵地。现已具备为全村村民提供生产技术培训、医疗服务、便民服务、文化服务、信息服务等生产生活服务功能。未来将充分利用已建成的农资供应店、益农信息社等功能设施，加强农用物资供应、农产品电子商务等的服务功能,助力全村产业发展。

(二)党员队伍建设

加强基层党组织人才队伍建设,充分发挥村党组织在乡村发展方面的核心引领作用,以党支部书记为第一责任人,抓好班子,带好队伍,提高党支部的战斗力,带动全村经济的发展,巩固脱贫攻坚成果、实现共同奔小康。水磨村现有党员49人,其中男性党员42人,女性党员7人,60周岁以下党员占比为65%,大专及以上文化8人。

优化基层党组织领导班子结构,吸纳优秀年轻的党员进入村党组织领导班子,建设一支素质高、能力强、相对年轻的领导班子。做好村级后备干部的培养和储备工作,积极引导并吸纳优秀农村青年、返乡创业人才,使他们成为农村基层组织建设的骨干力量,把优秀农村青年、返乡创业人才培养成党员,把优秀党员培养成村干部、致富能手、产业带头人,壮大基层骨干队伍。到2021年末,培养党员5人;培养党员致富能手、产业带头人3人。

(三)开办农民夜校

以"提高农民整体素质、提高农民科技实用技能、丰富农民文化生活"为目标,积极开办农民夜校,全面宣传党的大政方针,弘扬社会主义核心价值观,不断丰富农民的文化生活,提高农民的综合素质,为社会主义新农村建设注入精神正能量(表7-4)。

表7-4 农民夜校开展活动计划

类别	内容	年均次数/次	培训(参加)对象	三年计划参与人数(人次)	备注
思想教育与意识引导培训	思想教育培训	4	全村村民	≥600	每个季度培训1次
农业生产技能培训	水果标准化种植技术培训	4	水果种植户、产业工人	≥360	每个季度培训1次
	中药材种植技术培训	3	中药材种植户、产业工人	≥360	每年3月、6月、9月各培训1次
	家禽养殖技术培训	2	家禽养殖户	≥240	每年3月、9月各培训1次
文体娱乐活动	文体娱乐活动	≥12	留村村民	—	每月至少开展1次文娱活动
政策法规宣讲	政策法规宣讲	≥4	全村村民	—	及时将最新的政策法规告知村民

(续表)

类别	内容	年均次数/次	培训（参加）对象	三年计划参与人数（人次）	备注
生活常识普及	生活常识普及	4	留村村民	—	每个季度培训1次，结合思想教育培训同时开展

思想教育与意识引导培训。针对村内群众整体文化水平不高，学习能力较差，接受先进农业生产技术能力有限的问题，发挥基层党委战斗堡垒作用，有序开展思想教育和培训，引导农户主动接受现代农业新技术、新观念，变被动为主动发展，逐步形成依靠产业发展、先进技术致富意识。

生产技术培训。聘请农业科研院所专家，采用授课讲座、田间培训、教材赠送等多种方式，对水磨村生产农户进行相关技术培训。重点培训柑橘、猕猴桃、脆桃、紫苏、瓜蒌等实用种植技术，以及生猪、家禽养殖及疫病防控技术。

文体娱乐活动凝聚。结合道德讲堂、社会主义核心价值观和文明礼仪传播活动，经常性地组织农民开展丰富多彩、健康向上的文体活动，让全村群众活跃起来、高兴起来、团结起来。

政策法规宣讲。有计划地组织农民学习相关法律和政策知识，让农民做到懂法、守法，并学会运用法律保护自身的合法权益。

生活常识普及。普及地灾防治常识、森林防火常识、防汛抗旱常识、卫生保健常识、用电防火常识、环保常识、生活小常识、信息网络知识等。

党建引领模式创新。通过"村党支部+合作社+基地+农户""村党支部+党员+基地+农户""村组党员干部+基地+农户"等模式，把村党支部、党员、农户、合作社经营者整合成一个协作整体，使支部与经营者、经营者与农户相互结合、良性互动，推进水磨村特色产业发展。规划由村党支部牵头，新成立剑门关土鸡养殖专业合作社1个。

五、立足特色树标杆

（一）优质粮油产业

水磨村1组、2组等区域耕地质量好，土壤肥沃，是全村传统的优质粮食主产区域，农户在此区域选择发展以水稻为主的粮油产业意愿较强。规划在村内现有"水稻—油菜/小麦"轮作的基础上，由党员和种粮能手牵头，建设粮经复合规范化高效栽培技术示范基地。通过"党员/种粮能手+基地+农户"的模式,积极引导农户发展以"水稻—蔬菜""紫苏—油菜"为主的粮经复合产业,提高土地利用效率。积极发展生态农业,构建"猪—粪(肥)—粮/菜/药"生态循环发展模式,推进化肥农药的减量减施,打造绿色粮油生产基地,提升农产品质量,提高经济效益。

(二)道地药材产业

按照"长短结合"的产业发展要求,由村党支部、党员牵头示范,以"村党支部+合作社+基地+农户""村党支部+党员+基地+农户"的模式,在农户房前屋后、荒坡、疏林地和未成林的果园发展紫苏、瓜蒌等道地中药材1 000亩,引导农户由种植夏枯草向种植紫苏逐步转变。以党员为主体,以户办特色产业园建设为载体,建设瓜蒌高产高效种植示范园和紫苏高产高效种植示范园,示范道地中药材标准化种植技术。推进紫苏、瓜蒌等道地药材全产业链开发,结合正在实施的中药材产地初加工项目,规划引入中药材精深加工销售一体的龙头企业1个,打造集道地药材种植、收购、加工、经营于一体的上下游产业链。

(三)生态养殖产业

因地制宜发展生态养殖业,通过适度规模圈养,配套建设标准化养殖基地,形成以粪肥为纽带的"猪/禽—粪(肥)—中药材/果树/粮油"生态循环农业模式以及"林下养鸡"立体高效农业模式,减少规模养殖污染的同时降低种养成本。提升完善养殖大户的圈舍、完善粪污处理设施,解决农户生产污水排放问题。

考虑养殖业对生态环境的影响,结合区域剑门关土鸡品牌优势和产业基础,规划水磨村生态养殖产业以剑门关土鸡养殖为主。采取"村党支部+养殖大棚+农户""村党支部+家庭农场+基地"的模式,依托标准化规模养殖基地建设和土鸡养殖大棚建设,带动村内农户发展土鸡生态养殖。

适度扩大村内土鸡养殖产业,到2021年末,全村剑门关土鸡存栏量30 000羽。探索构建剑门关土鸡扩繁场→剑门关土鸡标准化育肥养殖→剑门关土鸡提质饲养→剑门关土鸡肉体验店的特色土鸡养殖全产业链。每个环节采用标准化的土鸡养殖技术,严格把控剑门关土鸡的生长规律及营养需求,推动区域剑门关土鸡产业高质量发展。依托道地中药材产业的发展,推动"道地中药材+特色土鸡"的联动发展,形成以中药材及其加工副产物喂养土鸡、土鸡粪肥用作中药材基肥等生态种养循环模式,打造"药材山鸡"的区域特色品牌。引入现代化信息技术,建设土鸡智慧养殖基地，实现剑门关土鸡"从农田到餐桌"的全程可追溯信息化管理，在推广宣传水磨村"药材山鸡"品牌的同时搭建区域农产品和消费者的信任桥梁。

（四）特色水果产业

水磨村现有猕猴桃种植基地480亩，柑橘1 200亩，主要分布在村内4组至10组。规划在现有特色水果种植基地的基础上，优化全村现有特色水果种植布局，适度缩小土壤贫瘠区域的柑橘种植面积。依托特色水果产业示范园的建设，以"业主+园区+农户""村组党员干部+基地+农户""村党支部+党员+基地+农户"示范现代果园标准化生产管理技术，引导全村推广标准化现代水果种植技术。

六、产业支撑体系配套

（一）现代农业科技服务体系配套

充分发挥农业科研院所、高等院校作为农业科技源头和人才源头的作用，加强水磨村与四川省农业科学院、四川农业大学、四川省畜牧科学院等科研院所合作，从新品种、新技术的推广以及农业科研成果转化应用入手，搭建"院—村"合作平台，签订技术服务协议，引智入村，提升全村农业科技水平，助力水磨村现代农业发展。

（二）社会化服务体系建设

为支撑现代农业产业健康发展，在水磨村创新试点"五统一"的现代农业服务模式，即统一改造、统一生产、统一培训、统一检测、统一营销。依托"五统一"现代农业模式，保障农业高标准生产，农业培训内容统一，农产品质量安全有监督，农产品销售有支撑，农民收入有保障。

统一改造：按照标准化要求进行产业结构优化、产业基地提升以及配套基础设施完善。统一生产：统一鸡苗、果树种苗和农资供应、病虫害统防统治、统一集中采收和采后管理。统一培训：依托科研院所技术支撑，建设培训平台，对农户实行种养技术的统一培训。统一监测：统一产品的质量安全检测，确保产出产品质量安全。统一营销：依托合作社的销售渠道，对农产品进行统一收购、包装、销售等。

（三）市场体系建设

农产品质量安全追溯体系配套。按照"生产有记录、信息可查询、流向可跟踪、质量可追溯、责任可追究、产品可召回"的基本要求，在水磨村引入农产品质量安全可追溯技术。运用条形码以及二维码标签等现代信息技术对水磨村生产的中药材、土鸡、水果等农产品的种植养殖、包装、仓储、物流和销售环节所有信息进行标识，实现水磨村生产的农产品"质量可监控，过程可追溯，政府可监管"，实现"从农田到餐桌"的全程可追溯信息化管理，在提高农产品质量安全水平和保障广大城乡居民消费安全的同时，构建了消费者和农产品生产地质量安全信任桥梁，间接促进农产品品牌宣传。

绿色食品品牌培育。根据国家、省、市现有农业生产标准，充分利用水磨村良好的生态自然资源，以农民合作社和企业为主体，积极申请绿色食品认证，打造具有区域特色的农产品品牌，提高农产品附加价值，增加村民收入。到2021年，在水磨村培育绿色农产品品牌1~2个。

市场流通体系配套。推进电子商务进村工作，充分利用好现有益农信息社等电子商务服务功能设施，积极探索开发新型农产品流通形式，如"微信营销""订单农业""农校对接""农超对接""农企对接"等形式，减少了农产品流通环节，加强了产销信息衔接，从而有效降低农产品流通成本，提高农产品质量安全水平，促进农民增收。到2021年，水磨村通过农产品产销对接工作，签订合作协议单位2家。与传化集团签订合作协议，在成都市新都区设立生态农产品线下体验店，推动电商线上销售和体验店线下销售结合起来，推广让客户看得见、摸得着、闻得香、吃得好的水磨村农特产品，提升区域农产品知名度。

（四）产业道路提升工程

围绕提高产业道路经济性、舒适性的目标，以现状道路条件和村民诉求为基础，推进水磨村产业道路提升工程。主要实施产业道路硬化、安防设施完善等内容。硬化产业道路共计11千米，产业道路路面宽度2.5~3.5米，采用水泥材质，厚度不低于15厘米，水泥标号不低于C25。新增现有村组道路安防设施配套5千米。

（五）耕地质量提升工程

对全村3 290余亩耕地和园地开展耕地质量提升工程，采取土壤改良措施，通过施用腐熟有机肥，进行土壤改良。结合村内养殖基地的粪污资源化利用，做好养殖废弃物的还田还地。每亩土壤改良的用量为施用腐熟的有机肥1.0~2.0吨/亩、过磷酸钙0.5~1.0吨/亩，增加土壤有机质含量，改善土壤的透水通气性能。到

2021年通过实施土壤培肥改良综合技术措施，全村土壤有机质含量提升0.2个百分点，打造生态农业高标准生产基地。

（六）农田水利提升工程

按照"新建与改造并举，开源与节流结合"的思路推进水磨村农田水利工程提升。水磨村2018年已实施完成灌溉工程，现有灌溉设施较齐全，能满足现状农业生产灌溉用水需求，仅7组、9组、10组海拔较高的区域由于水压问题存在季节性缺水的问题。全村果园和中药材基地采用低压管道输水，末端接注射式灌溉器的方式进行灌溉，新增低压输水管道5千米，沿水果和中药材种植基地产业道路敷设。

（七）公服设施提升工程

为改善水磨村村民夜晚出行条件，在水磨村村内实施道路亮化工程，新增太阳能路灯100盏，主要布置于主要道路单侧、村民集中居住区和广场等公共活动场所。

针对现状电力电信线路混乱的问题，对全村内电力电信线路实施优化。电力电信线路全部采用架空电缆布设，主要沿农房走线。在广场、观景台等公共活动场所，架空线路高度要求离广场、观景台地面6米以上。

对9组、10组存在的季节性饮用水浊度较高、水质较差的问题，为保障村民人畜饮水安全，规划对村内4处高山分散供水设施实施提升工程。

主要采用在现有高山分散供水处的高位水池前加过滤池的方式降低饮用水的浊度。具体方案如下：在原来的储水池进水方向，新增"S"形饮用水净化过滤池1个，长约2米，宽约1.1米，高度比原储水池高约0.2米。顺水流向：进水→沉淀→穿孔底层→棕过滤层→竹炭过滤层→棕过滤层→沙过滤层→净水池→原储水池；反冲洗水流向：将反洗进水管接到进水管活接头→清水进入净水池→冲洗过滤层→沉淀池→排污水出口（约半个月清洗一次）。饮用水通过滤料截留水中部分悬浮物杂质和微生物等，其凝聚作用将未沉淀的细小絮凝体或脱稳颗粒，与滤料接触而被吸附；滤料吸附絮凝体后，其吸附作用会进一步增强，使水体的浑度大幅度下降，保障村民基本饮用水安全。

七、立足生态促提升

按照"清洁化、秩序化、优美化、常态化"要求，坚持美化环境与提升素质并行，以建设美丽宜居村庄为导向，以农村垃圾治理、村容村貌提升为重点，努力实现农村人居环境明显改善，大力提升水磨村乡村人居环境。

(一) 农村垃圾治理

按照"户分类、村收集、乡镇转运、县处理"的运行模式，实行农村生活垃圾集中收集处理。建立村庄清扫保洁队伍，定期清扫村庄公共环境卫生。宣传生活垃圾分类知识，在源头上引导村民进行垃圾分类。

结合村域现状，特提出"3+3"的水磨村农村垃圾治理模式，即明确水磨村农村垃圾治理是以农户、保洁员和村党委三方责任主体；以及三种垃圾分类方式：有机垃圾、有害垃圾和其他垃圾。

(二) 村容村貌提升

按照"体现川北乡土风貌、尊重乡村景观肌理"的原则实施水磨村村容村貌提升。水磨村人居环境美化应充分体现农村居住环境特点，因地制宜，利用自然，注重生态，延续特有的"乡土"风貌。宜结合当地经济作物、本土植物进行绿化设计。同时科学合理地利用自然地形地貌、树林植被、河流湖塘等自然资源，将周围可利用景观融入村落环境。规划形成"一环、两片、六节点"的水磨村特色乡村景观结构。即一环：生态景观环线；两片：丘陵梯田景观片、滨水田园景观片；六节点：村入口景观节点、老古树景观节点、五棵松景观节点、奋进亭景观节点、田园居景观节点、岁进士景观节点（图7-2）。

打造生态景观环线。以水磨村主要环形道路绿化、堡坎绿化以及沿途农房庭院环境提升为主，打造一条乡村生态景观环线。

道路绿化以乡土经济、养护方便为原则，以灌木、花卉、草花、农作物多种形式搭配，形成多样化的路旁绿化景观，打造一条乡野气息浓郁的景观环线。植物配置为斑茅、狼尾草、细叶芒、月季、波斯菊等。

村内主要道路环线上存在较多土坎，结合庭院环境整治，规划对土坎进行景观化整治。建议以乡土野生花卉草木为主，如石楠、山桃、波斯菊、三叶草等，或者通过本地石材，砌筑护坡，绿化堡坎，美化环境。

对村内主要道路上的66户农户房屋实施庭院环境景观提升。按照"小规模、组团式、微田园、生态化"原则，充分利用农户房前屋后空地种植果蔬、花草等，发展庭院经济，形成乡土景观明显、有经济价值的微田园景观，体现乡村前庭后院特色。

庭院绿化与生产相结合，种植果树、蔬菜、爬藤类作物，形成农村特色的微田

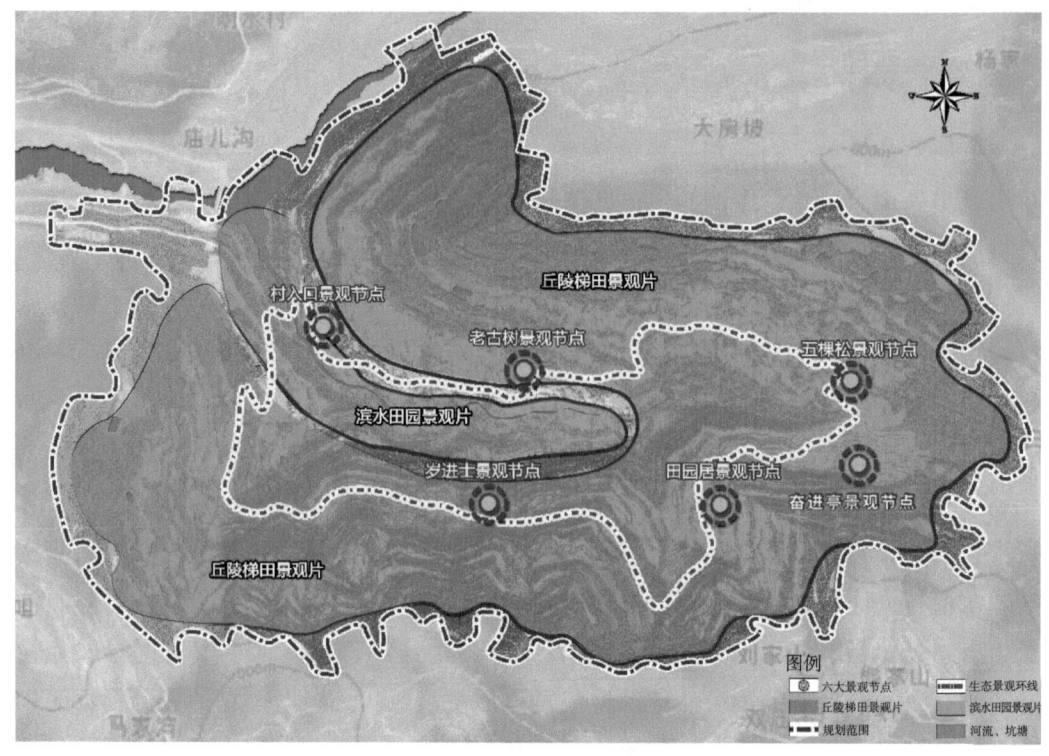

图 7-2　水磨村村域景观布局

园景观。绿化植物以甘蓝、白菜、菜豆等为主，果树建议种植桃树。庭院围合物以院墙和篱笆为主，院墙围合庭院，篱笆规整菜地。

形成丘陵梯田景观片和滨水田园景观片。依托水磨村水稻、油菜、柑橘等规模化、标准化种植基地的建设，形成丘陵稻田、油菜花田、柑橘林等梯田景观片。通过在山坪塘埂上种植桃、梨树等观赏性较高的果树，在排灌渠道旁种植美人蕉、水葱、再力花等植物等措施，景观化改造田间水利设施，提升丘陵梯田的景观效果。

实施黑塘沟两岸绿化、美化工程。通过保护黑塘沟两岸原生植被，采用生态自然驳岸，选用芦苇、美人蕉等净化作用优良的滨水植物，栽植景观树等措施，提升黑塘沟两岸景观效果。同时结合黑塘沟两岸猕猴桃、柑橘、紫苏等标准化种植基地的建设，形成沿黑塘沟两岸的滨水田园景观片。

提升景观节点。针对水磨村入口处现状指示牌混乱、堡坎景观效果差等问题，实施村入口美化工程。规划对外侧堡坎进行整治，统一采用条石砌堡坎，堡坎下面种植波斯菊等草花植物，堡坎上村入口旁种植桃树等景观效果好的果树，内侧堡坎栽种迎春花等景观植物。在2组新增公共活动空间1处，通过广场环境卫生整治、完善广场设施、增加植物绿化，打造老古树景观节点和田园居景观节点。对村内现有的4组五棵松广场、5组奋进亭广场、9组田园居广场和8组岁进士广场4处公共活动空间景观节点实施提升工程。通过电力电信线路优化、增加太阳能路灯、配套石桌石凳等，辅以景观灌木、花卉、草花等景观植物搭配，完善公共活动空间工程，提升公共活动空间的绿化景观。提升水磨村内的导览系统，将现有导览牌统一换成具有乡土特色的导览牌，在村域内的主要道路的岔路口统一安装。由原来的零碎分布、形象、规格不一到现在的统一大小、统一规格和统一样式，既增加了导览系统的实用性，也让水磨村的村容村貌更加美观。

第八章 川南乌蒙山区产业发展路径实践探索

第一节 筠连县生态农业发展

一、发展基础与条件

(一) 区位分析

筠连县位于四川盆地南缘,云贵高原北麓川滇接合部,地处东经 104°17′45″~104°47′20″,北纬 27°50′37″~28°14′28″,东邻珙县,南靠云南省威信县、彝良县,西连云南省盐津县,北接高县,古为南丝绸之路的重要驿站,今为出川入滇的重要门户。筠连县主要对外交通为省道 206 线,县域内基本形成了三纵三横的路网格局;建设中的宜昭高速将纵贯筠连县,与云南盐津县相连,能加强筠连与外部的联系。筠连县城距成都 372 千米、重庆 384 千米、宜宾 89 千米、云南盐津县城 44 千米。筠连所在的宜宾市作为成渝经济区及沿长江经济发展带的重要节点城市,其良好的政策环境和强大的经济辐射对筠连社会经济发展具有明显的带动作用。

(二) 资源禀赋

筠连地处四川盆地向云贵高原过渡地带,地形复杂,整体呈南高北低态势。县域内多数地区海拔高于 700 米,最高点位于东南部大雪山主峰,海拔 1 777.2 米;最低点位于东北部腾达镇沐滩河谷,海拔 368.5 米。岩溶和地质构造对筠连地貌产生深刻影响,形成了奇异多姿的低中山峡谷带坝地貌。根据地面形态特征、成因类型、海拔高度和相对高度,全县地形可分为低山岩溶槽坝、浅切割低山、中切低山和中山深谷4个地貌类型，其中中切低山和中山深谷面积占60%以上。

筠连县属四川盆地中亚热带湿润季风气候区，气候温暖、降水充沛、四季分明、冬暖春早、夏长秋短、霜雪较少。常年平均气温17.4℃，平均降水量1 153.5毫米，日照时数1 030.8小时，无霜期334天。受地形的影响，县域内气候差异显著，具有立体气候特征，地处海拔1 777.2米的大雪山，常年平均气温9.5℃，海拔368.5米的沐滩河谷，常年平均气温18.4℃。春季多低温冷害，但气温回暖易；夏秋多夏旱、伏旱、雨、洪涝，偶有冰雹伴大风或淫雨出现；入冬后降水量明显减少、寒潮大风比较频繁。

筠连县内河道纵横，水利资源丰富，地处长江Ⅱ、Ⅲ级水系，县内有大小河流31条，全长595千米，其中主要以镇舟河、巡司河和定水河（筠连河）3条流量较大，均发源于南部山区，向北注入长江支流南广河。筠连县年均降水量17.26亿米^3，多年平均径流深842毫米，陆面产水10.57亿米^3，总产水量11.02亿米^3。

筠连县辖区面积1 256.06千米^2；根据县国土局提供的"二调"资料统计显示，现有耕地55.39万亩，占总面积的29.42%，主要集中在县东北部的低山岩溶槽坝地区以及主要河流河谷平坝地区；园地9.85万亩，包括茶园、果园等；林地96.05万亩，其中有林地79.31万亩，灌木林地1.92万亩，疏林地13.95万亩。

根据全国第二次土壤普查报告《筠连土壤》，筠连县土壤有5个土类、6个亚类、17个土属、61个土种、114个变种。其中水稻土面积16.39万亩，占土地面积的8.70%，主要分布在全县各乡镇沿河两岸；紫色土系反映岩性的特殊土壤类型，土壤面积22.56万亩，占耕地面积的11.97%，分布于县西北部的筠连镇、塘坝乡、孔雀乡，县东南的大雪山、联合、蒿坝、维新、巡司等乡镇；黄壤土属地带性土壤，全县面积最大，总面积103.02万亩，占全县耕地面积的54.68%，黄棕壤土面积10.04万亩，占全县辖区面积的5.33%，主要分布在蒿坝镇香台山、大雪山镇大雪山、龙镇乡老君山等海拔1 500米以上的山区。

筠连县属宜宾市"竹海生态文化旅游区"的一个组成部分；旅游资源主要以"喀斯特地貌"和"森林自然景观"为主，拥有大雪山原始森林、古楼峰丛、双腾神羊溶洞群等自然景观以及澄瀛塔、高崖悬棺、光明寺和沐爱烈士陵园等人文景观。筠连注重休闲农业的发展，将发展休闲观光农业与乡村旅游相结合，打造了以春风村、清溪沟、石龙湖、白鹤村和垫泥村等为代表的休闲农业观光区，加快推进旅游标准化建设，提升乡村旅游档次。

(三) 社会经济情况

筠连县辖 9 镇 9 乡 243 个村 14 个社区,总人口 41.6 万人,其中农村人口 38.71 万人,劳动力 22.89 万人,从事第一产业 11.66 万人。2013 年筠连县生产总值 (GDP) 总量实现 95.14 亿元,较 2012 年下降 6.7%,第一产业实现增加值 16.82 亿元,增长 3.6%;第二产业实现增加值 60.7 亿元,下降 12%;第三产业实现增加值 17.6 亿元,增长 11.3%,三次产业占 GDP 的比重为 17.7:63.8:18.5;城镇居民人均可支配收入实现 22 488 元,增长 10.7%;农民人均纯收入达 8 854 元,增长 13%。2013 年,实现农林牧渔及服务业总产值 28.13 亿元,增长 3.7%。其中,农业实现产值 12.49 亿元;林业实现产值 1.23 亿元;畜牧业实现产值 14.12 亿元。

(四) 农业发展态势

筠连县结合自身的资源优势,在稳定粮食生产的基础上,大力扶持发展特色优势产业,改变传统的生产模式,逐步形成了以茶叶、肉牛和生态林竹为主导产业,农牧业协调,一二三产业联动发展的农业发展新格局。

2013 年筠连县农作物总播种面积 62.65 万亩,较 2012 年下降 1.04%;大春粮食作物播种面积 34.75 万亩,较 2012 年下降 0.06%;小春粮食作物种植面积 16 万亩,增长 0.07%;全年粮食产量达到 15.27 万吨,增长 1.45%,其中,大春粮食产量 12.89 吨,增长 2.19%;小春粮食产量 2.38 吨,下降 2.36%。筠连粮食生产除满足农民自身需求外,对肉牛等畜牧业的发展起到了很大的支撑作用。据统计,2013 年粮食平均单产为 275 千克/亩,低于宜宾市平均水平。此外,劳动力有限、种粮效益偏低以及农业基础设施落后,制约着粮食产业的发展。

筠连县是川红工夫茶和早白尖良种茶的故乡,也是宜宾早茶最适宜区;茶叶是筠连县农业经济的重要支柱,在全县农村经济、农民增收中具有重要地位。2013 年全县茶园总面积 15.6 万亩(其中良种茶园 6.5 万亩),茶叶总产量 8 919 吨,茶叶总产值 5.2 亿元。在双腾镇、巡司镇、腾达镇等乡镇建成 1 000 亩以上的茶叶连片产业区 19 个。茶叶专业合作社达到 13 个;全县拥有茶叶初精制加工企业 68 个,其中省级示范企业 1 个,市级龙头企业 3 个,知名商标 3 个。筠连县先后被列为全国 100 个年产 5 万担茶的基地县之一、四川省出口茶叶生产基地县和四川省优势特色效益农业核心茶叶基地县等。筠连茶产业发展面临如下问题:茶园基础条件差,无性系良种茶园比率不高;茶叶生产标准化程度低;组织化程度有待进一步提高,茶产业发展缺乏机制创新;茶叶市场开拓缺乏整体营销战略,区域品牌和企业品牌影响力有待提高;高产优质茶园建设滞后,单产较低,产业集群效益不强,营销体系建设力度有待加强。

2013年筠连县肉牛产值4.83亿元,肉牛出栏3.49万头。全县肉牛养殖总量5 000头以上的重点乡镇有13个,3 000头以上的非重点乡镇5个;养殖量1 000头以上的重点专业村32个。养殖量500头以上的适度规模养殖小区21个,养殖量50头以上的规模养殖场72个。全县已登记注册的养牛专业合作社有31个,市级龙头企业2个。筠连发展肉牛产业优势明显,饲草资源丰富、能繁黄母牛资源充足、品种改良优势明显、产业化格局基本形成;但是由于技术力量薄弱、资金投入不足以及交通条件较差等因素制约着肉牛产业的发展;同时分散养殖带来的环境污染问题也要引起注意。

筠连县为四川省现代林业建设重点县,实施了林业产业天然林保护工程和退耕还林工程,合理调整了林业树种结构,扩大笋材两用竹的造林规模,逐步形成了规模化和基地化的格局。2013年,集中连片发展木质原料林、竹林、特色干果、特色花卉苗木现代林业产业基地19.1万亩,培育丰产林分2万亩,林业实现产值1.23亿元;探索发展林下产业,建立"万亩林亿元钱"高效立体林业综合示范区1个。虽然筠连林业产业取得了一定成绩,但是仍然面临不少问题,如林分质量整体不高,林地经济效益低;林区基础设施建设滞后,采运成本高;专业合作社少,农民组织化程度有待提高;林产加工粗放,产品附加值不高等。

筠连县是四川省烤烟种植区划中最适宜区县之一,烤烟种植历史悠久,为四川省烤烟基地县。2013年,筠连县完成烤烟移栽面积3.5万亩,收购烤烟8万担,实现总产值0.86亿元,烟农年户均收入达2.1万元。全县有烤烟种植重点镇蒿坝镇、高坪乡和联合乡,3个种烟镇乡(镇)产值超过千万元,36个行政村的烤烟产值达到了百万元;蒿坝—高坪现代烟草农业基地单元区基本建成。当前筠连烤烟产业仍然面临不少问题,如烟叶种植比较效益有待进一步提高;烟叶生产技术水平有待提升;烟叶种植风险有待降低;烟区基础设施有待夯实等。

筠连县把建设海瀛农产品加工园区作为集聚农业特色产业、生态产业的重要载体,壮大园区规模,完善园区聚集功能,提升园区综合配套和承载能力,促进农产品加工业的发展,承接筠连产业转型。到2013年,园区入驻农产品加工企业14家,实现年产值3.65亿元;已经形成筠连苦丁茶、筠连红茶地方品牌以及"醒世""圣星"和"好牛旺"等农产品品牌。但是筠连农产品加工业仍然面临一些问题,如农产品加工产值不高,农业总产值与农产品加工产值比重偏低;加工企业规模较小,全县产值上亿元的农产品企业仅 2 家，产值 5 000 万元以上的企业仅 2 家；龙头企业的带动能力有待进一步加强。

筠连县委、县政府高度重视乡村旅游业发展，提出建设"美丽乡村特色旅游先行区"的发展目标，并采取积极有效的措施，推进筠连休闲农业与乡村旅游业的发展；将休闲农业与乡村旅游结合建成以春风村、清溪沟、石龙湖和白鹤村等为代表的休闲农业观光区；将特色产业建设与乡村旅游相结合，举办了"李花节""品果节""竹笋节""荷花节""菊花节""茶博会"和"美食节"等乡村特色节庆活动。将生态景区打造与乡村旅游相结合，打造神羊洞、古楼峰丛、天河温泉二期、大雪山等特色乡村生态旅游体验区；把促进农民增收与乡村旅游相结合，开展旅游接待服务、特色产品营销、茶艺表演等相关培训，拓展景区农户增收渠道，促进农民增收。筠连县现有农家乐 70 家，其中星级农家乐 25 家。2013 年，筠连县共接待外地游客 57.88 万余人次，实现旅游收入 3.68 亿元。

二、生态农业发展优劣势

（一）发展的优势

筠连县地处川南中低山区，具有发展农业的先天优势，充足的光、热和水资源，立体气候特征、良好的生态条件，较为肥沃的土地，适宜多数农作物生长，为生态农业发展提供了优越的自然资源条件。

近几年筠连县通过实施"5·20"农业产业建设工程，已经形成以茶叶、肉牛、生态林竹等优势特色产业、农产品加工业及乡村旅游产业的产业格局，产业基础优势明显。

筠连县是四川南向入滇的重要门户，川南滇东北接合部区域性中心城镇，川滇旅游合作的重要节点城市，宜宾市域南部二级中心城市。现有金筠货运铁路，S206、县道筠落路、水腾路等干线公路。随着川南区域经济的发展以及宜昭高速公路的修建，筠连的区位优势将更加明显。

筠连被纳入四川省乌蒙山连片开发县和省级新农村成片推进示范县，为筠连生态农业建设创造了良好的氛围。当前筠连县域经济正面临转型，生态农业将作为筠连产业结构调整的承接产业。筠连美丽乡村建设，推进产村相融，为筠连生态农业建设创造了机遇。在东部产业正在向西部转移的大背景下，近年筠连农业产业招商引资成效显著，乡村旅游开发成为热点，将有力地推动筠连生态农业建设。

(二) 存在的问题

一是产业基地建设规模相对较小，布局相对分散，部分乡镇的产业混杂，主导产业不突出。二是基础设施不配套。产业基地建设缺乏必要的水利、交通、用电等基础条件，部分地区仍然存在"靠天收"的现象。三是种植技术水平不高。多数基地种植不够科学，管理水平有待提高。

传统分散的小农经营占筠连县农业生产的比重仍然较大；产加销、贸工农等环节是条块分割、联结松散，规模化、集约化、产业化程度不高；龙头企业规模有待提高，加工层次低，专业合作社的作用有待发挥。市场和流通仍然是农业加快发展的瓶颈；品牌意识有待加强；农产品精加工或系列开发尚不完善，多数产业基本停留在卖原料和初级加工状态。

尽管筠连县对发展农业出台了相关扶持政策，起到了一定的促进作用，但相对于产业发展需求而言，仍显得支撑力度不足。一是扶持的范围不广、内容不多；二是扶持额度偏小；三是信贷争取较难。这些不足很大程度上限制了筠连农业产业的发展。

经过多年的发展，筠连县已经形成了一批相对成熟的产业综合配套技术，但受技术保障体系不健全、技术推广机制不完善、推广机构公共服务能力弱、科技人才缺乏等多方面的影响，全县特别是南部偏远山村等综合高效配套技术到位率低，标准化技术、无公害技术、环境调控技术、病虫害防治技术、防疫技术、可持续发展技术应用率低，农业特色优势产业产量、质量和效益有待提高。

三、发展战略

(一) 产业体系

立足筠连县资源条件及发展现状，结合政策导向及市场前景，以产业标准化生产基地为基础，以农产品加工业为"引擎"，以工促农，以旅助农，着力将农业打造成为跨二、三产业的基础产业，构建"优势型产业+基础型产业+辅助型产业+拓展型产业"的生态农业产业体系（图8-1）。

(二) 发展策略

根据发展生态农业的客观要求和农业发展现状，制定筠连县生态农业发展的策略。

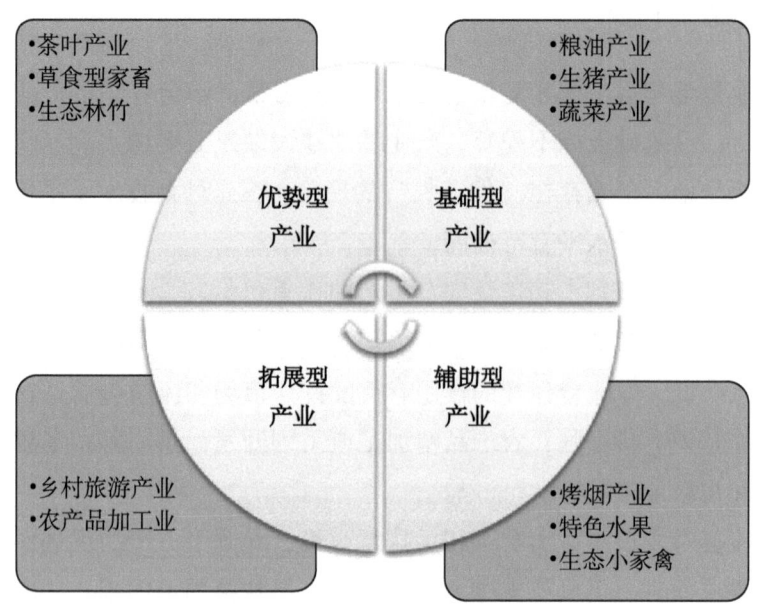

图 8-1 生态农业产业体系

一是继续推进结构调整，构建科学合理的产业结构体系。充分发挥区域比较优势，全面规划，分类指导，重点推进。继续稳定粮食、生猪和蔬菜基础型产业，解决"米袋子、菜篮子和肉盘子"问题；加快提升茶叶、肉牛和生态林竹优势型产业，发展优质高效生态农业，解决农业增效、农民增收问题；培育完善辅助型产业，注重特色，作为产业体系的补充；做大做强拓展型产业，拓展农业功能、完善农业链条、提升农业效益，带动农业产业稳定持续健康发展。

二是重视培育和发展龙头企业，推进农业产业化经营。坚持以市场为导向，以机制创新为动力，以农产品加工为突破口，重点完善茶叶、肉牛和生态林竹等产业化体系，全产业链打造，提高产业市场竞争力。培育和发展一批经营规模大，科技含量高，辐射面广，带动力强的龙头企业；鼓励农业龙头企业发展订单农业，建立合同生产基地，与农户建立起紧密的利益关系；结合优势农产品加工需要，建设专业化、规模化、优质化、标准化的农产品基地。同时加快海瀛农产品加工园区建设，优化基础设施，创造良好的投资环境，引进一批特色企业，形成特色农业产业化企业群。

三是着力品牌建设，提升特色农业效益水平。加强农产品品牌建设，提高农业生产规模化、标准化、产业化、市场化水平，推动传统农业向现代农业转变；促进资源整合，引导土地、资金、技术、劳动力等生产要素向品牌农产品优化配置，实现特色农业产业集群发展;实现品牌销售,有利于建立完善的农产品质量检测体系和追溯体系,保障农产品消费安全;有利于提高农产品的知名度和美誉度,增强市场竞争力,拓展农产品市场。根据筠连茶叶、肉牛等优势特色产业发展实际,政府牵头创立农产品区域公共品牌,同时引导企业创立企业品牌。

四是发展休闲农业与乡村旅游,拓展农民增收途径。坚持"农旅结合、以农促旅、以旅强农"的思路,把提高休闲农业与乡村旅游效益和实现农民增收结合起来,打造特色休闲农业景区;鼓励农民以合作社、家庭农场等形式,推进果蔬种植、循环养殖等农业产业基地景区化,促进了休闲农业和乡村旅游发展;结合美丽乡村建设,经营品牌、经营村庄,摸索一条农文旅结合、生态绿色、一二三产业互促共进的替代产业新路子。

五是加强涉农资金整合,推进农业基础设施建设。整合农牧、林业、水利、扶贫移民、农业综合开发、"一事一议"、土地整理、新农村建设等项目资金,以及发展改革、科技、民政、国土、烟草、住建等部门的涉农项目资金,按照"渠道不乱、用途不变"的原则,集中打捆用于农田水利、农村道路以及耕地质量等农业基础设施建设,夯实产业基础,为农业发展创造良好环境和必要条件,减少自然风险和市场风险,降低成本支出,提高农业效益和经济收入。

(三)发展目标

到2020年,将筠连县生态农业建设成"生态环境友好、产业集聚明显、农业产业优势突出、农文旅深度融合、产业布局合理、基础设施配套、品牌优势明显、农业服务体系完善"的四川盆周山区生态农业先导示范区;打造四川茶产业十强县、川南·滇东北肉牛养殖第一县和川南·滇东北农产品精深加工基地三张产业名片(表8-1)。

表8-1 筠连县生态农业发展主要指标及预期目标

序号	一级指标	二级指标	单位	2013年实现值	2020年目标值	指标属性
1	农业综合产出水平	农林牧渔总产值	亿元	28.13	83.3	预期性
2		农民人均纯收入	元	8 854	25 023	预期性
3	农业设施装备水平	村道硬化率	%	85	100	约束性
4		有效灌溉面积占耕地比重	%	25.18	73.47	约束性
5		耕地保有量	万亩	55.39	53.26	约束性
6		农业科技贡献率	%	—	70	约束性

(续表)

序号	一级指标	二级指标	单位	2013年实现值	2020年目标值	指标属性
7		单位粮食生产能力	千克/亩	275	360	约束性
8		畜禽规模化养殖比重	%	40	70	预期性
9	农业产业化生产水平	"三品"农产品认证基地	面积	27	90	预期性
10		乡村旅游收入	亿元	3.68	20	预期性
11		农产品商品化率	%	30	60	预期性
12		农产品加工业产值	亿元	3.65	35	预期性
13		专业化组织带动农户比重	%	46	80	预期性
14	农业可持续发展水平	秸秆综合利用率	%	60	90	约束性
15		规模养殖废弃物综合处理率	%	—	95	约束性
16		森林覆盖率	%	46.5	50	约束性

（四）空间结构

根据筠连县自然条件、社会经济发展现状、农业产业基础，结合筠连县农业综合发展区划，将筠连县生态农业总体空间布局确定为"一核一轴三区十八片"的空间格局。

一核：海瀛农产品加工物流园。将海瀛农产品加工物流园建成一个农产品加工、物流、仓储服务园，农产品加工集聚区，承担牵引筠连生态农业高速健康发展引擎的功能。

一轴：宜昭高速产业组织轴线。沿交通骨架宜昭高速的交通及产业轴线，起到串联各农业分区、特色农业核心示范片区的作用。

三区：浅丘高效生态农业区、深丘特色生态农业区、山地特色生态农业区。

——浅丘高效生态农业区

1. 分区概况

位于筠连县北部，地貌以浅切割低山为主，坡度较缓，间有溶蚀小盆地，谷底平坦宽阔，土壤以山地黄壤为主，森林覆盖率相对较低。区域总面积近500千米^2，占全县总面积的40%，耕地面积约15万亩，占全县耕地总面积的44%；总人口约25万，占全县总人口的62%；该区域地势相对较平坦，水、土、光、热等资源条件良好，交通方便，为经济相对发达地区。

2. 发展方向

充分利用自然资源和社会经济优势，完善农业基础设施，重点发展优质、高产、高效生态农业；鼓励承包土地向专业大户、家庭农场、农民合作社流转，发展多种形式的适度规模经营;稳定发展粮食生产,推行"千斤粮万元钱"粮经复合种植模式,努力提高复种指数和粮食单产;发展茶叶、特色水果,推进"畜—沼—茶(果)"种养循环模式和"林(果)—草—畜"立体种养模式,加快农副产品精深加工,创建以加工业为龙头,以基地为依托,农牧业协调发展;推进休闲农业与乡村旅游业的发展。

——深丘特色生态农业区

1. 分区概况

深丘特色生态农业区位于县域中部地区,地貌以中切低山为主,山岭绵延,地面起伏较大,坡较陡,地表多为残积物质,森林覆盖率较北部地区高,区域总面积约 407 千米^2,占全县总面积的 32%。该区人口相对较少,以农业生产为主,人民生活水平不高;农业以传统农业为主,小规模经营为主,不成规模,社会经济发展相对滞后。

2. 发展方向

利用深丘区的自然气候条件,按照"整体、协调、循环、再生"的原则,调整和优化农业结构,稳定发展粮食生产、适度发展茶产业,重点发展林竹产业、培育林下经济,如林下中药材、林下蔬菜等;促进产业向开放、复合、生态型农业转化,同时积极探索"龙头企业+农户+基地"经营模式,打造生态林竹产业区。

——山地特色生态农业区

1. 分区概况

位于县域南部,地貌以中山深谷为主,谷狭涧深,山坡陡峭,地面破碎,地表多为古生界泥岩砂岩的残积物发育而成的山地黄壤,森林覆盖率较高,富有各类喀斯特地区特有的景观资源,物种丰富。该区域人口稀少,农民收入以农作物为主要经济来源,植被保护较好,森林覆盖率高。山区环境承载力较弱,原始状态保持较好,且位于河流源头,海拔较高。

2. 发展方向

充分利用筠连中低山区环境优美、生态旅游要素丰富的优势,发展旅游型生态农业,加强对各种农业资源的开发利用和保护,建立多层次山区立体生态防护体系,保持耕地面积稳中有增,合理调整粮经作物种植比例,稳步推进"烤烟—蔬菜"等轮作模式和"粮食—蔬菜"粮经复合模式。

十八片:在筠连相对分散的农业产业布局中,确定农业产业核心示范片,示范带动筠连相关农业产业发展。根据自然资源条件以及农业产业现状,确定 18 个茶叶、粮食、肉牛、林竹和烤烟等产业的核心示范片,详见表8-2。

表 8-2 筠连县农业产业核心示范片

序号	类别	名称	所属分区
1	茶叶	银星·红茶核心示范片	浅丘高效生态农业区
2		冒水·百花茶园	浅丘高效生态农业区
3		川丰·金色茶园	深丘特色生态农业区
4		楼坪·立体茶园示范片	浅丘高效生态农业区
5		走马·苦丁茶园示范片	浅丘高效生态农业区
6	粮食	高龙·粮经复合产业核心示范片	山地特色生态农业区
7		白云·粮经复合产业核心示范片	深丘特色生态农业区
8		沙坝·粮经复合产业核心示范片	浅丘高效生态农业区
9	肉牛	槐树·肉牛核心示范片	山地特色生态农业区
10		顺阳·肉牛核心示范片	深丘特色生态农业区
11		德胜·肉牛核心示范片	深丘特色生态农业区
12		五丰·肉牛核心示范片	浅丘高效生态农业区
13	林竹	大雪山·林竹核心示范片	深丘特色生态农业区
14		红椿坝·林竹核心示范片	山地特色生态农业区
15		老君山·林竹核心示范片	山地特色生态农业区
16		云峰·林竹核心示范片	深丘特色生态农业区
17		春风·高效立体林业示范片	浅丘高效生态农业区
18	烤烟	蒿坝—高坪·现代烤烟农业基地单元	山地特色生态农业区

四、产业建设任务

(一)茶叶产业

以市场为导向、效益为中心、机制创新为动力、茶叶生产标准化为发展方向、龙头企业培育为抓手,推进布局区域化、生产标准化、经营产业化,在龙头企业、品牌打造、市场开拓等方面狠下功夫,延长茶叶产业链条,拓展茶产业功能,促进一二三产业联动,实现筠连茶叶产业提档升级,打造"川红故里"和"筠连苦丁茶之乡"。

根据筠连县茶叶发展现状和茶叶适宜区分布,结合交通路网及居民点分布,合理布置筠连茶叶种植空间。到 2020 年,筠连县茶叶种植面积稳定在 28 万亩左右,其中标准化基地达到 22 万亩以上,茶叶基地标准化占比达到 80%以上。

茶叶布局在海拔 1 000 米以下的北部浅丘、中部深丘区。根据资源条件优化布局,形成 4 个核心乡镇(3 万亩以上),5 个重点乡镇(1 万~3 万亩),8 个一般乡镇(1 万亩以下);核心乡镇为筠连镇、巡司镇、腾达镇和双腾镇;重点乡镇为塘坝乡、武德乡、沐爱镇、维新镇和大雪山镇;一般乡镇为镇舟镇、乐义乡、高坎乡、团林乡、联合乡、龙镇乡和孔雀乡(表 8-3)。

重点推进茶叶良种繁育基地建设、中低产茶园改造、标准化核心示范片建设、筠连红茶研究中心建设。

表 8-3 茶叶标准化种植核心示范片

序号	名称	范围	规模/万亩	建设内容
1	银星·红茶核心示范片	以巡司镇银星村为核心,辐射带动和平、土房、德面、上游等周边地区	2	以"公司+专合社+农户"模式发展茶叶,由专合社牵头,在茶园推行统防统治,提高茶叶品质。茶叶品种以福鼎大白、早白尖为主,推广"林—茶"模式,在茶园套种樱花、梨树等;拓展发展茶园生态旅游
2	冒水·百花茶园	以腾达镇冒水为核心,辐射官井村、春风村、千秋村、龙井	2	与中国云上石漠·春风花海的景区相辉映,打造冒水百花茶园,品种以乌牛早、福鼎大白、安吉白茶为主。推行"畜—沼—茶""畜—沼—果""畜—林—茶"循环经济模式。茶园套种桃树、茶花、桂花、樱花等经济林木,形成各具特色的桃花茶园、桂花茶园、樱花茶园
3	川丰·金色茶园	以塘坝乡川丰村为核心,辐射坪阳、新农、幸福、柑子、木映、双田	1.5	与幸福新村打造相配合,推进产村相融,突出茶文化与千年古驿的融合,茶叶以良繁茶为主,苦丁茶为辅;重点打造银杏山庄和风情文化庄园
4	卷坪·立体茶园示范片	以沐爱镇卷坪村为核心,辐射武德乡、沐爱镇、维新镇部分村	3	以茶为主,配套经济林木、林下养殖等;重点打造荷塘茶园,出口茶基地和立体茶园示范基地
5	走马·苦丁茶园示范片	以双腾镇走马为核心,辐射苔草村、鱼井村、两河村、沙坝村、大山村、金星村	1.5	依托苔草的畜牧产业,实施"畜—林—茶""畜—茶"循环发展模式,结合筠连苦丁文化和新村建设,在茶园里套种紫薇、红枫、樱花等经济林木,形成别具特色的苦丁之乡

(二) 肉牛产业

按照"品种改良打基础，母牛饲养育牛源，规模育肥建基地，产业开发创品牌"的思路，推动筠连肉牛产业向高产、优质、高效发展，建立起整体协调、产业链条完善、循环再生的现代肉牛产业体系，全力打造川南·滇东北肉牛养殖第一县。到2020年，实现牛出栏9万头以上，存栏11万头，出栏率达45%；新改扩建年出栏1 500头的肉牛规模化饲养场5个；规模化、标准化养殖率达80%，良种化率达95%，粪污处理率达95%，产品商品化率达90%；牛肉加工产品创建中国名牌1个。

肉牛产业布局形成核心乡镇2个（存栏15 000头以上），重点乡镇8个（存栏10 000~15 000头），一般乡镇8个（存栏10 000头以下）。其中，核心乡镇为筠连镇和双腾镇；重点乡镇为腾达镇、巡司镇、维新镇、沐爱镇、大雪山镇、蒿坝镇、镇舟镇、塘坝乡和武德乡；一般乡镇为龙镇乡、孔雀乡、乐义乡、高坎乡、联合乡、团林乡和高坪乡。重点推进优质肉牛良繁体系、标准化优质肉牛生产基地村、肉牛标准化养殖场建设。

(三) 生态经济林

按照"生态建设产业化，产业发展生态化"的发展思路，积极争取国家林业重点工程项目，推进筠连现代林业产业建设，力争在林业产业布局、产业结构、基地建设质量、深加工能力、市场体系建设、发展保障等多方面取得新突破，培育林业产业新亮点，实现筠连县林业产业发展新的跨越。

到2020年，建成比较完备的林业生态建设体系、林业产业投入机制和基层林业服务体系；林业总产值将实现13亿元，特色连片竹产业面积达到15万亩，木质工业原料林产业基地面积扩展到20万亩；依托龙头企业发展漆树5万亩，发展以核桃、花椒等为主的特色经济林基地2万亩，森林覆盖率达到50%；壮大森林生态旅游业，形成林下种植业、养殖业、旅游业为一体的高效立体林业示范区，发展林下经济3万亩，培育省级龙头企业2家。

在筠连南部山区发展生态经济林产业，以大雪山、王家沟水库和后沟水库为核心，辐射带动孔雀乡、龙镇乡、蒿坝镇、团林乡、联合乡、大雪山镇、镇舟镇，竹产业基地培育到15万亩；以镇高坪、蒿坝、联合、团林、大雪山镇为核心发展漆树种植5万亩；在筠连镇、龙镇乡、武德乡等地发展以核桃、花椒等为主的特色经济林基地2万亩。重点推进大雪山示范片、红椿坝示范片、老君山示范片和云峰示范片4个竹产业核心示范片建设,漆树种植基地、高效立体林业示范片、特色经济林基地建设。

(四)粮食产业

以保护基本农田、提高耕地质量为基础,通过优化粮食生产结构和品种、提高粮食生产科技含量、提高社会化服务水平等环节,走"稳定面积、依靠主季、主攻单产、增加总产"的发展粮食生产的技术路线,稳定粮食生产,提高粮食生产效益,保障粮食自给,支撑畜牧业等关联产业发展。

到2020年,粮食播种面积稳定在60万亩以上,粮食总产量达21.8万吨,较2013年增加25.07%;粮食单产达到360千克/亩以上,粮食良种率达到95%以上。

受自然资源的影响,筠连各乡镇粮食生产各有侧重。优质高产水稻主要布局在筠连镇、巡司镇、沐爱乡等乡镇的河谷槽坝区域;玉米主要布局在双腾镇、武德乡、镇舟镇、团林乡以及大雪山镇等地势过渡区域;马铃薯主要布局在南部高山区的蒿坝乡、高坪乡、联合乡以及双腾、团林地势较高区域。采用"菜—稻—菜"或"菜—玉—菜"种植模式为主,建设"千斤粮万元钱"粮经复合产业核心示范片。在蒿坝镇高龙村、高兴村、中山村、合力村、平安村,以"玉米/马铃薯—蔬菜"或"烤烟—蔬菜"种植模式为主,建设"吨粮五千元"粮经复合产业基地。

(五)生猪产业

按照标准化、规模化、集约化的要求,稳步提升能繁母猪存栏量,提升生猪良种化率;着力扶植龙头企业,延长产业链,发展生猪屠宰及肉制品加工;做大做强"老外婆"猪肉腌腊制品、"五尺道"风味黑山猪肉等独具特色的地方品牌。

到2020年,生猪存栏稳定在40万头左右,年出栏达45万头,建成存栏量达5 000头以上的标准化养殖小区15个,1 000头以上的示范区40个,实现总产值17亿元。生猪规模养殖率达70%,良种应用率90%以上,养殖废弃物处理利用率达90%以上,产品商品化率达85%以上。

主要布局在筠连镇、沐爱镇、大雪山乡、镇舟镇、武德乡等产业基础、交通区位较好的乡镇,结合粮食产业互动发展,发展规模养殖,形成完善的生态循环和经济循环链。年出栏5万头以上核心乡镇2个,年出栏3万~5万头的重点乡镇5个,年出栏3万头以下的一般乡镇11个。

新建或改扩建标准化基础母猪规模500头以上的种猪场2个,基础母猪规模500头以上的仔猪繁育场5个、基础母猪规模100~300头的仔猪繁育场30个。新建或改扩建人工授精配种中心站10个。依托企业或专业合作社建立生猪标准化养殖场5个，年出栏生猪3万头以上；新建或改扩建标准化圈，配套建设相应的粪污处理设施、防疫设施及储存、水电路等设施。

（六）蔬菜产业

充分发挥筠连县气候特色，以早春蔬菜为主，夏秋蔬菜为辅，适度发展标准化设施蔬菜；鼓励"玉米（水稻）—菜"粮经种植模式及"烤烟—菜"种植模式；通过企业、合作社、家庭农场等新型经营主体，适当推进标准化蔬菜育苗，实现良种推广和管理技术提升；积极引导绿色、无公害蔬菜基地认证。

到2020年，蔬菜种植面积达10.85万亩，蔬菜总产量达26.50万吨；建成标准化基地2万亩，蔬菜良种化率达90%、商品化率达70%。

城镇保障型蔬菜主要布局在筠连镇、腾达镇、巡司镇、沐爱镇和维新镇，外销型高山型蔬菜布局在蒿坝镇、高坪乡、联合乡以及大雪山镇等高山区域。

结合筠连县城镇及工业发展，以"专业合作社+农民"的模式，在城镇及工业园区周边的筠连镇、巡司镇建设城市保障型蔬菜基地10 000亩，满足城镇化及工业化对蔬菜的需求，保障城镇及工业园区蔬菜供应，丰富城镇居民"菜篮子"。

依托烟基工程建设，引进农业企业，在高坪乡和蒿坝镇等高山区域，采取"企业+基地+农户"的生产销售模式，实行订单生产，发展优质高山生态蔬菜基地20 000亩。

（七）休闲农业与乡村旅游产业

依托筠连县丰富的自然资源、地方特色文化、乡村文化等资源要素，按照"农业成景观、农居成景点、农村成景区"的理念，围绕"美丽乡村特色旅游先行区"的定位，以旅游小镇为服务核心，以新村、聚居点为服务载体，以休闲农业观光园为窗口，以星级农家乐为亮点，加快乡村旅游及休闲农业产业要素聚集，推进筠连休闲农业与乡村旅游产业发展，承接筠连县域产业发展转型。

通过培育产业、新村、文化、生态等休闲农业与乡村旅游要素，树立筠连县美丽乡村特色旅游品牌，将筠连建设成为市内著名、省内知名、川滇黔渝陕区域有一定影响的川南·滇东北乡村旅游休闲目的地。到2020年，着力建设10个旅游特色镇（乡）、100个乡村旅游示范点（特色村），打造一批休闲农业与乡村旅游示范区，力争筠连县乡村旅游产值达20亿元以上。

根据筠连县旅游要素、特色农业产业空间分布以及道路交通网络，依据"错位发展、突出特色"原则,对筠连乡村旅游资源进行优化整合,构建"一环三廊四组团十镇(乡)"乡村旅游发展格局。

一环:筠连乡村旅游游憩环线。由连接筠连行政区域外围乡镇道路所构成,连接各组团及乡村旅游点;结合特色新村、生态农业、民俗民族和历史文化,打造综合性的乡村旅游休憩环线。

三廊:双龙路乡旅游景观走廊、巡蒿乡旅游景观走廊和筠民路乡旅游景观走廊。与"一环"线形成旅游交通路网,将各组团、景点进行有效串联。

四组团:山地生态观光组团、苗乡风情体验组团、城郊休闲农业观光体验组团、溶洞峰丛观光体验组团。

——山地生态观光组团

依托高坎乡红花村、五星村,镇舟镇前进村、政兴村、马家村等地的梯田资源,结合土地整治以及旅游开发项目,打造梯田风景区,开展观光摄影等活动。依托大雪山等镇的自然、人文资源以及红军文化,结合"森林山庄"新村风格,打造大雪山生态文化区。

——苗乡风情体验组团

以团林乡杉新村、新阳村、火花村,联合乡光明村、革新村,高坪乡槐树村、麻园村等村落为中心,开展"观苗彝村寨、唱民族欢歌、喝苗家美酒、体苗乡风情"等活动,打造民族文化传承及体验民族风情旅游目的地。

——城郊休闲农业观光体验组团

依托浅丘茶叶、水果等生态农业发展、交通区位优势以及城镇人口的聚集优势,在筠连镇、巡司镇城镇双中心周边区域,打造休闲农业观光体验组团,开展以城郊生态农业、周末休闲度假为主导的旅游业。

——溶洞峰丛观光体验组团

依托双腾镇、双腾镇等乡镇的溶洞景观以及筠连鼓楼峰丛,发展地质地貌观光、科普教育旅游,打造溶洞峰丛观光体验组团。

十镇:筠连镇——奇观峰丛·原野农耕·乡味筠连;腾达镇——云上石漠·花海春风·观景腾达;塘坝乡——神游川滇·茶马古道·古韵塘坝;巡司镇——川红故里·温泉之乡·韵味巡司;武德乡——水石相生·江南风情·荷香武德;大雪山镇——筠山之巅·林海雪原·怡神大雪山;团林乡——云雾山湖·动情民歌·醉恋团林;双腾镇——茶乡林海·神羊洞群·仙居双腾;龙镇乡——高山平湖·避暑胜地·养生龙镇;高坎乡——神奇梯田·千年古杏·美丽高坎。

按照"发挥比较优势,分类推进乡镇发展"的思路,选择筠连镇、腾达镇、塘坝乡、巡司镇、武德乡、大雪山镇、团林乡、双腾镇、龙镇乡和高坎乡打造 10 个旅游特色乡镇，承担特色产业集中展示以及乡村旅游服务核心的功能，作为休闲农业与乡村旅游的中转站以及目的地，其发展意向如下。

——奇观峰丛·原野农耕·乡味筠连

依托其城郊接合部区位优势，宜昭高速、筠巡快速通道的交通优势以及古楼峰丛地质景观资源，凌云关、隐豹关和犀牛村古道等历史文化资源，结合旅游开发与新农村聚居点建设，通过招商引资的方式，发展地质景观奇观旅游和乡村生态游。在桂花村、普高村、石门村打造特色新村聚居点和旅游接待点，以配合古楼丛峰的生态保护和旅游开发；引导白鹤村、水塘村、联络村、真武村等发展生态观光体验农业，进行生态农庄式旅游开发。

——云上石漠·花海春风·观景腾达

依托区域内的生态资源、自然资源和历史人文资源，在中国云上石漠·春风花海景区开发基础上，组团式开发春风村落包括春风村、水茨村、向阳村、冒水村、千秋村等。通过果、花、茶等产业和特色业态新村的合理布局和旅游开发，示范带动芭茅坡森林公园休闲度假区、白凡滩—桫椤谷游览观光区、历史人文观光体验区、仙人洞景点等腾达镇乡村旅游开发。

——神游川滇·茶马古道·古韵塘坝

以银杏茶园生态观光旅游产业为本底，结合山涧溪水、鸟巢别墅、茶文化主题公园、竹博园、马术场、千鸟归林、荷塘湿地、文化新村、川南民居、茶马古道、高秆狮子非遗文化等打造高档休闲度假旅游目的地，挖掘"一街跨两省、一步三千年"的旅游特色。

——川红故里·温泉之乡·韵味巡司

依托筠连县最大规模连片的生态茶园和省内最大的温泉流量及泉群，进行特色乡村旅游开发，观樱花采春茶，泡温泉品茗香，垂钓、休憩、游乐巡司河，采摘芦丰红脆李，鉴赏新街香菊花，品尝黄坪黄皮梨，醉于杉林苗家酒。重点抓好银星万亩茶园培植，指导巡司天河温泉酒店第二期项目建设，结合芦丰新村建设，创新打造独具特色的森林温泉。

——水石相生·江南风情·荷香武德

依托巡司河上游支流，山涧泉瀑，山水奇石、植被郁郁葱葱等资源环境，开发云龙寺、高洞潦瀑布、茶马客栈遗址、石龙湖、石门子、五车书、㚻人洞、桃花岛等景点。以石龙湖为核心，依据映日荷花、游船采藕、金黄稻香等景观，因地制宜，打造极具江南风情的特色业态新村，以民居配套环境，独显特色；发动当地文人、书画爱好者，传承中华文化，融入乡村旅游发展建设中去，充分彰显文化武德的魅力。

——筠山之巅·林海雪原·怡神大雪山

围绕大雪山原始生态景区，依托景区内森林、瀑布、湿地、珍稀动植物资源以及沧背水、大海子、大雪山红军遗迹等景区景点为核心，在扩大林竹种植面积的基础上，引进业主发展乡村旅游。以筠山巅、林海、雪原为主题，发展乡村旅游产业。根据不同的时节，举办各种聚集人气的活动，以宣传推介大雪山镇乡村旅游特色品牌。

——云雾山湖·动情民歌·醉恋团林

以团林新阳村后沟水库为核心，结合周边杉新村、香樟村等特色村寨和生态农业发展乡村旅游产业，开发追呼泉、落水洞、风岩沟等景点。突出以云雾缭绕、湖光山色、游人泛舟、动情民歌、把酒共舞为特色，以浓郁的民族文化元素装点旅游软硬件设施，打响团林山水醉人、民俗醉人、美酒醉人的乡村旅游特色品牌。

——茶乡林海·神羊洞群·仙居双腾

以紫薇茶园、生态林竹、神羊洞群为双腾镇乡村旅游支撑，以生态观光农业为基调，以特色新村为亮点，以"中国地质天书"——神羊洞群为核心，在神羊洞群区域培植色彩层次分明的生态农业景观，配套完善硬件设施，打造集度假、探险、观光、体验于一体的乡村旅游品牌。

——高山平湖·避暑胜地·养生龙镇

以王家沟水库为核心，以山高、温低、景美、古朴、人文为乡村旅游亮点，以竹笋、蕨粉、野菜等原生态的美味农特产品吸引游客，将乡村旅游定位在避暑、养生，满足城镇人群需求生态、品味农家美食的心理追求，打造龙镇养生旅游品牌上。开展招商引资工作，将有实力的项目业主和客商引至龙镇，发展观光花卉，兴办农家乐、农家旅店等，增强乡村旅游发展、接待游客等能力。

——神奇梯田·千年古杏·美丽高坎

以高坎梯田的神奇景观为品牌，吸引喜欢采风摄影的游客直达梯田，观光摄影；以千年银杏古树、僰人文化等厚重的历史文化，吸引喜欢追忆古今的游客前往，探寻历史的痕迹；以银杏基地、生态林竹、高山老茶园等美丽的生态农业，吸引喜欢享受生态乡野生活的游客。围绕各自的主题，引导当地群众积极发展各具特色的农家乐、农家旅店。

结合筠连美丽乡村建设依托村域旅游资源，围绕新村、产业、景点以及历史文化四类村域特色，建设百个乡村旅游示范点（特色村）。

——特色新村类

腾达镇春风村、冒水、水茨、向阳、千秋,筠连镇燎原、水塘、联络、垫泥,塘坝乡柑子、幸福,孔雀乡中心,双腾镇沙坝、走马、酸草,龙镇乡龙塘、金狮,蒿坝镇高兴、高龙、高桥,高坪乡麻园、槐树、先锋、英雄,联合乡光明,大雪山镇安乐村,镇舟镇景阳,高坎乡五星,乐义乡白云,沐爱镇兴隆、棬坪、金鱼,团林乡杉新、新阳。

——特色产业类

腾达镇梨坪、官井、泉水、龙井、新合、海灯,筠连镇水源、白花、旗隆、中和、白鹤,双腾镇大山、苔草,蒿坝镇水龙,联合乡革新、红竹,大雪山镇马蹄、海湾,沐爱镇金溪、金龙、金坪、金坝、金銮,武德乡解放、小寨,巡司镇土房、和平、小河、道溪、黄坪、沙林,团林乡火花、香樟。

——特色景点类

筠连镇桂花、普高、瓦店、柏杨、石门、金星,塘坝乡新农、平阳、双田,孔雀乡新沟,双腾镇大兴,龙镇乡后溪、卜好,大雪山镇雪山村、顺景,镇舟镇前进、马家,高坎乡红花,维新镇沐阴、自由,武德乡共和,巡司镇银星、四方、芦丰。

——历史人文类

筠连镇玉壶社区(玉壶石碑、禹王宫)、真武村(真武庙)、红权村(登瀛古塔)、犀牛村(五尺道、凌云关),腾达镇官井村(文峰塔),沐爱镇荷花社区(老县衙四合院、烈士陵园),塘坝乡木映、川丰,孔雀乡鹿井,乐义乡花园,峨坪(火星山庙宇)、武德乡龙华。

结合筠连县生态农业标准化产业基地建设,以龙头企业或专业合作社牵头运作,选择交通区位较好,特色鲜明的农业产业基地,配置旅游接待设施,打造成休闲农业观光园区。到 2020 年,依托优势特色农业产业核心示范片,建设以茶叶、竹、水果、牧场为题材的主题休闲农业观光园区 8 个。

按照《四川省农家乐(乡村酒店)星级评定标准》大力发展农家乐,规范农家乐管理,选取产业基础扎实,自然资源独特的村庄新建星级农家乐,提升现有乡村旅游接待水平和服务水平。到 2020 年,建设星级农家乐 120 家,其中新建三星级农家乐 20 家。

(八)农产品加工物流业

结合筠连工业化、城镇化发展,以海瀛农产品加工园区为平台,依托现有资源和加工企业，围绕"特色农产品规模加工、主导产品精深加工、农副产品综合利用"三大重点，延伸产业链，提高农业附加值；加快招商引资并向农产品加工园区集聚，扶持鼓励龙头企业开发高标准、规模化、集约化、现代化的加工环节，着力构建生态农业加工体系，重点扶持茶叶加工、肉类加工、粮食加工、家具生产及生物科技研发等特色农产品加工业；鼓励加工企业采用"市场+公司+基地+农户"等多种模式，建设标准化农产品加工原料基地，促进农业与工业良性互动发展，充分发挥农产品加工业的助推器与发动机作用。到2020年，新引进培育农产品加工企业11家，力争全县农产品加工率达80%以上，农产品加工业总产值达到30亿元，新增加工产值上亿元的龙头企业2家、加工产值5 000万元以上企业5家，培育国家级龙头企业2家；培育省级以上龙头企业4家。重点推进茶叶加工、肉类产业加工、林竹产业加工、粮食加工、蔬菜加工等项目。

依托筠连特色农产品资源优势，按照市场化要求整合和优化配置农产品物流资源，构建以海瀛综合物流中心为核心，以乡镇农贸市场为基础，以农产品集散点为节点，以品牌专营店为拓展的物流体系架构，积极探索电子商务、冷链物流等现代流通方式；积极培育现代农业物流主体，发展第三方物流企业，鼓励农业中介组织、农户联合体、合作经济组织（协会）、产销地批发商、农村经纪人等从事农产品营销流通活动。到2020年，完善物流基础设施建设，建成以重点现代农产品物流企业为龙头的现代化公共物流信息服务平台和商品交易平台，形成层次清晰、相互对接、运作高效的现代物流网络；基本建成辐射川南滇东北的现代物流系统，县域现代物流框架基本形成。全县农产品仓储冷链能力达到3万吨以上，引进第三方物流龙头企业2~3家，力争将筠连县建成川南农产品物流基地和集散中心。重点推进海瀛综合物流中心、海瀛现代粮食物流中心、肉牛交易专业市场、乡镇农贸市场新建及改造工程、农产品产地集散点等项目建设。

五、产业支撑体系建设

（一）基础设施建设

按照"先通达、后通畅、逐步完善"的原则，增加农村公路的通达深度和通畅能力，进一步完善农村道路结构，提升乡村路网通达、通畅能力，显著改善农村道路条件，保证农产品及时、便捷地运输。到2020年，村道通村率达100%，村道硬化率达100%，满足农民生产生活需要。全面推进村道建设。村道是连接城乡经济发展的重要纽带，支撑着农村经济快速发展；全面推进村道硬化，提升村道通畅能力，促进生态农业和农村经济的发展。筠连村道建设需要进一步提升，到2020年，全县新建93.53千米，共硬化村道233.83千米，村道通村率达100%。持续推进社道建设。社道是连接农村内部单元的重要道路交通，支撑着农业规模化、产业化发展。筠连县需继续推进社道建设；到2020年全县拟新建社道200.5千米、硬化社道224.7千米。大力建设机耕道。机耕道是连接生产基地的主要道路，是提升基地发展水平的必要保证，筠连县机耕道建设发展较慢，道路密度较低。以农业标准化园区和示范基地建设为载体推进机耕道建设，到2020年新建机耕道800千米。

到2020年筠连县农田水利工程建设基本完善，达到初级水利化县的标准，人均工程利用水量基本达到180米^3/年，用水保证率达到90%；基本解决全县旱山村和缺水村的缺水问题，保证全县农业生产、粮食生产的用水需求。到2020年，新建山坪塘12口，整治山坪塘48口，新增库容约162万米^3，整治水库双河水库、金家沟水库、路拦坳水库和桂花水库4座，新增灌溉面积12.6万亩，改善灌溉面积5.4万亩。完成水库配套渠系整治52千米，完成水库配套渠系新建50千米，完成山坪塘配套渠系整治50千米，增加恢复灌溉面积5.6万亩，改善灌溉面积11.21万亩。围绕茶叶、水果、蔬菜等特色优势产业推广节水灌溉5万亩，提升水资源利用效率，促进产业良性发展。

采取因地制宜、分步推进的原则，结合金土地工程、农业综合开发、扶贫开发和梯田保护工程等项目，加快农村土地综合治理开发，因地制宜进行宜耕荒草地的开发，优化筠连县土地利用结构；继续实施"沃土工程"，抓好"五良"工程建设，改造中低产田，建设旱涝保收高标准农田，提升单位农田产出。到2020年，高标准农田总规模达15万亩。按照"田成方、林成网、路相通、渠相连、旱能浇、涝能排"标准化农田的基本要求，实行水、田、路、林综合治理，加强农田基本建设，高标准建设基本农田。到2020年，在双腾镇、筠连镇、塘坝乡与巡司镇实施土地综合整治8.04万亩，新增耕地面积约6 780亩。实施新一轮"沃土工程"，通过"增、提、改、防"四大措施，开展以测土配方施肥和秸秆还田为主的耕地质量建设；扩大有机肥、绿色生产和秸秆还田面积，增加土壤有机质含量，培肥基础地力；通过推广测土配方施肥、耕作制度改革、节水农业等农业新技术，提高耕地、肥料、水的利用率和利用效率，提高土地产出能力。到2020年，改造中低产田10万亩。

(二) 农业生产服务体系建设

完善以产业需求为导向、以农产品为单元、以产业链为主线，以综合试验站为基点的新型农业科技创新模式，推进筠连县具有特色优势的茶叶、肉牛、特色水果、蔬菜等生态农业产业技术体系建设。依托四川省农业科学院、四川省畜牧科学院、四川农业大学等科研单位和院校的合作，开展新技术推广、新成果转化、新产品中试的方式，建立"科研单位（院校）+地方政府""科研单位（院校）+企业""科研单位（院校）+推广机构"的新型"产、学、研"合作联盟，分年度制定科技合作计划；在茶叶、肉牛和水果等主产区设立若干个由推广机构及农民专业合作社、农业龙头企业等组成的区域试验站，有效链接科研体系、推广体系及生产单位的结合体，进行共性技术、关键技术的研究、集成、试验、示范和推广。到2020年，建成与省、市现代农业产业技术体系相衔接，支撑县域生态农业发展的产业技术体系。

加强乡镇农技推广机构建设，配备完善乡镇农技推广机构办公室、会议和培训室、档案资料室、农作物病虫害诊断室等基础设施，提升农技推广公共服务能力，构建"有先进服务手段、有优良专业人员、有规模示范基地、有严格责任制度、有稳定财政保障"的"五有"乡镇农业技术推广综合服务站。依托村级综合服务中心或专业合作组织（基地），加强村级农业科技服务站建设，明确专职人员从事农业科技服务。建立"科技人员直接服务到户、良种良法直接服务到田、技术要领直接服务到人"的科技成果快速转化通道，解决农业科技推广中"最后一公里"问题。到2020年，建设"五有"乡镇农业技术推广综合服务站18个，每个行政村至少有2~3名农技人员开展服务。

以生态农业发展和农民科技需求为导向，坚持政府主导和服务产业的原则，构建以农业广播电视学校、农业职业院校和农业技术推广体系为主要依托，广泛吸收高等院校、科研院所、龙头企业和民间组织参加，从县到乡镇互衔接、层次分明、支持有力的农民教育培训体系。到2020年，培训基层农技人员1 000人、新型农民2万人、农民实用技术8万人次。

围绕茶叶、肉牛、林竹、蔬菜、水果、粮油等农业产业的发展，依托四川农业科学院、四川农业大学和宜宾学院等科研机构和高等院校的科研力量，以改善和提高农产品品种结构、品质结构和优质安全为目标，以农业科技示范园、工厂化育苗中心、新品种引种品试区试基地为重点，以分布在各个乡镇的良种繁育基地为基础，构建筠连县农作物良种繁育体系。到2020年，全县良种普及率达到90%以上。围绕肉牛、生猪、家禽等畜禽养殖产业的发展，以改善和提高畜禽动物品种结构、品质结构和优质安全为重点，以原种场、良种场建设为重点，以布局在乡镇的扩繁场、人工授精站等良繁基地为基础，构建全县畜禽动物良种繁育体系。到2020年，全县 18 个乡（镇）新建或改扩建标准化黄牛改良配种中心站 18 个，新建基础母猪规模 500 头以上的种猪场 2 个，基础母猪规模 500 头以上的商品仔猪繁育场 5 个，人工授精配种中心站 10 个；新建或改扩建禽孵化场 4 个，年孵化雏禽 200 万只（羽）以上；新建或改扩建种兔场 2 个，年提供合格种兔 4 万只以上。

坚持"公共植保、绿色植保"的理念和"预防为主、综合防治"的植保方针，加强农业有害生物预警与监控体系建设，健全病虫害预测预报系统及检疫防治制度，根据病虫草害发生形势，科学制定综合防治方案，推进植保专业化防治，培育发展植保专业合作社。建立重大病虫害监测预警应急防控体系，对影响农业发展的重大病虫害防控，纳入公共安全范围，由政府统一组织防控，提高防治效果。加强有害生物综合防治设施设备建设，每个乡镇建立农业有害生物监测预警站 1 个，配备机动弥雾机、烟雾机等相应设施设备。贯彻"预防为主、防重于治"的方针，不断完善动物疫情应急机制，加快动物防疫基础设施建设，加强动物标识及疫病可追溯体系建设，提高养殖场区动物疫病源头控制能力，狠抓畜禽免疫、预警预报、消毒灭源、检疫监督、应急管理等综合防控措施落实，采取强制免疫、强制检疫、强制消毒、强制灭疫等措施，有效控制疫情发生传播。加强突发重大动物疫情防控体系建设，制定突发重大动物疫情应急处置预案，及时有效地预防、控制和扑灭重大动物疫情。加强乡镇畜牧兽医队伍管理，建立健全基层动物防疫员队伍，提高基层动物防疫队伍素质，积极探索基层动物防疫工作新机制。

整合农业服务资源，构建以市场信息服务中心为龙头、区域信息服务站点为基础的县、乡镇、村三级信息服务网络，在搞好县级农业信息服务设施建设的同时，重点加强 18 个乡镇农业信息网络设施建设，以乡镇为基础建立相应的局域网，并逐步向新型社区（新村）、龙头企业、合作组织、中介组织、专业大户延伸，实现筠连县与宜宾市、四川省及全国农产品市场网络互联和数据共享，逐步形成现代化的信息收集、加工、传输系统。以加快农业政策、科技、市场信息进村入户为目标，实施农村信息化"村村通"工程，加快农村科技信息"户"联网工程建设，不断完善农村科技信息"户"联网工程的服务内容和功能；加快农村"三电合一"信息服务工程建设，把电视、电脑、电话等信息载体有机结合起来，构建农村综合信息服务平台，拓展农村综合信息服务覆盖面，为农民提供及时、准确、便捷的综合信息服务，加快推进农村信息化进程。

按照"政府引导、市场运作、规范管理"的原则，探索建立以基层农机服务站、农机合作社、农机作业服务队等专业服务组织为龙头，以农机中介组织为纽带的农业机械社会化服务体系，逐步形成功能齐全、网络完善、纵横联系、方便及时的新型农机社会化服务体系,不断提高全县农业机械社会化服务水平。发展优势农产品生产机械化,因地制宜地向高效作物、设施农业、养殖业和加工业发展,围绕全县优势特色产业,积极引进示范推广保护性耕作技术、节约型农业机械化技术等农机作业新技术,提高农业机械利用率和利用效率。

农产品质量安全与标准化体系。根据国家、省市和行业现有农业生产标准,结合筠连农业产业发展情况,突出重点内容、主导产品和本土特色,按照产前、产中、产后标准相配套的原则,建立健全农产品品种、质量安全、生产技术规程、产地环境、检测方法等地方农业标准,大力推进农业标准化生产,并以无公害食品、绿色食品、有机食品、地理标志农产品产地认定和产品认证为重点,积极开展国家绿色农产品、有机农产品、地理标志农产品标志申报工作,通过制定和完善茶叶、肉牛、水果等主要农产品生产标准,提升产品品质。加强农产品质量安全检测体系建设,明确规定县、乡(镇)两级农产品质量检验检测机构标准、规模、人员设置、功能定位等,配备必要的检验检测设备,完善检验检测手段,提高检验检测能力;建立健全县、乡(镇)两级生产、加工、流通相衔接的农产品质量检验检测体系,积极倡导在农产品生产基地、批发市场、农贸市场开展农(兽)药残留等有害物质检测,示范推广速测技术,实现对农产品产前、产中、产后全程监控;加强农产品市场质量安全准入工作,定期或不定期开展农产品产地环境、农业投入品抽查、调研和监测,定期发布农产品质量安全状况。结合筠连农产品物流业的发展,加快农产品质量安全追溯系统和制度建设,按照从生产到销售每个环节可相互追查的原则,建立农产品生产、经营记录制度;通过加强农产品产地监管、农业投入品监管、农产品加工企业监管、农产品包装与标识管理、风险评估与预警机制管理、信息交流互动平台管理等系统建设,以及采用网络技术及其设备如条形码、RFID标签等对产品赋予"身份证"、追溯码,形成对农产品生产、仓储、分销、物流运输、市场巡检及消费者等环节数据采集跟踪,实现对农产品生产、销售、流通、服务全程监控管理。结合筠连农业产业发展需要,逐步形成以家庭承包经营为基础,专业大户、家庭农场、农民合作社、农业产业化龙头企业为骨干,其他组织形式为补充的新型农业经营体系;加大对醒世茶叶、好牛旺、乌蒙韵等龙头企业的扶持力度,落实财税、土地和金融等优惠政策;对符合抵押融资担保的龙头企业,优先向市农业融资担保公司推荐担保;引导和帮助龙头企业与农户建立紧密型利益联结机制,通过订单、合同等形式联结农户,保障产业稳定健康发展;积极扶持专业大户和家庭农场,整合技术、资本、人才等要素,推动中小企业提档升级、壮大规模,通过技术创新、延伸产业链等形式,力争在重点产业、重点区域培育一大批增收致富能人。到 2020 年，全县重点涉农企业达到 36 家，新发展家庭农场 120 个、专业合作社 20 个，培育省级专业合作示范社 5 个。

农村生态环境保护与建设。加强农业生产过程面源污染治理，示范推广节肥、节水、节药农业生产技术，提倡使用有机肥料和生物农药，减少农业生产过程中的环境污染；加强农作物秸秆等农业废弃物综合利用，推广秸秆覆盖还田、秸秆快速腐熟还田和机械化还田技术，从源头防治农业污染，实现农村家园清洁、水源清洁和田园清洁。加强规模化畜禽养殖场污染物排放治理，以城镇饮用水水源保护区和河流水域沿线养殖污染物排放防治为重点，划定禁养区、限养区，控制王家沟水库、后沟水库以及巡司河、镇舟河、定水河等重点水域、流域新建规模化畜禽养殖场；制定畜禽养殖场粪便、污水等污染物治理的法规和标准，提高规模化畜禽养殖场废弃物综合利用率与达标排放率，最大限度地减少畜禽养殖粪便等污染物对水体的污染。

根据筠连县农村实际情况，结合美丽乡村建设，科学制定聚居点环境整治；重点加强外向道路、村内道路，供排水设施、电话和广播电视设施、信息网络设施、生活垃圾收集处理设施、公共消防设施等基础设施建设。加强人畜混杂居住环境治理，整治村容村貌和露天粪坑；加强生活垃圾收集处理设施建设，按照"定点存放、统一收集、定时清运、集中处理"的原则，由各个聚居点分别收集，按照合理负担原则，由专业部门统一清运、集中处理。每个聚居点生活垃圾收集点按服务半径 100 米进行设置，收集后统一处理。在主要旅游节点修建满足需求的旅游公共厕所。

绿色生态网络建设。按照筠连美丽乡村建设要求，在全面推进新村建设的同时，充分利用村旁、宅旁、路旁、水旁及宅间空地种植绿色植物，以家庭庭院绿化为基础，以新村绿化、环村林网、公共绿地建设为重点，加强农村绿化美化生态新村建设。按照标准化基本农田建设要求，加强农田道路、渠系防护林网建设，重点加强农田道路两侧、后沟水库和王家沟水库灌溉渠系沿线防护林带建设，构建全县基本农田防护林网。利用种植业资源的饲料化，养殖业资源的能源化、肥料化，采用"牛（猪）—沼—果（菜、粮等）"等循环农业模式，以沼气工程为纽带，连接种植业和养殖业，形成种植业—养殖业—沼气—种植业循环链。以动植物产品加工为纽带，连接种植业与加工业、养殖业与加工业，形成种养业—农产品加工—精深加工—沼气工程—种植业—养殖业循环链；以种植业（茶叶、水稻、蔬菜、肉牛等）产品为主的种养加结合型农业循环经济模式，主要是以大米、粉条、酿酒等农产品加工的副产品生产饲料，发展畜禽养殖业。建设沼气工程、生活垃圾和污水处理站等设施，集成配套推广先进实用技术，推进人畜粪便、农作物秸秆、生活垃圾污水向肥料、燃料、饲料的资源转化；通过集成配套推广节水、节肥、节能等实用技术和工程措施，实现生产发展、生活富裕和生态良好的目标。合理利用自然资源、生物资源和人类生产技能，实现由物种、层次、能量循环、物质转化和技术等要素组成的立体模式的优化。结合筠连县种植业、养殖业的具体情况，发展"林下养鸡""林下蔬菜""林下中药材"和"茶—林"间作等立体农业模式。

（三）农产品品牌

实施品牌兴农战略，打造农特产品区域公共名牌和企业品牌，创新营销模式，加快特色品牌商标注册，促进农特产品企业增产增益、农民增收；坚持品牌化引领标准化、标准化推动产业化的建设思路，扶持和引导农民专业合作社开展"三品一标"认证。积极帮助农特产品企业和专业合作社开展无公害、绿色、有机产品认证，争创各级名牌产品和著名商标，提高农产品市场竞争力。拓宽农产品营销方式，加大传统媒体的宣传力度，鼓励和引导龙头企业、专合组织发展电子商务。到2020年，积极培育区域公共品牌，继续培育壮大筠连红茶区域和乌蒙肉牛等区域公共品牌，新培育具有地方特色品牌产品1~2个；鼓励特色农产品出口创汇，茶叶、水果等特色农产品出口创汇1亿元以上；鼓励企业在北京、重庆、成都和西安等大城市建立特色农产品直营店5个以上，设立专柜点20家以上；全县主导产业无公害认证率达100%、绿色产品认证率达30%。

第二节　叙永县现代农业发展

一、发展基础与条件

（一）地理区位

叙永县位于四川盆地南缘，云贵高原北端，地处川、滇、黔三省接合部，长江上游与赤水河上游之间。历为边陲重镇、商旅孔道、革命老区、巴蜀名城，素有"川南门户""鸡鸣三省"之美誉。县境东面与四川省泸州市古蔺县、南面与贵州省毕节地区、西面与四川省宜宾市兴文县、北面与四川省泸州市纳溪区等地毗邻；东北面与四川省泸州市合江县、贵州省赤水市，东南面与四川省泸州市古蔺县，西南面与云南省镇雄县、威信县，西北面与四川省宜宾市兴文县等地相接。地跨东经 105°03′~105°40′，北纬27°42′~28°31′。东西宽54.3千米，南北长94.9千米，辖区面积2 976.6千米^2。

(二) 资源条件

叙永县地处四川盆地与云贵高原的过渡地带，属娄山山系北缘的余脉，县内整个地势南高北低，最高海拔1 902米（罗汉林），最低海拔247米（观音桥），相对高差1 655米，按地貌划分：中山占53.2%，低山占33.9%，丘陵占12.9%。由于地貌受内外营力的作用，以叙永镇为界，南部为中山地貌，山岭纵横，山体下部沟谷陡峭，越过后山、海坝梁子一线，相对高差减小，地势较为平缓开阔，呈高原景观，县城北部为低山与丘陵犬牙相嵌，溪河密布，属低山、丘陵地貌。

叙永县属亚热带湿润性季风气候类型，年均温18.0℃，年平均降水量1 147毫米。气候温和，最冷的1月平均温度8℃左右，平均最低气温6℃；最热的7月、8月平均温度为27℃，平均最高气温32℃左右。受整个叙永的海拔由北向南递增的影响，呈现出北暖南寒、最南部干热河谷的立体气候特征，使得叙永县适宜多种作物种植。以后山、海坝梁子一线为界，北侧为暖湿气流的迎风面，热量丰富，雨量充沛，年降水量1 512毫米；南侧为背风面，因临近赤水河干热河谷，气候干燥，年降水量仅848毫米。

叙永县河流均属长江水系。因受地形地势影响，县境内溪、河发育完善，分布格局紊乱，主要的长江支流有永宁河和赤水河。永宁河起源于中部山区，由南往北纵贯中北部，经纳溪汇入长江，县内流长111千米；赤水河位于叙永县南部，永宁河的反背，东西横穿，流经贵州后，于合江县注入长江。其余还有古宋河、墩梓河、水尾河、倒流河等二级支流。全县常年可利用的溪河有33条（段）。普站王家河地下水已引出，建成冷水河引水工程，进行灌溉发电。地下水资源丰富，全县有浅层地下水4.24亿米^3。因水量时空分布不均，丰枯悬殊和区域性灾害严重。随着农业产业结构的不断调整，急需开发利用水资源，改善农业生产用水。

叙永县植被属川东盆地偏湿性常绿阔叶林亚带，娄山北侧东端植被小区。由于雨热条件优越，自然植被发育较好，植物种类繁多，根据《叙永县林业志》记载，仅乔灌木种类达79科，331种。原生的常绿阔叶林组成种类繁多，层片结构复杂，生长茂密，特别是山茶科、山毛榉科、樟科的植物十分丰富。有以杉、松、柏为主的针叶树9种，以樟、檫、喜树、泡桐、板栗为主的阔叶树40多种，有楠竹、绵竹、方竹等20多种，还有核桃、油茶、柿、桃、樱桃等经济树种。在马岭清凉洞、水尾画稿溪等地发现有成片桫椤树。丹山旅游区的1 000余株鹅掌楸为珍贵树种。

(三) 土地利用与土壤

叙永县辖区面积2 977千米^2。其中,耕地117.24万亩、园地6.06万亩、林地247.90万亩、草地22.13万亩,城镇村及工矿用地、交通运输用地、水域及水利设施用地、其他土地等共53.27万亩。

叙永县土壤主要为山地黄壤,其次是紫色土和水稻土。山地黄壤分布于海拔1 000米以上的中山地区,成土母岩为三叠系(除飞仙关组)至寒武系的砂岩、页岩、板岩等。由于矿物质的化学风化作用较强烈,故一般土体深厚,全剖面以黄色为基调,层次分化不太明显,呈微酸至中性反应,pH值5.5~7.0,有机质含量2.1%~7.9%,全磷含量0.08%~0.13%,全氮0.15%~0.40%,全钾3.6%~4.9%。紫色土分布于海拔1 000米以下的低山、丘陵区,由侏罗系和三叠系飞仙关组的紫色砂岩、泥岩风化发育而成。该土类在生物气候条件下,风化速度快,铝化度高,淋溶作用强,土层厚度一般40~90厘米,pH值5~7,质地多为壤土,含矿物质养分丰富,自然肥力高。

(四) 社会经济现状

叙永县行政区划为25个乡(镇),其中辖11个镇、14个乡(其中苗族乡3个,彝族乡2个),有230个行政村、1 657个村民小组,28个居民委员会、210个居民小组。全县总人口73.10万人,其中农业人口61.41万人,占总人口的84.01%。叙永县是乌蒙山特困地区片区县、国家级扶贫开发工作重点县、四川省一类革命老区。

叙永县劳动力38.95万人,占总人口的53.28%;从事第一产业19.72万人,占总人口的26.98%;常年外出务工劳动力14.09万人,占总人口的19.27%。作为国家级贫困县和山区,劳务输出仍是叙永县农民收入的主要来源,且外出务工的都是青壮劳力,空心村现象较为严重。

2013年,叙永县生产总值(GDP)实现84.09亿元,其中第一产业增加值18.99亿元,第二产业增加值38.85亿元,第三产业增加值26.25亿元,三次产业比例为22.6∶46.2∶31.2。

2013年,叙永县农业总产值实现30.53亿元,农、林、牧、渔和服务业分别实现16.58亿元、2.26亿元、11.1亿元、2 881万元和3 020万元。全县农民人均纯收入6 123元,其中工资性收入2 335元,家庭经营性收入3 245元。农村恩格尔系数 45.7%。

(五) 主要农业产业现状

2013 年,叙永县粮食作物播种面积 87.5 万亩(主要粮食作物含水稻 26.2 万亩、玉米 20.9 万亩、马铃薯 16.7 万亩、高粱 8.0 万亩、小麦 7.0 万亩),较 2012 年 107.7 万亩下降 18.8%。叙永县是赤水河流域鲜食精品甜橙果品生产基地县和四川省无公害农产品基地,现有果园 4 万余亩,年产量 600 万千克左右,主要品种有赤水雪橙、椪柑、苹果、桃、冰脆李、柚子、枇杷、樱桃等。叙永县是全国造林绿化先进县、世界银行贷款国家造林项目先进县、四川省速生丰产用材林基地县、四川省竹林基地建设重点、四川省林业产业十强县,2013 年全县林业用地 249.7 万亩,竹林面积 113.9 万亩,全县森林覆盖率达 53.8%。

叙永县畜牧业发展历史悠久,有久负盛名的川南山地黄牛、叙永水牛、丫杈猪、丰岩乌骨鸡、川南黑山羊等地方优良品种,是全国秸秆氨化养牛示范和商品牛生产基地县、国家优质生猪战略保障基地县、四川省生猪调出大县和四川省现代畜牧业重点县。

叙永县是全省绿色食品 A 级茶基地,是茶树的原产地之一,历来是泸州市产茶大县,种茶、制茶历史悠久。得天独厚的自然条件,悠久的种茶制茶历史,使茶叶产业成为叙永县农民增收的一个重要来源。全县茶叶基地面积 2 万余亩,年产茶叶近 40 万千克,主要产品有后山茉莉花茶、后山春螺、后山毛峰、草坪翠芽、红岩春茶等,曾获农业农村部和四川省优质农产品奖、中国西部"陆羽杯"金奖。

叙永县是四川省烤烟种植区划中最适宜区县之一,烤烟种植历史悠久,是全国优质烟叶生产基地县,所种植的烟叶曾八次荣获全国金奖,叙永优质烟叶已漂洋过海,远销欧洲。现全县有一半的乡镇(12 个)种植烤烟,种烟户达 12 580 户,烤烟常年种植面积 10 万亩。

(六) 农业基础设施现状

西南出海大通道 321 国道纵贯叙永县全境;叙威公路把叙永与云南连接在一起,川黔高速公路纳溪至叙永段使叙永与外界连接得更为紧密。近年来,叙永县农村道路交通飞速发展,公路基础设施不断完善。2013 年改建通乡、通村公路 176.4 千米,全县通车总里程达 2 882 千米。县内村组道路连接成网,初步形成了四通八达的农村交通网络。但是现有村组内部道路不足、机耕道、作业便道缺乏且质量较差、通畅率低,以土路为主,制约农业产品运出,远不能满足现代农业发展的需要。

(七) 经营主体现状

截至 2013 年底,叙永县有家庭农场 1 个,农民专业合作社 258 个,其中被认定的示范性合作社 45 个,参与农户 9 463 户。叙永县有市级以上农业产业化龙头企业 21 家,其中,农副产品加工龙头企业 16 家。初步建立了以三友打叶复烤公司、川天食品公司、马岭粮油、长窖酒业、泸州野植珍、金山林木业等为主体的农副产品加工企业 400 多家,其中,白酒、茶叶、屠宰、大米等十余类农副食品加工企业 100 余户。

二、SWOT 分析

(一) 优势 (Strengths)

优良的区位条件。叙永县地处川、滇、黔三省接合部,历来是川南黔北交通要冲,古时"永宁"历为川滇黔三省商贸集散地,具有优良的区位条件。叙永虽深处内陆,交通优势却十分突出,321 国道纵贯全境,是四川出海要道;叙蔺高速、宜叙高速正在加快建设,2016 年可全面通车;随着川黔铁路向南的顺利延伸,使叙永成为这条大动脉上的一座重要城市;由于与泸州集装箱码头近距离的联通,使滇东北、黔西北物资能通过叙永低成本流向四川,经长江通往全国乃至世界各地;距泸州航空港仅 100 千米,更让叙永形成了海陆空立体交通网络。

优越的自然生态条件。叙永县水资源丰富,林地资源丰富、森林覆盖面积 53.8%,拥有丹山、画稿溪、龙泉洞等众多生态景区,自然生态条件优越。叙永县地形地貌多样,海拔相对落差大,立体气候明显,适宜发展竹、水果、蔬菜、烤烟、茶叶等多种特色产业;光照充足、年均温高、昼夜温差大,各类特色水果品质、口感、外观俱佳,营养含量更丰富,商品性能优越;由于高山区夏季凉爽、雨量充沛,高山蔬菜以其错季节上市填补低矮地区秋淡季节市场空缺,市场竞争力极强。

农业产业具备良好的发展基础。叙永县 2013 年底粮食播种面积近 90 万亩、马铃薯产量为四川省第五;是全国优质烟叶生产基地县、常年种植面积保持在 10 万亩左右;是四川省竹林基地建设重点县、四川省林业产业十强县,林地面积近 250 万亩、竹林面积达 110 余万亩;是赤水河流域鲜食精品甜橙果品生产基地县,"赤水河水果"品牌潜力巨大;是全国秸秆氨化养牛示范和商品牛生产基地县、国家优质生猪战略保障基地县、四川省生猪调出大县，畜牧业占全县农业总产值的50%；农业产业初具规模，具备良好的发展基础。

（二）劣势（Weaknesses）

现代农业发展进程明显滞后。叙永县仍以传统农业为主，产值低，效益差，抵抗市场冲击的能力不够。小农业没有形成大市场，农产品未能做大做强，农业产业不具备特色，规模优势不突出，产业结构亟待优化调整。信息服务体系、"公司+农户""订单农业"等产业化合作模式发展还没有形成大气候，缺乏具有代表性的产业示范亮点，缺乏具有较强市场竞争能力的大型龙头企业和知名农产品品牌，农业产业化水平较低。

基础设施薄弱。农业基础设施薄弱，靠天吃饭的现象普遍存在。通村机耕道质量较差、通畅率低，田间生产道路缺乏，大量竹、菜等产品无法运出，已有田间生产道路狭窄，多为土路，制约产业发展。现有水利工程蓄引提能力占水资源总量的比例低于全国平均水平，已成水源工程渠系续建配套与节水改造滞后，农田灌溉"最后一公里"问题仍然突出，渠系水有效利用率低于全国平均水平，灌溉保障率低。坡耕地面积大，其中坡度小于6°的耕地面积仅占总耕地面积的9%左右；中低产田的比例较大，中低产田土占全县耕地面积的73.87%，且高产田土中仅2/3属旱涝保收的高产稳产田。

科技水平较低。农业科技投入力度太小，劳动生产率、土地生产率较低，农业科技人才十分缺乏，新品种、新技术推广运用不足，农业从业者综合素质不高，观念较为落后，思想不够开放，缺乏创新意识。受技术保障体系不健全，技术推广机制不完善、推广机构的公共服务能力弱、科技人才缺乏等多方面的影响，造成标准化技术、无公害技术、环境调控技术、病虫害防治技术、防疫技术、可持续发展技术应用率低，农业优势特色产业产量、质量和效益不高。

（三）机遇（Opportunities）

现代农业发展得到各级政策倾斜。2014年，中央一号文件出台《关于全面深化农村改革加快推进农业现代化的若干意见》，指出：进一步解放思想，稳中求进，改革创新，坚决破除体制机制弊端，坚持农业基础地位不动摇，加快推进农业现代化。要完善国家粮食安全保障体系，强化农业支持保护制度，建立农业可持续发展长效机制。这是中央连续11年一号文件聚焦"三农"，可以预见我国到未来更长一段时间，农业发展都将得到政策的大力倾斜。

"长江经济带"建设开始启动。2013年9月,国家发展改革委会同交通运输部在北京启动《依托长江建设中国经济新支撑带指导意见》研究起草工作,将从综合交通、产业转型、新型城镇化、对外开放、生态廊道和协调机制六个方面再造长江经济带。现在四川正深入研究作为国家丝绸之路经济带、长江经济带交汇点的战略定位和发展策略,打造新的核心经济增长极。叙永县地处长江经济带,将融入两大经济带联动发展,迎接新一轮发展机遇。

乌蒙山区扶贫攻坚连片开发。中共中央《关于深入实施西部大开发战略的若干意见》明确提出,把乌蒙山山区等集中连片特殊困难地区作为西部大开发规划和未来十年扶贫开发纲要的重点。根据《中国农村扶贫开发纲要(2011—2020年)》的要求,国家相关部委编制了《乌蒙山片区区域发展与扶贫攻坚规划(2011—2020年)》,指导乌蒙山区贫困地区连片开发;四川省委、省政府高度重视乌蒙山区扶贫开发工作,发布了《乌蒙山片区(四川部分)区域发展与扶贫攻坚实施规划(2011—2015年)》,计划以新村建设、基础设施、特色产业等七大工程为主的扶贫开发项目,总投资超过2 700亿元;这一系列的文件和规划将为区域经济发展带来大量的资金投入。

四川打造川南经济区新兴增长极。全省各地以党的十八大精神为统领,把省委经济工作会议提出的"多点多极支撑"的重大部署贯彻执行,推动四川加快实现由经济大省向经济强省的历史性跨越,努力与全国同步全面建成小康社会。川南城市群区位优势突出、工业基础坚实,拥有得天独厚的条件,在全省发展大局中具有特殊重要的地位和作用。川南经济区新兴增长极的打造,将为该区域的现代农业发展带来新的机遇。

(四)挑战(Threats)

产业转型升级的挑战。叙永县以传统农业为主的产业结构将面临产业转型升级的挑战。一是区域面积大、地形及气候复杂,产业种类繁多的现象难以改变;二是从传统种植养殖业向现代种植养殖业转型升级需要较长时间。

经济发展对生态环境的挑战。良好的生态环境是目前叙永农业发展的优势之一,而农地非农化的价值在短期内远超过农业生产的价值,农业比较效益低下,土地资源不断地向非农行业转移,用于非农业建设,布局也存在与科学规划不符的部分。特别是随着人口的增长,城镇建设、经济发展都会对生态环境带来一定的影响。如何在发展经济的同时,继续保持资源开发与生态环境保护的平衡,是必须认真应对的挑战。

劳动力结构性短缺的挑战。现代农业对技术人才的需求与农村劳动力整体素质不对称，而劳务输出仍是叙永县农民收入的主要来源，且外出务工的都是青壮年劳动力，过度依赖劳务经济，导致劳动力结构性短缺，产业调整将受制于劳动力数量和质量而难以快速发展。

三、发展战略

（一）发展策略

产业结构突破——继续推进结构调整，完善现代农业产业体系。立足叙永县资源条件及发展现状，结合政策导向及市场前景，调整产业结构，确立"稳基础、壮优势、优特色、兴拓展"的发展思路，构建"基础产业+优势产业+特色产业+拓展产业"的现代农业产业体系。稳定优化粮食、蔬菜两大基础产业，稳定粮食产量及增速、确保本地蔬菜供应的同时，提质增效，保障县域"米袋子、菜篮子"稳定安全；充分发挥区域比较优势，继续做大做强竹、畜牧、水果三大产业基础良好、竞争优势明显的优势产业；做优做精茶叶、烤烟、木本油料三大具有地域特色、增收潜力巨大的特色产业，以巩固产品特色，提升产品品质为重点，作为助农增收的重要补充；积极发展农产品加工物流业、休闲农业与乡村旅游两大拓展型产业，拓展农业功能、完善农业链条、提升农业效益，支持农业产业持续健康发展。

科技支撑突破——强化农业科技与人才支撑，提升现代农业发展水平。加快新品种与新技术的推广应用，提高农业生产规模化、标准化、产业化、市场化水平，推动传统农业向现代农业转变；壮大农业科技人员与农村人才队伍，推行和完善"专家大院""专家+协会+农户"、科技特派员等科技服务模式，加强县、乡、村三级农技推广和农技服务体系的建立，壮大基层农技队伍，积极开展农民培训，培育一批懂技术的职业农民，努力推进现代农业发展。

经营主体突破——重视培育和发展龙头企业、合作经济组织，提高农业产业化和规模化经营水平。着力发展适度规模经营，坚持以市场为导向，培育和发展一批经营规模大，科技含量高，辐射面广，带动力强的龙头企业、合作经济组织，积极推进产业化经营，坚定不移推进市场化改革，促进劳动力、资产、土地等资源要素的合理配置和高效利用，稳步推进资源资产化、资产资本化、资本股份化、农村城镇化改革进程，积极探索盘活土地资源存量。以龙头为带动，建设专业化、规模化、优质化、标准化的农产品示范基地，引领产业发展；鼓励农业龙头企业发展订单农业，建立合同生产基地，与农户建立起紧密的利益关系，发展多种形式适度规模经营。同时加快江门农副产品加工集中区建设,优化基础设施配套,创造良好的投资环境,引进一批特色企业,形成特色企业群。

基础设施突破——加强涉农资金整合,推进农业基础设施建设。整合农、牧、林、水利、扶贫移民、农业综合开发、"一事一议"、土地整理、新农村建设等项目资金,以及发展改革、科技、民政、国土、烟草、住建等部门的涉农项目资金,按照"渠道不乱、用途不变"的原则,集中打捆用于农村道路、农田水利以及耕地质量等农业基础设施建设,夯实产业基础,为农业发展创造良好环境和必要条件,减少自然风险和市场风险,降低成本支出,提高农业效益和经济收入。

品牌建设突破——着力品牌建设,增强农产品市场竞争力。坚持品牌化引领标准化、标准化推动产业化的建设思路,大力扶持和引导农民专业合作社开展"三品一标"认证,通过认证不断提高内部管理水平,提高市场开拓和竞争能力,实现优质优价。按照"区域品牌+企业品牌"的发展模式,加快特色品牌商标注册,实施品牌兴农战略,加大农产品营销宣传力度,显著增强产品市场竞争力。建立完善的农产品质量检测体系和追溯体系,保障农产品消费安全,提高农产品的知名度和美誉度,增强市场竞争力,提升农业效益。

乡村旅游突破——发展休闲农业与乡村旅游,拓展农民增收途径。坚持"农旅结合、以农促旅、以旅强农"的思路,以特色产业、民俗文化、生态环境等资源要素为依托,围绕主要交通干线和特色景点,以特色农业产业为基础,以新农村综合体、新村为服务载体,以现代农业休闲观光园为窗口,发展一、三产业互动旅游项目,提升一、三产业间的融合度,加快乡村旅游及休闲农业产业要素聚集,推进叙永休闲农业与乡村旅游产业发展,拓展农业产业的多功能性,经营品牌、经营村庄,摸索一条农文旅结合,生态绿色、一、三产业互促共进的发展路径。

(二)发展目标

按照发展"产出高效、产品安全、资源节约、环境友好"的现代农业发展总体要求,坚定不移加快转变农业发展方式,实现以生态农业、精细农业、循环农业、休闲农业为主要特征的叙永县现代农业有序发展、全面发展和科学发展,加快全县实现农业现代化进程,把叙永县建成乌蒙山片区山区现代特色农业基地、精准脱贫示范县、资源商贸物流基地、特色旅游目的地。

——农业经济总量持续扩张。到2025年,叙永县农牧渔业总产值达130亿元;农民人均纯收入达到2.2万元以上。

——农业物质技术装备水平显著提升。加大基础设施建设与生产示范,农业科技、农业机械化对农业增长的贡献率进一步提高，农业和农村信息化水平明显提升，带动叙永县农业装备水平明显提升。到2025年，灌溉水利用系数达0.5；农机化水平达70%，农业科技贡献率达65%，主要农作物良种覆盖率达98%以上。

——农业产业结构与功能不断优化。第一产业农产品供给有效保障，耕地利用率稳步提升；积极发展以农产品加工和乡村旅游为重点的农村二、三产业，优化产业结构，延伸农业产业链，高科技农业、设施农业和集约化养殖业占主导地位，农产品加工业与流通业日益完善，休闲农业和观光农业初具规模。畜禽规模化养殖比重达75%，主要农产品"三品"认证基地比重达95%以上，农产品商品化率达90%，乡村旅游收入达20亿元，农业生产组织化带动比重达90%。

——农业生态环境明显改善，环境竞争力大幅提高。农业生态环境保护指标达到国家级生态县标准。秸秆综合利用率达99%，养殖小区沼气池配套率达95%，规模化养殖场废弃物综合处理率达95%。

（三）空间格局

依托川黔高速、国道321和宜蔺贵高速等交通要道和地处三省交界的区位优势，根据叙永县自然资源条件、社会经济发展现状和农业产业基础，构建"一轴三核四区多点"的空间发展结构，形成发展要素集聚、产业特色突出、区域联系紧密的农业产业空间发展格局。

一轴：川黔高速现代农业发展示范轴线。按照"串珠成线、集中示范"的思路，以交通要道川黔高速沿线的特色农业核心示范基地、美丽新村、基础设施、景观节点等为支撑，串联出一条"产村一体"的现代农业发展示范轴线。

三核：以江门农副产品加工集中区为核心打造乌蒙山片区重要的农产品加工基地；以川滇黔商贸城为核心打造乌蒙山片区重要的农产品商贸物流基地；以赤水镇"叙永县现代农业（柑橘）园区"为核心打造乌蒙山片区特色旅游目的地。

四区：丘陵生态农业区、低山特色农业区、中高山特色农业区、河谷高效农业区。

——丘陵生态农业区

涉及县境北部与中北部9个乡镇。根据其自然条件和产业基础，调整和优化农业结构，稳定发展粮食生产，推行"千斤粮万元钱"粮经复合种植模式，努力提高复种指数和粮食单产；发展竹林、特色水果，推进"畜—沼—林（果）"种养循环模式和"林（果）—草—畜"立体种养模式，发展农副产品精深加工，创建以加工业为龙头,以基地为依托,农牧业协调发展;推进休闲农业与乡村旅游业及养老养生产业的发展。

——低山特色农业区

涉及县境中南部与西部7个乡镇。根据其自然条件,各优势产业和特色产业在该区域均有一定分布。因地制宜,稳定发展以优质水稻为主的粮食生产,充分发挥林地资源优势,坚持种养循环的发展理念,大力发展牛、羊等规模化养殖,适度发展烤烟、茶叶、水果、蔬菜、木本油料,并积极探索林下种植、林下养殖等多种经营,拓宽农户增收渠道。

——中高山特色农业区

涉及县境南部11个乡镇。充分利用环境优美、生态旅游要素丰富的优势,重点发展木本油料、高山蔬菜、烤烟、商品马铃薯等产业,加强对各种农业资源的开发利用和保护,建立多层次山区立体生态防护体系,发展林下养殖,合理调整粮经作物种植比例,稳步推进"烤烟—蔬菜"等轮作模式和"粮—菜"粮经复合模式。

——河谷高效农业区

涉及县境南缘赤水河流域河谷地带3个乡镇。拟在此区域充分发挥河谷区光、热、水资源丰富,地势平坦的自然优势,进一步完善农田基础设施,以水果产业为重点,以生态养殖、烤烟、木本油料为辅助,大力发展绿色、有机精品水果,开发以水果为基础的赏花、摘果农庄,结合以苗、彝民族文化体验内容的民族村寨,打造赤水河休闲农业产业带。

多点:建设"七大精品园""十一大核心示范基地"等精品项目,打造一批叫得响、有看点、能带动的农业示范工程,形成"多点"示范。

七大精品园:西部竹产业科技示范园、川南现代农业创新园、金桂生态农业和乡村旅游产业园、蜀山现代农业科技观光园、现代循环经济科技示范园、赤水河精品水果示范园、后山生态旅游观光茶园。

十一大核心示范基地:水果标准化示范基地建设、有机水果示范基地建设、有机水稻核心示范基地建设、高产高效竹林核心示范基地建设、高山蔬菜核心示范基地建设、设施蔬菜核心示范基地建设、优质早茶标准化示范基地建设、优质核桃产业核心示范基地建设、油茶优质丰产示范基地建设、商品马铃薯核心示范基地建设、优质烟叶示范基地建设。

四、产业发展任务

(一) 优质粮食

继续确保叙永县粮食安全和供需平衡,在稳定粮食作物播种面积的基础上,以提高单产和提升品质为重点,加强优良品种引进和推广,优化产品结构,依靠科技巩固提升粮食综合生产能力。依托高标准农田建设等项目,以优质稻、商品马铃薯为重点,扩大建设优质标准化粮食生产基地,大力发展有机粮食,提高粮食商品化程度,并在适宜地区推广粮菜轮作、粮油轮作等多季种植模式,提高复种指数,提高土地产出率。到2025年,叙永县粮食单产达到同期全省水平,保持93万亩以上粮食播种面积,总产能将达7.15亿斤(1斤=0.5千克)。

(二) 绿色蔬菜

充分发挥叙永县立体气候特色,以在南部高山地区大力发展效益较高的高山蔬菜为核心,在全县范围内大力推广"粮—菜"粮经生产模式,稳定优化绿色蔬菜产业发展,适度发展设施蔬菜。通过企业、合作社、家庭农场等新型经营主体,适当推进标准化蔬菜育苗,实现良种推广和管理技术提升;积极引导绿色、有机蔬菜基地认证。完善蔬菜产地交易市场、冷藏库、清选场所等必要的配套设施建设;以"百绿食品"为龙头,大力培育和引进蔬菜加工企业、销售商,开展订单销售、农超对接等方式,打通产业瓶颈。到2025年,蔬菜播种面积达30万亩,蔬菜良种化率达95%、商品化率达80%;建成高山蔬菜基地10万亩;年产食用菌5 500万袋。

(三) 生态竹

立足叙永县独特的竹资源,以江门20万吨纸浆厂、野植珍天然竹笋罐头食品厂等一批竹、笋加工龙头企业为依托,充分发挥其优势,以新建江门竹产业加工园区为平台,新建竹产业科技示范园区、竹文化博览园等重点引爆项目,将竹产业发展成叙永县的农业支柱产业。继续扩大竹产业基地面积,改造现有低产低效竹林,重点发展纸浆用材竹、笋用竹(及笋材两用竹)等高产优质的竹种;加大投入,改善竹区基础设施条件,尤其是交通状况,打破产业发展的瓶颈;引进食品加工龙头企业,打造"水尾大竹"品牌,作为叙永竹笋的拳头产品,带动笋用竹基地的建设;加强竹产品精深加工,开发竹纤维、竹炭、竹工艺产品、竹家具、竹建材等加工产品;依托百万亩竹林,大力发展生态观光旅游,打造"百里竹海"旅游名片。

到2025年，全县生态竹基地面积保持在140万亩。竹纤维产品、提取产品等精深加工得到大力发展，争取把叙永县打造成长江经济带区域乃至中国西南地区的竹产业强县之一。

(四) 生态畜牧

依托龙头企业，创新体制机制、实施品牌经营，实施"稳猪禽、兴牛羊、树品牌、保安全"的发展战略，发展现代畜牧业。调整畜禽结构，适当控制规模，转变养殖方式，稳定生猪养殖规模，主要提升规模化养殖率和出栏率，扩大牛肉和牛羊等草食家畜的养殖规模，加大规模养殖的比重，发展标准化养殖小区和规模养殖场；小家禽稳定规模的同时，加大土鸡养殖比重，提高商品率。按照"市场+公司（产业链龙头企业）+科研院所+专业合作社+家庭农场（大户）+金融保险机构"为主体的全产业链模式，集中力量建设一批畜牧重点项目，加强品种改良，加大疫病防控，注重技术培训，带动现代畜牧业发展，打造"雪山关（肉牛）、叙永水牛、丫杈猪、丰岩乌骨鸡"等地方品牌，严控粪污处理，推广种养循环，打造全国种养循环经济暨生态文明示范基地县。到2025年，生猪存栏80万头、出栏120万头，肉牛存栏25万头、出栏10万头，肉羊存栏30万只、出栏50万只，小家禽存栏600万羽、出栏1 000万羽。规模化养殖比重达到75%。

(五) 精品水果

以赤水河流域为核心区及适宜区，积极发展以甜橙、李为主，以桂圆、猕猴桃、梨、柚等水果为辅的精品水果产业，扩大产业基地规模，做大水果产业体量，重点发展"绿色有机、高端精品"晚熟鲜食商品果。以标准化生产示范基地为载体，推广果实套袋、水肥一体、前期控产等标准化生产管理措施，突出科技支撑，狠抓果品质量，打造"赤水河水果"区域品牌。以水果为基础的赏花、摘果农庄，以苗、彝民族文化体验为内容的民族村寨，打造赤水河休闲农业和乡村旅游产业带，塑造"花果赤水"的旅游形象。到2025年，新增麻城乡、观兴镇、枧槽乡3个万亩精品水果基地，建成10个1万亩以上精品水果基地，全县总规模达20万亩。以赤水河流域为核心区域，全县形成三个主要水果生产片区：北部兴隆—马岭—龙凤水果核心片（以桂圆、甜橙为主）、南部后山—枧槽—观兴—麻城水果核心片（以李、猕猴桃、梨、柿为主）、赤水河流域水果核心片（以甜橙、酿酒葡萄、李为主），辐射带动全县水果产业高速高效发展。

（六）优质早茶

围绕"特早、优质、高产"的发展思路，因地制宜地提升壮大叙永早茶产业，重点在后山镇、叙永镇、天池镇等产业基础较好的区域，通过新建无性系标准化茶园及改造中低产茶园，建设优质早茶核心示范基地，大力发展无公害、绿色和有机茶，进一步扩大生产规模、提早上市时间、提升产品品质、提高单产水平，同步推进无性系良种茶园发展、特早名优茶开发、龙头企业培育、茶叶品牌宣传、茶文化建设等，依托生态茶园发展特色产业乡村旅游。到 2025 年，优质早茶核心示范基地 3 万亩，全县茶园总面积达 10 万亩；有机认证茶园 5 000 亩。茶叶布局在海拔 1 000 米以下的中部浅丘、南部深丘区。根据资源条件优化布局，形成后山镇、叙永镇、天池镇 3 个核心示范乡镇。

（七）优质烤烟

巩固"全国优质烤烟基地县"地位，稳定种植规模，引导产业结构与空间布局优化调整，扎实推进现代烟草农业基地单元建设，支持密集型烤房建设，进一步改善烟区基础设施建设，提升烟叶生产技术水平，提升烟叶品质、彰显风格特色、树立叙烟品牌，提高烤烟产业比较效益；积极争取烤烟生产种植计划和政策、资金补贴，降低烟叶种植风险，促进叙永烤烟持续健康发展。坚持烤烟生产向适宜区域适宜土地和积极性高的烟区集中。建成分水—黄坭、观兴—石坝—水潦、麻城—营山、摩尼—赤水 4 个大型和枧槽—后山、合乐 2 个小型共六大优质精品烤烟种植基地。

（八）特色木本油料

紧密结合国家实施的天然林保护、退耕还林等生态林业工程项目，发展油茶、核桃等特色木本油料产业，发挥生态、经济双重功能。大力推进核桃品改工程，重点发展适宜本地的优良特色品种，推动叙永核桃产业发展。以龙头企业为依托，先建设示范基地、油茶优质种质资源收集与良种采穗圃、良种扩繁示范基地，大力发展油茶专合组织、家庭农场，逐步扩大油茶产业面积。通过全县长期不懈的努力，将油茶产业建设为全县优势特色农业经济产业。

到 2025 年，核桃产业面积不再增加，通过科技支撑，不断提升产业品质和效益。在现状基础上，以新建为主，鼓励当地农民调整种植结构，形成规模化种植，以南部乡镇为主，在分水镇、摩尼镇、赤水镇、黄坭乡、营山乡、麻城乡、观兴镇、枧槽乡、水潦乡、石坝乡、正东镇 11 个乡镇建设核桃产业基地 10 万亩，套种中药材、油料牡丹 10 万亩。

五、构建四大驱动引擎

（一）精品园区示范驱动

西部竹产业科技示范园。在水尾镇建设一个"产—学—研"相结合的现代高效竹产业科技示范园区——西部竹产业科技示范园，面积 5 000 亩。以生态、低碳为建设理念，园区为竹产业的发展提供优良竹种、新技术、新信息服务，展示现代高效木竹业新的经营模式，为成渝经济区发展生态林业、创汇林业，提高笋竹综合效益树立典范；在瞄准旅游的基础上，深度挖掘和弘扬竹文化，力争举办"竹文化节""笋文化节""竹酒文化"等活动，让国内外人士关注叙永和叙永竹产业，把园区打造成为西部地区现代高效木竹产业的示范基地及推广窗口。

川南现代农业创新园。以江门农副产品加工集中区为基础，占地 5 000 亩，以"区域性""生态牌""现代化"为发展战略，建设以农副产品加工区、现代农业技术研发区、农业会议中心、种业科技园、川南风情度假社区、川南田园乡村酒店等为内容的"川南现代农业创新园"，建设四川一流的现代农业企业集群、技术创新研发基地。

金桂生态农业和乡村旅游产业园。在叙永镇以金桂村为主建设 10 000 亩的金桂生态农业和乡村旅游产业园，按照农业产业示范、生态农业观光、乡村休闲度假、生态民居示范的功能定位，园区新建 3 000 亩标准化油茶种植基地，建成 300 亩油茶树育苗基地 1 处，利用山地和丘陵区域建立标准化山桐子示范能源林种植基地 2 000 亩，采用原生态养殖模式发展丰岩乌骨鸡产业，发展林下养殖山鸡、野兔、山羊，积极发展特种油料加工、原生态畜禽肉品加工、竹产品加工、蔬菜产地初加工等。

蜀山现代农业科技观光园。在麻城乡建设 5 000 亩的蜀山现代农业科技观光园，以原有蜀山生态食用菌园区为基础，扩大规模，大力发展设施蔬菜、有机蔬菜、高山蔬菜、生态食用菌等，以高效生产、技术示范、产业引领、科研转化、科技示范为主要功能。采用社区支持农业模式（CSA），开展订单生产、农超对接等生产销售模式。并依托农业产业基础，开发园艺观光、艺术体验、亲子休闲、农场采摘等旅游功能，打造农业景观公园，促进农旅融合互动。

现代循环经济科技示范园。按照"绿色特色、高端精品"的发展思路，在向林乡、合乐乡建设2个现代种养业循环经济科技示范园，总占地4 000亩。包括酿酒葡萄1 000亩（套种油料牡丹1 000亩）、金花茶1 000亩、红豆杉1 000亩、青钱柳1 000亩；发展种用川南黑山羊1万只、优质肉牛3 000头、林下生态鸡3万只；建设沼气池3 000米^3。主持建立符合国际标准的新农村循环经济试验示范基地，为带动乌蒙山区域发展循环经济树立典范。

赤水河精品水果示范园。赤水河流域海拔700米以下的干热河谷区，建设核心区域面积为10 000亩的赤水河精品水果示范园，引进企业，依托赤水河流域的甜橙、脆红李等水果产业基地，开发以水果为基础的赏花、摘果农庄，结合以苗、彝民族文化体验内容的民族村寨，打造赤水河休闲农业产业带。

后山生态旅游观光茶园。以后山镇原天元茶场为基础，建设生态观光茶园、茶家乐、茶博物馆、茶文化街等，打造2 000亩供旅游者参观游览、休闲度假、茶文化、茶加工工艺展示和体验的生态旅游观光茶园。将茶叶的采摘、制作、选水、煮茗、列具、饮用、礼仪以及茶诗、茶画、茶俗、茶歌、茶舞等全面渗透于旅游"吃住行游购娱"六大要素之中，设计创新多种符合旅游者需求的茶文化旅游产品，重点开发生态观光、养生度假、文化体验等高端产品。根据不同时令、节点，在春、秋产茶旺季，推出后山茶文化旅游主题活动，让游客充分享受叙永茶文化。积极开发茶文化旅游商品，如茶具、茶食、茶画、茶书法、茶工艺品、茶旅游纪念品、茶建筑、茶糕点等。

（二）农产品加工物流驱动

农产品加工。依托叙永县农业资源，优化农产品加工产业结构，以江门农副产品加工集中区为平台，围绕"粮油加工、畜禽加工、特色农产品加工"三大重点，加快招商引资并向农产品加工园区集聚，优先选择先进现代化加工工艺的企业，集中力量扶持领军型现代农业龙头企业上市，扶持鼓励龙头企业建设集约化、现代化的加工生产环境，加快泸州复烤厂异地技改、川天食品、川南黑山羊、东牛牧场、油茶等加工项目建设，提高精深加工水平和副产物利用率，降低资源消耗，着力构建现代农业加工体系。鼓励加工企业采用"市场+公司+基地+农户""企业+项目+农户"等多种模式，建设标准化加工原料基地，促进农业与工业良性互动发展，着力打造乌蒙山片区重要的农产品加工基地，提升农业经营效益。到2025年，新引进培育农产品加工企业30家，农产品加工业总产值达到30亿元。

农产品物流。按照市场化原则，通过招商引资，积极发展农产品物流业，构建以川滇黔边城粮油物流中心为核心，以乡镇农贸市场点为节点，大力探索电子商务、冷链物流等现代流通方式。积极培育现代农业物流主体，大力发展第三方物流企业，鼓励农业中介组织、农户联合体、合作经济组织（协会）、产销地批发商、农村经纪人等从事农产品营销流通活动。到2025年，引进第三方物流龙头企业2~3家，农产品物流业产值达到20亿元，力争打造乌蒙山片区重要的农产品商贸物流基地。

（三）乡村旅游驱动

以特色产业、民俗文化、优良生态环境等资源要素为依托，围绕主要交通干线和特色景点，以特色农业产业为基础，以新村、聚居点为服务载体，发展一、三产业互动旅游项目，配套旅游服务设施，积极举办各种乡村旅游节庆活动，开发旅游商品，拓展农业产业的多功能性，提升一、三产业间的融合度，加快乡村旅游及休闲农业产业要素聚集，推进叙永休闲农业、乡村旅游与养老养生产业发展，把叙永县打造成乌蒙山片区特色旅游目的地。到2025年，休闲农业与乡村旅游每年接待游客数量达650万人次，乡村旅游经营收入达20亿元。

结合叙永县山地景观、两岩地貌、盐岸文化、民族特色、木雕石刻文化、蜀文化与滇黔文化和特色农业产业布局，打造"一轴（百里"产村相融"生态旅游轴）两心（赤水河休闲农业示范核心、丹山画稿乡村生态旅游核心）四区（北部"百里竹海"乡村生态旅游区、中部"边城风情"乡村民俗旅游区、南部"清凉永宁"高山乡村休闲避暑度假区、南缘"花果赤水"特色农业休闲旅游区）"的休闲农业、乡村旅游养老养生产业空间布局。

根据叙永县的资源情况，按休闲农业旅游吸引物的不同把休闲农业旅游分为八种类型，分别是山地农业观光体验产品、农业科技展示体验产品、农家乐休闲产品、历史文化休闲度假产品、红色文化怀旧体验产品、苗族文化体验产品、原始森林康疗养生产品和山地避暑休闲度假产品。八种休闲农业旅游产品类型交叉可开发农事体验游、科普教育游、美食休闲游、历史文化游、民俗风情游、森林浴吧游、浪漫情调游、温馨亲子游、避暑休闲游、自驾野营游等特色旅游产品，单一类型组合在一起形成复合型旅游产品，可继续开发一日游、二日游、三日游等系列。

（四）品牌驱动

建立健全农产品质量安全标准体系。根据国家、省市和行业现有农业生产标准，结合本地特点，突出重点内容、主导产品和地方特色，按照产前、产中、产后标准相配套的原则，建立健全农产品品种、质量安全、生产技术规程、产地环境、检测方法等地方农业标准，大力推进农业标准化生产，积极开展国家绿色食品、有机食品、地理标志农产品申报工作，通过制订和完善农产品质量安全标准、质量认证标准和产品评价标准，提高农产品市场竞争能力。

建立完善农产品质量安全检测体系。加强农产品质量安全检测体系建设，明确和规定县、乡（镇）两级农产品质量检验检测机构标准、规模、人员设置、功能定位等，配备必要的检验检测设备，完善检验检测手段，提高检验检测能力；建立健全县、乡（镇）两级生产、加工、流通相衔接的农产品质量检验检测体系，积极倡导在农产品生产基地、批发市场、农贸市场开展农（兽）药残留等有害物质检测，示范推广速测技术，实现对农产品产前、产中、产后全程监控，实现"从产地到餐桌"的全程监控；加强农产品市场质量安全准入工作，定期或不定期对农产品产地环境、农业投入品进行抽查、调研和监测，定期发布农产品质量安全状况。

加强农产品质量安全认证。坚持品牌化引领标准化、标准化推动产业化的建设思路，大力扶持和引导农民专业合作社开展"三品一标"认证，通过认证不断提高内部管理水平，提高市场开拓和竞争能力，实现优质优价，在提高主导农产品质量安全水平的基础上，争创国家和省、市级名牌产品，引导主要产业区联合打造区域品牌。围绕畜牧、粮食、水果、蔬菜、竹笋、油茶等优势特色产业，着力推进无公害、绿色、有机基地和产品建设，重点发展无公害、绿色农业，适度发展有机农业，全县新增绿色农产品基地 7.5 万亩、有机认证基地 1.5 万亩、GAP 认证基地 1 万亩。到 2025 年，全县主要农产品基地无公害认证率达 95% 以上、绿色产品认证率达 30% 以上、有机产品认证率达 5% 以上。

打造知名品牌。按照"区域品牌+企业品牌"的发展模式，加快特色品牌商标注册，实施品牌兴农战略，打造"赤水河水果""雪山关肉牛""川南黑山羊""丰岩乌骨鸡"等区域品牌，打造"大土土有机大米""红岩香米""三块薯""水尾大竹笋""金花茶""野植珍竹笋""百绿食品"等一大批企业品牌。加大在报纸、电视、外墙等传统宣传媒体的营销宣传力度，拓宽叙永县农产品营销方式，鼓励和引导龙头企业、专合组织，参加各地举办的各种农博会、展销会、商贸洽谈会等活动，如西博会、旅发会、糖酒会等，充分利用电商平台、移动终端等新媒体推广营造高端品牌形象，扩大叙永县农产品的知名度和影响力。到 2025 年，启动实施叙永县"农业品牌建设"行动计划，申报国家地理标志产品 1 个，扶持企业打造中国驰名商标 3 个，发展四川省、泸州市著名商标和知名品牌 15 个。

六、产业发展支撑

(一) 农业基础设施工程

针对叙永县水利设施薄弱环节,加大水利设施投入力度,加快高标准农田区外的灌区配套和节水改造,推广农业节水设施和节水技术,增强水资源的综合利用率,扩大有效灌溉面积,增强农业抗灾能力。以水源工程、重要引调提水工程、中小型灌区续建配套工程、"小农水""五小水利"工程为重点,采取"蓄、引、提"相结合的措施,在示范、引导的基础上,大力推广微灌、滴灌、喷灌等现代高效节水灌溉模式,切实解决工程性和局部资源性缺水问题,提高水资源利用率,降低自然灾害损失,促进农村经济社会持续稳步发展。到 2025 年,新建大型水库永宁水库,新建红岩水库、倒流河水库、清水河水库 3 座中型水库和高木顶等 6 座小型水库;通过对天河灌区、高木顶灌区、安基屯灌区等 11 个中型灌区进行续建配套和节水改造工程,新建和整治渠道 482 千米,新增灌面 13.12 万亩,改善灌面 7 万亩。

以推动产业发展为核心,重点解决通村通组公路硬化率较低、产业基地生产道路缺乏等问题,科学规划农村公路网络,加大农村公路建设投入,大力开展通村通组道路、机耕道、田间生产道路建设。加强农村公路与干线公路网的有机衔接,同时坚持统一规划,交通及旅游部门共同指导旅游点做好交通标识和引导标志,建设旅游点停车场及客运系统,形成对产业发展的有力支撑,建立和完善农村公路、道路管护的长效机制。以改善农业标准化园区、示范基地交通条件为重点,大力建设机耕道、田间生产道路。到 2025 年,全县新建、硬化村道社道 1 200 千米,村道社道通达率 100%,村道社道硬化率达 100%;新建机耕道 1 000 千米、田(林)间生产道 3 000 千米,田间生产道路总里程达 5 000 千米以上。

落实最严格的耕地保护制度,增加耕地与提高耕地质量并重,以促进现代农业发展为目的,落实补充耕地任务,增加有效耕地面积,提高耕地质量,实现耕地数量、质量和生态管护的统一。结合国家农业综合开发项目,大力建设高标准农田,有序开展、整村推进田、水、路、林、村综合整治,土地利用结构和布局得到优化。加大土地综合整治力度,实施"金土地工程"和"沃土工程",通过土地开发整理,增加有效耕地面积;改造中低产田土,推广测土配方施肥,减少化肥使用量,鼓励使用农家有机肥,增加土壤有机质。实施沃土工程,落实基本国策,切实保护耕地,贯彻耕地总量动态平衡的要求,建立耕地质量动态监测体系,实现耕地质量动态管理，做到土地资源的可持续利用。到 2025 年，累计建设高标准农田 30 万亩，每年建成高标准农田 2.5 万亩；实施农用地综合整治 120 万亩，新增耕地 12.5 万亩；改造中低产田土 80 万亩。

(二) 农业生态环境工程

进一步巩固天然林保护工程、退耕还林工程成果，发展经济林果，提高森林覆盖率。积极推进道路、河流和农田生态林网工程建设，坚持退耕还林与农业产业结构调整相结合，加快推进竹、木本油料等环境友好型林业产业项目建设。加强森林火灾、虫灾管控，建设生物隔离带，维护现有的森林可持续发展。在大片农业产业基地周边种植防风林，抵抗农业灾害，同时提升林地面积。全面开展环境生态乡镇创建工作。加大石漠化地区综合治理力度，推行工程修复和生态恢复相结合的治理模式。因地制宜修建水利水保工程，加强坡耕地改造工程，提高地表渗透能力，增强蓄水保土、抵御自然灾害的能力。对于坡度大于 25°的地块严禁直接进行农业开发，如需利用必须采用坡改梯，建设护坡等措施先保护后开发，有效控制水土流失。加大水体保护力度，提高涵养水源、保持水土的能力，保护生物多样性。减少污水排放、提高污水处理能力，加强地下水保护，严格地下水开采利用管理。在不破坏周边生态环境的基础上，大力修建水库、大坝、蓄水池、山坪塘等蓄水工程，积极实施节水灌溉，提高水资源利用率。

探索实施农膜回收、有机肥、低毒低残留农药使用补助政策，治理土壤污染，加强农村垃圾和畜禽粪便资源化利用处理，夯实绿色经济发展的生态基础。对产业废弃物进行能源化、肥料化、饲料化、材料化利用，减少直接排放造成的水、土、大气污染。构建产业间的废弃物利用循环链，形成闭合的资源循环链，如种植业秸秆、边角料等的废弃物，经过粉碎发酵等手段，通过畜牧业形成有机肥还田。推广节地、节水、节肥、节能等资源节约型技术，构建"畜—沼—果（林）""畜—沼—粮（菜）""稻—鱼""林下养鸡"等生态循环经济模式，减小环境负荷，实现农业生产无害化和农业废弃物的资源化。推动以沼气为主的"一建三改"和大中型养殖场沼气工程建设。推进清洁田园、清洁水源和建设生态家园，加快生态文明美丽叙永建设。

(三) 农业科技支撑

依托四川省农业科学院、四川省畜牧科学研究院、四川农业大学等科研单位和院校的合作，开展新技术推广、新成果转化、新产品中试，建立"科研单位（院校）+地方政府""科研单位（院校）+企业""科研单位（院校）+推广机构"的新型"产学研"合作联盟，分年度制订科技合作计划；以叙永特色优势产业粮食、畜牧、竹、水果、蔬菜、木本油料等为重点，加快原始创新、引进消化吸收再创新，力争在作物种植模式及配套栽培技术、良种培育、地力提升、作物丰产优质安全、加工贮运、绿色防控等方面取得自主创新成果。在产业主产区设立若干个由推广机构及农民专业合作社、农业龙头企业等组成的区域试验站，有效链接科研体系、推广体系及生产单位的结合体，进行共性技术、关键技术的研究、集成、试验、示范和推广。

加强乡镇农技推广机构建设，配备完善乡镇农技推广机构办公室、会议和培训室、档案资料室、农作物病虫害诊断室等基础设施，提升农技推广公共服务能力，建设"有先进服务手段、有优良专业人员、有规模示范基地、有严格责任制度、有稳定财政保障"的"五有"乡镇农业技术推广综合服务站25个。依托村级综合服务中心或专业合作组织（基地），加强村级农业科技服务站建设，明确专职人员从事农业科技服务。探索建立"科技人员直接服务到户、良种良法直接服务到田、技术要领直接服务到人"的科技成果快速转化通道。

加强基层农技人员队伍建设。一是加强农技推广岗位证书培训。强化新进入人员、现有在岗人员农技推广岗位证书培训，将其作为乡镇农技人员竞聘上岗、职称评聘的重要依据。二是强化知识更新培训。与粮食生产能力提升工程、现代农业产业基地建设工程、测土配方施肥、农产品质量安全、农机化示范县和现代畜牧业重点县建设等农业重大项目结合，持续开展基层农技人员知识更新培训。三是实施骨干人才培养计划。组织骨干农技人员参加全国农技推广骨干人员培训班、国家现代农业产业技术体系实地研修，围绕本地农业主导产业发展需要，培养基层农技推广领军人才。四是开展优秀农技员评选活动。结合四川省农业农村部门"万人进万村联万户技术走基层"活动，对贡献突出的农技人员授予"优秀农业技术人员"称号，激励广大基层农业技术人员干事创业。到2025年，培训农技员1 000人。

（四）生产服务体系

农作物良种繁育体系。依托国家、省市农业科研院所、高等院校的科研力量，围绕竹、烤烟、粮食、畜牧、水果、蔬菜、茶叶、木本油料等优势、特色产业发展，以改善和提高农产品品种结构、品质结构和优质安全为目标，以现代农业科技示范园、大棚育苗中心、新品种引种品试区试基地建设为重点，以育苗基地、制种基地为基础，构建全区农作物良种繁育体系，到2025年，叙永县主要农作物良种覆盖率达到98%以上。在龙凤镇头塘村建立优质水果苗圃区300亩，以甜橙（荷尔脐橙新系、福本脐橙、台湾椪柑、不知火杂柑等）、李（脆红李、凤凰李、冰脆李等）、梨（韩国甜脆黄金梨等）为主要品种。其中，引种母本园50亩，繁殖区250亩；每亩每年出圃1万株，合计年出圃优质容器苗300万株，为全县水果产业提供优质无病毒容器苗。坚持良种化、市场化方向，注重品种合理搭配。以福鼎大白茶、福选九号、名山131、乌牛早、清心乌龙等特早或有性群体种为主。特别是高山生态茶场，为保留产品特色与资源，发展川小叶品种整体优势更加明显，更能凸显原生态。同时，适当引进新品种，在后山镇天元村建立良种茶苗繁育基地，建设200亩无性系茶树良种苗圃繁育基地，为周边地区老茶园或新建茶园提供优质种苗。

畜禽动物良种繁育体系。围绕牛、羊、生猪、土鸡等畜禽养殖产业发展，以改善畜禽动物品种结构、品质结构为目标，建设标准化优质母猪繁育场1个（叙兴种猪场），以乡镇扩繁场为基础，构建生猪良种繁育体系，推广长白、约克、杜洛克、PIC、托佩克等优良品种；建立肉牛养殖联盟1个，以兴隆乡泸州市川天食品有限公司、叙永县落卜镇东牛牧场、摩尼镇泸州市三园汇科技发展有限公司为核心，通过以合作社为中介从肉牛繁育基地引进优质肉牛，采用工厂化方式进行育肥饲养，同时向基地农户提供母牛及仔牛，构建牛良种繁育体系，推广西门塔尔、短角牛、安格斯等品种；以四川景盛生态农业有限公司为核心，建立肉羊养殖联盟1个，以乡镇或企业种养扩繁场为基础，年出栏300只、100只、50只以上繁育基地各200户/年，构建羊良种繁育体系，推广川南黑山羊、南江黄羊、简阳大耳羊、建昌黑山羊等品种。积极保育和推广川南山地黄牛、叙永水牛、丫杈猪、丰岩乌骨鸡等地方优良品种。到2025年，全县生猪良种率达到95%，羊良种率达到80%，牛良种率达到80%。

疫病防控监测体系坚持"公共植保、绿色植保"的理念和"预防为主、综合防治"的植保方针，加强农业有害生物预警与监控体系建设，建立健全病虫害预测预报系统及检疫防治制度，根据病虫草害发生形势，科学制定综合防治方案，提倡农业防治、生物防治、物理防治，减少或不用化学农药防治，大力推进植保专业化防治，培育发展植保专业合作社。建立重大病虫害监测预警应急防控体系，对影响农业发展的重大病虫害防控，纳入公共安全范围，由政府统一组织防控，提高防治效果。加强有害生物综合防治设施设备建设，每个乡镇建立农业有害生物监测预警站1个，配备机动弥雾机、烟雾机等相应设施设备。

贯彻"预防为主、防重于治"的方针，不断完善动物疫情应急机制，加快动物防疫基础设施建设，加强动物标识及疫病可追溯体系建设，提高养殖场区动物疫病源头控制能力，狠抓畜禽免疫、预警预报、消毒灭源、检疫监督、应急管理等综合防控措施落实，采取强制免疫、强制检疫、强制消毒、强制灭疫等措施，有效控制疫情发生传播。加强突发重大动物疫情防控体系建设，制定突发重大动物疫情应急处置预案，及时有效地预防、控制和扑灭重大动物疫情。加强乡镇畜牧兽医队伍管理，建立健全基层动物防疫员队伍，提高基层动物防疫队伍素质，积极探索基层动物防疫工作新机制。

农业机械化服务体系。按照"政府引导、市场运作、规范管理"的原则，探索建立以基层农机服务站、农机合作社、农机作业服务队等专业服务组织为龙头，农机大户为基础，农机中介组织为纽带的农业机械社会化服务体系，逐步形成功能齐全、网络完善、纵横联系、方便及时的新型农机社会化服务体系，不断提高全区农业机械社会化服务水平。大力发展优势农产品生产机械化，因地制宜地向高效作物、设施农业、养殖业和加工业发展，围绕全县主要产业，积极引进示范推广保护性耕作技术、节约型农业机械化技术等农机作业新技术，不断提高农业机械利用率和利用效率。加快农机具装备更新改造和升级换代，进一步提高全区农机化装备水平。根据叙永县地形地貌特点和现代农业发展要求，实行大中小型农机配套，示范推广各种配套农机具，引进先进动力机械及配套机具，做到一机多用、一具多能。到 2025 年，区域内耕、种、收综合机械化水平提高到 70%，全面推进示范区农业机械化。

农业信息服务体系。建立以农业和农村经济监测预警、市场监管和公共信息服务为主要功能的农业信息体系。整合农业服务资源，构建以市场信息服务中心为龙头、区域信息服务站点为基础的县、乡（镇）、村三级信息服务网络，并逐步向村、龙头企业、农民专业合作组织、中介组织、种养大户延伸，实现叙永县与泸州市、四川省及全国农产品市场网络互联和数据共享，逐步形成现代化的信息收集、加工、传输系统。鼓励企业、专业合作社等经营主体积极发展网络电子交易，拓宽营销渠道。在乡（镇）和重要中心村建立一批电商服务站，提供生产、流通、交易、竞价、网上超市等服务，促进"三农"经济发展。鼓励规模以上企业，采取"互联网+"模式，促进产业现代化发展进程。加快农产品质量安全追溯系统和制度建设，按照从生产到销售每个环节可相互追查的原则，建立农产品生产、经营记录制度；通过加强农产品产地监管、农业投入品监管、农产品加工企业监管、电子地图管理、产品包装与标识管理、风险评估与预警机制管理、信息交流互动平台管理等系统建设，以及采用网络技术及其设备如条形码、RFID 标签等对产品赋予"身份证"、追溯码，形成对农产品生产、仓储、分销、物流运输、市场巡检及消费者等环节的数据采集跟踪，实现对农产品生产、销售、流通、服务全程监控管理。

构建以区域气象观测站，农田小气候观测仪器共同组建的农业气象观测网络，基本实现对主要农业气象要素的专业化观测，为农业气象服务提供基础信息，进一步拓展农业气象情报、预报业务领域。特色农业、设施农业、养殖业等农业气象服务不断完善，提高农民利用农业气象信息安排农业生产活动和防御灾害能力。

（五）金融服务支撑

以现代农村金融制度创新和农业管理体制机制创新为动力，以构建高效现代农业金融服务支持体系为目标，加大农村金融资源整合力度，重点推进金融产品创新和金融政策创新，积极引进民间资本，以农村金融深化和制度创新促进和保证现代农业发展。

创新金融产品。试点设立村镇银行，鼓励发展农民资金互助组织或资金合作社等新型农村金融机构，落实鼓励有条件的农民专业合作社开展信用合作的政策，大力发展"小微"信贷等。引进设立1~3家涉农小额贷款公司、农业担保公司。重点探索担保方式创新，推进"信贷+保险""公司+农户""合作社+农户"、订单农业贷款等试点，全面拓宽农民融资渠道。逐步建立政府支持、合作组织经办、企业和农户广泛参加的保险保障体系。

强化金融支持政策创新。政府扶持成立相应担保公司，为农民提供贷款、种苗、技术，回收相关产品，解决农民在关键季节和关键环节的资金困难；建立涉农贷款风险补偿机制和奖励机制，对银行业金融机构当年新增涉农贷款和开展产品创新而产生的风险进行补偿，同时对涉农贷款增加较多的金融机构进行奖励；鼓励保险机构拓展农村商业保险业务，将精品水果产业、有机绿色蔬菜种植等列入保险范围；加强农村金融服务，增加农村金融服务软硬件设施，实施涉农税费网上扣缴工程和涉农民生资金直达工程。

建立多元化农业投融资体系。逐步建立起政府投入为导向，集体经济组织和农民投入为主体，社会各界投入为重要补充的多元化农业投融资体系。要成立建设融资担保公司，为农产品加工龙头企业、流通企业、种养大户、农民专业合作社提供融资担保服务，探索种养大户、农业合作社组织的产业和土地使用权担保融资途径。

建立特色农业发展扶持奖励资金。每年财政投入1 000万元，重点用于扶持奖励"集中连片种植粮油、林竹、果菜、规模养殖、农副产品深加工和流通"的经营主体。奖励积极申报无公害农产品、地理标志保护产品、绿色食品、有机食品、名优产品称号的企业、合作社、专业户、家庭农场。

第三节 兴文县蚕桑产业发展

一、发展基础与发展环境

（一）区位条件

兴文县位于四川省宜宾市南部，东南与泸州市叙永县相邻，南与云南省威信县相接，西连珙县，西北接长宁县，北与江安县、泸州市纳溪区毗邻，距厦蓉高速公路江门出入口23千米，距泸州机场100千米，距宜宾港口100千米。此外，宜—叙高速公路2016年通车，在兴文县内设有三个出入口；成—贵高铁2019年通车，在兴文设有全线最大的县级站。以上重大交通工程完工后，兴文县将成为川南门户的交通枢纽。

（二）自然条件

兴文县地貌山峦起伏，沟谷纵横，可分为槽坝、丘陵、低山、中山四种地貌类型，海拔275.6~1 795.1米；气候类型为亚热带湿润季风气候，无霜期长，四季分明，雨热同季，年均降水量1 234.7毫米，常年日照1 043小时；土壤类型以水稻土、紫色土、黄棕壤和新积土等土类为主。

（三）社会经济

兴文县面积1 373.17千米^2，辖15个镇（乡），总人口为47.39万人，其中农业人口41.65万人，苗族、回族、满族等少数民族5.1万人。现有耕地64.57万亩，林地88.47万亩，石漠化面积20.52万亩；2014年农林牧渔业总产值27.99亿元，农民年人均纯收入8 842元。

（四）蚕桑产业发展

2015年兴文县发种4.68万张，收购鲜茧205.76万千克，蚕农售茧收入7 601.27万元，比2011年增加5 541.1万元，每张蚕收入1 622元，比2011年每张蚕收入高629元，户均养蚕收入9 045元，比2011年增加5 168元。蚕桑产业的发展为实现全县 15 129 户贫困户脱贫致富奔小康提供了保障,桑蚕产业成为兴文县农业支柱产业和实现精准扶贫的重要路径。

"十二五"末全县养蚕乡镇已达 10 个,已建桑园 4.5 万亩,主要集中在五星镇、莲花镇、周家镇和九丝城镇 4 个乡镇,占桑园总面积的 90%。兴文县已成功打造 2 个年产万担以上的桑蚕重点乡镇,40 个年产值 100 万元以上的桑蚕基地村,其中 400 万元以上村 1 个,300 万元以上村 3 个,200 万元以上村 5 个。

"十二五"期间,兴文县在科技养蚕方面成效显著,获得了"省力化养蚕自动上蔟多功能蚕架""方格蔟简易采茧器"和"小蚕共育简易收蚁法"三项专利证书;兴文县分批养蚕技术荣获 2013 年宜宾市科技进步奖一等奖。全县大蚕养殖省力化,熟蚕上蔟自动化率 95% 以上,小蚕共育和简易收蚁法 100%,基本实现了"小蚕共育工厂化,大蚕养殖省力化,熟蚕上蔟自动化,基地建设标准化"的生产模式,养蚕单产、质量、效益明显提升。

目前全县有市级龙头企业——兴文县石海茧丝绸有限公司,注册成立了兴文县石海穗丰富民蚕业专业合作社,合作社下设 4 个工作站,各蚕业村成立工作小组,成员 2 200 人。通过多年探索基本形成"企业+蚕农""企业+共育户+蚕农"等产业化经营模式。龙头企业负责桑园管理、小蚕共育、大蚕饲养等各阶段的技术培训,同时派出专业技术人员下村,巡回联系共育户和养蚕大户,形成产前、产中、产后一条龙的服务体系。在蚕茧收购方面,实行"议评收茧"和最低保护政策。

(五)存在问题

基础设施建设依然薄弱。近年来,尽管兴文县对蚕桑产业投入有所增加,但是仍显不足,蚕桑基地多分布在山区和深丘地区,道路仍以毛坯路为主,机耕道、生产便道建设不足;水利设施缺乏,抗灾减灾能力弱。落后的基础设施依然是制约产业发展的重要因素。

蚕桑生产成本不断上涨。近年来由于劳动力成本上升,农资价格上涨,栽桑养蚕成本快速增加,而蚕茧、生丝、绸等价格增幅缓慢;随着生产成本上升,抵御市场风险的能力减弱。而且蚕桑面临病虫害威胁,将削弱兴文县蚕业比较效益优势。

规模化经营水平有待提高。兴文蚕桑产业仍以家庭式经营为主,蚕桑户营规模较小;仍有农村家庭将蚕桑作为家庭的一项副业或兼业,劳动生产率、土地产出率较低。

劳动力结构性短缺。蚕桑产业属于劳动密集型产业,季节性强。当前农村青壮年劳动力大量外出务工,蚕桑从业人员素质较低,蚕业生产劳动力季节性、结构性短缺问题日益突出，严重影响良种、良法的推广。

二、发展战略

（一）发展目标

到"十三五"末，力争把兴文县建设成为产业优势突出，产业化水平高、产业链条完整的四川省蚕桑产业示范基地。其中，蚕桑优质茧示范基地3万亩、石漠化治理示范基地1万亩、产业扶贫示范基地1万亩、万亩亿元示范基地1个、桑产业乡村旅游示范基地0.5万亩、生态饲料桑示范基地1万亩。将蚕桑产业打造成为兴文县农业与农村经济的重要产业，承接产业结构调整及经济转型升级。到2020年，全县桑园面积达到10万亩，年养蚕15万张，蚕茧产量12万担，蚕桑产业综合产值达到2.2亿元，其中发展生态饲料桑1.5万亩、果桑0.5万亩（表8-4）。

表8-4 兴文县蚕桑产业"十三五"发展主要指标

序号	指标名称	单位	2015年	2020年
1	桑园面积	万亩	4.5	10
2	养蚕	万张	4.68	15
3	产茧	万担	4.1	12
4	良种覆盖率	%	—	100
5	机械化水平	%	—	60
6	共育户	户	146	506
7	种养大户（5万元以上）	户	96	296
8	蚕桑家庭农场	个	2	10
9	蚕茧收入	万元	7 601	27 000
10	桑园间种（含桑枝、养鸡）收入	万元		16 000
11	桑产业乡村旅游收入	万元		5 000
12	生态饲料桑收入	万元		2 000
13	蚕桑产业综合产值	万元	10 901	22 000
14	蚕桑专业合作社	个	1	5
15	蚕桑专业村	个	—	50
16	万担茧乡镇	个	2	4

(二) 发展布局

充分发挥自然条件优势，选择劳动力和土地资源丰富、群众积极性高的地区，按照因地制宜、突出重点、统一规划、集中连片的原则，合理布局蚕桑产业（表8-5）。

表 8-5 兴文县优质茧生产基地布局

序号	乡镇	累计桑园/亩	新建蚕棚/间	新建共育室/间	推广方格蔟/万张
1	大坝苗族乡	2 500	250	15	10
2	大河苗族乡	2 000	200	15	8
3	九丝城镇	20 000	1 500	60	80
4	莲花镇	15 000	850	40	65
5	共乐镇	5 000	500	40	20
6	五星镇	20 000	1 400	40	80
7	僰王山镇	3 000	300	15	12
8	太平镇	1 500	150	10	6
9	玉屏镇	2 000	200	15	8
10	周家镇	18 000	1 600	50	100
11	毓秀苗族乡	6 000	600	30	30
12	古宋镇	1 500	150	10	6
13	麒麟苗族乡	3 500	300	20	15
	合计	100 000	8 000	360	440

——桑蚕种苗基地布局。在兴文县的五星镇、周家镇各建设100亩桑苗繁育基地；在五星镇和周家镇各建设100户新蚕品种试养基地，保障全县优质桑苗的供应。

——优质茧生产基地布局。围绕"打造优质茧生产基地"的目标，新建桑园3.5万亩。发展壮大九丝城镇、周家镇、五星镇、莲花镇4个重点乡镇；稳步发展大坝苗族乡、共乐镇、僰王山镇等7个一般乡镇。

——桑树石漠化治理布局。在兴文县石漠化乡镇，周家镇建石漠化治理示范基地1万亩。

——桑树生态饲料桑布局。以大坝苗族乡、大河苗族乡、麒麟苗族乡、古宋镇4个乡镇发展生态桑1.5万亩。

——桑产业乡村旅游布局。在僰王山镇、古宋镇、麒麟苗族乡开展果桑带动乡村旅游示范栽桑基地0.5万亩，加快对桑枝、桑果等副产品的综合利用，着力延伸产业链条。

三、蚕桑良种繁育建设

利用兴文县龙头企业的技术优势，由龙头企业牵头，县财政每年安排配套资金，争取省市财政资金支持，在兴文县的五星镇和周家镇新建2个100亩桑苗快速繁育基地，承担"强桑1号""农桑14号""川桑48-3""川桑98-1"等改良桑树品种和抗病品种试验对比，选择兴文县最适宜品种；采用先进育苗技术，快速繁育适用于养蚕、饲料、桑果、石漠化治理等不同用途的优质桑苗，实现桑苗自给，保证兴文县桑蚕产业稳定持续发展。

通过"政府扶持、企业主体"，在五星镇和周家镇建设2个新蚕品种试养基地，对现行省内推广使用的"川山×蜀水"、雄蚕"秋华×平30""新锦苑×凌州"以及处于试验阶段的"抗病毒"等蚕品种进行试喂、试养，通过分析比较，选择适宜兴文县范围内养殖的蚕品种进行试养，保障兴文县蚕桑产业健康、可持续发展。

四、生态优质蚕桑基地建设

按照《宜宾市优质桑蚕茧生产技术规程》的要求，采取"农户投入+公司补贴+政府补助"方式，按"6215"模式，采用"175养型法"，实施标准化桑园建设；打捆安排农业、扶贫、发改、林业和水利部门资金，重点解决水、土、路等桑园基础设施建设问题；集中连片推进标准化桑园建设，建设培育蚕桑重点镇、专业村、种养大户；在五星镇、周家镇、九丝城镇、莲花镇、共乐镇等13个乡镇80个村500个片区新建设标准化桑园面积3.5万亩；在麒麟苗族乡、大坝苗族乡、古宋镇、共乐镇、僰王山镇打造生态饲料桑和桑产业乡村旅游面积2万亩。重点打造周家镇石屏村和九丝城镇新建村等20个蚕桑产业扶贫新村。

结合兴文县桑园建设情况及《宜宾市优质桑蚕茧生产技术规程》标准要求，配套完善共育设施、蚕棚、配置省力化蚕台、小蚕共育机和方格蔟新型蔟具等蚕茧生产设施；推广"省力化养蚕自动上蔟多功能蚕架""方格蔟简易采茧器"和"小蚕共育简易收蚁法"等技术应用，提高养蚕劳动效率，降低劳动力成本。结合桑园建设规模，新建标准蚕棚8 000间，总面积480 000米^{3}以上，配套自动化蚕架96 000个；新建小蚕共育室360间，新推广方格蔟440万片，新推广适宜蚕桑农机4 000台。

根据调查数据统计，兴文县石漠化面积约为 20.52 万亩，占总辖区面积的 9.96%，石漠化现象十分严重。2014 年，兴文县被列入新一轮国家石漠化治理规划，治理的力度将进一步加大。桑树种植是治理石漠化的有效途径，可以有效地保土固沙、改善生态环境、增加群众收入，具有其他产业不可替代的优势。到 2020 年，在周家镇开展桑树治理石漠化栽植示范基地 1 万亩，大坝苗族乡和大河苗族乡等乡镇开展生态饲料桑示范基地 1 万亩。

五、蚕桑资源综合开发利用

围绕"种桑养蚕打基础、综合开发提效益"的发展思路，拓展蚕桑产业功能，延伸产业链条，探索一条桑叶养蚕、桑园套种、桑枝加工等蚕桑产业综合发展之路，促进蚕桑产业可持续发展。

充分利用桑园时间和空间间隙，以套种矮秆作物为主，重点发展"桑树+花生（冬马铃薯）+根芥菜（冬大豆）"和"桑树+花生+兴文山地乌骨鸡"等套种模式，引导蚕农从单一种桑养蚕向以蚕茧生产为主体的立体农业发展转变，提高土地产出率。到"十三五"末，实施立体种养的桑园面积 4 万亩以上。

结合兴文县畜牧业发展布局，在石漠化区域、荒山、疏林以及田坎，引进优良饲料桑品种，发展饲料桑 15 000 亩，为牛羊产业的发展提供饲料。结合兴文县休闲观光农业发展，在城郊或交通便利区域以发展休闲农业的方式，建立果桑基地 5 000 亩，开展桑葚采摘，丰富休闲观光农业产品，促农增收。

引进（培育）龙头企业、建立专业合作社、鼓励农民利用桑枝资源，发展桑枝食用菌，建立桑枝食用菌生产基地；积极探索采用"桑—蚕—茧—菌—肥"循环农业模式和"蚕沙、菌渣—有机肥"生态环保模式，最大限度地避免资源浪费，增加蚕农收入、实现生态循环利用开发。

在种桑养蚕的基础上，探索拓展蚕桑产业功能，发展以蚕桑为主题的休闲观光农业；由龙头企业牵头，建设蚕桑产业科技园，配套建设南丝绸之路文化展馆，介绍南丝绸之路历史，展示蚕业、丝绸文化及蚕桑产品加工工艺；建设桑蚕养殖园，展示桑蚕生长、饲喂过程，设计游客养殖参与项目、参观区域。鼓励蚕桑专业合作社、家庭农场或种养大户从事休闲观光农业开发，建立桑果采摘、养蚕体验、桑蚕新品种新技术展示，开发农家风格的桑叶茶、桑叶面、蚕蛹等蚕桑主题农产品，丰富乡村旅游产品。

六、蚕桑新型经营主体培育

创新蚕桑产业经营体制，建立蚕业纵向一体化的利益联结与协调机制，以形成龙头企业、专业合作社、职业蚕农、家庭农场经营三位一体、优势互补、有机结合的现代蚕桑产业化经营体系，培育龙头企业、专业合作社、家庭农场、专业大户等新型蚕业经营主体。

通过"对外招商引资、对内扩能技改"等方式，拓展蚕、丝加工，延伸蚕业产业链条，积极发展桑植食用菌开发、探索蚕桑资源保健品开发等产业，提高产业发展效益。引导龙头企业提高技术水平、逐步扩大生产规模、壮大辐射带动能力，走规模化生产、集约化经营、链条型延伸和综合性开发的道路；支持龙头企业进行蚕茧加工扩能技改，配套装备蚕茧收烘站设备；对在技术创新、市场营销、品牌创建等方面有突出贡献的企业，给予重点扶持，促进蚕桑产业优化升级。在"十三五"期间，培育蚕桑省级龙头企业1家，引进桑蚕资源综合开发利用企业1家。

强化专业合作社连接龙头企业和蚕农的作用，形成"双方受益、互惠互利、风险共担、利益共沾"的利益联合体。通过"五统一"（统用良种、统一共育、统防病虫、统训技术、统供物资），解决好社员栽桑养蚕的服务问题。培育服务型合作社，实现由单一要素合作向劳动、技术、人才、土地、资金等多种要素合作方向转变；兴文县蚕桑产业专业合作社建设要与蚕桑专业村的建设相结合，新建蚕桑专业合作社4家，强化专业组织能力，增强融资能力。

按照"依法、自愿、有偿、互惠"的原则，引导农村土地承包经营权有序流转，鼓励和支持承包土地向专业大户、家庭农场流转，发展一批规模大、效益好的蚕桑经营大户，推进蚕桑产业集约化、规模化发展；抓好户有桑园30亩以上或者年养蚕90张以上的种养大户，或者户有桑园50亩以上，年养蚕150张以上的蚕桑家庭农场的培育工作，提升产业化、规模化经营能力，做到"能以产业富民，能以产业留人"；在"十三五"期间，新培育200户蚕桑经营大户、8个蚕桑家庭农场。

七、完善科技推广服务体系

强化产业技术支撑。加强与四川省农业科学院蚕业研究所、西南大学等科研单位的技术交流；组织专业技术人员到科研院所、发达地区进修学习，不断更新观念，增强创新意识，掌握系统的理论知识和专业技术，拓宽视野，以适应蚕桑业不断发展的需要。成立蚕业实用技术研究推广中心，根据县域的土壤、气候条件及蚕桑生产技术水平，引进新优桑树品种，推广小蚕共育机、大蚕省力化蚕台育、熟蚕方格蔟自动上蔟、病虫害综合统防统治等先进实用技术，缓解劳动力不足状况，促进蚕业增效、蚕农增收、蚕桑发展；探索研发养蚕、桑叶采摘和桑树修剪等自动化设施装备。

完善技术推广组织架构。强化政府引导，建立完善"龙头企业、乡镇蚕技站、村级技术服务点、蚕农（家庭农场）"四位一体的技术推广体系，充分发挥龙头企业技术管理优势，加大蚕业生产科技普及力度，做到科技人员到户、良种良法到园、技术要领到人。加强蚕桑实用技术培训。加大对蚕农的实用技术培训力度，通过理论与现场教学的方式，开展栽桑技术、桑园规划、大棚建设、桑园综合管理、省力化养蚕等基本知识培训；开展养蚕布局规划、消毒、防病、小蚕共育、大蚕饲养、方格蔟自动上蔟等养蚕技术培训；开展蚕病综合防治、蚕桑系列副产品综合开发利用、自动烘茧机、切桑机等机械的安全使用与维护等技术培训；到"十三五"末，发展蚕桑乡镇培训人数3万人次。

八、产业社会化服务提升

加强病虫害统防统治建设。建立桑、蚕病虫害预测预报机制，成立专门消毒队伍，配备专门消毒器具，开展病虫害预测预报和检疫工作。统一开展桑树的防病治虫工作，提高桑树单株产叶量和桑叶质量，减少桑病、蚕病交叉感染的机会。在蚕前、蚕中、蚕后的消毒防病工作中全面统一实施标准化、规范化操作，确保蚕茧质量和数量；到2020年，建立完善桑蚕病虫害预报点6个，组建消毒专业队伍50支，实现兴文县桑蚕病虫害统防统治面积95%以上。

搭建现代蚕业信息平台。将"互联网+"理念应用到蚕桑产业发展中，实现及时高效的蚕桑产业信息服务；由龙头企业与农业农村局、经信局等政府部门联合建立"蚕信通"信息平台，及时将气象信息、栽桑养蚕技术、桑园防虫害和家蚕防毒抗病等专业性指导信息、桑蚕品种和茧丝绸市场信息等最新资讯发到蚕农手中；建设"蚕信通"呼叫中心，实行呼叫中心专业服务，为蚕农提供实时咨询、电话接转、专家指导等专业服务。

第九章 大小凉山彝区产业发展路径实践探索

第一节 凉山州高山特色现代农业"百里产业示范带"

一、发展现状与条件

实施范围涵盖昭觉县内的 S307 沿线的普诗乡、碗厂乡、尼地乡、解放乡、洒拉地坡乡、四开乡、大坝乡、地莫乡、三岔河乡 9 个乡镇，同时辐射竹核乡、阿并洛古乡。布拖县内 X05 沿线的特木里镇、九都乡、木尔乡、拖觉镇、补尔乡、美撒乡、乌科乡、包谷坪乡、拉达乡、觉撒乡、沙洛乡、火烈乡、补洛乡、乐安乡 14 个乡镇。涵盖乡镇共计 4.06 万户，16.31 万人，现有乡村劳动力资源 8.99 万人。项目区现有耕地 32.69 万亩，以旱地为主，以传统种植业和养殖业为主，包括马铃薯、蔬菜、玉米以及肉牛、肉羊、生猪养殖；农作物播种面积 28.2 万亩，其中马铃薯 17.38 万亩，蔬菜 13 000 余亩；存栏生猪 10.14 万头，牛存栏 3.62 万头，羊存栏 20.11 万头；现有专业合作社 93 家，家庭农场 106 个，种养大户 71 户（表9-1）。

表 9-1 项目区基本情况

乡镇名称	乡村户数/户	乡村人口/人	劳动力资源/人	耕地/亩
普诗乡	1 676	7 865	4 932	19 581
碗厂乡	855	3 274	1 972	14 227
尼地乡	685	2 437	1 741	3 823
解放乡	1 492	5 900	3 089	15 053
洒拉地坡乡	2 218	8 472	5 602	29 405

(续表)

乡镇名称	乡村户数/户	乡村人口/人	劳动力资源/人	耕地/亩
四开乡	3 609	14 579	8 839	34 356
大坝乡	2 057	5 799	4 878	14 208
三岔河乡	706	3 052	2 183	6 325
地莫乡	3 950	14 041	7 980	30 494
特木里镇	3 557	17 865	10 406	23 583
乌科乡	651	2 116	1 142	5 789
九都乡	1 651	7 201	4 012	12 086
木尔乡	1 741	5 978	2 995	8 758
补尔乡	1 734	7 059	3 995	9 602
拖觉镇	3 232	13 989	725	14 921
美撒乡	1 059	4 209	2 938	6 133
觉撒乡	739	3 382	1 994	6 841
包谷坪乡	1 164	5 005	2 882	8 723
沙洛乡	1 038	3 682	2 247	7 835
拉达乡	1 245	4 877	2 564	6 513
火烈乡	2 066	7 568	4 200	24 665
补洛乡	1 258	5 583	3 052	9 033
乐安乡	2 231	9 226	5 541	15 028
合计	40 614	163 159	89 909	326 982

二、发展战略

(一) 方案布局

在对昭觉县 S207 和布拖县 X05 两条道路沿线区域进行调研的基础上，综合考虑农业资源禀赋、农业发展基础、农户种养习惯以及道路交通等因素，抓点示范、以点突破、连点成线、连线成片，构建凉山州昭觉布拖高山特色现代农业"百里产业示范带"的五大产业带，即马铃薯产业示范带、高山蔬菜产业示范带、生态家畜产业示范带、现代中药材产业示范带和苦荞麦产业示范带，示范带动周边乃至凉山州高山地区农业产业发展。

(二) 发展定位

在昭觉县 S307、布拖县 X05 等主要道路沿线，围绕马铃薯、蔬菜、肉羊、肉牛等产业，建设马铃薯产业示范带、高山蔬菜产业示范带、生态家畜示范带、中药材示范带和苦荞麦产业示范带；将"五大产业示范带"建成特色鲜明、产业集聚，功能多样、利益联结紧密、示范作用明显的凉山州农业供给侧结构性改革创新示范平台。

(三) 建设目标

到 2020 年，凉山州昭觉布拖高山特色农业"百里产业示范带"实现产值 50 134 万元，农民人均可支配收入达 10 815 元。示范带集成新品种 10 个，新技术 10 项以上，示范带动周边乃至凉山州高山地区农业产业发展。

——马铃薯产业示范带。到 2020 年，建设 4.95 万亩高产高效马铃薯种植基地；建设 100 亩种薯科技示范园，12 000 亩马铃薯生产基地，50 亩马铃薯机播机收试验示范；建设布江蜀丰现代农业科技示范园。

——高山蔬菜产业示范带。到 2020 年，建设设施蔬菜基地 4 300 亩，建设露地蔬菜 20 645 亩，建设稻菌拱棚"羊肚菌"生产示范 400 亩；推进洒拉地坡圣地花园建设，成立蔬菜专业合作社 3 个，加强种植技术培训。

——生态家畜养殖示范带。新建牛舍面积 10 000 米^2，配建运动场等设施，购买西门塔尔基础母牛 2 000 头以及种公牛 158 头。建设（改建）羊舍 11 800 米^2、引进凉山半细毛羊纯种公羊 265 只、引进凉山半细毛羊基础母羊 6 520 只、种植优质牧草 500 亩、改扩建化粪池、药浴池等附属设施；建猪舍 3 000 米^2、购买能繁母猪 300 头，配套猪场相关设施和器械。

——中药材产业示范带。建设中药材种植基地 10 900 亩，品种以附子、当归、草乌、续断为主。

——苦荞麦产业示范带。建设高山苦荞标准化生产示范基地 34 000 亩，以川荞 1 号、川荞 2 号、西荞一号等高产优质新品种为主。

三、产业发展重点任务

(一) 马铃薯产业

一是大力推进种薯良种化。以凉薯系列、青薯 9 号、米拉等抗病、优质、高产的菜用品种为主；加快脱毒种薯和良种更新换代步伐。抓好种薯生产，支持企业建设原原种、原种、生产种基地，推进种薯市场化，提高良种覆盖率。加强种薯繁育、良种推广、质量控制等关键环节的创新与管理。

二是大力推进种植规模化。推进土地经营权有序规范流转，培育专业大户、家庭农场、农民合作社、龙头企业等新型经营主体，实行适度规模经营和相对集中连片开发，提高规模效益。采取龙头企业和农民合作社建基地等多种形式，建设现代农业马铃薯产业园。

三是大力推进生产标准化。以马铃薯绿色高产高效创建为载体，坚持技术集成创新，全面落实"脱毒良种、适时早播、增施磷钾、平衡施肥、深松整地、双行垄作、合理密植、垄土三次、综防病虫、科学管理"40字技术要领，突出垄作栽培、病虫害绿色防控、机械化生产等关键技术，标准化生产面积占种植面积的70%以上。

四是大力推进经营产业化。加快建设马铃薯专业批发市场，培育产地市场。引导支持龙头企业、农民合作社、家庭农场、种植大户建立种薯、专用商品薯生产基地，壮大农民经纪人队伍，加强"互联网+马铃薯"的产销衔接模式。加强马铃薯贮藏设施建设。

五是大力推进营销品牌化。加强全国绿色食品原料马铃薯标准化生产基地监管和"凉山马铃薯"地理标志、证明商标管理使用，引导马铃薯加工企业申报绿色、有机食品认证。积极参加或举办有关马铃薯产业发展的大型节会，助力凉山州打造"大凉山马铃薯""中国绿色食品马铃薯之都"品牌。

（二）蔬菜产业

一是合理布局栽培模式、品种、茬口。示范带蔬菜种植包括露地蔬菜和设施蔬菜两种模式，其中，设施蔬菜包括越夏避雨栽培模式和标准大棚精准栽培模式；示范带重点发展茄果类、甘蓝类、叶菜类、根菜类等避雨设施蔬菜和露地蔬菜；推广越夏一大茬和"菜—薯—菜"或"菜—菌—菜"轮作模式，提高单位面积种植效益。

二是培育新型经营主体，扩大产业规模。培育种植大户、家庭农场、合作社、龙头企业等新型经营主体，引导建设一批规模化、规范化、标准化的蔬菜生产示范基地，发展适度规模的蔬菜种植。吸纳工商资本、撬动社会资金投入，采取直接投资、股份合作、订单农业等形式，建设一批带动型蔬菜基地。

三是强化科技支撑，提高发展水平。依托县、乡、村三级技术服务网络，充实和配强技术力量,强化田间地头服务指导。选择标准化程度高的生产基地作为培训基地,采取参与式、全过程培训形式,组织有意愿、有文化、踏实肯干的县乡农技人员、合作社技术人员、规模基地种菜大户进行集中实训。

四是延伸产业链条,增强市场竞争能力。推进蔬菜采后商品化处理,进行方便净菜、袋装蔬菜、真空保鲜蔬菜等鲜切蔬菜生产。依托企业和专业合作社建立冷库,提高外销蔬菜冷链运输和贮藏保鲜能力。创新农产品流通模式和业态,开展"农超对接""农校对接""农企对接""农餐对接"等多种形式的产销直供对接。

(三) 生态家畜产业

一是加强牧草生产。采用光叶紫花苕与玉米、苦荞或马铃薯轮(套)作,光叶紫花苕与果树间作,黑麦草与白三叶混播,黑麦草与水稻轮作等模式,开展优质高产的牧草生产;引导专业合作社或农户,利用稻田冬闲一季,开展牧草种植,提升单位土地产出效率,解决冬季缺乏青饲料的问题。

二是标准圈舍建设。鼓励和支持龙头企业、养殖专业合作社牵头打造标准化养殖场,结合脱贫攻坚打造肉牛、肉羊基地,缩短饲养周期,提高商品化率。推进养殖基地的良种化,养殖设施化,生产规范化,防疫制度化,粪污处理无害化和监管常态化建设。引导专业合作社、龙头企业建设标准化养殖场,推进凉山黑猪的集中式养殖,示范养殖新技术、新装备。

三是能繁母畜扩群。牛羊养殖结合脱贫攻坚工作,采取"赠畜""借畜还畜""1+1+1+1+N"(政府+扶贫单位+龙头企业+村集体+N 个贫困户)等模式帮助贫困户、贫困村草食畜产业发展。形成"公司(养殖、加工、营销或养殖专合组织)+基地+农户"利益联结机制。

(四) 中药材产业

一是建设种植基地。引进龙头企业或培育专业合作社,按照 GAP 标准,建立稳定的中药材种植基地,种植品种以附子、当归、草乌、续断为主;培育一批种植规模较大的中药材示范村;开展中药材种植技术培训。二是强化公司与农户的利益联结机制。探索建立"公司+农户订单联结模式""公司+基地+农户联结模式""公司+合作社+农户联结模式""公司+园区+农户联结模式",推进零星土地规模化,分散农户员工化,农业生产工业化。

(五) 苦荞麦产业

一是强化春荞种植。整合项目资金,加大投入力度,改善基础设施,建立规模化苦荞麦优质原粮基地，实施"苦荞标准化种植工程"。以培育苦荞麦种植大户、家庭农场、专业合作社、农业产业化龙头企业为着力点，推进适度规模经营，实现规模化种植、标准化生产，为企业提供优质原料。二是开展典型示范。依托国家项目，改善蓄水保墒、排灌和农业机械通行等条件，推广主导品种、主推技术，提高苦荞麦综合生产能力。挖掘生产潜力，加强轻型省工栽培技术和机械化操作技术的示范和应用，推广精量和半精量播种、合理密植、少耕免耕、深松整地、配方施肥等技术，强化良种、良法、良壤、良灌、良制、良机等"六良"配套，加强病虫害的预测、预报和防治。

四、产业示范带建设

（一）马铃薯产业示范带

马铃薯是凉山州确定的"1+11"特色农业产业体系之一，也是脱贫致富的重要产业。通过建立马铃薯高产示范基地，展示高产种植技术，推进标准化、机械化生产，辐射带动昭觉、布拖两县周边地区马铃薯产业发展，助力凉山州脱贫攻坚；马铃薯产业示范带建设实施昭觉万亩马铃薯高产示范基地、昭觉马铃薯种薯科教示范园及生产种基地、布拖村级马铃薯高产高效示范基地和布江蜀丰现代农业科技示范园4个项目。

（二）高山蔬菜产业示范带

凉山州气候呈立体分布，光热资源丰富，是发展错季蔬菜的理想之地，其中葱蒜类、茄果类、根菜类、豆类蔬菜独具特色，发展潜力巨大。通过打造高山蔬菜产业示范带，探寻贫困地区蔬菜产业发展模式，助推农业脱贫攻坚；高山蔬菜产业示范带重点实施昭觉设施蔬菜基地、高山露地蔬菜种养循环基地、高山露地蔬菜产业基地、稻菌轮作示范基地、洒拉地坡圣地花园和布拖设施蔬菜种植基地建设项目。

（三）生态家畜产业示范带

独特的自然资源以及悠久的养殖习惯，奠定了凉山州发展生态家畜的基础；为充分发挥牧草资源以及品种优势，确保脱贫攻坚任务的顺利完成，创新贫困地区肉牛养殖模式，打造"生态家畜产业示范带"，实施昭觉肉牛养殖示范场、布拖肉牛养殖示范场、昭觉肉羊养殖示范场、布拖黑绵羊养殖示范场、昭觉三岔河乡凉山黑猪养殖示范场、昭觉大坝乡凉山黑猪养殖示范场和布拖沙洛乡凉山黑猪养殖示范场

7个项目。

(四) 现代中药材产业示范带

凉山州是一块发展中药材生产的宝地,被誉为"川西南中草药宝库",中药材资源丰富、品质好,近年来逐渐受到市场认可;发展中药材产业对于增加农民收入,助力脱贫攻坚意义重大。按照GAP标准,建设昭觉中药材种植基地和布拖中药材种植基地,打造中药材产业示范带。

(五) 苦荞麦产业示范带

凉山州是世界苦荞资源最丰富、种类最多样、分布最集中、种植最广泛、品质最优良、历史最悠久的主产区,凉山被誉为"苦荞之乡"。通过建设苦荞麦种植示范带,实施昭觉苦荞麦种植示范基地和布拖苦荞麦种植示范基地建设,推进苦荞麦规范化种植,提升苦荞麦产量和质量。

第二节 甘洛县现代农业产业发展

一、发展基础及评价

(一) 区位条件

甘洛县位于四川西南部,凉山州东北部,东经102°27′38″~103°01′45″,北纬28°38′24″~29°18′32″,东与峨边县、金口河区接壤,南与美姑县、越西县两县相连,西与石棉县交界,北临大渡河与汉源县相望。甘洛县是凉山州连接雅安、乐山、成都等地的重要门户,北距省会成都320千米,南距州府西昌237千米;成昆铁路、G245、S217由北向南纵贯县境;随着成昆高铁、乐汉高速建成通车,交通区位将进一步提升。

(二) 自然资源

甘洛县属于中亚热带高原季风气候区,光热充足,干湿分明,夏秋多雨,冬春干旱。甘洛县具有典型的立体农业气候,高山地带降水多,气温低;中山和河谷地带降水适中,气温偏高;低谷高温少雨,降水集中。全县多年平均降水量为978.0

毫米，年均蒸发量 1 680 毫米；多年平均气温 16.5℃，年均日照 1 449.1 小时，全年无霜期 301 天。

甘洛县地处四川盆地向青藏高原过渡地带，县内山峦起伏、沟壑纵横，显现出典型的高山峡谷地貌特征。总体地势南高北低，东西高、中间低，马鞍山顶峰海拔 4 288 米，北部乌史大桥乡的宝水溪与大渡河汇合处海拔仅为 570 米，县内相对高差达 3 718 米；地貌随海拔可分为低山河谷、低二半山、高二半山、高山山原、高山山地；其中高山面积占 66.76%（表 9-2）。

表 9-2 甘洛县地貌类型面积统计

序号	名称	海拔/米	面积/万亩	占比/%
1	低山河谷区域	≤1 000	3.85	1.19
2	低二半山区域	1 000~1 500	41.22	12.77
3	高二半山区域	1 500~1 900	62.22	19.28
4	高山山原区域	1 900~2 400	94.74	29.35
5	高山山地区域	>2 400	120.76	37.41

甘洛河流均属大渡河水系，集水面大于 100 千米^2 的河流有 7 条；尼日河为县境主河道，田坝河、双河、白沙河由西向东汇入尼日河；特克溪河、甘洛河、斯觉河由南向北汇入尼日河，形成较对称的叶脉状水系；县内水资源储藏量较丰富，水资源总量 17.86 亿米^3，但是分布不均，全县年农业用水量达 0.48 亿米^3。

甘洛县土壤类型分为 17 个土类，33 个亚类，49 个土属，59 个土种。耕地以黄壤和紫色土为主，分别占耕地面积的 34.7% 和 26.4%；其次是石灰岩土、黄棕壤和水稻土，分别占耕地面积的 13.76%、8.34% 和 7.35%。土壤类型具有垂直型分布特征，随海拔升高，土壤类型依次排列为：冲积土—水稻土—红壤—石灰岩土—紫色土—黄壤—黄棕壤—棕壤—暗棕壤—亚高山草甸土。

甘洛县土地总面积 2 155.98 千米^2，农用地面积为 304.3 万亩，耕地 35.09 万亩（其中坡度大于 25°的耕地 12.8 万亩），园地 3.91 万亩，林地 199.06 万亩，天然牧草地 65.69 万亩。从耕地的分布来看，旱地主要集中在县域中部海拔 1 900 米以下的区域以及高山地区的坪坝乡、海棠镇和蓼坪乡海拔 2 400 米以下区域；水田主要集中在普昌镇、阿尔乡和斯觉乡。

甘洛县独特的地理气候环境，孕育了丰富的旅游资源。自然旅游资源浑然天成，有世界最深峡谷、国家地质公园大渡河大峡谷；有省级自然保护区马鞍山；有南丝绸之路上的大唐清溪关；有在彝区久负盛名的彝族神山吉日坡、鬼山德布洛莫等。甘洛人文旅游资源积淀厚重，除广义上的彝族风情外，还有区别于大凉山彝族风情、具有唯一性的大桥彝族风情；有被联合国教科文组织列入濒危文化进行重点研究和保护的尔苏藏族文化资源和红色旅游文化资源。

(三) 社会经济

甘洛县下辖新市坝镇、田坝镇、前进乡等 28 个乡镇，227 个行政村。2016 年末，全县总人口为 22.31 万人，其中农业人口为 20.98 万人，约占总人口的 94.03%，少数民族人口为 17.25 万人，约占总人口的 77.32%，彝族约占总人口的 75.38%。

2016 年，甘洛县地区生产总值达 26.68 亿元，其中，第一产业实现增加值 60 841 万元，增长 4.4%；第二产业实现增加值 94 130 万元，同比减少 10.8%；第三产业增加值 92 115 万元，增长 9.5%。人均 GDP 为 12 479 元，较 2015 年同期减少 2.1%。地方公共财政收入 1.8 亿元，城镇居民人均可支配收入从 2011 年的 14 507 元增长到 22 365 元；农村居民人均可支配收入从 2011 年的 3 666 元增长到 7 190 元。

甘洛县是国家扶贫开发工作重点县，也是四川省集中连片特困县之一。交通基础设施滞后，农田水利设施薄弱，生态环境脆弱，土地瘠薄，农业产出率低，农村居民人均可支配收入不高，脱贫攻坚任务十分艰巨。2016 年末，全县尚有贫困村 183 个，贫困人口 47 087 人；贫困村的农业产业发展滞后，大多无集体经济和支柱产业，专业合作社带动效果不明显，贫困程度深、贫困类型复杂，群众生活困难。实施精准扶贫以来，甘洛县以增收为核心，以科技扶贫、产业扶贫和劳务技能培训为重点，不断提高贫困农民的致富能力，实现了贫困人口居住环境改善，粮增产、钱增收。2014 年减贫 6 034 人，2015 年减贫 7 602 人，2016 年减贫 5 691 人、脱贫摘帽 25 个村，2017 年计划退出 137 个村、减贫 3.007 万人，2018 年甘洛县脱贫摘帽退出贫困县。

(四) 农业发展现状

一是综合生产能力稳步提升。近年来，甘洛县通过创新机制、培植典型、示范引导，实现了农业的稳定发展。2016 年甘洛县农林牧渔副总产值达 10.98 亿元，其中农业产值 5 亿元，牧业产值 5.56 亿元。全县农作物播种总面积 49.6 万亩，其中粮食作物播种面积 34.47 万亩，包括马铃薯 10.08 万亩，黑苦荞 1.32 万亩；经济作物播种面积 3.3 万亩，包括蔬菜 2.17 万亩，水果 6 050 亩，中药材标准化生产基地

1 600 亩；甘洛县现有核桃面积 48 万亩，多为近几年种植的实生苗。全年出栏生猪 17.5 万头，出栏牛 1.37 万头，出栏羊 10.83 万只，出栏家禽 26.82 万只。

二是适度规模经营初见成效。甘洛县以农村集体土地确权登记颁证工作为契机，推进土地流转，培育新型经营主体，适度规模经营取得一定成效。2016 年全县发展农民专业合作社 394 个，认定登记家庭农场 184 个，扶持专业大户 537 户，培育龙头企业 10 家，其中省级农业龙头企业 1 家，州级农业龙头企业 3 家。

三是农业基础设施逐步完善。近几年甘洛县实施了小型农田水利重点县建设，实施了节水灌溉工程、灌区续建配套与节水改造、牧区水利工程、小型农田水利工程建设等一批重点项目，改善了农业生产条件。截至 2016 年末，甘洛县已建成各类农田水利工程 640 处，其中小二型水库 1 座，山坪塘 3 座；引水堰 141 座，水池（水窖）491 口，机电井 1 眼；提灌站 2 处；配套渠道总长度 351 千米。

四是农产品品牌建设成效凸显。甘洛县农产品品牌创建工作取得一定突破，形成了苦荞系列产品、海棠腊肉等特色农产品 106 个；黑苦荞有机食品认证基地面积 1 350 亩；拥有无公害农产品 1 个（梨）；甘洛黑苦荞及甘洛海棠腊肉获国家地理标志认证；大凉山彝家山寨黑苦荞茶获四川省名牌产品；黑苦荞茶、黑苦荞酒等系列产品和海棠腊肉等 13 个农产品的 20 多种包装纳入"大凉山"特色产品包装。

（五）存在问题

一是产业优势不够突出。近年来甘洛县大力推进林业产业化，开展核桃种植，规模达 49.6 万亩，但核桃产业大而不强，产业链条短，精深加工不足，产品附加值低。甘洛县种植业多为传统粮食作物种植，经济作物比重过低，2016 年经济作物仅为 3.3 万亩，缺乏助农增收的产业支撑。甘洛县 2016 年生猪、牛、羊、家禽的出栏率分别比全国平均水平低 30%、19.28%、24.35% 和 113.39%，较低的商品化率阻碍了养殖业的发展壮大。

二是经营主体带动能力不强。甘洛县农村土地流转意愿较低，土地流转率仅 10% 左右，远低于全国 40% 的水平。在农村空心化的背景下，低效的土地流转难以满足适度规模经营的要求。龙头企业数量少、实力弱，产业带动能力有限，尤其缺乏产业领军型龙头企业。现有专业合作社多为"空壳社""一人社"，管理不规范，利益联结松散，未能发挥组织产业生产的纽带作用；现有的家庭农场自我发展能力不足，普遍存在自有资金不足，经营理念落后，生产方式传统等问题，难以实现良性发展。

三是农业基础设施建设力度不够。甘洛县属于资源枯竭型地区，受过去依赖矿业经济等因素影响，农业发展滞后，基础设施建设投入不足，水、电、路以及农田水利设施建设存在历史欠账。基础设施建设空间不平衡，如近年来甘洛县主要在斯觉河和甘洛河流域乡镇实施小型农田水利、灌区改造等一系列基础设施建设项目，但对于项目尚未覆盖到的区域，基础设施依然薄弱，不能满足农业发展对基础设施的要求。

四是农业公共服务能力不足。甘洛县农业科技投入力度小，缺乏专家大院、农业科技示范园、科技示范户等服务载体，科技支撑不足；公益性服务体系不够健全，基层农技推广人才仍有较大缺口，边远地区尤其严重，多处出现"有编无人"的现象，同时由于体制原因，存在一人多岗等问题，农业公共服务能力偏弱；社会化服务体系发展滞后，尚未建立起以市场化运作为特征的新型农业社会化服务体系，现有服务多集中在产前和产中环节，产后服务较为薄弱，尤其信息服务、金融服务等尤为缺乏。

五是农产品品牌与市场体系培育力度不够。甘洛县未充分利用"大凉山"品牌已经形成的营销平台，打造具有较强影响力的甘洛农产品地域品牌及企业品牌；全县"三品一标"、GAP、GMP、QS等品牌及商标认证数量少、体量小，特色农产品宣传及推销力度不强，品牌知名度、市场占有率及经营效益有待提高，高品质农产品未能获得较高的市场价格；农产品销售更多依靠经营个体单打独斗，未能形成高效的农产品销售体系。

二、农业综合区划

（一）干热河谷林—果发展区

该区域地处尼日河新市坝镇以下河段、海拔 1 000 米以下的河谷地带，包括尼日河两岸的黑马乡、阿兹觉乡、乌史大桥乡、苏雄乡的河谷区域，总面积 3.85 万亩，耕地 0.31 万亩，园地 0.06 万亩，林地 1.79 万亩，草地 0.51 万亩。年平均气温 16.8~18.5℃，$\geqslant$10℃积温 5 255~5 396℃，年降水量 670.8~813.1 毫米，光热充足，降水稀少，土壤类型主要是潮土、褐红壤、红色石灰土。该区域充分利用光热资源，重点发展核桃和特色水果，配套发展适宜的林下经济，依托特色水果发展休闲农业与乡村旅游业。

（二）低二半山粮—果蔬—畜发展区

该区域位于甘洛县海拔 1 000~1 500 米，年平均气温 13.7~16.3℃，$\geqslant$10℃积

温 4 012~5 255℃，年降水量 951.6 毫米；土壤类型以紫色土、潮土、黄壤及水稻土为主，土层深厚；涉及石海乡、里克乡、斯觉乡、普昌镇、前进乡、田坝镇等 17 个乡镇，占地总面积 41.28 万亩，耕地 12.58 万亩，园地 1.44 万亩，林地 13.88 万亩，草地 6.16 万亩；该区域自然资源条件比较优势明显，是甘洛县农业发展的主战场；种植业发展重点增加特色水果、蔬菜等经济作物的种植面积；围绕普昌、阿尔等乡镇集中连片的水田，完善基础设施，打造水稻高产基地，探索"水稻+"模式，提升单位土地产值；畜牧业以生猪、羊为主，合理布局养殖小区，推进畜禽适度规模养殖；依托旅游资源以及农业景观，发展休闲农业与乡村旅游业。

（三）中二半山果—林—牧发展区

该区域海拔 1 500~1 900 米，县内各河流中上段交通条件较差，年平均气温 11.1~13.7℃，≥10℃积温 2 970~4 012℃，年降水量 951.6~1 385.9 毫米，土壤以黄壤为主，其次为紫色土、潮土、水稻土；涉及新茶乡、胜利乡、田坝镇、团结乡、玉田乡、胜利乡、里克乡、斯觉镇、阿尔乡，总面积 62.29 万亩，耕地 13.43 万亩，园地 1.53 万亩，林地 30.98 万亩，草地 10.6 万亩。该区域耕地数量多，海拔相对较高；根据自然资源条件，该区域农业重点发展特色水果，结合产业扶贫，适度扩大核桃种植规模，调整粮食结构，发展优质马铃薯，增加秋马铃薯种植面积；适度发展山羊及肉牛养殖。

（四）高山山原牧—粮—药发展区

该区域海拔 1 900~2 400 米的地域，年平均气温 8~11.1℃，≥10℃积温 1 728~2 970℃，年降水量 1 224.8~1 385.9 毫米；土壤以黄棕壤、山地草甸土为主。主要涉及甘洛县北部的海棠镇、坪坝乡、蓼坪乡、两河乡、沙岱乡 5 个乡镇以及南部的阿嘎乡、吉米镇、波波乡和拉莫乡 4 个乡镇；总面积 94.91 万亩，耕地 7.62 万亩，园地 0.74 万亩，林地 63.22 万亩，草地 19.89 万亩。该区域农业发展采取稳定马铃薯种植面积，增大高山蔬菜、中药材等经济作物的种植规模，优化黑苦荞布局；结合丰富的天然草场，发展高山畜牧业；维护和不断改善生态环境，将农业发展和茶马古道、红色旅游干线、特色小镇建设结合起来，形成一条农旅融合的产业带。

（五）高山山地生态保护区

该区域位于甘洛县海拔 2 400 米以上地域，年平均气温＜7.3℃，＞10℃积温

1 450℃以下，年降水量1 200毫米。主要涉及甘洛县北部的海棠、坪坝、蓼坪、两河、沙岱5个乡镇，南部阿嘎乡、吉米镇、波波乡和拉莫乡、新市坝镇以及阿兹觉乡6个乡镇；土地总面积121.06万亩，草地28.52万亩，林地89.73万亩，耕地1.15万亩。该区域主要以生态保护为主，利用部分天然草场资源，根据草场资源承载能力，适度发展草食家畜；结合彝族鬼山德布洛莫等旅游资源，推进生态旅游景区开发。

三、发展定位与战略

（一）发展定位

站在新起点，甘洛县生态特色农业发展应谋求新的战略定位。在新的发展形势下，将甘洛县生态特色农业发展定位为"四川中高端农畜产品供给县"和"四川脱贫地区产业融合发展先行县"；为全面支撑总体定位，还要着力实现四大区域功能。

——优质生态特色农产品生产基地。打造甘洛黑猪、腊肉、苦荞等高端农畜产品；提升优质核桃、精品水果的生产规模、产值比重；将甘洛打造成为攀西地区乃至四川重要的优势特色农产品生产基地。

——优质特色农产品加工基地。以核桃、黑苦荞、马铃薯、生猪为重点的农产品加工体系基本形成；农产品加工能力、产值大幅提升，成为凉山州重要的特色农产品加工基地。

——特色农产品商贸物流区域中心。依托交通区位的改善，商贸物流体系日益完善，重点围绕核桃、黑猪、海棠腊肉、黑苦荞等优势农产品建成辐射周边区县的农产品商贸物流中心。

——原生态民族风情休闲旅游目的地。依托交通条件的改善，加快发展休闲农业与乡村旅游业，开展"科考探险旅游""休闲观光旅游""节庆旅游"和"自驾旅游"等旅游活动，打造成为以"田园风光与原生态彝族风情"为主体的原生态民族风情休闲旅游目的地。

（二）发展目标

到2025年，构建符合甘洛实际情况，具有甘洛特色的新型农业产业体系、新型农业生产体系及新型农业经营体系，建成优势主导产业突出，特色高效产业成效显著，基础保障型产业牢固的生态特色农业。努力实现以下主要目标（表9-3）。

表 9-3 甘洛县农业发展主要技术经济指标

一级指标	二级指标	单位	2016年实现值	2020年目标值	2025年目标值	指标性质
农业产业体系	核桃种植面积	万亩	8.18	8.34	8.56	预期性
	优质生猪	万头	4.92	6.5	8	预期性
	羊出栏量	万只	10.83	15	20	预期性
	牛出栏量	万头	1.37	1.7	2.5	预期性
	精品水果	万亩	0.6	3.5	8	预期性
	优质中药材（林下+大田）	万亩	0.16	2.5	6	预期性
	新增优质黑苦荞	万亩	—	1	2	预期性
	新增大白芸豆	万亩	—	0.2	0.2	预期性
	农产品综合加工率	%	—	40	60	预期性
农业生产体系	耕地机耕道配套率	千米/公顷	0.015	0.03	0.04	预期性
	有效灌溉率	%	60	65	70	约束性
	新增高标准农田	万亩	—	1	1	约束性
	农业综合机械化率	%	—	60	70	预期性
	主要作物良种化率	%	80	85	90	约束性
	主要畜禽良种化率	%	90	98	100	约束性
农业经营体系	土地适度规模经营比重	%	11	25	50	预期性
	畜禽规模化养殖比重	%	10	20	35	预期性
	新增新型经营主体数量	个	—	200	200	预期性
	农业组织化比重	%	20	40	60	预期性
	龙头企业数量	家	18	20	30	预期性
综合竞争能力	"三品一标"产品新增数量	个	—	4	8	预期性
	农产品商品化率	%	—	60	70	预期性
	订单农业比重	%	—	15	30	预期性
农业生态环境治理	森林覆盖率	%	37.81	39.02	40.31	预期性
	农村废弃物综合处理率	%	80	85	80	预期性
	种养循环农业占比	%	—	—	60	预期性
	规模养殖废弃物综合处理率	%	—	90	100	预期性
农业农村经济	农林牧渔总产值	亿元	10.98	19.47	33.85	预期性
	乡村旅游收入	亿元	—	0.8	3	预期性
	农村居民人均可支配收入	元	7 190	12 260	20 000	预期性
	贫困村数量	个	137	0	0	约束性
	贫困发生率	%	13.43	0	0	约束性

——农业产业体系不断优化。农业供给侧结构性改革成效显著，优质、特色、高效农业比重大幅提升，适销对路农产品规模大幅增加，生产、加工、贮藏、包装、销售各环节竞争力显著增强，农业新业态不断涌现，农工贸一体化、三次产业融合发展水平显著提升。

——农业生产体系不断完善。农业设施、装备、技术手段逐渐应用于农业生产，农业良种化、机械化、科技化、信息化、标准化水平得以提升，绿色生态理念深入实施，农业生态环境明显改善。

——农业经营体系不断健全。农村土地确权全面完成，农村土地经营权流转体系逐渐建立完善，多种形式适度规模经营广泛开展，种养大户、家庭农场、农民专业合作社等新型经营主体逐步壮大，家庭经营、集体经营、企业经营、合作经营等多种经营方式协调发展。

——农业生态环境显著改善。实施化肥农药减量化、畜禽污染综合治理以及退耕还林还草等重点工程，推进种养结合和农业废弃物资源化综合利用，提高水资源集约化利用能力、农业绿色增产能力和农业废弃物循环利用能力，农业生态环境不断改善和优化。

——农业产出与农民收入大幅增加。到2025年，甘洛县农业效益得以提升，农民收入大幅增加；实现农林牧渔业总产值33.85亿元；实现乡村旅游年收入3亿元。农民素质进一步提高，农村居民人均可支配收入达20 000元。

(三) 产业策略

发挥规模优势，重点发展优势主导型产业。甘洛县的核桃规模大，已占据绝对优势，作为优势主导产业的地位不可撼动。依据核桃适生条件及容量空间，适度扩大种植规模，着重加强种后管理。优化甘洛县畜禽养殖结构，在适度提升传统生猪养殖规模化水平的同时，突出发展甘洛黑猪和草食家畜；结合甘洛县南部乡镇有黑金猪放养的习惯，引进或培育龙头企业带动，打造高端畜产品；通过种植饲草、适度规模经营，重点发展牛羊等草食家畜。

创新经营模式，加快发展特色效益型产业。在脱贫攻坚的背景下，培育甘洛农民增收的特色效益型产业显得尤为重要。结合甘洛县气候资源，强化技术支撑，发展李、杂柑、车厘子等特色水果，打造甘洛水果名片；坚持"差异生产、错季上市、以质取胜"，培育新型经营主体，发展设施栽培和高山错季蔬菜；加强市场对接，在生态适宜乡镇，结合核桃产业发展，发展林下中药材种植；对甘洛黑苦荞进行品种提纯复壮，通过龙头企业引领，发展优质黑苦荞。

优化粮食结构，稳定发展基础保障型产业。在考虑粮食作物适生条件及比较优势的前提下，甘洛县要弱化玉米、小麦等传统粮食种植。加强发展优质马铃薯，重点增加秋马铃薯种植；开展粮食高产创建，实施错季发展、轮种轮植，挖掘增效潜力；在沙岱乡、坪坝乡等耕地集中区，加强机耕道等基础设施建设，推进马铃薯生产机械化；对普昌镇、阿尔乡、石海乡水稻主产区，加强基础设施建设，探索推广

"水稻+"立体种养模式，提升效益。

延伸农业链条，积极发展农产品加工业。抓住凉山州深化"大凉山"特色农产品绿色品牌创建的机遇，推进核桃、苦荞、马铃薯、畜禽等农产品精深加工，提高农产品的附加值。提高核桃精深加工能力，加快核桃饮品、核桃休闲食品、核桃工艺品的开发，拉长核桃产业链。完善黑苦荞选种、育种、种植、深加工、营销服务环节，做响"中国黑苦荞之乡"的甘洛品牌。推进畜禽产品深加工，建设生猪宰杀及加工生产线，加快腊肉、香肠、火腿等产品开发，加强"海棠老腊肉""甘洛黑猪"等品牌建设。

拓展农业功能，逐步适度发展休闲农业。成昆高铁及乐汉高速等重大工程的建设，将为甘洛县休闲农业与乡村旅游业发展带来前所未有的机遇。结合甘洛农业发展，拓展农业功能，促进农旅融合，推进休闲农业与乡村旅游业发展；培育"景观型""参与型"农业，发展"会节农业""品牌农业"新业态；依托区域旅游和农业资源，打造独具特色的休闲农业组团；结合幸福美丽新村建设特色旅游专业村；结合特色农业产业基地建设，打造休闲农庄（场）。

（四）空间布局

在甘洛县农业综合区划研究的基础上，综合考虑城镇体系、道路交通条件以及发展趋势等因素，进一步优化甘洛县农业空间结构，逐步形成"一核、两片区、三圈层、五园区"的发展新格局。

一核：甘洛农产品加工物流园。

将甘洛农产品加工物流园建成一个集商品化处理、精深加工、仓储保鲜、冷链物流、质量检测、信息服务于一体的综合性、区域性的农产品加工物流枢纽；承担牵引甘洛县生态特色农业高速健康发展引擎的功能。

两片区：北部高效生态农业片区、南部生态特色农业片区。

——北部高效生态农业片区

北部高效生态农业片区包括新市坝镇、田坝镇、前进乡、胜利乡、新茶乡、两河乡、玉田镇、则拉乡、团结乡、海棠镇、蓼坪乡、坪坝乡、阿兹觉乡、乌史大桥乡、黑马乡、苏雄乡和沙岱乡17个乡镇。产业发展以李、樱桃、杂柑等特色水果、高山错季蔬菜、草食型家畜的适度规模为主，推进生态农业园区建设，重点推进标准化、集约化的高效生态农业发展。

——南部生态特色农业片区

南部生态特色农业片区包括普昌镇、阿尔乡、波波乡、石海乡、里克乡、嘎日乡、尼尔觉乡、斯觉镇、拉莫乡、阿嘎乡和吉米镇11个乡镇。该片区重点发展核桃、马铃薯等粗放型种植业。采用"龙头企业+基地+农户"的模式，重点发展甘洛黑猪，培育高端农产品。抢抓高铁甘洛站的交通优势，依托马鞍山、吉日坡圣山等自然景观及彝文化资源，发展休闲农业与乡村旅游业。

三圈层：河谷低山高效农业发展圈层、中山农林复合生态调节圈层、高山农牧复合生态调节圈层。

——河谷低山高效农业发展圈层

本圈层位于海拔1500米以下区域，包括"干热河谷林—果发展区"和"低二半山粮—果蔬—畜发展区"两个综合农业分区，位于甘洛县农业发展重点圈层，通过调整产业内部结构，优化粮、经作物种植比例，走高效农业发展之路。根据区域自然、经济及生产特点，完善农业基础设施，重点发展优质、高产、高效河谷低山农业，农业以李、杂柑等特色水果、设施蔬菜以及粮经复合为主，畜牧业以生猪适度规模养殖为主。

——中山农林复合生态调节圈层

本圈层地处海拔1500米以上的二半山中上部分，属于"中二半山果—林—牧发展区"，结合该圈层的特点，积极发展多种经营。地处该圈层的乡镇重点发展马铃薯、核桃等优势主导产业，积极发展樱桃、李等水果；转变养殖方式，积极培育家庭牧场，重点发展甘洛黑猪以及山羊等草食家畜，走"散养+适度规模化"相结合、生态化发展之路；由于该圈层林地资源较丰富、地形陡峭，易破坏，恢复难，故同时承担生态保护功能。

——高山农牧复合生态调节圈层

本圈层地处海拔1900米以上的中高山区域，包括农业综合分区中的"中山山原牧—粮—药发展区"和"高山山地生态保护区"两个分区。结合区域资源优势，该区域内的各乡镇以马铃薯、高山蔬菜、特色小杂粮为产业重点；在生态承载力范围内，实施种草养畜，推进畜牧业适度规模经营；实施退耕还林还草，加强草原森林资源保护，强化该区域的生态功能。

五园区：田坝河高效生态农业园区、坪坝高山牧业示范园区、黑马立体农业科技园区、苏雄山地生态养殖示范园区、普昌粮经复合产业园区。

——田坝河高效生态农业园区

按照"以种定养、以养促种、种养平衡、规模适度"的思路，重点发展李、设施蔬菜、生猪等适度规模的高效生态农业，打造成省级产业融合发展园区、田园综合体。

——坪坝高山牧业示范园区

依托坪坝乡三十户村、高山气候资源以及集中连片的天然草地资源,创新经营模式,逐步退耕还草,打造成高山草食型家畜示范园;创新发展机制,打造成省级休闲农业公园。

——黑马立体农业科技园区

在现有核桃科技示范园的基础上,开展核桃标准化种植示范,探索适合甘洛县的核桃品种及技术,打造甘洛县核桃产业发展的引擎;探索林下中药材种植技术,带动县域林下中药材发展。

——苏雄山地生态养殖示范园区

依托丰富的山地草地资源,通过培育新型经营主体,在苏雄乡尔苦村、尔巴切村、沙哈村和瓦烘村开展生态山羊和肉牛养殖,打造山地生态养殖示范园区。

——普昌粮经复合产业园区

强化农田基础设施建设,提高耕地质量,稳定水稻种植面积,探索"稻田+"生态立体农业和轮种、套种模式,推进粮经复合产业园区建设。

(五)实施路径

稳步推进农村改革创新,增强"发展动力"。全面完成土地承包经营权确权登记颁证,明晰土地承包经营权归属,为促进农村土地流转,发展生态特色农业打下坚实基础。建立甘洛县土地流转平台,建立促进土地流转机制,创新土地流转方式,引导土地向专业大户、合作社、家庭农场集中,促进农业适度规模经营。建立农村集体资产财务管理制度,实行财务公开,强化审计监督,完善收益分配机制。抓好甘洛县政策性农业保险,创新农业保险险种,拓展畜牧、水果、蔬菜等特色农产品保险覆盖面。

培育新型农业经营主体,激发"生产活力"。通过"干部结对""党员帮扶"等模式,扶持家庭农(牧)场发展。围绕马铃薯、肉羊(牛)、水果、核桃等产业,制定家庭农(牧)场培育考核办法。探索"村支部+专合社"模式,规范专合社的运营,清理"空壳社",强化专合社带动能力。设立政府信贷专项基金,提供担保服务,支持专合社内部农村资金互助,解决专合社融资难问题。按照"扶优、扶大、扶强"的原则,培育壮大一批产业基础好,业主观念新、带动力强的龙头企业。强化龙头企业与专合社的合作和联系,支持企业创办专合社,建立企业与专合社更紧密的利益联结机制。

强化农业产业基地建设,增强"发展实力"。整合涉农项目,集中投放,构建甘洛县生态特色农业建设的着力点，推进农业产业化基地建设，加强甘洛县农业标准化建设。一是做强做大李、杂柑、樱桃等水果产业，提升水果产值的比重；二是推进畜禽标准化养殖小区（场）建设，推进养殖业适度规模经营；三是建设核桃标准化生产示范园，提升核桃发展水平；四是按照种养平衡的思路发展生态健康养殖业，促进大农业循环可持续发展；五是推广核桃林下经济，重点发展林下中药材，提升综合产值。

抓好田间基础设施建设，提高"生产能力"。争取中央和省级小型农田水利工程建设补助专项资金，结合甘洛县不同区域的特点，兴建小型农田水利工程；搞好节水灌溉示范，引导农民采用节水设备和技术。改造中低产田，实施沃土工程，扩大测土配方施肥规模。加快推进马铃薯等作物的机械化生产及病虫害的机械化防治，提升农业综合机械化水平。整合农田水利、土地整理、幸福美丽新村建设、产业培育、扶贫开发、生态奖补等资金，集中投入到产业基地连片发展区。

健全农业生产服务体系，强化"保障能力"。加强与四川省农业科学院、四川省林业科学研究院、四川省畜牧科学研究院等科研院所合作，强化农业技术保障。加强基层农技综合服务中心建设，配齐农业科技人员，配套完善设施设备；完善乡镇农技推广机构设置，明确并落实农业技术推广、动植物疫病防控、农产品质量安全监管等岗位。采取县级调训、乡镇集中培训、田间地头实训等方式，分产业和专题办班，与产业基地建设、农产品质量安全、农机化示范等项目结合，开展基层农技人员知识更新培训。组织骨干农技人员参加省（州）农技推广骨干人员培训班，围绕甘洛县农业发展需要，培养基层农技推广领军人才。

加快农业产品品牌培育，提升竞争实力。积极培育区域品牌、产业品牌、企业品牌和产品品牌4个层次的农业品牌；按照标准化生产、产业化经营、品牌化销售的发展模式，推进优势特色农产品品牌建设。一是引导扶持企业和专业合作社申请商标注册，申报无公害农产品、绿色食品、有机农产品和农产品地理标志"三品一标"产品认证。二是加强新品种、新技术应用。引进和培育口感好、产量高的新品种，加上新技术应用，提高产品的品质，奠定品牌的质量基础。三是加强品牌传播。通过包装标识、多途径宣传、营销活动等措施，提高品牌产品的影响力和知名度。

四、产业发展重点

(一) 优质核桃

一是根据核桃的适生条件及空间容量,充分利用林地、园地以及"四旁地、四荒地"①,采取分散种植与适度规模种植相结合的方式,合理布局核桃产业发展。二是结合精准脱贫,引导贫困村(户)开展核桃种植,适度扩大种植规模。三是开展核桃标准化提升工程,以标准化基地为抓手,创建一批核桃重点乡镇、专业村。四是开展核桃高产丰产技术普及,重点推广嫁接换种、枝条修剪、病虫害防治、落果等实用技术,培训一批核桃示范户。五是开展核桃良种化工程,建设标准化核桃良种选育与扩繁基地,开展本地核桃良种选育、新品种试验示范工作,做好清香、盐源大早等品种推广。

综合考虑农业自然资源和乡镇发展意愿,核桃产业重点布局在甘洛县海拔1 000~1 800 米的二半山区域,重点打造东北部优质核桃示范片,包括阿兹觉乡、乌史大桥乡、黑马乡、苏雄乡 4 个乡镇;中部优质核桃示范片,包括田坝镇、前进乡、胜利乡、新茶乡;东南部优质核桃示范片,包括吉米镇、波波乡和阿嘎乡。到 2018 年,采用"集中连片造林与零星植树相结合"的方式,新发展核桃基地 35 万亩,改造低效核桃基地 65 万亩,核桃种植总面积达到 85 万亩;建成黑马乡、阿兹觉、苏雄乡、乌史大桥乡、新市坝镇和田坝镇 6 个核桃重点乡镇,核桃专业村 32 个,培育核桃示范户 200 户。

(二) 优质生猪

一是根据《甘洛县畜禽养殖禁养区划定方案》,充分考虑环境承载能力和种植业基地分布,优化养殖布局,实现种养循环;二是针对南北部发展实际,实现适度规模养殖小区(场)、养殖专业户差异化发展,配套完善粪污综合利用设施;三是依靠丰富的林地、草地资源,发展乌金猪生态散养;四是推进生猪良繁建设,加快凉山本地黑猪(乌金猪)的提纯复壮,引进大约克、长白、杜洛克等品种,提升良种化率;五是引进或培养龙头企业,推广"1211"生猪养殖模式。

严格按照《甘洛县畜禽养殖禁养区划定方案》划定的禁养区、限养区和适养区布局,禁养区内严格禁止布局年出栏 500 头以上的养殖小区(场),限养区内严格

---

① 四旁地:村旁,宅旁,水旁,路旁。四荒地:荒山荒地,低质低效林地,坡耕地,抛荒地。

控制排放总量。在东南部吉米镇、斯觉乡、拉莫乡、尼尔觉乡、苏雄乡、波波乡等乡镇，重点发展甘洛黑猪（乌金猪），打造吉米镇和拉莫乡 2 个乌金猪重点乡镇，专业村 10 个，示范户 80 户；在甘洛县的中部低山河谷田坝片区的田坝镇、前进乡、胜利乡、两河乡以及玉田片区的玉田乡、嘎日乡、则拉乡等乡镇重点布局 DLY 和配套系为主的优质肉猪。到 2025 年，年出栏优质生猪达 20 万头，新建出栏 50~499 头的生猪养殖专业户 150 户；出栏 500 头以上的标准化养殖场 40 个；生猪适度规模养殖比重提高到 40%以上，申报创建国家级畜牧养殖示范场 1 个；省级畜牧养殖示范场 5 个，争创乌金猪省级良种场 1 个。

（三）草食型家畜

一是依托甘洛县丰富的天然草场资源、结合脱贫攻坚工作，通过龙头企业带动，培育专业合作社、家庭牧场，发展以羊为主、牛为辅的节粮型草食家畜；二是重点推进草食型家畜的适度规模经营，建设肉（绵）羊、肉牛标准化养殖小区；三是开展优质牧草为主的人工草地建植，推广粮草轮作，推广农副作物秸秆加工利用和配合饲料等技术，为牛羊养殖供应优质饲草；四是坚持引种和扩繁相结合的办法，绵羊品种在本地品种选育的基础上，主要推广凉山半细毛羊；肉羊主要引进南江黄羊、波尔山羊、简州大耳羊等品种开展杂交改良；肉牛品种在坚持本地黄牛选育的基础上，以引进西门塔尔等品种开展改良为主。

西北部高山海棠片区的海棠镇、坪坝乡、两河乡发展绵羊（凉山半细毛羊）、肉羊以及肉牛；在东南部吉米、斯觉、苏雄片区重点发展肉羊。到 2025 年，全县羊存栏 22.5 万只，年出栏羊 20 万只以上，出栏率达 90%；肉牛存栏 7 万头以上，年出栏肉牛 2.5 万头以上，出栏率达 34%；新发展肉羊养殖专业户 400 户，新建肉羊标准化养殖小区 70 个；新发展肉牛养殖专业户 170 户，新建肉牛标准化养殖小区 50 个。

（四）精品水果

一是利用甘洛县立体气候资源，培育农民专业合作社、家庭农场等新型经营主体，发展李、杂柑、樱桃等特色水果；二是按照种养平衡的思路，推广"畜—沼—果"生态循环经济模式；三是强化技术指导，推行标准化生产管理，提高水果品质；四是加强品牌建设，打造甘洛水果名片；五是拓展农业功能，一、三产业深度融合，提高产品附加值；六是积极推进产地冷藏保鲜、分级包装等商品化处理。

李布局在海拔 1 000~2 000 米的阳坡区域，重点布局在田坝河流域的田坝镇、胜利乡、新茶乡、新市坝镇和双河流域的团结乡；樱桃布局在海拔 1 300~1 800 米的阳坡区域，分布在则拉乡、玉田镇、嘎日乡、黑马乡和苏雄乡等乡镇；杂柑布局在 900~1 200 米的低海拔区域，分布在乌史大桥乡、阿兹觉乡、新市坝镇等乡镇的河谷地区。到 2025 年，特色水果总面积达 8 万亩；其中李 5 万亩，樱桃 2 万亩，杂柑 1 万亩；培育水果专业村 30 个，水果示范户 200 户。

（五）优质中药材

一是采用"公司+基地+农户"的模式，通过土地流转的形式发展大田中药材种植；二是依托丰富的林下资源，开展林下中药材种植，提高林地效益；三是鼓励新型经营主体，试验推广种植柴胡、虎杖、牛膝、当归、重楼、南苍术等中药材；四是鼓励新型经营主体开展标准化基地和品种认证，创建一批中药材专业村，促进中药材产业发展。

中药材主要布局在二半山以上的适宜耕地以及核桃、疏林地等林地资源；大田中药材种植主要布局在坪坝乡、两河乡、胜利乡和沙岱乡；林下中药材布局范围较广，全县除坪坝外的乡镇均有布局，重点布局在苏雄片区的黑马乡、阿兹觉乡、乌史大桥乡和南部部分乡镇；到 2025 年，发展中药材 6 万亩；其中林下中药材种植 5 万亩，大田中药材 1 万亩；培育中药材专业村 7 个，专业户 115 家。

（六）错季蔬菜

一是利用甘洛县立体气候资源，发展高山错季节蔬菜；二是加快蔬菜生产方式转变，适度发展标准化设施蔬菜；三是通过土地流转，培育专业合作社、家庭农场等农业新型经营主体，采用"合作社+农户""合作社+基地+贫困户""订单农业"等模式，提高种植收益；四是鼓励新型经营主体积极开展绿色、有机蔬菜基地认证，增强蔬菜产品市场竞争力。

高山错季蔬菜主要布局在海拔 1 800 米以上的中高山区域，包括坪坝乡、沙岱乡等，设施蔬菜基地布局在海拔 1 500 米以下的低山河谷区域，主要集中在阿兹觉乡、乌史大桥乡和田坝镇、前进乡等乡镇。到 2025 年，新发展高山错季蔬菜 1.5 万亩，设施蔬菜面积 1 500 亩，蔬菜总产量达 5 万吨，培育蔬菜专业村 5 个，示范户 30 户。

（七）优质小杂粮

一是按照"政策扶持、企业为主、带动农户"的思路，以"规模化发展、标准化生产、产业化开发"为实施路径，发展黑苦荞和大白芸豆等优质小杂粮。二是通过对外招商引资，对内培育本地企业或农民专业合作社等方式，采用"龙头企业（专业合作社）+基地+农户"经营模式，建设黑苦荞、大白芸豆种植基地，积极申请绿色、有机认证，提升产品品质。三是鼓励小杂粮生产经营主体强化与市场端联系，强化市场营销，积极培育小杂粮品牌，做优甘洛县优质黑苦荞和大白芸豆。

优质黑苦荞主要布局在海拔2 000米以上的坪坝乡、海棠镇、蓼坪乡、则拉乡、拉莫乡、阿嘎乡等10多个乡镇。大白芸豆主要布局在海拔1 900~2 300米的两河乡、沙岱乡、坪坝乡、海棠镇以及蓼坪乡的高山区域；到2025年，建成黑苦荞种植基地20 000亩，大白芸豆种植基地4 000亩；培育黑苦荞专业村3个，示范户30户。

（八）优质马铃薯

一是按照"抓良繁建基地、抓规模调结构、抓科技挖潜力"的思路，加强发展优质马铃薯，增加秋马铃薯种植面积。二是通过马铃薯脱毒种薯基地和标准化生产基地建设，推进甘洛县马铃薯良种化、规模化、标准化；三是结合马铃薯种植基地布局，配套建设贮藏窖（库）等设施。

马铃薯作为基础保障型产业，全县每个乡镇均有布局，其中坪坝乡、两河乡、沙岱乡和蓼坪乡等高山乡镇的发展规模较大、较集中。到2025年，马铃薯总面积15万亩，稳定发展春马铃薯，重点发展秋马铃薯，鲜薯总产3.8万吨，实现马铃薯脱毒率90%以上。

（九）农产品加工、物流与品牌

结合甘洛县工业化、城镇化发展，以甘洛县农产品加工园区为平台，抓住凉山州深化"大凉山"特色农产品绿色品牌创建的机遇，推进核桃、黑苦荞、马铃薯、生猪等为原料的精深加工；鼓励农产品加工企业采用"市场+公司+基地+农户"等模式，建设标准化农产品加工原料基地，构建甘洛县"农工贸一体化、产加销一条龙"的农业产业体系。到2025年，全县农产品加工率达60%以上，农产品加工业总产值达到5亿元，引进或培育各类农产品精深加工企业10家，亿元以上龙头企业2家。

创新农产品流通模式和业态，针对蔬菜、李等特色优势农产品，开展"农超对接""农校对接""农企对接""农餐对接"等多种形式的产销直供对接。组织农民经纪人同龙头企业、专业合作社开展合作，共同开拓农产品市场。抓住"互联网+"发展契机，推进农产品电子商务、冷链物流等现代流通方式。到2025年，建设农产品仓储物流交易中心，新改建乡镇农贸市场5个，建设电子商务服务点211个。

提升现有"甘洛黑苦荞""海棠腊肉"等农产品品牌，增强市场影响力；围绕优质核桃、甘洛黑猪、山羊等优势主导产业和特色水果、错季蔬菜、中药材等特色效益农业创建农产品品牌，建立完善农产品品牌培育、发展和保护体系，形成标准化生产、产业化经营、品牌化营销的发展新格局。到2025年，打造农产品知名品牌5个，其中甘洛公共品牌1个，甘洛黑猪、李、杂柑等特色产品品牌3个，培育甘洛黑猪获得国家地理标志认证。农产品标准化率达40%以上，实现农产品品牌对农业经济的贡献率达到60%以上。

（十）休闲农业与乡村旅游业

依托甘洛县优美的自然风光、厚重的人文风情、丰富的文物古迹，抢抓成昆高铁、乐汉高速建成通车机遇，将休闲农业与乡村旅游业与生态特色农业建设、脱贫攻坚相结合，通过政府政策支持、招商引资等方式，结合彝家新寨、特色小镇建设及旅游景区开发，从"点（景点）—线（休闲观光环线）—面（组团）"三个层面、开展"科考探险旅游""民族风情体验""梯田观光摄影写生""果园采摘旅游""节庆假日旅游"和"高山牧场休闲度假旅游"等休闲农业与乡村旅游项目，促进一二三产业融合。到2025年，建设1个省级乡村旅游特色乡镇、10个特色精品村寨、13个旅游扶贫示范村，乡村旅游收入达3亿元以上，将甘洛打造成为原生态民族风情休闲旅游目的地。

根据县域内乡村旅游资源分布、产业布局、交通条件等发展情况，依据"错位发展，凸显特色"原则，以线串点，组团联动，优化整合规划区乡村旅游资源，将甘洛县乡村旅游发展布局确定为"一心（休闲农业与乡村旅游集散中心）、一走廊（G245休闲农业与乡村旅游交通走廊）、四线（东部高山峡谷观光体验线路、河谷花乡观光环线、清溪古道乡村旅游度假线路、南部彝族文化休闲体验环线）、六组团（"云崖彝家"观光体验组团、"花乡梯田"休闲观光组团、"河谷人家"休闲观光组团、"清溪古道"观光体验组团、"璀璨尔苏"民族风情组团、"彝家风情"民俗体验组团）"。

（十一）生态特色农业发展载体

按照"产业向载体集中、土地向规模集中、项目向示范集中"的理念，引导产业集聚集约发展，抓重点、抓示范，高起点、高标准、高规格建设一批生态特色农业园区、示范基地、示范镇、专业村和示范户等生态特色农业发展载体，拓展农业多种功能，支持发展产业新业态，示范展示农业标准化生产、生态循环、产业化经营模式和一二三产融合等，形成县有支柱产业、乡镇有主导产业、村有特色产业、户有增收门路的产业发展格局。到 2025 年，全县共形成田坝河高效生态农业园、坪坝高山牧业示范园、黑马立体农业科技园区、普昌粮经复合产业园区、苏雄山地生态养殖示范园 5 个生态特色农业园区，2 个特色产业示范镇、87 个村特色产业专业村和 665 个特色产业示范户。

五、农业支撑体系

（一）农业基础设施

围绕农业产业发展，推进村道硬化、社道与机耕道新改建，使乡村道路与主要交通干线形成快速连接的交通网络，保障农业生产物资与农产品及时、便捷运输。到 2025 年，村道里程总数达到 650 千米，村道通达通畅率达 100%；社道里程总数达 1 015.5 千米，社道硬化率达 70%；机耕道配套率达 0.05 千米/公顷。

结合县域地势地貌各异，耕地分布不均，农业产业发展方向不同，农作物不同，需水量不等的情况，对甘洛县农田水利实施分区建设。河谷以水资源综合开发、利用和保护为重点，加强排水灌溉渠系改造；二半山加强水窖、蓄水池等微小型工程为主的水源工程建设；高山加强田间排水设施建设；推广微灌、滴灌、喷灌等高效节水配套改造。到 2025 年，全县有效灌溉率达 70%。

结合甘洛县农用地基础设施现状、自然环境、社会经济，优化甘洛县土地利用结构；到 2025 年，新增高标准农田建设 1 万亩，耕地质量提升技术推广率达 85%，耕地土壤有机质提高 0.5 个百分点以上。

（二）创新经营体系

在农村土地确权登记的基础上，健全"政府引导、市场调节、农民自愿、依法有偿、管理规范"的农村土地规范流转体系，推进甘洛县农村土地向有发展能力、规范经营、规模适度的新型农业经营主体集中，提升农村土地规模经营和产业化水平。到 2025 年，探索建立符合甘洛县情的农村土地规范流转体系，力争农村土地流转面积达 14 万亩，占总面积的 40% 以上。

围绕农业增效、农民增收的基本目标，以经营规模化、集约化、专业化、组织化为基本方向，坚持政府引导、农民主体、分类推进，不断完善农业经营体制机制，形成以家庭承包农户为基础，农业企业、农民专业合作社、家庭农场为骨干的新型农业经营主体。到 2025 年，甘洛县新增专业合作社 100 家、规范 200 家、新建家庭农场 300 家、培育龙头企业 20 家、省级示范社 20 家、州级示范家庭农场 20 家。

坚持"立足产业、政府主导、多方参与、注重实效"的原则，以做大做强新型农业经营主体为导向，整合资源，着力培养一支"有文化、懂技术、会经营、善管理"的新型职业农民队伍，为发展生态特色农业提供有力的人才支撑。到 2025 年，全县累计培育新型职业农民 1 200 人，其中生产经营型 900 人、专业技能型 150 人、专业服务型 150 人。

允许并支持多种农业经营模式共存，构建家庭经营、合作经营、企业经营、新型集体经营共同发展的农业经营体系新格局，如"土地股份合作社+农业职业经理人+社会化服务"农业共营制模式；"大企业+小业主"经营模式，由大企业领办，带动小业主经营；"大园区+小业主"经营模式，由政府统一规划，再引入合作社、家庭农场或种植大户进入园区；探索"农户+合作社+专业机构"托管经营模式，采取"生产全托管、服务大包干"方式，合作社将生产管理、收割、仓储、运输、销售环节的繁杂农活交给专业机构托管；整合贫困村产业扶持金、产业周转金，以带动能力强的专合社、龙头企业作为平台，推进村级集体经济发展和农户增收；建立完善利益分配机制，入社贫困户可通过劳务工资和股权分红实现创收。

（三）构建农业服务体系

依托四川省农业科学院、四川农业大学、四川省自然资源科学研究院等科研单位和院校的合作，通过"院地共建""院县合作"，为核桃、李、中药材等优势特色农业聘请 1~3 名知名专家作为技术总负责人，围绕产业需求组建专家大院、科技特派员站点。采用"专家+龙头企业+农民""专家+农技推广机构+农民""专家+专合社+农民"等运作模式，开展农业科技成果的中试示范、推广转化、技术培训、中介服务和产业带动，创新"产学研"结合新机制。

强化农技推广机构的公益性定位，健全"县农技服务中心—乡镇农业综合服务站—村科技特派员"三级农技推广体系。开展农技推广机构硬件建设，配备完善乡镇农技综合服务站的办公室、会议和培训室、档案资料室、农作物病虫害诊断室等办公场所，配套推广服务设施设备。推行"包村联户"推广机制和"专家—农技人员—示范户"服务模式，依托乡镇农业综合服务站，落实生产环节、农时季节需求，开展关键农时、关键环节的技术服务；建立"科技人员直接服务到户、良种良法直接服务到田、技术要领直接服务到人"的农技服务快速通道。到 2025 年推广农业新技术 20 项、新产品 50 项，集成转化新成果 20 项，进一步提升农业科技贡献率，助力甘洛县生态特色农业发展。

整合农业服务资源，构建以县级市场信息服务中心为核心、乡镇信息服务站点为节点的县、乡（镇）、村三级信息服务网络，及时为农民提供农产品供求、农技推广、品种改良、动植物病虫害防治等方面的信息。重点在特色水果、蔬菜、黑苦荞等农产品生产、农用地资源利用，甘洛黑猪、牛羊等畜禽精细管理以及农产品质量安全管理与溯源、设施农业、农资服务等领域，探索物联网示范应用。利用"互联网+农业"的方式，推进农业信息网建设，促进农业信息网络进村入户和农产品网上交易。

在粮食种植区，示范推广轻便耐用、经济实惠、低耗能的中小型机械，推广中小型农业生产机械、节水灌溉机械等；推广粮食烘干机的应用，发展农业服务超市、合作联社服务等社会化服务方式。示范推广马铃薯生产机械化技术，主攻集开沟、施肥、播种、镇压、覆土等于一体的马铃薯综合机械化种植。结合设施农业的发展，使用适合甘洛气候类型的高效节能温室结构，使用智能化环境自动控制设施与装备。核桃以粗加工为突破口，推广适时采摘、去青皮、分级、包装等实用技术；水果基地重点主攻果园扩穴施肥、果园开沟施肥、果园中耕除草、高强度喷药、微喷灌滴灌根基导灌和果品分级包装等机械化技术。畜牧业重点研发推广饲料加工、粪便和废弃物机械化综合利用等技术。到2025年主要农作物综合机械化水平达到40%。

（四）农产品质量安全

引导农民和企业采取标准化生产技术生产安全农产品，落实农民质量安全生产自律机制。强化检验检测能力建设，健全以"县质检中心—乡镇质检室—村（田头）速测点"为基础的农产品质量安全检验检测体系，建设完善县质检中心1个、乡镇质检室28个、村（田头）速测点100个，配备相应人员和检验检测设备。示范推广速测技术，建立追溯和承诺制度，按照从生产到销售每个环节可相互追查的原则，实现对农产品产前、产中、产后全程监控，实现"从产地到餐桌"的全程监控，落实产品准出和市场准入机制。

加快农产品质量安全追溯系统和制度建设，按照从生产到销售每个环节可相互追查的原则，建立农产品生产、经营记录制度；通过加强农产品产地监管、农业投入品监管、农产品加工企业监管、产品包装与标识管理、风险评估与预警机制管理、信息交流互动平台管理等系统建设，以及采用网络技术及其设备如条形码、RFID标签等对产品赋予"身份证"、追溯码，形成对农产品生产、仓储、分销、运输、市场巡检及消费者等环节进行数据采集跟踪，实现对农产品生产、销售、流通、服务全程监控管理。

（五）农业防灾减灾体系

强化农业灾害监测预警，做到主动避灾、防抗结合、科技减灾，科学应对干旱、洪涝、低温冻害等自然灾害。完成甘洛气象灾害风险调查，建立以村为单元的农村气象灾害风险数据库。建设农业小气候监测站（点）20个，围绕各类农事活动、病虫害防控等开展农用天气和土壤墒情预报。围绕粮食生产、特色农业生产基地、森林火灾易发区，加快实施人工增雨防雹工程建设，构建完备的气象灾害防御体系网络，努力减轻灾害损失；加强人工影响天气作业站网和队伍建设。到2025年，基本建成农村气象灾害防御体系，形成精细化的农村气象灾害监测预报预警系统，使全县气象灾害预警信息覆盖率达95%以上。

强化病虫害监测预警体系，在保持现有2个群众测报点的基础上，以乡镇农技员为责任主体，建设坪坝、黑马、田坝、吉米、斯觉、玉田6个片区性的病虫测报站，配备病虫监测预警设施设备，形成覆盖全县的病虫测报网络。加强病虫绿色防控示范区建设，在海棠、田坝、黑马、团结、普昌、新市坝建设植物病虫绿色防控示范区2 500亩，推广应用食诱、色诱、灯诱、性诱等绿色防控技术，推动全县植物病虫的绿色防控工作。发展植保专合组织，提高病虫防治能力，采取引导和扶持的办法，新发展植保专业防治队伍22个。力争到2025年，全县植保专业防护队达到50个。全县病虫防治率达到90%以上，病虫损失率控制在3%以内。

以动物重大疫病防控为重点，加强动物疫病防疫免疫，加速建立县、乡（镇）、村三级动物疫病防控监测技术体系，推进田坝镇、前进乡、胜利乡、新茶乡、两河乡、海棠镇、斯觉乡、坪坝乡、阿嘎乡、沙岱乡10个乡镇的动物无规定疫病区建设，配套动物防疫冷链、动物防疫监测、动物防疫物资储备、动物疫情测报。建立健全动物养殖档案建设；加强产地检疫、屠宰检疫、运输检疫。形成适应畜牧发展需要的重大动物疫病快速诊断、监测预警、防控和应急反应能力，使全县动物疫病控制达到国家规定的标准，建立健全动物防疫长效机制，提高重大动物疫病的预防、控制和扑灭能力。到2025年全县重大动物的疫病免疫密度应达到100%，二维码标识戴标率应达到100%，抗体合格率应达到70%以上，牲畜病死率应控制在1%以下。

（六）农业生态环境保护与治理

以生态建设与环境保护为主，进一步巩固天然林保护工程、退耕还林工程成果，推进中幼林抚育、低效林改造、加大公益林培育力度，到2025年甘洛县森林覆盖率力争达40.31%。积极推进道路、河流和农田生态林网工程建设，坚持退耕还林与农业产业结构调整相结合，加快推进环境友好型林业产业项目建设。加强森林火灾、虫灾管控，预留隔离带，维护现有的森林可持续发展。对山脊、陡坡地带等难以更新的森林，要严加保护，充分发挥防风、固土、水源涵养的防护作用。

继续通过退耕还林的实施及农业产业结构的调整，充分运用科学治理与合理保护相结合的综合治理手段，多渠道筹措资金，对植被破坏严重的地区实施水土保持工程，主要包括水土保持林建设、小流域综合治理及工程水土流失防护；对水土流失轻微的地区加强植被的保护，加大退耕还林的力度。因地制宜修建水利水保工程，加强坡耕地改造工程，提高地表渗透能力，增强蓄水保土、抵御自然灾害的能力。在开发利用水土资源、草地资源、农村能源、矿产及其他自然资源的过程中，禁止乱垦乱伐、过度利用，坚决制止人为的水土流失；在岩溶山区大力推广生态农业和节水农业；实施沃土工程，引进筛选出适宜岩溶环境生长的农作物品种，促进岩溶地区的农业生产。

加强农业面源污染治理。一是持续推广使用商品有机肥，以粮经作物为重点，推广测土配方施肥技术和缓释肥料，进一步优化用肥结构，改进用肥方法；二是探索推广蔬菜、水果等经济作物水肥一体化技术，提高肥料利用效率，减少化肥流失；三是继续加强农作物病虫害预测预报体系建设，继续推动农作物病虫害统防统治工作，推进统防统治示范点建设；四是推广新型高效植保机械，推广应用高效低毒低残留农药；五是继续开展绿色防控技术示范，减少农药使用量；六是鼓励农业社会化服务组织为农民使用农药提供指导和服务。到2025年，化肥、农药使用量实现零增长，利用率提高到50%以上。

开展不规范畜禽养殖整治。划定畜禽养殖业禁养和限养区域，规范甘洛县畜禽养殖场建设，禁止任何单位和个人在禁养区和限养区内新建、扩建畜禽规模养殖场（小区）。限养区内已建成的畜禽规模养殖场（小区）要限制存栏规模，配套建设粪便污水贮存、处理、利用设施，实施雨污分流、粪液分离、粪便污水资源化利用和种养平衡。

推进规模化养殖场污染减排治理。采取不同处理工艺，对养殖场实施干清粪、雨污分流改造，从源头上减少污水产生量。对于具备粪污消纳能力的畜禽养殖区域，以综合利用为主，推广种养结合生态模式，实现粪污资源化利用；对于畜禽规模养殖相对集中的乡镇，可规划建设畜禽粪便处理中心（厂），生产有机肥料，变废为宝；对于粪污量大而周边耕地面积少，土地消纳能力有限的畜禽养殖场，采取工业化处理实现达标排放。在抓好畜禽粪污治理的同时，集中建立病死动物及动物产品无害化处理站。

结合畜牧业发展，推进沼气工程，鼓励和支持散养密集区实行畜禽粪污分户收集、集中处理，建设有机肥中心。支持秸秆机械粉碎还田、秸秆腐熟还田、青黄贮饲料化养畜，推进秸秆综合利用新技术、新装备、新工艺的研究推广和开发引进。推广生产和使用厚度0.01毫米以上地膜，扶持地膜回收网点和废旧地膜加工能力建设，逐步健全回收加工网络。依托农药经营单位折价回收和"奖补"形式，调动农民回收农药废弃物的主动性。到2025年，实现秸秆综合利用率达到85%，农膜回收率达到80%，规模养殖废弃物综合处理率达到100%。

第三节 马边彝族自治县荣丁镇后池村脱贫巩固提升

一、发展现状与条件

（一）地理区位

后池村所在的荣丁镇地处马边彝族自治县北大门，距县城24千米，面积90千米^2。东与沐川县利店镇、北与沐川县凤村乡、杨村乡接壤，西与镇江庙乡、南与石梁乡、下溪乡相邻。县内交通方便，省道103线穿境而过。

后池村位于荣丁镇北部山区，地处马边彝族自治县与沐川县交界处，通过省道103线对外联系，北距乐山市区101千米，南至马边县城36千米。未来随着仁沐新马边支线建成，将打破马边县的对外交通瓶颈，使马边县融入乐山市"1小时"经济圈，同时极大改善项目区对外交通条件，缩短后池村所在区域与周边各市县的时空距离。

（二）气候条件

后池村所在地区属中亚热带季风气候，气候特点为四季分明，春长夏短，冬无严寒，夏无酷暑，降水四季分配不均。年均气温为15.8℃，年均日照为1 012.8小时，约为可照时数的23%；但是常年降水偏少，是全县典型的干旱片区；全年无霜期317天。全年平均风速1.3米/秒，风向以西北风为主。

后池村山地气候明显，农业生产上容易出现冬干、春旱、夏洪、秋涝等自然灾害。

（三）地形地貌

后池村地处四川盆地与川西南山区过渡地带，该区域地质构造特点为区内沟谷纵横，重岩叠嶂，悬崖峭壁交错山间，群山经过长期的雨水销蚀，演化成一片片的圆缓丘、桌状丘、塔顶丘、平台、洼地等复合型地貌景观。后池村地形地貌呈"两山夹一沟"特点，海拔为950~1369米。

（四）社会经济

后池村共5个村民小组，总人口424户1748人，其中彝族327户1288人，有党员22人。总劳动力数1267人，占总人口的72.6%，其中适龄劳动力997人。受限于教育水平等因素，后池村劳动力中外出务工人员占比不高。据统计，外出务工407人，占总劳动力数的32.1%，其中常年外出劳动力227人，占总劳动力数的17.9%。全村建档立卡贫困户共有109户454人，已于2019年10月底通过乐山市验收，实现整村脱贫。2018年，后池村农村经济总收入为1282.77万元。其中农林牧渔收入1248.27万元，占农村经济总收入的97.3%；第三产业收入34.50万元，占农村经济总收入的2.7%。农林牧渔收入中，种植业收入587.73万元，占比47.1%；林业收入70.2万元，占比5.6%；牧业收入590.34万元，占比47.3%。后池村农村经济收入以第一产业收入占绝对主导，主要来源于种植养殖业收入。2018年，全村农民年人均可支配收入10322元，相比2017年增长10%。村集体经济收入3.75万元。

（五）农业产业

全村现种植业以茶叶为主，共计2000余亩，主要沿村内主要道路的坡地分布，其中村集体规模种植茶叶300余亩。种植方式较为粗放，标准化程度不高，田间产业配套设施亟待完善。依托省级林业产业示范园项目，村内新栽植了1.2万亩柳杉林和1150亩脆红李，其中脆红李主要分布于村内二台地、坡地，长势良好，但缺乏整枝修剪等日常管护。养殖业方面，后池村主要以畜禽养殖为主。村内生猪、肉牛和肉羊养殖多以农户家庭养殖为主，品种以当地特色生猪和肉牛为主，各组均有分布，村内生猪年出栏量约1000头，肉牛出栏量约90头，肉羊出栏量约400只。2018年，全村依托扶贫专项项目发展生态土鸡养殖，养殖方式以农户散养为主，户均养殖30~50羽。

产业配套基础设施方面，近年来随着脱贫攻坚工作取得阶段性成果，村民生产、生活条件得到极大改善，全村现有通村道路、通组道路、产业道路已全部实现硬化，未来需要根据产业发展需求对部分产业道路进行扩宽提升。村内已实施完成农网改造工程、农村水利工程、电信升级工程，现已实现群众生产生活用水、用电、用网全覆盖，未来仅需根据产业的发展需求进行局部完善提升。

二、现状评价及产业发展分析

（一）产业发展优势

生态环境好，产品质量佳。后池村地处四川盆地与川西南山区过渡地带，村内林地资源丰富，自然环境良好。后池村远离马边县工业生产基地，村内亦无工业污染，种植业化肥、农药使用相对较少，农产品整体呈现生态、无污染的特点，产品质量较好。

脱贫效果佳，发展基础牢。后池村脱贫工作效果好，村民生活条件得到极大改善，基础设施配套日趋完备，产业发展的基础条件好。

奔康意愿强，发展劲头足。在脱贫过程中，全村村民在上级政府部门的带领下，顺利完成了脱贫工作，生活条件得到极大的改善，生活水平也得到了极大的提高，获得了实实在在的好处，老百姓巩固脱贫成果、共奔小康的劲头足。

（二）产业发展瓶颈

土地资源稀少且相对贫瘠，产业支撑较弱。村内耕地资源稀少。后池村现有耕地面积仅1 420亩，占全村总面积的4.7%，耕地资源稀少且多分布于坡度较大的二台地。同时受地区地形、地貌、气候等不利因素的制约，导致耕地的生产力和利用率极端低下，耕地产出对区域农民致富能力带动有限，严重制约着村内农业产业发展。

发展意识淡薄，现代农业标准化程度低。受限于务农劳动力文化程度不高，村内劳动力总体呈现劳动力综合素质不高，自我发展能力较弱。农户对先进的现代农业技术接受能力有限，后池村现代农业产业仍以传统的种养业为主，特色产业发展尚处于起步阶段，标准化程度低，缺乏新型经营主体示范带动。

生态环境保护政策制约，经济发展受限。后池村所在区域生态环境脆弱，低温冷害、滑坡、泥石流等自然灾害频发，加上村内各类土地面积约19.98千米^2，其中林业用地面积占土地总面积的80%以上，属于区域重点生态功能区。生态保护任务繁重，资源开发与环境保护矛盾突出，给农村经济发展戴上了资源承载力的"紧箍咒"，这也决定了不可能通过大量的建设项目加快后池村农村经济发展。

三、发展思路及定位

(一) 指导思想

全面贯彻党的十九大精神，以习近平新时代中国特色社会主义思想为指导，加强党对"三农"工作的领导，坚持农业农村优先发展，按照"产业兴旺、生态宜居、乡风文明、治理有效、生活富裕"的总要求，全力推动乡村产业振兴、人才振兴、文化振兴、生态振兴、组织振兴，推动乡村振兴健康有序进行。按照四川省委、省政府"一干多支、五区协同"的发展战略以及《四川省乡村振兴战略规划（2018—2022年）》的部署，围绕实现从连片贫困到同步全面小康跨越的目标，加快推进区域农业农村现代化，构建城乡融合发展新格局，构建乡村治理新体系，开创乡村发展新局面，推进乡村全面振兴，让农业成为有奔头的产业，让农民成为有吸引力的职业，让农村成为安居乐业的美好家园。

(二) 发展思路

立足后池村现有的三大发展优势，针对后池村发展存在的三大瓶颈，方案提出三条突破路径。

立足生态促提升。后池村属于典型的山区农业村落，加上自然环境优越，远离工业污染，生态优势明显，十分有利于发展生态农业。因此，后池村应践行"绿水青山就是金山银山"发展理念，打好"生态牌"，把生态化、绿色化发展融入改造提升农业特色优势产业和培育新兴产业中去，提升农业在循环利用、节约资源、保护生态、改善环境方面的功能，生产"健康、环保、生态"农产品，把生态优势转变为发展优势和综合竞争力。

立足优势做精品。推进区域农业供给侧结构性改革，立足后池村优良的生态环境优势以及脱贫成果形成的产业基础，积极培育以茶叶为主的优势农业产业，提高产业基地生产标准化程度，结合区域特色产业全产业链布局，推动优势产业向标准化、精品化、品牌化发展，实现产业兴村、特色富民。

立足党建领发展。加强村党组织建设，建设村级服务型党组织，发挥党员干部在产业发展中的"领头羊"作用，实现党建引村、造福百姓。充分发挥村党支部和党员在培育特色产业、发展村集体经济、治理乡村、塑造文明新风等方面的引领作用和带头作用，形成党员群众共富联合体，推动全村经济社会各项事业健康发展。

(三) 发展目标

严格遵循"长短结合、种养循环、适度规模、绿色发展"的原则，坚持产业先行、产村相融，着力调整优化产业结构，围绕"做优茶叶产业、做好林果产业、做实畜禽产业"的目标，形成特色产业和拳头产品。

后池村所在的马边彝族自治县北部地区，生态环境脆弱，保护生态环境，发展绿色、优质的山地生态农业是产业发展的必然选择。在充分考虑市场需求和经济价值，在尊重规划区地形地貌、气候、土壤等自然条件的基础上，结合实地调研收集的资料和当地相关农口部门建议，规划在后池村构建"三主导、两配套"的农业产业结构，即以茶产业、水果产业（脆红李）和林产业（柳杉林）为主导产业，配套发展生态黑猪养殖和土鸡养殖。

四、产业建设内容与规模

(一) 绿色茶叶

发挥后池村生态优势、荣丁镇规划建设的马边峨眉雪芽茶叶加工厂以及毗邻省道103线的区位优势，围绕马边县发展绿色有机标准化茶园的目标，积极发展高山茶叶产业。针对后池村现有茶叶种植基地存在的问题，实施村内低产茶园的标准化改造，规划到2022年，按照高标准建园技术实现村内2 000亩茶叶生产基地的标准化改造；依托村集体建设的茶园，以"村党支部+农户"模式，打造绿色茶叶种植认证基地1处，绿色茶叶种植认证基地面积300亩；以"党员+种茶能手"模式，在村内建设精品茶园5个，共计500亩。科学合理开展绿色防控和水肥管理，确保茶叶的绿色、安全，提升市场认可度（表9-4）。

表9-4 高山茶叶种植规模

产业建设项目	规模/亩	经营方式
绿色茶叶种植认证基地（智慧茶园）	300	村党支部+合作社+农户
精品茶园	500	党员+农户
现有茶叶基地标准化改造提升	1 200	合作社+农户
合计	2 000	

绿色茶叶种植认证基地：紧紧围绕将马边建成全国生态茶叶生产基地的目标，

为确保农产品质量安全,提升茶叶品质和附加值,逐步实现市场外延,依托后池村良好的生态环境,积极引导农户开展绿色、有机茶叶种植基地认证。选择在村集体茶园基地建设绿色高山茶叶认证示范基地300亩,选择优良的茶树品种或特色茶树新品种,依托"村党支部+农户"的模式,通过引进农业物联网技术及装备,打造高标准智慧茶园,同时在基地示范标准化生产管理技术、应用先进的茶叶机管机采设备、开展绿色茶叶种植技术培训等方式,引导、带动村民发展绿色生态茶产业,提升后池村茶叶的品质和效益。

精品茶园:规划在后池村建设精品茶园5个,每个面积约100亩。以"党员+种茶能手"模式为主导,通过完善各园基础及配套设施建设,新建及完善排水沟、蓄水池、茶区道路、硬化道路、工作便道等基础设施以及茶树树冠改造、改种换植等方式高标准建设精品茶园。同时,根据当地情况,栽种不同种类树种如桂花、银杏、楠木、红豆杉、金银花、蜡梅等景观树种,大力发展特色茶园,为远期建设茶叶旅游观光项目,发展以茶叶采摘体验等项目为主的乡村旅游夯实基础。

(二) 特色林果

按照"长短结合"产业发展的要求,依托后池村现有优越的林地资源,在现有林果产业的基础上,重点对村内现有脆红李基地进行标准化改造提升,建成脆红李标准化生产基地1150亩,其中打造脆红李丰产高效栽培示范基地1处,面积200亩。规划在村内荒山、荒坡等裸露地方新栽种柳杉2000亩,到2022年实现村域内柳杉林面积1.4万亩以上,成材后年产木材1000吨以上。鼓励有条件的农户发展林下种植中药材,规划种植面积100亩,中药材品种以天麻、杜仲、厚朴等道地药材为主(表9-5)。

表9-5 特色林果产业发展规模

产业建设项目	规模/亩	经营方式
脆红李丰产高效栽培示范园	200	村党支部+种植能手
脆红李生产基地标准化改造	950	合作社+农户
柳杉林保育	12 000	村党支部+党员+农户
柳杉集约经营示范基地建设项目	200	村党支部+党员
新植柳杉林	2 000	村党支部+党员+农户
中药材(林下)	100	党员+种植能手

脆红李丰产高效栽培示范园。由村党支部牵头，以村内种植能手为主导，在现有脆红李种植基地区域建设脆红李丰产高效栽培示范园 1 个，占地 200 亩。通过大量增施有机肥，增加土壤有机质含量；布设输水管网，配套水肥一体化设施，完善灌排设施，示范现有李园的标准化改造提升。建设现代果园种植技术培训基地，通过专家的现场指导，示范现有李树树形调整、疏花疏果等生产管理技术。

柳杉集约经营示范基地建设项目。大力推进荒地、荒坡造林绿化建设工程，以"村党支部+党员+农户"的模式，建设柳杉集约经营示范基地 200 亩，引导全村农户利用村内荒地、荒坡进行柳杉栽培，并适度进行林下养鸡，综合考虑经济效益和生态环境，柳杉林下生态养殖放养密度不宜超过 50 只/亩。

林下中药材种植试验基地建设项目。考虑到道地中药材产业前期资金投入较大，技术要求较高的特点，以"党员+种植能手"的模式，鼓励引导村内有条件的农户发展林下种植中药材，建设林下中药材种植试验基地 100 亩，中药材品种以天麻、杜仲、厚朴等道地药材为主。

（三）生态畜禽

充分发挥生态养殖经济效益好的特点，依托生态养殖项目和养殖专业合作社带动，在林区因地制宜地发展生态黑猪、生态土鸡养殖，黑猪品种选择发展"川藏黑猪"，土鸡品种选择发展"青脚麻""大恒肉鸡"。黑猪、土鸡将按照彝族传统的饲养模式，在环境优美、空气清新、无工业污染的林区野外走地放养，严格放养密度（黑猪 3 头/亩、土鸡 50 羽/亩），并定期开展放养基地轮换；采用传统的喂养方式，用玉米、豆粕、米糠、野草等土饲料喂养，保障黑猪、土鸡生态绿色，肉质鲜美。建议未来黑猪、土鸡产品针对高端客户群体积极推行"互联网+"网络营销理念，发展订单农业，通过"农超对接""农批对接""农社对接"等多种模式连接市场，支撑生态黑猪土鸡产业健康发展。

养殖规模上，考虑畜禽粪便消纳对环境的影响，根据种养平衡理论，按养殖业排污量估算，以每亩耕地能够消纳 3 个猪当量的养殖废弃物，每亩茶园消纳 1 个猪当量的养殖废弃物，规划区现有耕地 1 420 亩、茶园 2 000 亩，则区域内最大能够承载约 6 260 个猪当量。根据《畜禽养殖业污染物排放标准》（GB 18596—2001），将 1 头肉牛折算成 5 头猪、3 只羊折算成 1 头猪、60 只肉鸡折算成 1 头猪，则规划区最大承载力换算为单一养殖品种计算如表 9-6 所示。

表 9-6 生态养殖最大承载能力换算

养殖品种	生猪	肉牛	肉羊	肉鸡
换算比例	1∶1	1∶5	3∶1	60∶1
最大承载力（猪当量）	≤6 260			
换算结果	≤6 260 头	≤1 252 头	≤1.87 万只	≤37.5 万羽

根据后池村现有养殖业情况，全村现有生猪存栏约890头，肉牛存栏120头，山羊440只，土鸡5 000羽左右。根据区域生态养殖适宜承载能力估算结果和全村生态养殖业现状，按照生猪每年出栏2批，家禽出栏3批估算，其中肉牛、肉羊等畜牧养殖规模维持现状不变。全村共可发展生态黑猪和土鸡养殖承载力5 400个单位。

考虑到后池村农户畜禽养殖的技术能力和发展意愿，到2022年，后池村全村生态黑猪出栏2 000头，土鸡养殖出栏20 000羽（表9-7）。

表 9-7 畜牧养殖业发展规模

产业建设项目	规模	经营方式
生猪养殖（年出栏）	2 000 头	农户
生猪养殖示范户建设项目	30 户	党员+养殖能手
土鸡养殖（年出栏）	20 000 羽	农户
林下生态土鸡养殖项目	30 户	党员+养殖能手

生猪养殖示范户建设项目。以生态黑猪养殖为主，创建生猪养殖示范户30户，建设标准为：每户配套建设猪圈20~50米^2，户均养殖规模20~30头，建立健全生产记录、用药记录，确保质量安全。

林下生态土鸡养殖项目。鼓励林下养殖小家禽，发展适度规模生态养殖，保护性发展地方小家禽品种，积极利用电商平台销售土鸡、土鸡蛋。在有黑猪养殖户的林地区发展林下生态土鸡养殖示范户30户，每户养殖规模200羽。

村级动物防疫体系建设项目。为防治牲畜疾病，结合马边彝族自治县畜产品质量安全监测保障体系建设对村级动物防疫体系的统筹考虑，在村委会建设1个兽医卫生室，配套建设工作用房60米^2，配套防疫冷链设施、采样诊疗器械等设备。

循环利用模式。种养循环系统主要围绕后池村茶叶、果树等生产的自然资源（光、温、水）高效利用技术，茶叶的残枝和果树残枝残果等废弃物的再循环技术以及种植业污染物的综合防控技术等方面进行构建，同时考虑养殖业废弃物"回流"到农田的资源化再利用技术，畜禽生产的"节饲"技术、畜禽粪便的资源化综合利用技术（图9-1）。

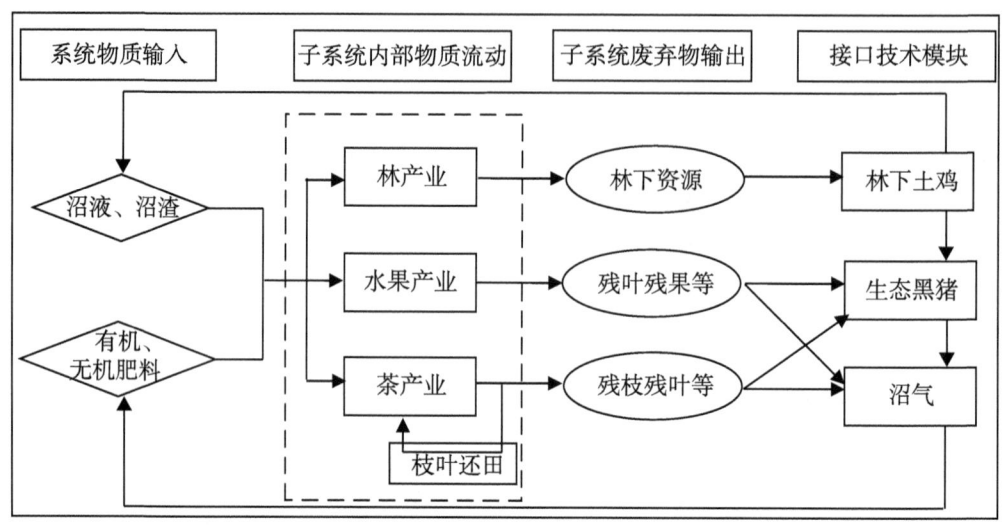

图 9-1　后池村种养循环模式

（四）乡村旅游业

按照"近期积极培育资源，中远期适度发展产业"的原则，依托后池村毗邻省道301线、森林植被覆盖率高、空气质量好、气候适宜等优势，通过实施彝家新寨环境提升、配套基础设施的完善、旅游配套公共服务设施的建设、茶田风光打造和乡村环境的综合治理等，保护好后池村的田园风光，展现彝族村庄特色和彝族风情，积极引导有条件有意愿的农户利用农业与生活资源发展以"吃农家饭、住农家院、摘农家果、干农家活"为主要内容的彝家乐、民宿等乡村旅游业态，挖掘农村、农业、农民、农俗、农品等乡村元素在乡村体验游中的潜力，形成以农促旅、以旅兴农、农旅融合的一、三产业互动发展模式，拓展农业多种功能，拓宽农民增收渠道。

到2022年，依托精品茶园建设和村内环境的提升，发展以茶叶采摘为主的农事体验项目，同时选择相对聚集彝家新寨发展5家彝家乐，形成1个特色彝族文化聚落（表9-8）。

表 9-8 乡村旅游业项目

产业建设项目	建设内容
采茶活动	以精品茶园为基础，依托马边县采茶节开展
彝家乐	以彝家新寨为基础，打造 5 家彝家乐
特色彝族文化聚落	以彝家新寨为基础，围绕彝家乐建设，形成 1 个特色彝族文化聚落

茶叶采摘示范园：结合精品茶园的打造，完善茶园内部道路、休憩设施、工具房等采摘服务设施，美化园地景观，将茶叶科普文化、彝族农耕文化等融入采摘体验，借力旅游市场发展，推动后池村茶叶的地产地销，将农产品转化为旅游商品。

彝家乐项目：彝家乐是依托乡村所特有的自然资源和彝族文化资源，吸引旅游者，为旅游者提供餐饮、娱乐、观光、休闲、度假、购物等服务。根据后池村村庄建筑实际情况，依托村内彝家新寨，选择有条件有意向的农户发展彝家乐。规划建议发展彝家乐的农户应在以下几个方面提升完善建筑功能。整治厨房、厕所等卫生环境及建筑条件；空置房屋再利用，建议一层房屋用于接待经营，二层房屋用于农户日常生活；打扫院坝、房前屋后环境卫生，美化房前屋后景观环境。建设化粪池或沼气池等废物处理设施。

五、产业支撑体系配套

（一）党建引领体系建设

围绕中心抓党建，抓好党建促发展。加强基层党组织人才队伍建设，充分发挥村党组织在村庄产业发展方面的核心引领作用，以党支部书记为第一责任人，抓好班子，带好队伍，提高党支部的战斗力，带动全村经济的发展，巩固脱贫攻坚成果、实现共同奔小康。

抓好党建强班子，带好队伍促工作。优化基层党组织领导班子结构，建设一支素质高、能力强、年龄相对年轻的领导班子。同时做好村级后备干部的培养和储备工作，积极引导并吸纳优秀农村青年，使他们成为农村基层组织建设的骨干力量，把优秀青年培养成党员，把优秀党员培养成村干部、致富能手、产业带头人，壮大基层骨干队伍。

发挥组织先进作用，模式创新引领发展。通过"村党支部+合作社+农户""村党支部+农户""党员+农户"等模式，把村党支部、党员、农户、合作社经营者整合成一个协作整体，使支部与经营者、经营者与农户相互结合、良性互动，推进后池村特色产业发展。

开办农民夜校，提高村民综合素质。以"提高村民整体素质、提高村民科技实用技能、丰富农民文化生活"为目标，积极开办农民夜校，全面宣传党的大政方针，弘扬社会主义核心价值观，不断丰富农民的文化生活，提高农民的综合素质，为新农村建设注入精神正能量。

（二）科技支撑体系建设

充分发挥农业科研院所、高等院校作为农业科技源头和人才源头的作用，加强后池村与四川省农业科学院、四川省畜牧科学研究院、四川省林业科学研究院等科研院所合作，从新品种、新技术的推广以及农业科研成果转化应用入手，搭建"院—村"合作平台，提升全村农业科技水平，助力后池村现代农业发展。

（三）社会化服务体系建设

为支撑现代农业产业健康发展，在后池村创新试点"五统一"的现代农业服务模式，即统一改造、统一生产、统一培训、统一检测、统一营销。依托"五统一"现代农业模式，保障农业高标准生产，农业培训内容统一，农产品质量安全有监督，农产品销售有支撑，农民收入有保障。

统一改造：按照实施方案要求进行产业结构优化以及配套基础设施建设。

统一生产：统一农资供应、病虫害统防统治、统一集中采收和采后管理。

统一培训：依托科研院所技术支撑，建设培训平台，对农户实行种养技术的统一培训。

统一检测：统一产品的质量安全检测，确保产出产品质量安全。

统一营销：依托合作社的销售渠道，对农产品进行统一收购、包装、销售等。

（四）市场体系建设

市场营销体系配套。根据国家、省、市现有农业生产标准，充分利用后池村优越的生态自然资源，以农民合作社为主体，积极申请绿色食品认证，打造具有区域特色的农产品品牌，提高农产品附加价值，增加村民收入。

市场流通体系配套。推进电子商务进村工作，充分利用后池村建成的电子商务服务站，积极探索开发新型农产品流通形式，如农产品电子商务、微信营销、订单农业等形式，减少了农产品流通环节，加强了产销信息衔接，从而有效降低农产品流通成本，提高农产品质量安全水平，促进农民增收。

第四节 布拖县产业脱贫攻坚行动

一、发展现状及条件

(一) 基本情况

布拖县按照"一高一低一无"标准识别行政村 190 个,农户 14 262 户、建卡贫困人口 64 723 人。其中,贫困村 163 个,贫困户 11 753 户,建卡贫困人口 54 332 人 (极度贫困村 32 个,贫困户 2 223 户、建卡贫困人口 10 295 人);非贫困村 27 个,贫困户 2 509 户、建卡贫困人口 10 391 人。

(二) 脱贫产业情况

布拖县坚持把产业脱贫作为攻克深度贫困的头等大事。大力发展特色农牧业,深入实施"一乡一业""一村一品"工程,扶持发展了一批特色农业产业基地,初步形成了马铃薯、特色畜牧、特色经济作物、中药材等特色产业,培育出布拖黑绵羊、布拖黑猪、布拖乌洋芋、布拖荞麦、优质花椒等特色农产品。2018 年末实现农牧业生产总值近 13.5 亿元,以马铃薯、荞麦、燕麦为主的粮食作物种植面积 35.12 万亩、总产 10.8 万吨,经济作物种植面积 8 050 亩、总产 3 765 吨,人工种草面积 22 万亩,四畜存栏 44.19 万头 (匹只)、出栏 24.28 万头 (匹只)。总体来看,全县农牧业处于自给自足的发展阶段,对脱贫增收的带动性不够。

(三) 存在问题与挑战

特色产业规模效应不足。一是分散经营突出。大多还是以分散的小规模家庭经营方式为主。同时,由于新型主体的带动能力不足,难以有效地组织起分散农户。二是生产营销体系不健全,产业规模不大进一步导致了生产与加工、贮运、销售、服务各个环节联系不紧,甚至环节缺失。商品转化率低,产业链条短,产品附加值不高,缺乏农产品价格信息平台。三是品牌知名度低,缺乏核心品牌。市场观念不强,重生产轻产品、重加工轻市场的现象仍然存在,区域自主品牌的市场份额较低。

缺少龙头企业示范带动。一是加工企业成规模的少,全县从事农产品加工和生产的龙头企业仅有4家（州级2家、县级2家）；二是农产品粗加工企业多，精深加工企业少，缺少畜禽、中药材、牧草等加工企业；三是企业管理理念滞后的多，管理理念先进的少，制约和影响了企业发展。从而导致农业产业链脱节，产业化程度低。

科技支撑体系尚不健全。一是产业发展的科技支撑体系还不健全，每万人拥有科技人员1.01人，特别缺乏高层次的科研技术人员、科研机构等。二是农业技术推广体系不完善，农民在种植业、养殖业等产业发展过程中遇到的问题得不到及时解决。在农产品的升级换代方面，新的种植、养殖、加工技术得不到及时推广运用。三是广大农牧民文化程度低，对现代科技和农业新技术接受程度差；导致农业科技成果转化率低，新技术推广困难。

自我积累少，投入缺口大。由于布拖县域经济比较薄弱，发展积累少，加之过去产业发展基础差、起点低，在产业发展的各个环节、各个方面都需要大量的资金投入。虽然各级财政专项扶贫资金不断增长，对加快产业扶贫发展起到了重要作用，但是需要投入的面广量大，投入分散、"撒胡椒面"现象在所难免，财政扶贫资金只能做"药引子"，成效不理想。农民自身投入不足且只能保障基本生活需要，产业发展再投入严重不足。企业投入不足，布拖县地处边远，对龙头企业吸引力差，很少有大型农副产品生产加工企业涉足该区域。

（四）发展优势与机遇

生态环境优势。布拖县是典型的高寒山区半农半牧县，差异化的高原气候和立体地貌，形成了农（牧）产品独特的生长环境，为发展特色农产品创造了有利生态环境。远离城镇化、工业化的发展，区域无工业废水、废气等污染物排放，为绿色农产品生产基地等创造了可靠的安全环境保障。

品种资源优势。布拖县种植养殖业品种资源丰富，特别是高山乌洋芋、高山苦荞、高山燕麦、西门塔尔杂交肉牛、布拖黑绵羊、布拖黑猪、山地土鸡等具有布拖特色的优良品种，为打造特色产业和品牌提供了品种资源优势。

历史人文优势。布拖县作为火把节发源地，拥有分布广泛的原生态彝族传统文化资源，主要包括阿都火把文化系列民俗活动，彝历新年活动，国家级非物质文化遗产彝族银饰民间手工技艺、口弦音乐，省级非物质文化遗产朵洛荷、阿都高腔、苏尼舞、阿都歌谣、什喜尼支嘿口头文学，布拖阿都彝族服饰，婚嫁丧葬俗等，地域文化影响力很大。

对口综合帮扶。各级政府部门始终牵挂着深度贫困地区的脱贫攻坚。四川省委组织部作为布拖县对口帮扶单位,将在脱贫政策、基层党建、干部支持、项目资金等方面,为布拖推进脱贫攻坚提供有力的组织保障。四川省农业科学院已与布拖县签订了院地科技合作协议,将在补齐特色产业技术短板、新品种新技术推广运用、人员培训与交流等方面提供科技支撑。江油市作为对口帮扶单位,坚持"产业造血"理念,聚力布拖产业发展,将在项目招引、企业培育、市场营销、品牌建设、电子商务等方面为布拖提供强大的产业支撑。

二、发展战略

（一）指导思想

以习近平新时代中国特色社会主义思想为指导,认真贯彻习近平总书记对四川对凉山工作系列重要指示精神和中央、省委、州委脱贫攻坚决策部署,始终把脱贫攻坚作为最大的政治责任、最大的民生工程、最大的发展机遇,坚持问题导向、精准帮扶和近中远结合,坚持扶贫与扶志扶智有机结合,坚持脱贫攻坚与乡村振兴有机衔接,突出"产业到乡、项目到村、增收到户"精准帮扶,以农民增收、农业增效、农村变美为方向,以实现稳定脱贫为核心,以市场需求为导向,以改革创新为动力,以科技应用为支撑,以三产融合为重点,聚焦贫困村特别是极度贫困村,强化规划引领、龙头带动、产销对接、技术服务、人才培养和机制创新,提升现代农业产业扶贫、精准脱贫质量,为打赢脱贫攻坚战和乡村振兴提供更为坚实的基础支撑。

（二）基本原则

坚持统筹规划、分类指导原则。立足于脱贫攻坚与全面建成小康社会相结合的要求,对布拖县产业脱贫的发展目标、重点建设内容、保障措施等进行统筹规划,并按照不同产业发展有针对性地分类指导,对重点建设任务和建设项目提出统一规划,分步实施时序,以增强规划的指导性和可操作性。

坚持市场导向、突出重点原则。尊重市场规律,充分运用市场机制,优化资源配置,鼓励和调动企业和非政府组织,立足布拖县资源特色,积极参与脱贫攻坚;充分发挥综合比较优势,突出产业发展重点,在特色优势产业以及产业发展方向的选择上,充分考虑产业发展基础、发展潜力,充分考虑保持农民收入持续增长,实现产业的长短结合。在产业的空间布局、建设重点、科技支撑、基础设施、农民培育等方面,根据自然条件、区位优势和资源禀赋等综合考虑,加快和优先扶持重点产业的发展。

坚持政府引导、市场运作原则。发挥政府在政策引导、统一协调和宏观调控的主导作用，为布拖脱贫攻坚营造良好的政策环境和高效的公共服务；充分运用市场机制，鼓励和调动企业和非政府组织积极参与特色农业建设；坚持以项目支撑促发展，加强项目规划、论证和编制，并向国家有关部门积极申请，通过项目建设提升脱贫攻坚的产业发展基础条件。

坚持绿色发展、环境友好原则。牢固树立绿色发展理念，以农业资源环境承载力为基准，走资源节约、环境友好、技术先进的现代农业发展道路，实现布拖县生产、生活、生态协调兼顾。把生态文明建设放在与经济建设同等重要的位置，防止过度开发和破坏性开发，推动扶贫产业持续壮大，保护贫困地区生态环境。

(三) 总体目标

发挥生态环境和特色农产品资源优势，构建起"248+"产业脱贫体系，培育壮大特色主导产业，积极拓展农产品加工与电子商务，延伸产业链条，夯实贫困群众稳定脱贫和下一步乡村振兴的产业基础，确保全面如期高质量打好打赢脱贫攻坚战。其中，"2个主导产业"：畜牧业、马铃薯。"4个优势产业"：高原蔬菜、特色经果、优质中药材、休闲农业。"8个特色产品"：布拖黑绵羊、布拖黑猪、布拖乌洋芋、布拖高原苦荞、布拖高原燕麦、布拖优质花椒、布拖高原蓝莓和"火把圣地·凉城布拖"自驾游。

(四) 空间结构

立足布拖地质地貌和气候条件，按照因地制宜、分类指导、突出重点的思路，加快推动形成"一园三区五带"现代农业产业发展空间布局。

"一园"即以创建省级现代农业园区为抓手，加快推动布江蜀丰现代农业科技示范园扩园升级，引进科研机构、高等院校、农业产业化龙头企业的专家团队和技术力量，打造集新品种新技术试验、良种良法示范种养、种苗繁育供应、技术培训推广、产加销一条龙于一体的县域农业生产全链条综合服务中心，为布拖农业产业发展提供科技支撑和示范引领。

"三区"即海拔1 600米以下，以适宜种植亚热带水果、蔬菜等经济作物为主的低山沟坝河谷发展区；海拔1 600~2 500米，以马铃薯、畜牧业为主，以高原蔬菜、优质水果为重点的二半山盆地发展区；海拔2 500米以上、以中药材种植、特色养殖为主的高中山发展区。

"五带"即以特木里镇为中心,沿布拖坝干线公路,规划建设高山蔬菜、特色水果和生态养殖产业带;以拖觉镇为中心,沿拖觉坝干线公路,规划建设果蔬产业和生态养殖产业带;以龙潭镇为中心,沿金沙江、西溪河低山沟坝河谷地带,规划建设亚热带优质水果产业带;以补洛乡为中心,沿西溪河坝干线公路,规划建设中药材和生态养殖产业带;以俄里坪乡、地洛乡、龙潭镇为节点,沿布拖与昭觉、金阳交界高中山山地,规划建设高山经济林果和中药材产业带。

三、特色农牧业基地建设

（一）特色畜牧业基地

立足布拖县天然草地面积大、牧草资源丰富、基本无工业污染等优势,加快推进畜牧产业供给侧结构性改革,充分挖掘"五黑一西"地方特色品种资源价值,以市场需求为导向,以"种养结合、生态循环"为取向,以特色优良品种繁育推广为核心,以校企、院地合作为支撑,大力发展组织化、标准化、规模化养殖,使标准化规模化养殖成为主力军,推动畜牧业发展质量全面提升,加快将布拖建设成为规模化程度高、品种品牌优势明显,全面实现种养循环、可持续发展的生态畜牧产业强县。到2020年,全县力争四畜存栏55万头（匹只）、出栏35万头（匹只）,争创"布拖黑绵羊""布拖黑猪"等一批地方优势品牌;与四川省草原科学研究院紧密合作,新建人工饲草地13 000亩。在县城近郊规划建设万头布拖黑猪种繁养殖基地1个。在五大片区中心乡镇规划建设千头黑绵羊标准化养殖基地5个。在深度贫困村建成百头黑牛黑猪黑羊养殖示范基地26个。在村民集中居住区建成小规模养殖示范基地190个。

与四川农业大学、四川省草原科学研究院等科研院所紧密合作,按照草食畜一体化进程,提升和推广布拖"五黑一西"品质品牌;撬动社会资本培育和引进农牧龙头企业2个以上,重点培育扶持一批经营规模大、带动能力强、管理民主好的重点畜牧品种专业合作社,做好新品种、新技术的引进、示范与推广工作,出台扶持政策大力引导发展成规模的养殖大户,带动更多农户发展生态养殖。

（二）特色种植业基地

以推进种植产业供给侧结构性改革为主线,发挥气候、品种等比较优势,以龙头企业为牵引,以基地建设为着眼点,以马铃薯、高原蔬菜为重点,加快推进马铃薯种加贸全产业链发展,加快推进高原错季节蔬菜标准化种植。

到 2020 年力争马铃薯年产量 40 万吨以上，马铃薯制品销售收入实现 5 000 万元以上，开发马铃薯深加工产品品牌 4 个，将布拖马铃薯发展成为凉山乃至四川的知名品牌；力争蔬菜种植面积 3.5 万亩以上，销售收入达到 5 000 万元，争创蔬菜地方特色品牌 5 个，将布拖建设成为四川效益最佳的错季蔬菜生产基地之一。在布江蜀丰现代农业科技示范园设立马铃薯良种良法生产试验基地，加大原原种、原种生产力度，推进马铃薯品种更新换代，提高脱毒种薯推广面；在布拖、拖觉、西溪河片区建立万亩马铃薯种植示范基地 6 个，带动更多农户运用新技术、种植新品种。在布拖、拖觉片区建设千亩蔬菜种植示范基地 5 个，在各片区中心乡镇整合资源建设一批大棚蔬菜种植示范基地，以点带面引导更多农户参与蔬菜种植。与四川省农业科学院、四川农业大学等院所高校合作，加大马铃薯品种选育、示范、推广力度，促进育繁推一体化。引进一批龙头企业、种养大户，通过土地流转、订单农业等方式，加快建设标准蔬菜种植示范基地。扶持培育一批本地蔬菜专业合作社和种植大户，逐步解决一家一户生产管理、技术推广、产品销售、质量监管等难题，提高蔬菜生产组织化程度和产业化水平。开展种植业新品种新技术实用技术培训，提升基层农技推广人员、新型生产大户和流通大户、经纪人、初加工技术人员等业务技能和服务带动能力。

（三）特色经果基地

以推进经果产业供给侧结构性改革为主线，突出"人无我有、人有我优、人优我特"的发展导向，坚持示范引领、大户带动、农户参与的方式，推进优质花椒产业提质增效，推进亚热带水果规模化、标准化种植，引进国内知名龙头企业合作发展高原蓝莓等高附加值优质水果，并推动向适宜乡镇、贫困村延伸，由点状、散状向带状、块状聚集，形成特色产业。

到 2020 年，力争新建优质花椒基地面积 2.5 万亩，年销售收入达 4 000 万元以上；亚热带水果种植面积 1 万亩以上，年销售收入达 2 000 万元以上；高原蓝莓种植面积 1 500 亩以上，年销售收入达 1.5 亿元以上；争创经果产业地方特色品牌 5 个。在俄里坪、地洛、龙潭等沿金阳、昭觉交界地带乡镇建设万亩优质花椒种植基地 6 个，带动农户花椒种植提质扩面。在拖觉、龙潭、洛古、沙洛、觉撒等乡镇建设千亩水果（芭蕉、杧果）基地 5 个，串珠成线，促进水果种植连片发展。在特木里规划建设千亩高原蓝莓产业园 1 个，在木尔、火烈各建设高原蓝莓产业基地 1 个，每个 250 亩。培育壮大经果龙头企业、农民合作社、家庭农场等新型经营主体，引导其重点发展经果产品生产、加工流通、冷链物流、电子商务和农业社会化服务，并通过直接投资、参股经营、签订长期合同等方式，实现龙头企业与农户、专业合作社建立稳定购销关系，实现利益共享。

（四）中药材基地

利用布拖优越的自然禀赋、较高的药材品质等优势，引进中医药企业建设一批中药材规模化、标准化生产基地，重点发展川续断、附子、金丝皇菊、白术等中药材种植，形成优质、稳定、特色、生态的中药材发展新格局，把中药材种植逐渐培育成布拖农村经济持续发展和农民增收的特色优势产业。

到2020年，力争中药材种植面积1万亩以上，争创道地药材品牌1~2个，成为布拖优势产业和贫困群众脱贫增收的新渠道。

在西溪河片区适宜乡镇以及特木里、木尔、补尔等重点乡镇，因地制宜规划建设一批规模化标准化中药材基地。在衣某片区适宜乡镇，适度规模发展一批中药材种植基地。

支持攀西药业、好佛布公司等龙头企业在布拖建基地、搞研发、创品牌，打造本土药材龙头企业。抓好特色专业合作社建设，引导建立职业经理人制度，强化内部管理，提升组织、联结和服务药农能力，不断延伸覆盖产前、产中、产后各环节。加快培育发展中药材种植大户，与龙头企业、专业合作组织构建稳定利益联结机制，发展适度规模经营。

（五）生态休闲旅游产业

立足布拖原生态的彝族传统文化、差异化的高原气候风光、高品质的特色农业等资源，坚持生态优先、绿色发展、主客共享理念，坚持文农林旅融合发展方向，以布拖县旅游发展总体规划和乡村旅游提升行动计划为统领，聚焦"火把圣地、凉城布拖"旅游品牌，以农业基地为基础、农业创意为手段、阿都文化为灵魂，探索推广"自驾营地+服务驿站"旅游扶贫模式，推动农业与旅游、教育、文化、康养等产业深度融合，做大做强特色休闲农业（生态旅游）产业，为布拖发展旅游首位产业提供强力支撑。

到2020年，打造文农林旅融合示范区（综合自驾营地）1个，建设休闲观光农业基地（专业自驾营地）2处，带动发展一批旅游特色型村庄（服务驿站）。

在县城布局建设文农林旅融合示范区（综合自驾营地），在"乌科索玛花海"等资源较丰富的区域布局建设休闲观光农业基地（专业自驾营地）。依据农旅资源分布，依托各片区干线公路，规划打造"醉美高原花海""醉美风电长廊""醉美候鸟湿地""醉美峡谷风光"等多条"醉美风光自驾游"线路，串联带动各旅游特色型村庄（服务驿站）发展。

高标准开展全域旅游规划。一是出台布拖县传统优秀文化传承发展的意见。按照"大凉山脱贫奔康示范区要突出'旅游+文化'，打造世界彝族文化旅游中心"的布局要求，抓紧研究出台推动彝族阿都火把文化传承发展的实施意见。二是开展《布拖县全链条自驾旅游规划》编制工作。将发展全链条自驾旅游作为深入实施全域旅游战略的突破口，科学布局以县城为综合基地、以特色景区景点为专业基地的自驾游营地体系，承载避暑休闲观光等功能。三是开展阿都火把文化风情园规划。以火把广场为依托，推动火把广场提档升级，加快建设火把文化传习所，毗邻规划建设阿都文化风情商业街，加快把这一区域建设成为传承发展火把文化、举办节庆赛事活动、展销特色彝族商品的群众性民俗文化场所。四是开展一二三产业融合发展扶贫产业园（文旅特色小镇）规划。在县城西北方（县城入口处），毗邻布江蜀丰现代农业科技示范园，推动策划实施自驾车房车营地（避暑休闲基地）、阿都文化艺术中心、山地火把文化公园、阿都文创企业孵化园、彝族民俗文化村落等项目，加快把这一区域建设成为以阿都文化创意产品研发、展示、展演和休闲体验为主，兼具避暑康养功能等于一体的游客集散中心和文化产业园区。创意园与布江蜀丰现代农业科技示范园、工业园区相融共享，整体形成布拖一二三产业融合发展扶贫产业园。

深入挖掘阿都火把文化。一是高水平办好阿都火把节。深度挖掘阿都火把文化内涵，采取总分赛制模式组织体育竞赛活动，拉长火把节活动时间，吸引更多的游客到布拖参与阿都火把文化民俗活动。二是高档次打造阿都火把文化风情园。以火把广场为依托，推动火把广场提档升级，加快建设火把文化传习所，规划建设阿都民俗文化风情商业街。三是高标准建设阿都文化创意园。在县城西北方（县城入口处），毗邻布江蜀丰现代农业科技示范园，推动策划阿都文化创意园，实施自驾车房车营地、阿都文化艺术中心、山地火把文化公园、阿都文创企业孵化园、彝族民俗文化村落等项目。创意园与布江蜀丰现代农业科技示范园、工业园区相融共享，整体形成布拖县一二三产业融合发展扶贫产业园（文旅特色小镇）。

推动高原风光自驾游。一是规划建设"醉美高原花海"。用好中央旅游扶贫项目和地方产业扶贫资金，新建乌科索玛花海核心景区，打造高原花海观光自驾游节点。二是规划建设"醉美风电长廊"。规划以火烈湖为起点、阿布测鲁峰最高点为终点的越野自驾线路，策划引进品牌越野赛事，打造以风电科普、高原越野为内容的精品自驾线路。三是策划打造"醉美候鸟湿地"。抓紧完成乐安湿地生态功能区划定，规划建设高原沼泽湿地生态旅游区，打造湿地观光、生态观鸟、避暑休闲的旅游胜地。四是策划打造"醉美峡谷风光"。依托沿交际河、金沙江、西溪河的重点乡镇和产业基地，因地制宜打造峡谷体验、农产品采摘、冬日阳光度假、探险特种旅游等特色旅游产业发展带。

打造彝区农业休闲游。一是打造布江蜀丰农业科普游。依托布江蜀丰"一区五园多基地"发展布局，推出相关休闲农业、观光农业，吸引游客参与优质生态农业采摘、饲养、科普等农事体验活动。二是建设种养示范研学基地。按照同步满足种养和旅游功能进行规划设计，加力推进拉达冬暖式大棚种植示范基地建设，规划建设木尔现代畜牧业养殖示范基地、补尔特色农业种植示范基地，同步发展以学生为主体的研学旅游。三是打造创意农业示范区。在布江蜀丰现代农业科技示范园中，策划实施马铃薯、蓝莓等创意种植示范区，以点带面为创意农业发展探索路径、作出示范。

（六）完善旅游综合配套服务

一是全力抓好旅游通道建设。抓紧谋划布拖连接西昭高速、昭觉通用机场的快速通道项目，加快推进布拖境内国省干线改造提升，抓好大规模绿化全县行动，优先提升布拖交通干线绿化美化水平，以交通大提速推动旅游大发展。二是突出抓好配套设施建设。着力抓好自驾营地、旅游厕所等建设，加快规划建设一批旅游客栈、民宿、家庭旅馆和特色餐饮场所，提升节假日接待能力。三是重点抓好美丽乡村旅游扶贫重点村建设。引导树牢"不挖山、不砍树，搞旅游、能致富"的理念，坚持"以农为本、以乡为魂"，扶持建设一批具有历史、地域、民族特色的特色景观旅游村镇，打造旅游扶贫示范区。四是狠抓城乡环境综合治理。扎实抓好"美丽布拖·宜居乡村"建设，城区突出以文明创建为牵引，整体提升城区绿化、亮化、美化、管理精细化水平和居民文明素质，农村突出抓好人居环境整治攻坚战，狠抓垃圾、污水、厕所三大革命，着力实施村容村貌提升工程，促进家园美化、道路硬化、村庄绿化、照明亮化、环境净化，保护利用好乡土文化。

（七）主体培育

争取旅游扶贫贷款支持，引进国内知名自驾游企业，合作建设文农林旅融合示范区，配套完善吃住行游购娱功能，打造精品县城。发挥布江文旅公司的支撑引领作用，支持承接火把节筹办、旅游扶贫专项实施等重点项目，尽快培育壮大本土文旅企业。支持有条件的镇结合本地产业基础、特色民俗、文化遗迹等资源，打造和保护民族特色村镇，提升休闲农业参与体验性。鼓励有条件的村民依托自家院落，发展满足旅游基本功能的农家乐和小院，拓宽增收渠道。通过策划包装一批文旅项目，争取引进一批文旅企业入驻。

四、农产品加工与流通

（一）特色农产品加工

积极争取四川省农产品产地初加工补助政策，充分发挥补助政策的辐射带动作用。围绕花椒、附子、杜果、蔬菜、燕麦、荞麦等特色农产品产后商品化处理，筛选和推介一批经济适用的农产品初加工新设备、新工艺、新技术，提高初加工能力。为缓解花椒集中上市销售困难和花椒晾晒等困扰椒农的难题，在牛角湾乡、罗家坪乡、四棵乡和乌依乡开展青花椒烘房试点示范，建设标准化花椒烘房4个。在县城开展附子初加工试点示范1个。

加强布拖县则洛工业园区建设，围绕马铃薯淀粉、屠宰分割、中药材、小杂粮等重点加工项目，积极引进一批产业关联度高、带动能力强的加工企业，着力构建特色农产品加工体系。根据现实条件适时启动3 000吨中药材商品化处理项目，1 000吨苦荞食品加工项目；年产1.5万吨淀粉加工项目，布拖A级牲畜现代化屠宰设施项目；学生营养午餐标准化加工配送项目。

（二）特色农产品流通

完善农村产品流通体系。在布拖县拖觉镇、俄里坪乡、龙潭镇、补洛乡、地洛乡5地结合乡镇农贸市场各改造一个农贸市场服务片区中心，用于农村产品的集中、分拣、转运及交易，以此方便农村产品就近集中后运输与就地销售。购置能满足农村产品上行转运与就地销售的设施设备（如围栏、转运笼、磅秤等）。完成后具备物流、分拣、储存农村产品的集配中心、线上线下交易、电商转化、扶贫产品输出与销售等功能服务，与县级中心、乡镇、村级站点实现功能互联互通共享。

开展电子商务进村示范。认真实施全国电子商务进农村示范项目，建成1个县级电子商务公共服务中心、1个县级仓储物流配送中心、30个乡（镇）电商（物流）服务站，86个村级电商（物流）服务站点，30个乡（镇）服务站和所在村服务站原则上合并建设，实现乡（镇）覆盖率达到100%，村级电商（物流）服务站覆盖率达到45%，电商和物流服务对163个贫困村辐射率达到100%，形成县、乡（镇）、村（社区）三级联动的电商、物流配送服务体系。

创新产品流通方式。一是发展农村经纪人队伍。力争到2020年内全县农村经纪人发展到200户。提供优惠政策，开通绿色通道，促进农村经纪人的快速发展。农民申请从事农副产品经纪活动的，除收取工本费外，免收一切费用；除国家法律法规明令禁止的行业、经营项目和经营方式外，农村经纪人的经营范围不受限制；允许农村经纪人既从事农产品的购销，又从事经纪活动。二是创新农村经纪协作模式。帮助农村经纪人组成各类经纪组织和实体，积极培育"龙头企业+经纪人+农户""专业市场+经纪人+农户""中介组织+农户"等协作关系，提供农产品产前、产中和产后服务，引领广大农民成为特色农产品市场流通的主体。三是多形式开展产品流通。推进农超、农社、农校、农餐对接。采取电子商务营销、"以购代捐"促销、商场卖场承销等形式多管齐下，构建布拖农牧产品从生产端到消费端的快捷。

五、服务支撑体系建设

（一）完善农业经营体系

脱贫带头人培训。把家庭农场主、农民合作社带头人、农业龙头企业骨干、回乡务农创业的大学生、青壮年农民工和退役军人等作为脱贫带头人，加强技能培训，发挥示范带动作用。针对农村贫困户，组织开展生产管理、加工流通、品牌营销等技能培训，让贫困农户熟练掌握与自身产业发展相关的生产技能，确保每一户贫困户有一个产业发展明白人。培训农村电商人才3 000人次以上。

产业扶贫模式创新。积极探索产业扶贫新模式，针对不同合作主体，推行灵活多样的扶贫新模式。通过不同产业扶贫模式的推广，带动贫困户参与产业发展相关环节和生产经营活动，实现脱贫致富。对有产业发展愿望和产业发展能力的扶贫对象，可由龙头企业（专业合作社）与贫困户签订产业发展协议，通过直补、以奖代补、贴息或物化补贴等方式，帮助其直接参与产业发展。鼓励种养大户通过合作、入股、劳务等方式流转土地、组建合作社、成立劳务组织，吸收、组织、带领贫困户增收脱贫。鼓励贫困户以土地、山林等资源组成合作社或入股合作社，参与产业发展，在合作社产业发展中取得劳务、股权收益或分工协作经营收入，帮助贫困户稳定增收脱贫。

（二）强化科技示范推广

加强科技成果推广。依托四川省农业科学院、四川农业大学、四川省畜牧科学研究院、四川省林业科学研究院等科研单位，启动实施布拖县科技扶贫专项行动计划，加大新品种推广、新技术示范力度，增强产业扶贫的技术支撑。示范推广一批新品种。以中药材、马铃薯（乌洋芋）、水果、荞麦等为重点，推广一批优质、高产、专用的突破性新品种。以"五黑"为重点开展畜禽品种改良，壮大地方特色资源，集成推广一批新技术。推广马铃薯全程机械化生产技术，马铃薯"六改"关键栽培技术，苦荞麦轻简化栽培技术，放牧地方黑猪寄生虫病综合防控技术，肉羊绿色健康养殖及羊粪综合利用集成技术，西门塔尔肉牛养殖综合配套技术。

充实农技推广力量。支持四川省农业科学院、四川省畜牧科学研究院、四川省林业科学研究院建设面向特色产业的专家大院3个，每类特色产业聘请1名首席专家。组建农业综合技术专家服务团，协调有关科研院所，柔性引进专业人才10名，以完成特定技术科技服务或成果中试示范等工作，定期或不定期到专家大院工作，实行目标责任合同管理。组织四川现代农业科技创新团队，开展巡回技术指导工作。为贫困村、贫困户提供"基层点菜、专家上门"的"一对一"农技服务。支持企业牵头建设科技孵化器、产业技术服务中心等成果孵化转化平台，开展特色农产品成果转化应用项目申报。

(三) 农产品品牌建设

完善质量监测体系。积极争取资金，建立完善农产品质量安全检测监管体系建设，选择本地10个以上的农村产品进行农村产品溯源体系建设，综合利用条码识别、二维码、移动互联网等多种现代技术手段，进行农村产品生产档案（产地环境、生产过程）管理，农村产品生产流通信息管理，农村产品质量追溯管理，使农村产品从种养、生产加工、销售、消费等各个环节能够实现可追溯。改造升级1个农村产品质量检测中心，对本县农村产品生产过程、生产环境、投入品进行检测。

加快产品商标注册。一是按照"立足一个资源优势、围绕一个产业链条、抓好一件商标注册、带动一批特色品牌"的工作思路，抓好农副产品的商标注册工作，用好"大凉山"区域品牌，打好"绿色牌""生态牌"和"错季牌"。深入挖掘文化内涵，增强农副产品的市场竞争力。二是建立定向联系制度。对布拖黑猪、布拖黑绵羊、布拖黑山羊、布拖黑牛、布拖黑鸡、布拖西门塔尔牛，以及"布拖苦荞""布拖乌洋芋"等网销农特产品电商品牌，由工商部门负责确定重点对口联系，制定具体的扶持措施，做好商标注册申请，统一开展网销产品包装设计制作及品牌策划。

加强产品品牌推介。一是抓住国家电商扶贫试点县机遇，推出乌洋芋、荞麦、燕麦、自驾游等特色产品。二是加强微信、微博、客户端 App 等媒体宣传力度，拓展宣传空间，扩大宣传面。三是举办布拖县特色农产品推介会，加强产品推介。四是发挥节会宣传作用，继续办好"布拖火把节"等节庆活动，进一步加大布拖县特色农产品的宣传。五是大力推行农批对接、农超对接、农校对接，促进品牌农产品直供直销。

产地生态环境保护。大力推广测土配方、绿色防控、统防统治等节本增效环境的实用技术，推广测土配方施肥技术达到 20 万亩次以上，配方肥应用 15 万亩以上；专业化统防统治面积 20 万亩次、农作物绿色防控示范面积 2 万亩。加强草场保护，改善草地生态环境。巩固并提高天然草原退牧还草成效，加大紫茎泽兰侵害草地治理力度，落实草原生态保护补助奖励。有效防治草原虫害 15 万亩、草原鼠害 25 万亩。实施退耕还草 3.55 万亩，紫茎泽兰治理 2 万亩，实施草畜平衡 88 万亩、草原禁牧 10.6 万亩。

参考文献

[1] 张明龙,周剑勇,刘娜.杜能农业区位论研究[J].浙江师范大学学报(社会科学版),2014(5):95-100.

[2] 翟祥龙.关于产业政策理论研究的若干问题[J].世界经济研究,1991(5):10-15.

[3] 向芸芸,杨辉,周鑫,等.生态适宜性研究综述[J].海洋开发与管理,2015(8):76-84.

[4] 谢小蓉.国内外农业多功能性研究文献综述[J].广东农业科学,2011,38(21):209-213.

[5] ÁLVAREZ J, BILANCINI E, D'ALESSANDRO S, et al. Agricultural institutions, industrialization and growth: The case of New Zealand and Uruguay in 1870-1940 [J]. Explorations in Economic History, 2011, 48(2): 151-168.

[6] 陈传波.农户风险与脆弱性:一个分析框架及贫困地区的经验[J].农业经济问题,2005,26(8):47-50.

[7] BONUS.作为一个企业的合作联合会:一份交易经济学的研究[M].上海:上海财经大学出版社,1998.

[8] WARD P S. Transient poverty, poverty dynamics, and vulnerability to poverty: An empirical analysis using a balanced panel from rural China [J]. World Development, 2016, 78: 541-553.

[9] NEHRING R. Yield of dreams: Marching west and the politics of scientific knowledge in the Brazilian Agricultural Research Corporation (Embrapa) [J]. Geoforum, 2016, 77: 206-217.

[10] CRUZ M, AHMED S A. On the impact of demographic change on economic growth and poverty [J]. World Development, 2018, 105: 95-106.

[11] CAO M, XU D, XIE F, et al. The influence factors analysis of households'

poverty vulnerability in southwest ethnic areas of China based on the hierarchical linear model: A case study of Liangshan Yi autonomous prefecture [J]. Applied Geography, 2016, 66: 144-152.

[12] LIU C, VALENTINE G, DIPROSE K, et al. Rural-urban inequality and the practice of promoting sustainability in contemporary China [J]. GeoJournal, 2019, 84 (5): 1187-1198.

[13] KAI-YUEN T. Trends and inequalities of rural welfare in China: Evidence from rural households in Guangdong and Sichuan [J]. Journal of Comparative Economics, 1998, 26 (4): 783-804.

[14] LIU Y, XU Y. A geographic identification of multidimensional poverty in rural China under the framework of sustainable livelihoods analysis [J]. Applied Geography, 2016, 73: 62-76.

[15] ANDERSON G, FARCOMENI A, PITTAU M G, et al. A new approach to measuring and studying the characteristics of class membership: Examining poverty, inequality and polarization in urban China [J]. Journal of Econometrics, 2016, 191 (2): 348-359.

[16] MENG L. Evaluating China's poverty alleviation program: A regression discontinuity approach [J]. Journal of Public Economics, 2013, 101: 1-11.

[17] ROMERO J C, LINARES P, LÓPEZ X. The policy implications of energy poverty indicators [J]. Energy Policy, 2018, 115: 98-108.

[18] ROBINSON C, BOUZAROVSKI S, LINDLEY S. 'Getting the measure of fuel poverty': The geography of fuel poverty indicators in England [J]. Energy Research & Social Science, 2018, 36: 79-93.

[19] LUCCI P, BHATKAL T, KHAN A. Are we underestimating urban poverty [J]. World Development, 2018, 103: 297-310.

[20] MEYER S, LAURENCE H, BART D, et al. Capturing the multifaceted nature of energy poverty: Lessons from Belgium [J]. Energy Research & Social Science, 2018, 40: 273-283.

[21] ARISTONDO O, ONAINDIA E. Counting energy poverty in Spain between 2004 and 2015 [J]. Energy Policy, 2018, 113: 420-429.

[22] CHATON C, LACROIX E. Does France have a fuel poverty trap [J]. Energy Policy, 2018, 113: 258-268.

［23］ GOODWIN H. Tourism and poverty reduction: Pathways to prosperity ［J］. Tourism Management, 2011, 32（5）: 1236.

［24］ 陈成文, 陈建平, 陶纪坤. 产业扶贫：国外经验及其政策启示 ［J］. 经济地理, 2018, 38（1）: 127-134.

［25］ 卢向虎, 秦富. 国外"一村一品"运动对中国发展现代农业的借鉴 ［J］. 世界农业, 2007（10）: 16-19.

［26］ 吴良. 日本现代农业发展的实践与启示 ［J］. 世界农业, 2012（1）: 78-82.

［27］ 庞庆明, 周方. 产业扶贫时代意义、内在矛盾及其保障体系构建 ［J］. 贵州社会科学, 2019（1）: 149-153.

［28］ 许旭红. 我国从产业扶贫到精准产业扶贫的变迁与创新实践 ［J］. 福建论坛（人文社会科学版）, 2019（7）: 58-65.

［29］ 胡伟斌, 黄祖辉, 朋文欢. 产业精准扶贫的作用机理、现实困境及破解路径 ［J］. 江淮论坛, 2018（5）: 44-48.

［30］ 黄承伟. 党的十八大以来脱贫攻坚理论创新和实践创新总结 ［J］. 中国农业大学学报（社会科学版）, 2017, 34（5）: 5-16.

［31］ 吕开宇, 施海波, 李芸, 等. 新中国70年产业扶贫政策：演变路径、经验教训及前景展望 ［J］. 农业经济问题, 2020（2）: 23-30.

［32］ 刘清荣, 程文燕, 康亮. 试论我国扶贫开发的历程、模式及创新 ［J］. 老区建设, 2013（8）: 4-10.

［33］ 梁晨. 产业扶贫项目的运作机制与地方政府的角色 ［J］. 北京工业大学学报（社会科学版）, 2015（5）: 7-15.

［34］ 李志萌, 张宜红. 革命老区产业扶贫模式、存在问题及破解路径：以赣南老区为例 ［J］. 江西社会科学, 2016, 36（7）: 61-67.

［35］ 李燕琴. 反思旅游扶贫：本质、可能陷阱与关键问题 ［J］. 中南民族大学学报（人文社会科学版）, 2018, 38（2）: 99-104.

［36］ 凌海华. 精准扶贫背景下乡村旅游发展路径研究 ［J］. 漫旅, 2023, 10（1）: 81-82, 100.

［37］ 覃建雄, 张培, 陈兴. 旅游产业扶贫开发模式与保障机制研究：以秦巴山区为例 ［J］. 西南民族大学学报（人文社会科学版）, 2013, 34（7）: 134-138.

［38］ 张春敏. 产业扶贫中政府角色的政治经济学分析 ［J］. 云南社会科学,

2017 (6): 39-44.

[39] 李博, 左停. 精准扶贫视角下农村产业化扶贫政策执行逻辑的探讨: 以Y村大棚蔬菜产业扶贫为例 [J]. 西南大学学报 (社会科学版), 2016, 42 (4): 66-73.

[40] 高帅, 毕洁颖. 农村人口动态多维贫困: 状态持续与转变 [J]. 中国人口·资源与环境, 2016, 26 (2): 76-83.

[41] 谢谦. 郴州市安仁县产业扶贫发展研究 [D]. 长沙: 湖南师范大学, 2013.

[42] 孙兆霞. 脱嵌的产业扶贫: 以贵州为案例 [J]. 中共福建省委党校学报, 2015 (3): 14-21.

[43] 古川, 曾福生. 产业扶贫中利益联结机制的构建: 以湖南省宜章县的"四跟四走"经验为例 [J]. 农村经济, 2017 (8): 45-50.

[44] 唐建兵. 集中连片特困地区资源产业精准扶贫机制研究: 以四川藏区为例 [J]. 四川民族学院学报, 2016, 25 (2): 50-55.

[45] 范东君. 精准扶贫视角下我国产业扶贫现状、模式与对策探析: 基于湖南省湘西州的分析 [J]. 中共四川省委党校学报, 2016 (4): 74-78.

[46] 陈希勇. 山区产业精准扶贫的困境与对策: 来自四川省平武县的调查 [J]. 农村经济, 2016 (5): 87-90.

[47] 李捷, 罗庆华, 郑昭峰, 等. 张家界市大鲵产业扶贫的调查与思考 [J]. 资源开发与市场, 2015, 31 (8): 999-1002.

[48] 凌经球, 赵禹骅. 产业扶贫到户: 新阶段扶贫攻坚的重中之重 [J]. 桂海论丛, 2014, 30 (6): 124-127.

[49] 全承相, 贺丽君, 全永海. 产业扶贫精准化政策论析 [J]. 湖南财政经济学院学报, 2015, 31 (1): 118-123.

[50] 周吉, 曾光, 龙强. 推进赣南苏区产业精准扶贫的对策研究 [J]. 苏区研究, 2016 (2): 122-128.

[51] 郑烨, 王春萍, 张顺翔, 等. 精准扶贫提升农户满意度的作用机制研究: 基于西部某省三贫困县的实证调查 [J]. 软科学, 2018, 32 (11): 15-19.

[52] 单传朋. 江西省农村扶贫绩效研究 [D]. 南昌: 江西财经大学, 2017.

[53] 田景鹃. 民族地区整村精准扶贫绩效评价研究: 以贵州务川仡佬族苗族自治县为例 [D]. 贵阳: 贵州民族大学, 2017.

[54] 王瑾瑜. 四川省贫困村资金互助社扶贫效果评价 [D]. 雅安：四川农业大学，2016.

[55] 张榆琴，李学坤，李鹤，等. 云南省红河州精准扶贫绩效研究 [J]. 青岛农业大学学报（社会科学版），2017，29（4）：25-31.

[56] 陈小丽. 基于多层次分析法的湖北民族地区扶贫绩效评价 [J]. 中南民族大学学报（人文社会科学版），2015（3）：76-80.

[57] 陈爱雪，刘艳. 层次分析法的我国精准扶贫实施绩效评价研究 [J]. 华侨大学学报（哲学社会科学版），2017（1）：116-129.

[58] 庄天慧，陈光燕，蓝红星. 民族地区现代文明生活方式视域下的扶贫绩效研究：以小凉山彝区为例 [J]. 贵州社会科学，2014（11）：158-163.

[59] 黄承伟. 中国西南扶贫项目效果评价指标体系和模型研究 [C]. 南昌，2007.

[60] 周瑞超. 综合性扶贫效果评价指标体系与模型研究 [D]. 南宁：广西大学，2003.

[61] 廖林燕. 乡村振兴视域下边疆民族地区乡村治理机制创新研究 [J]. 西北民族大学学报（哲学社会科学版），2018（1）：6-12.

[62] 杨浩，汪三贵，池文强. 少数民族地区精准脱贫进程评价及对策研究 [J]. 贵州民族研究，2016，37（7）：148-152.

[63] 刘解龙. 精准扶贫精准脱贫中期阶段的理论思考 [J]. 湖南社会科学，2018（1）：49-55.

[64] 王亚华，苏毅清. 乡村振兴：中国农村发展新战略 [J]. 中央社会主义学院学报，2017（6）：49-55.